2025

대한민국을 이끄는 외식트렌드

2025 대한민국을 이끄는 외식트렌드

2024년 12월 31일 초판 1쇄 발행

지은이	이윤화·김성화
기획·편집	이태희
자료 정리	박준희
교정	전남희
디자인	디자인시드
인쇄	모아프린팅
펴낸곳	(주)다이어리알
주소	서울시 서초구 방배천로 24길 25 시현빌딩
전화	02-536-4912
팩스	02-533-8075

www.diaryr.com

ISBN 978-89-98740-48-1
값 25,000원

* 파본은 구입처에서 교환해드립니다.
* 이 책은 저작권법에 의해 보호를 받는 저작물이므로 무단 전재와 복제를 금합니다.

FOOD & RESTAURANT TREND KOREA

2025
대한민국을 이끄는 외식트렌드

이윤화 · 김성화 지음

다이어리 R

CONTENTS

2025
대한민국을
이끄는
외식트렌드

013 펴내는 글
015 서언 <2025 대한민국을 이끄는 외식트렌드> 그리고 <다이어리알 레스토랑 가이드>

1 스마트 세이버(Smart Saver)

021 Introduction
024 1. 무한 리필 & 뷔페 레스토랑의 부활
- 셀프 & 자동화 시스템으로 부활한 가성비 뷔페의 약진
- 아재들의 성지에서 MZ 성지로, 한식 뷔페
- 무한으로 즐겨요, 체질 개선 무한 리필 브랜드
- 우리 회사가 맛집, 구내식당이 최고의 복지
- 슈링크플레이션(Shrink+flation)

040 2. 누가 욜로해? 이젠 '요노'가 대세… 간편식·마트가 차린 밥상
- 불황기 집밥족 책임지는 '간편식'
- 마트 델리가 '쇼츠(Shorts)'의 성지?
- 고효율 식사… 나홀로 식사 & 나홀로 업장
- 딱 필요한 만큼만… 부분 소유 & 부분 영업

060 3. 위기에 빛나는 기본의 가치… 백 투 베이식(Back to Basic)
- 기본의 가치를 지킨 일관성, 무기가 되다
- NO 양심 속 빛나는 YES 양심

2 먹는 김에 세계 일주

071 Introduction
073 감성만이 아닌 '찐', 그 동네 바이브
- 글로벌 외식 브랜드, 브랜딩의 미국 & 장인 정신의 일본 강세
- 글로벌 커피 브랜드 진출 러시, 제2의 스타벅스 될까
- 해외 감성 '소도시'에 주목

3 최적화 외식

- 089 Introduction
- 091 1. 모두가 다른 취향, 모두를 만족시켜라
- 095 2. 다이어트에도 유행이 있다… 자기 관리의 최적화
  - 다이어트 신 마법의 단어… 혈당 스파이크
  - 메디푸드 트렌드 식품에서 외식 영역으로
  - 로 스펙 푸드, 외식 소비자를 위한 '하이 스펙'되다
- 108 3. 오감으로 향유하는 새로운 차원의 경험… 공간의 최적화
  - 나와 너의 취향에 최적화… 팝업 스토어
  - 당신의 아네모이아는 무엇입니까?
  - 펫프랜들리, 키즈프랜들리… 라이프 스타일에 최적화
- 125 4. 지구적으로 사고하는 '기후 미식'… 윤리적 최적화
  - 금(金)사과, 다이아몬드 배추… 달라진 제철
  - 불편하지만 확실한 의무, 플라스틱 아웃
  - 자원의 재발견, 업사이클링
  - 지역을 담다, 하이퍼로컬(Hyper-local)

4 푸드 쇼퍼(Food Shopper)

- 147 Introduction
- 149 1. 맛집 쇼핑의 성지가 된 백화점
  - '리뉴얼' 신세계강남 vs. '팝업 성지' 더현대서울 vs. '뉴 브랜딩' 롯데 타임빌라스
  - 백화점 입점, 득일까 실일까?
- 156 2. 지역 관광 메가 콘텐츠, 전통시장
- 160 3. 오래된 상가에 무슨 일이?
  - 왜 MZ세대는 오래된 상가로 놀러가나?
  - 40년 노포와 미쉐린 셰프의 국밥까지? 오래된 상가에 펼쳐진 '맛' 아케이드
- 167 4. 로컬의 맛, 페스티벌에서 찾다
  - 로컬을 살리는 먹거리 페스티벌
  - 맛집 들렀다 바로 턴, 퀵 턴(Quick Turn) 여행
- 174 5. 콘텐츠 쇼퍼
  - 야구장이 맛집이라고?
  - <흑백요리사>와 콘텐츠플레이션(Contents+flation)

5 나의 친절한 AI

187　Introduction
188　1. 외식 산업의 미래를 디자인하는 생성형 AI
- 외식업 곳곳에 자리 잡은 'AI 사원'
- AI의 페르소나틱스
- AI의 추천 맛집은?

196　2. 스마트 레스토랑
- 로봇 셰프 & AI 바리스타…특이점이 온 레스토랑
- '스마트팜' to 테이블(Smart Farm to Table)

6 한식의 뉴 헤리티지

207　Introduction
209　1. 전통과 혁신의 조화, 한식의 뉴 헤리티지
- 한식, 맑은 국물에 빠지다
- 평양냉면 전통파 vs. 신흥 강자
- 한식 어디까지 가는 거예요?
- 지속 가능한 콘셉추얼 고깃집
- 비건에서 찾는 한식의 가능성
- 한식의 새로운 기회, 브랜드 반찬 가게

238　2. K-외식, 글로벌 시장에서 한식의 미래를 열다
- 진격의 불닭볶음면을 필두로 K-식품 기업 수출도 '파란불'
- 글로벌 미식업계 파고드는 K-외식 브랜드
- 한식 열풍 이어가는 글로벌 외식 공간들
- 한식의 정체성, 발효

7 2025 카페 & 디저트 트렌드

- 255 Introduction
- 256 1. 커스터마이제이션
- 259 2. 바삭한 두바이 초콜릿, 쫄깃한 스웨덴 캔디?… '식감 디저트'
- 264 3. '퍼포먼스 디저트', 숏폼 시대를 사로잡다
  - 즉석에서 펼쳐지는 길거리 간식 퍼포먼스
  - 나야, 크루아상… 클래식 디저트의 뉴폼(New Form)
  - 귀염 뽀짝 '하찮은' 매력, 마이크로케이크
- 273 4. 과일에 홀릭하다… 과일릭
- 278 5. 성장의 밀푀유 쌓는 '네임드' 파티세리
- 281 6. 초고속 트렌드 이끄는 유통형 빵집
  - 디저트 트렌드 격전지, 편의점
  - 마트로 빵지 순례? 마트 빵집이 달라졌어요
  - 줄 안 서고 즐긴다, 온라인 베이커리
- 290 7. 다이어트 & 디저트 공존 시대… '저당 디저트'
- 293 8. Trick or 'Re-treat'!… 디저트 업사이클링
- 296 9. '앞으로의 커피'… 1명의 소비자, n개의 취향
  - 커피로 즐기는 문화의 다양성
  - 커피의 새로운 동반자
- 304 10. '식사빵', 달라진 식문화를 말하다

8 2025 주류 & 바 트렌드

- 313 Introduction
- 315 1. 카페처럼 편안하게 한잔, 캐주얼 위스키 바
- 319 2. 하이볼 트렌드, 외식에서 편의점으로
- 322 3. 1900원 맥주, 900원 닭날개튀김… 초저가 주점
- 325 4. 셀럽이 사랑한 술, 테킬라 라이즈
- 328 5. 취향을 찾는 플라이트 메뉴·탭(Tap) 바·보틀 숍까지… 잔술 트렌드
- 332 6. 싸구려 술 NO, 프리미엄 막걸리 시장 무르익다
- 335 7. 취하지 않는 신(新)주류 문화, 소버 라이프(Sober Life)

9 골목에서 놀다, 골목 상권

343	Introduction
344	① 한강로 따라 들어선 트렌디한 맛… **용리단길 골목**
349	② 매일매일 새로운 팝업 원더랜드… **성수동 골목**
354	③ 자연과 빌딩 숲의 조화로운 공존… **서울숲-뚝섬 골목**
360	④ 한 집 걸러 젠지(GenZ) 핫플… **도산공원 골목**
366	⑤ 하이엔드 미식의 집결지… **청담동 골목**
371	⑥ 패션 쇼핑의 성지로 자리 잡은 컬러풀한 맛… **이태원-한강진 골목**
376	⑦ 재개발 물결 속 새로운 시작… **을지로 3가 골목**
381	⑧ 작고 소중한 취향 가게들의 매력… **연남동 골목**
386	⑨ 호수 산책 후 만나는 맛길… **송리단길 골목**
390	⑩ 오래된 시장 골목에 스며든 힙… **신당동 골목**
394	⑪ 고고한 전통문화의 품위… **안국역-계동 골목**
398	⑫ 용산 기찻길 옆 '맛의 경적'… **땡땡거리**
402	⑬ 한옥 지붕 아래 공존하는 과거와 현재의 맛… **서촌 골목**
407	⑭ 돌담길따라 들어선 야장 명소… **서순라길**
410	⑮ 원 앤드 온리 바이브 가득한 문화 & 미식 골목… **합정 합마르뜨 골목**

펴내는 글

⟨2025 대한민국을 이끄는 외식트렌드⟩를 펴내며

사전에 '외식'이란 용어를 찾으면 "집에서 직접 해 먹지 아니하고 밖에서 사 먹는 식사"라고 나옵니다. 예전에는 외식과 가정식의 구분이 확실했습니다. 하지만 지금은 구분이 애매모호할 때가 무척 많습니다. 식당 또는 셰프의 이름을 내건 포장 음식과 밀키트, 각종 배달 음식 등을 외식이라고 해야 할지, 집에서 먹으니 가정식이라 해야 할지 정의하기 어려울 때가 많습니다. 외식과 가정식의 중간 매개 음식에 대한 적당한 구별과 명칭이 부여되어야 할 때가 온 것 같습니다. 한편 식당에서 먹는 한 그릇의 음식이 한식인지, 양식인지도 식별이 어려울 때가 많습니다. 한식, 중식, 일식 등으로 구분된 지금까지의 음식별 분류도 시대의 잣대에 적합한지 다시 돌아보게 됩니다.

국내에 한없이 증가하는 카페 장르도 주목해볼 만합니다. 카페 종사자들은 커피와 음료만으로는 생존이 어렵기에 다양한 시도를 합니다. 참신한 인재들의 카페 창업은 국내 베이커리와 디저트 수준의 상향 평준화를 만들어냈고, 붕어빵 같은 고전적인 길거리 음식까지 유니크하게 변신하며 우리가 즐기는 간식의 영역을 보다 즐겁고 풍성하게 만들어주고 있습니다. 이와 같은 다양한 시도 속에서 어느덧 카페에서 식사를 하는 것이 익숙해지고, 아이스크림 가게에서 와인을 곁들이는 것도 자연스러워졌습니다. 새로운 외식 공간을 마주하면 장르를 구별하기보다 누가, 어떤 메시지를, 어떻게 전달하는지에 주목하게 됐습니다.

이처럼 지금은 외식 개념의 혼돈과 변화, 그리고 진화의 시대입니다.

미국 펜실베이니아대 마우로 기옌(Mauro F. Guillén) 교수는 오늘날을 여덟 세대가 하나의 세계를 공유하며 살아가는 '멀티 제너레이션 시대'라 설명하며 '퍼레니얼(Perennial) 세대'라는 개념을 제시했습니다. 다양한 외식 형태의 공존과 포용이 마치 여러 세대를 아우르는 현상과 유사해 보이기도 합니다. 오랫동안 심각한 경기 침체로 소규모 외식 자영업 현장의 폐업과 축소가 일어나는 내수 시장의 어려움이 계속되고 있습니다. 하지만 아이러니하게도 K-푸드는 글로벌 열풍으로 활황입니다. 거기에 '한국의 장 담그기 문화'가 유네스코 세계인류무형문화유산에 등재되는 쾌거를 이루며 우리 발효의 중요성까지 높아지고 있습니다. 이를 발판으로 해외에 진출하는 외식 및 식품 기업이 많아지고 있는 점도 주목할 만합니다. 이들의 활약을 기틀로 이룬 글로벌 교감은 이후 국내 외식 시장에 많은 영향을 줄 것입니다.

변화하는 외식 시장을 통찰하기 위해 노력한 한 해였습니다. 거시적 외식 현황부터 골목 외식의 트렌드 주도까지 분석한 ⟨2025 대한민국을 이끄는 외식트렌드⟩가 외식 및 식품업계 전문가들에게는 시대 현안을 알게 해주고 미식 독자들에게는 외식 인사이트를 갖는 데 도움이 되길 바랍니다.

2024년 12월 저자 일동

서 언

<대한민국을 이끄는 외식트렌드> 그리고 <다이어리알 레스토랑 가이드>

다이어리알이 새로운 세기에 접어든 2000년부터 지금까지 대한민국의 외식 문화 발전을 위해 트렌드에 맞는 미식 콘텐츠를 선보여온 지도 25년의 세월이 흘렀다.

초창기 의미 있는 온라인 레스토랑 정보 콘텐츠와 네티즌, 기자단, 전문가들의 평가를 기반으로 '베스트 레스토랑'을 선정, 공개한 것이 큰 반향을 불러일으킨 데 이어, 다년간 축적된 데이터를 바탕으로 엄선한 레스토랑 정보를 함축해 실용성 있는 가이드를 표방하며 책자 형태로 발행한 <다이어리알 레스토랑 가이드>가 2006년부터 2024년까지 이어졌다.

2005년 말 온라인 결과물을 바탕으로 출간한 최초의 가이드북인 <다이어리알 레스토랑 2006>은 맛, 음식, 분위기, 가격 대비 만족도의 4개 항목을 기준으로 한 새로운 스타일의 레스토랑 가이드북으로 첫선을 보였다. 이어서 2006~2007년판은 500개 레스토랑에 대한 평가와 소개를 반영했으며, <다이어리알 레스토랑 2008>은 서울 350개, 전국 350개로 구분한 별권의 형태로 출간했다.

이후 기존의 단점을 지속적으로 보완해갔으며, 특히 이미지를 보강한 <다이어리알 레스토랑 가이드 2009>부터는 레스토랑의 수를 700개로 늘리고 300여 컷의 이미지 반영을 비롯해 맛내비게이션, 맛지도 등의 부록도 함께 선보이며 활용도를 강화했다. 그리고 2008년 말에 발행한 <다이어리알 레스토랑 가이드 2009>는 처음으로 '가이드'라는 단어를 표지에 반영, 책자의 정체성을 강화했다.

그 후 <다이어리알 레스토랑 가이드>는 규모를 더욱 확대해나갔다. 새로운 구성으로 출간한 2008년 말부터 전국판의 출간을 기획했고, 2009~2011년 집중적으로 전국의 대표 레스토랑 및 숨은 맛집을 직접 취재하면서 새로운 전국판의 기초를 수립했다. 그렇게 3년간의 취재 결과를 바탕으로 1년의 준비 기간을 거쳐 2012년 말 서울판, 전국판을 각각 출간하면서 <다이어리알 레스토랑 가이드>의 활용 범위를 전국구로 확대했다. 2025년부터는 다이어리알의 시선과 내공이 담긴 레스토랑 가이드 <다이어리알 레스토랑 가이드 서울편·전국편>의 선정 업체 리스트를 독자들이 편안하게 열람 및 실생활에서 활용할 수 있도록 향후 온라인 홈페이지를 통해 공개할 예정이다.

2017년부터는 시간의 흐름과 사회의 이슈에 따라 변화하는 대한민국 외식 시장의 트렌드를 레스토랑 가이드와 함께 소개하는 <대한민국을 이끄는 외식트렌드>를 매년 발행함으로써 현시점 외식 트렌드 전반의 이슈를 흥미롭게 풀어내고 있으며, 그 여덟 번째 이슈인 <2025 대한민국을 이끄는 외식 트렌드>의 출간을 맞이했다.

<2019 대한민국을 이끄는 외식트렌드>, <2020 대한민국을 이끄는 외식트렌드>에서는 외식 트렌드와 밀접한 연관이 있는 소비 트렌드의 변화와 외식의 영향, 외식에서 두드러지게 나타나는 현상을 살펴보고 외식 트렌드, 다이닝과 바, 카페와 디저트 트렌드를 큰 틀로 나누어 분석해보았다. 또한 '골목에서 놀다, 골목 상권'을 통해 주목할 만한 서울의 골목 상권과 그 속의 음식점들을 소개했다. 지난 <2021 대한민국을 이끄는 외식트렌드>에서는 초유의 팬데믹을 맞이하면서 급변하게 된 외식 시장과 소비 트렌드에 따른 변화에 주목한 '넥스트 노멀(Next Normal) 시대의 외식 트렌드'를 다루었다. <2023 대한민국을 이끄는 외식트렌드>에서는 세계관과 콘텐츠가 중요해진 외식의 이슈를, 지난해 발간한 <2024 대한민국을 이끄는 외식트렌드>에서는 '초불확실성의 시대'에 새롭게 재편되는 외식 트렌드에 대해 다루었다.

이번 <2025 대한민국을 이끄는 외식트렌드>에서는 불안한 세계 정세에 따른 경제 불황과 기후 위기, 일상에 보다 깊숙이 침투하고 있는 인공지능의 역할이 날로 커지는 환경 속에서 주목해야 할 외식 트렌드를 심층적으로 소개한다. 불황 속 지갑을 닫은 소비자들이 열광하는 가성비 외식 공간과 집밥을 대체하는 간편식 시장, 그리고 위기 속에서 빛을 발하는 기본의 가치를 돌아보는 '스마트 세이버'를 비롯해 '먹는 김에 세계 일주', '최적화 외식', '푸드 쇼퍼(Food Shopper)', '나의 친절한 AI', '한식의 뉴 헤리티지' 6개 키워드와 2025년 카페 & 디저트 트렌드 그리고 주류 & 바 트렌드를 소개한다. 마지막 장에서는 다이어리알이 매년 발로 뛰어 취재한 주목할 만한 서울의 골목 상권과 그 속의 음식점들을 소개하는 챕터인 '골목에서 놀다, 골목 상권'과 골목 지도를 수록했다.

우리의 식문화와 미식을 사랑하는 모든 이의 생활을 더욱 풍요롭게 가꾸는 밑거름이 되기를 바라는 마음을 꾹꾹 눌러 담아 이 한 권의 책을 완성했다.

2006~2008

2009~2011

2012~2016

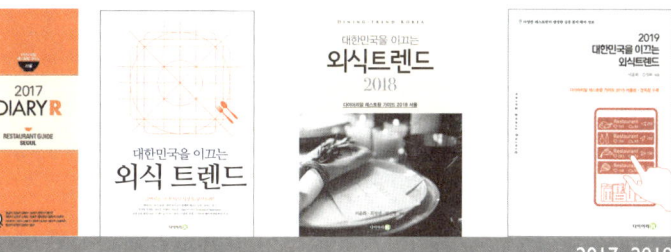

2017~2019

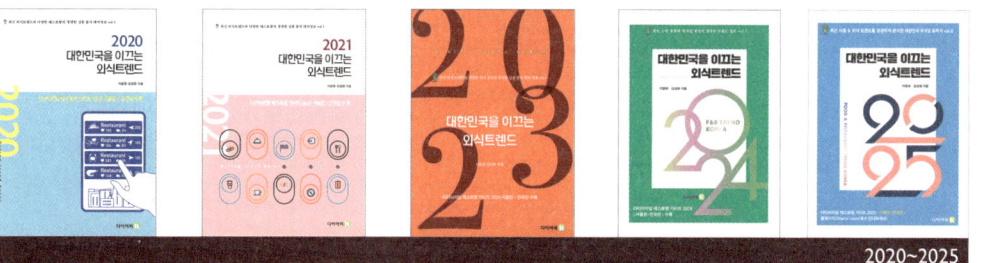

2020~2025

CHAPTER 1

스마트 세이버
(Smart Saver)

2025
대한민국을
이끄는
외식트렌드

1. 무한 리필 & 뷔페 레스토랑의 부활 ——————————————— 24
2. 누가 욜로해? 이젠 '요노'가 대세… 간편식·마트가 차린 밥상 —— 40
3. 위기에 빛나는 기본의 가치… 백 투 베이식(Back to Basic) —— 60

introduction

스마트 세이버(Smart Saver)

글로벌 경기 침체가 장기화되면서 외식업계 역시 험준한 불황의 늪을 지나고 있다. 소비 전반이 위축되다 보니 소비자들이 가장 먼저 지갑을 닫는 업종인 외식업종이 직격탄을 맞은 것이다. 코로나19 시절 외식업계의 절대적 기근 이후 상처가 회복되기도 전 터진 러시아-우크라이나 전쟁과 자연재해 등으로 주요 식자재 수급 위기 및 불안정한 시장 상황이 장기화됐고 고물가, 고환율, 고금리로 인한 경제 불확실성과 원재료 비용 상승, 인건비 상승, 각종 제반 비용과 물가 상승의 여파로 외식업 공급자의 어려움과 이로 인한 소비자들의 부담도 높아진 총체적 난국이다. 또한 지난 2023년 이스라엘-하마스 전쟁이 발발하며 국제 정세가 보다 혼란해진 상황 속에서 식품 가격은 향후에도 줄줄이 인상될 전망이라 정부 차원에서 물가 안정 대책을 내놓고 있으나 기업이 이를 부담하기에는 한계에 다다랐다는 것이 중론이다. 원재료 수급이 안정되더라도 그 밖에 원·부자재 비용마저 올라 인상을 피하기는 어려울 것으로 보이기 때문. 이러한 물가 상승에 가장 많은 영향을 받는 외식업종은 말 그대로 '불황 국면'에 접어들었다.

지난해 키워드로 제시했던 '런치플레이션' 현상은 보다 심화되었다. 한국소비자원이 발표한 2024년 1분기 기준 서울 식당의 점심 한 끼 평균 가격은 1만798원에 달한다. 2024년 6월 기준으로 서울의 음식 평균가가 냉면은 1만1923원, 삼계탕은 1만6885원, 짜장면은 7308원이다. 해당 품목만 놓고 보더라도 2022년 대비 평균 15% 이상 증가한 수치다. 주요 치킨, 햄버거 프랜차이즈와 카페 브랜드도 잇따라 가격 인상 소식을 전했다. 치킨업계 빅 3인 교촌치킨, BHC, BBQ는 물론 스타벅스를 비롯해 저가 프랜차이즈 카페 브랜드 역시 커피, 우유 등 원자재 가격과 운임비, 인건비 등의 폭등으로 인해 가격 인상을 단행하거나 부가적인 이윤을 높일 수 있는 방안에 대해 고심 중이다. 치킨 플레이션, 커피 플레이션, 냉면 플레이션 등 모든 메뉴 앞에 고물가가 반영된 신조어가 생겨나는 웃지 못할 상황이다.

불황 속에서 가격 인상에 따른 리스크가 커지면서 소비자 외식 지출이 줄어든 만큼 무작정 가격만 인상하는 데에는 분명 한계가 있다. 이에 외식업계에서는 식자재 비용 상승에 따른 원가율 관리를 위해 가성비 높은 식자재 발굴 및 수입 식재료 사용이 증가하고 있다. 또한 인건비 상승에 대응하기 위해 조리 시스템의 단순화를 꾀하거나 이를 서포트하는 전처리 식자재 또는 가공식품의 활용, 자동화 시스템 도입 등 연계 산업에 대한 수요 역시 두드러지게 증가하고 있다.

외식 물가 상승은 국내만의 일은 아니다. 글로벌 인플레이션에 의해 물가가 폭등하며 임금 상승률과의 밸런스가 깨지고 미국, 유럽 등 주요 국가들을 중심으로 생활비 부담이 높아지면서 외식 소비 자체를 줄이고 있는 것이 국제적인 추세다. 유튜브 등 소셜 미디어에서는 뉴욕에서 베이글과 커피로 간단한 아침 식사를 하는 데 3만원 이상을 지불해야 하는, 살인적인 외식 물가를 다룬 콘텐츠가 쏟아져 나오는데 이는 물가 상승의 현실을 여실히 보여준다. 따라서 식자재 및 인건비 증가에 따른 가격 상승으로 고객들의 발길이 끊어지면서 많은 업장이 결국 폐업하거나 규모를 축소하고 있는 실정이다. 실제로 〈월 스트리트 저널(WSJ)〉은 2025년까지 더 많은 레스토랑이 파산할 가능성에 직면해 있다고 경고하기도 했다.

국내 외식 시장 역시 소비자의 부담 증가는 물론 자영업자들의 시름이 깊어지고 있다. 핀테크 기업 핀다의 빅데이터 상권 분석 플랫폼 '오픈업'에 따르면 2023년 전국 평균 외식업 폐업률은 21.5%다. 평균 5곳 중 1곳이 문을 닫은 셈으로 이는 코로나19 유행기보다 높은 수치다. 경기 침체의 여파는 여러 산업에서 나타나고 있다. 대표적인 것이 패션 유통업계로 한참 호황을 누리던 명품 시장이 확연한 수요 둔화를 보이고 있으며 우후죽순 생겨났던 명품 플랫폼도 고전을 면치 못하고 있다. 한때 돈을 싸들고 가도 살 수 없어 매장 앞에서 오픈 런을 하던 진풍경도 이젠 옛말이 되고 말았다. 명품 브랜드 구찌와 입생로랑의 모회사 케링 그룹은 2분기 전체 매출이 전년 대비 11% 감소했고, 대표 브랜드인 구찌는 19% 하락하며 글로벌 럭셔리 시장 침체의 현실을 극명하게 드러냈다. 대신 건강 트렌드에 맞춘 품질이 좋고 가격이 합리적인 애슬레저(Athleisure: 운동복 같지만 일상복으로도 편안하게 입을 수 있는 옷) 브랜드의 비중은 높아지고 있다. 국내시장의 경우 무신사, 유니클로, 스파오 등 가성비를 앞세운 스파(SPA) 브랜드가 매출 신장세를 보이며 불황을 대변하고 있다.

외식업계도 패션업계의 상황과 크게 다르지 않은 양상이다. 특히 코로나19 시기 국내 시장에 록인(Lock-in)된 외식 소비자들의 일탈 수요가 몰렸던 파인다이닝 시장은 기본적으로 인건비와 원재료, 임대료 등의 고정비가 높아 순이익이 낮은 업종인 만큼 유지가 매우 어려운 데다 수요 자체도 줄어들면서 고난의 시기를 맞이하고 있다.

최근 파인다이닝 업계의 큰 이슈 중 하나로 국내 파인다이닝의 대중적인 인지도 향상에 기여한 〈미쉐린 가이드〉가 2024년 한국의 도시 부산을 새롭게 추가하며 서울-부산의 레스토랑을 선정했지만 기대만큼의 반향을 불러오지 못했으며, 부산 엑스포 유치에도 실패하면서 이와 함께 많은 투자가 예상됐던 미식업계 역시 동력을 잃고 화제성을 지속하지 못하기도 했다. 일부 레스토랑은 고객 유인책으로 메뉴를 보다 간소화하거나 코스 위주의 구성을 단품 주문도 가능하게 바꾸기도 하고 잔술 판매를 통해 객단가 상승을 유도하는 등 다양한 불황 전략을 내놓기도 했다. 물론 하반기 넷플릭스 프로그램 〈흑백요리사: 요리계급전쟁〉으로 인해 셰프와 파인다이닝에 대한 대중 인지도가 높아지는 계기가 되어 반짝 특수를 맞이하긴 했다. 하지만 소비자, 그리고 공급자가 짊어진 부담이 사라지는 것은 아니고 파인다이닝 자체가 수익성을 기대하기보다 국내 미식 시장의 발전을 위한 낭만적인 투자가 없이는 유지하기 어려운 구조이기에, 일부 업장을 제외한 업계 전체의 성장이라 보기에는 무리가 있다.

이에 한동안 지속되던 과시적인 소비를 일컫는 플렉스(Flex) 소비 추세가 줄어들고 가격이 저렴하면서도 품질이 좋은 대상을 찾아 소비하는 절약형 소비가 대세가 됐다. 외식업계에서도 이와 같은 추세에 따라 가성비를 앞세운 공간에 대한 수요가 늘고, 상대적으로 저렴한 간편식이나 편의점 같은 유통업과 연계된 식품 수요가 증가하고 있으며, 이와 함께 '집밥족'이 늘어나고 있다. 최근 젊은 세대의 관심사를 대변하는 대표적인 숏폼 플랫폼 틱톡(Tiktok)에서는 '과소비 안 하기' 운동이 새로운 트렌드로 떠오르고 있고 실제로 일상 속에서 물건을 아껴 쓰는 방법, 재활용하는 방법, 물건을 현명하게 구매하는 방법 등을 공유하는 '스마트 세이버'들이 외식업계에서도 똑똑한 절약 흐름을 주도하고 있다.

1. 무한 리필 & 뷔페 레스토랑의 부활

외식 산업이 질적 향상을 거듭하면서 상향 평준화되고 경험 중심의 소비 추세에 따라 일관성보다는 차별화된 경험에 더욱 큰 가치를 부여하면서 다소 힘을 잃었던 프랜차이즈 가맹점, 패밀리 레스토랑, 특히 팬데믹 이후 간신히 숨만 붙어 있던 가성비 뷔페 레스토랑들이 극적으로 부활하며 빠른 성장세를 보이고 있다. 시장조사업체 마크로밀 엠브레인에 따르면 2024년 상반기 '뷔페 및 무한 리필 음식점 이용률'은 2022년 상반기 평균 대비 24.1%의 성장률을 기록한 것으로 조사됐다. 여기에는 뷔페 레스토랑들의 대중 인식 변화를 위한 체질 개선 노력도 주효했다. 현재의 소비자들은 다양한 정보를 실시간으로 파악하고 비교할 수 있는 시대인 만큼 오로지 가격에만 초점을 맞추는 것이 아니라 방문할 매장의 메뉴 구성, 할인율, 거리 등 다양한 요소를 고려해 선택에 도달하기 때문에 결코 호락호락하지 않다. 이에 최근 인기를 얻고 있는 뷔페 및 무한 리필 브랜드들은 단순히 가격 경쟁력뿐만 아니라 현재 외식 소비자들의 눈높이에 걸맞은 서비스 및 퀄리티 제공과 발 빠른 트렌드 반영을 통해 방문 고객의 만족도를 높이기 위해 꾸준히 노력하며 그 성과를 내고 있다는 평이다.

셀프 & 자동화 시스템으로 부활한 가성비 뷔페의 약진

대표적인 가성비 뷔페 레스토랑인 이랜드 그룹의 '애슐리 퀸즈(Ashely Queens)'와 CJ푸드빌의 '빕스(VIPS)' 등은 수많은 패밀리 레스토랑과 뷔페 레스토랑 브랜드가 역사의 뒤안길로 사라진 암흑기를 견디고 다시금 기지개를 켜고 있다. 현재 애슐리 퀸즈의 경우 적극적으로 점포 수를 늘려가고 있는데 2022년 55곳까지 줄였던 매장 수가 2024년 7월 기준 91개로 증가했으며, 향후 100개 이상으로 늘려갈 전망이다. 애슐리 퀸즈를 운영하는 이랜드 산하 이랜드이츠 법인의 지난해 매출액은 3553억원으로 1년새 무려 40.1%가 늘

가성비로 제2의 전성기를 맞은
이랜드이츠 뷔페 레스토랑 애슐리 퀸즈

었다. 영업이익 또한 178억원으로 195.1% 급증했다. 소비자들이 꼽는 애슐리 퀸즈의 가장 큰 강점은 평일 점심 기준 성인 이용 금액이 1만9900원(2024년 7월 기준)의 저렴한 가격으로 특히 고물가에 부담이 늘어난 가족 외식 고객들의 호응을 이끌어냈다. 뷔페 운영의 고질적인 문제도 자동화, 셀프 시스템을 통해 극복하고 있다. 애슐리 퀸즈 강남점의 경우 입장 고객들은 매장 앞에서 키오스크 셀프 선결제 후 번호표를 받아 안내 직원 없이 직접 자리를 찾아 앉도록 했으며 접시 또한 서빙 로봇과 셀프 퇴식존을 두어 홀 직원들의 역할을 최소화했다. 또한 대대적인 메뉴 개편과 계절성 반영, 계열사 공급망을 활용한 원가절감을 통해 고객 만족도와 수익성을 높였으며 간편식, 집밥 비중이 늘어나는 추세에 맞춰 애슐리 브랜드 이름을 딴 간편식 및 델리 전문 매장 '애슐리 월드델리' 매장을 선보이며 매출 다각화 전략을 펼치고 있다.

뷔페와 패밀리 레스토랑의 장점을 합친 브랜드로 가성비 있는 샐러드 바와 프리미엄 스테이크를 합리적인 가격에 즐길 수 있는 CJ푸드빌 빕스의 경우 2015년 112개에 달했던 매장 수가 팬데믹 시기를 지나며 4분의 1 수준으로 떨어졌다. 2024년 7월 기준 매장 수는 29개. 빕스는 축소한 매장 수를 공격적으로 늘리기보다 철저한 상권 분석을 통해 각 매장의 입지에 맞는 '맞춤형 매장'을 신중하게 세팅해 브랜드의 내실을 다져가는 전략을 취하고 있다. 지나치게 몸집이 커지면서 점포별 음식과 서비스 퀄리티에 차등이 발생하고 고객들에게 충분한 만족감을 주지 못하면서 각종 쿠폰, 할인 남발로 인한 수익성 악화 및 브랜드 가치 손실을 겪었던 데다 불확실성이 큰 시장 상황을 고려했기 때문이다. 당장 뷔페의 인기가 올라갔지만 언제든 팬데믹 같은 위기가 재차 발생하면 직격타를 입을 수 있고 고객들이 돌아왔지만, 이전과 비교했을 때 고객들의 눈높이가 높아졌기 때문에 그에 맞게 브랜드 이미지 구축과 퀄리티에 집중하겠다는 의도이다.

이러한 뷔페 음식점을 찾는 고객들의 가장 큰 구매 요인은 단연 '가격'이다. 이들 브랜드 뷔페 식당은 일반 대중 식당의 단품 메뉴에 비해서는 기본 객단가가 더 높을지 모르나 무난한 퀄리티의 음식을 양껏 먹을 수 있고, 다양한 취향을 만족시킬 수 있으며, 음료와 디저트, 상대적으로 저렴한 가격의 주류까지 한 번에 해결할 수 있는 데다 카드나 통신사 등 혜택을 제공하는 경우도 많아 결과적으로 훨씬 경제적이라는 게 고객들의 의견이다.

소비 심리 위축과 플렉스를 대하는 대중 시선의 변화는, 여름이 되면 가격이 항상 논란의 도마에 오르지만 접근 가능한 플렉스, 소소한 사치의 대표 격이던 특급 호텔의 고급 빙수 판매에서도 체감할 수 있다. '가성비'와는 반대의 지점에 있는 대표적인 외식 상품으로 한때 예약 대기 시간이 2~3시간을 넘길 정도로 인기가 치솟았던 것에 비하면 한풀 꺾인 모양새다. 대표 상품인 '망고빙수'의 주요 재료인 애플망고의 원재료 원산지 논란 등의 잡음과 더불어 사치를 대하는 소비자들의 온도가 예전 같지 않다는 것. SNS를 통해서 사치를 뽐내기보다 균형 잡힌 일상을 공유하는 것이 MZ세대를 중심으로 더욱 중요한 가치로 떠오른 데다 호텔 못지않은 훌륭한 대체재들이 늘어난 것도 주효했다. 비록 고급 호텔은 아니지만 충분한 퀄리티의 상품을 절반 이하의 가격으로 즐길 수 있는 외식 공간들로 수요가 돌아서고, 경쟁을 뚫고 최고의 가성비를 자랑하는 제품을 획득한 것은 스마트 세이버들의 시대 속 최고의 트로피다.

호텔 뷔페도 마찬가지다. 2024년 기준 서울 시내 웬만한 5~6성급 호텔 뷔페는 1인 20만원 남짓인데, 이제는 동일 가격대를 지불하고 더욱 높은 만족감을 느낄 수 있는 다이닝 선택지가 많기에 경쟁력이 부족하다는 평이다. 오히려 호텔의 하드웨어와 서비스를 제공하면서 합리적인 가격을 갖춘 호텔 뷔페들이 실속파 소비자들의 새로운 호응을 얻고 있다. 특히 이러한 실속형 호텔 뷔페 레스토랑은 일반 외식 공간에 비해 브랜드 인지도가 다소 낮고, 대신 접근성이 높은 만큼 공간 효율을 높이기 위해 숙박 공간이 아닌 외식 공간으로서 대중 인식을 강화하는 것이 중요하다. 이에 호텔 측에서는 적극적인 외식 고객 유치를 위해 가성비 좋은 런치 세트 구성으로 고객 인지도와 경험치를 높이고 디너 타임 무제한 맥주 이벤트, 와인 이벤트 등을 전략적으로 내세우고 있다. 이를 통해 고객 입장에서는 호텔의 하드웨어를 이용하면서 회식이나 식사, 술자리를 한 번에 해결할 수 있다는 점이 장점으로 다가가고 있다.

힐튼 가든 인 서울 강남의 '가든 비스트로', 포포인츠 바이 쉐라톤 구로의 '테이블32', 포포인츠 바이 쉐라톤 조선 서울역의 '더이터리', 마포 서울가든호텔의 '라스텔라' 등에서는 주중 점심 성인 기준 4만~5만원대의 가격으로 수십여 가지 호텔 특선 메뉴를 이용할 수 있으며, 가성비 호텔의 대표 주자인 신라스테이(역삼, 서초 등)는 자체 뷔페

다이닝 카페에서 주중 3만~4만원대 뷔페를 선보인다. 을지로 크라운 파크 호텔 서울의 '더파크다이닝'은 런치 세미 뷔페를 무려 2만원대에 선보이며 극강의 가성비를 자랑한다.

1인 1만5000원에 운영되는
더본호텔 뷔페 레스토랑 탐모라(사진_더본호텔)

제주 서귀포의 호텔더본 제주, 일명 '백종원호텔'은 가성비 높은 조식 뷔페로 유명하다. 호텔 내 뷔페 식당인 '탐모라'는 성인 1만5000원에 한식, 양식, 중식 및 즉석으로 제공되는 신선한 음식 50여 종을 즐길 수 있어 제주의 외식 물가 대비 초가성비 뷔페로 화제가 됐다. '숙박객만 이용 가능한' 해당 뷔페는 숙박객 유치와 서비스 질 상승을 위한 인프라로서 역할을 톡톡히 하며 해당 호텔 예약의 일등 공신이 됐다. 실제 국내 가성비 숙박 시설이 지나치게 모텔급 2~3성급 호텔에 치중되어 있고 많은 숙박 시설이 코로나19를 거치며 숫자 자체가 줄어들어 국내 관광산업의 지속 가능성을 위해 숙박업 자체의 쇄신이 필요한 상황이었다. 최근 국내를 방문하는 외국인 관광객 수요가 늘면서 외국인 친화적이며 안전하고 깔끔한 호텔 공급 확충이 필요했던 만큼 특급 호텔 및 관광, 비즈니스 목적의 숙박에 맞춘 질 좋은 숙박 시설은 향후 지금보다 빠르게 늘어날 전망이다. 이에 걸맞은 서비스를 제공하며 원스톱 식사를 즐길 수 있는 실속형 호텔 다이닝은 호텔의 주요 경쟁력이 될 수 있으며 역량에 따라서 매출에 많은 기여도 할 수 있는 가변적 영역이 될 것이다. 호텔이 갖고 있는 장점에 소비 트렌드에 맞는 다이닝의 구성을 더해 많은 호텔이 양적, 질적 가치 향상을 거듭할 것으로 보인다.

'아재'들의 성지에서 MZ 성지로, 한식 뷔페

뷔페 식당들이 주목받으면서 자연스레 뷔페 형태의 서비스를 제공하는 식당 중 가장 가성비가 뛰어난 '한식 뷔페'도 인기다. 과거 공사장 인근의 함바집 형태로 운영되거나 직장인 밀집 지역에서 주중에만 운영하며 구내식당 역할을 대신했던 한식 뷔페가 최근 1만원 이하의 가격대를 유지하면서 '무제한'이라는 마법의 단어와 일반 뷔페 식당 못지않은 알찬 구성과 함께 외식의 명소로 등극했다. 극한의 가성비와 함께 구성이 알차거나 손맛이 뛰어난 가게의 정보를 SNS상으로 공유하는 '한식 뷔페 도장 깨기'와 가성비 높은 한식 뷔페를 소개하는 콘텐츠는 유튜브에서 높은 조회수를 기록하고 있다.

경기도 광명시의 '더쉐프한식뷔페'는 코스트코, 이케아, 롯데몰 근처에 위치한 한식 뷔페인데, 1인 7500원의 가격에 매일 바뀌는 9가지의 찬과 국이 제공되는 곳으로 하루 1500인분을 소화하며 지역 주민들의 밥심을 채워주고 있다. 석식도 운영하여 저녁 외식 공간으로도 인기다. 서울 송파구의 '일루퓨전한식뷔페'는 1인 8000원의 가격에 셰프 출신 대표가 직접 만드는 알찬 구성의 반찬들이 매일 바뀌며 언제나 그날의 메뉴를 매장 앞에 전시해두어 눈으로 먼저 확인할 수 있도록 한다. 탕수육이나 프라이드치킨 등 젊은 층이 선호하는 메뉴는 물론 양념게장, 샐러드 등을 다양하게 갖추고 있으며, 무엇보다 크림 생맥주를 무한으로 제공해 언제나 인산인해를 이룬다.

고물가 시대에 단돈 5000원의 가격으로 서울 시내 한복판에서 알찬 한식 뷔페를 이용할 수 있는 서울 성동구 성수동 '서산식당'은 '갓성비' 식당으로 유명하다. MZ세대의 놀이터인 성수역 인근에 자리하며 인근 지역 직장인, 상인들의 밥심을 든든히 채워주는 곳이다. 메뉴는 주인장이 직접 요리한 집밥 스타일의 정갈한 반찬과 밥, 국으로 구성되며 고기, 김밥, 떡볶이 등 메인 메뉴를 포함하면 가짓수가 10가지를 웃돈다. 대구의 '대성기사한식뷔페'는 가성비와 맛, 그리고 푸짐함을 겸비한 곳으로 1인 7000원의 가격에 푸짐한 한 끼를 즐길 수 있다. 단 1시간으로 식사 시간이 제한되어 있는데, 이는 가격을 보면 충분히 납득할 수 있는 부분이다.

임대료가 높은 서울 시내 한식 뷔페의 경우 주로 빌딩 지하에 위치한 경우가 많은데 공간을 새로운 형태로 활용한 한식 뷔페도 등장했다. 서울 강남구 대치동의 한식 뷔페 '집밥한끼'는 30가지 이상의 반찬이 제공되는 한식 뷔페인데, 이곳만의 독특한 점이 있다. 바로 회전 초밥집에서나 볼 수 있는 레일을 활용하는 것. 뷔페 동선을 따로 만들지 않아 공간 활용도가 높고 음식을 뷔페용 바트 단위가 아닌 소량으로 채워 로

레일을 활용해 반찬을 제공하는
대치동 한식 뷔페 식당 집밥한끼(사진_업체 제공)

스율을 줄였다. '삼원가든', '투뿔등심' 등 국내 대표 외식 전문 기업인 SG다인힐에서도 서울 강남구 압구정동, 노른자 중의 노른자 땅 한복판에 한식 뷔페 '진주가정식뷔페 & 냉삼'을 열어 화제를 모았다. 점심에는 한식 뷔페, 저녁에는 냉삼집으로 운영되는 곳인데, 점심 뷔페는 1인 9500원으로 해당 지역 물가를 생각하면 저렴한 편이다. 한식뿐만 아니라 중식, 브런치 등 다양한 메뉴를 지루함 없이 선보이며, 셀프 라면 코너도 운영해 빠르게 입소문이 났다.

이러한 추세에 따라 임대료가 상대적으로 저렴한 지역에 터를 잡고 대신 음식에 보다 화력을 집중한 도심 외곽 지역의 한식 뷔페 식당 역시 인기를 얻고 있다. 맛과 건강을 챙기고 지역 산물을 활용해 범주를 넓히면서 상대적으로 식재료 원가를 유리하게 가져갈 수 있는 지역 뷔페 식당들은 주말 나들이객들을 꾸준히 불러 모으고 있다. 경북 포항 산림조합 로컬 푸드 직매장에 있는 '숲마을뷔페'는 지역 우수 농·임산물을 바탕으로 한 건강하고 맛있는 한식 뷔페를 선보이고 있으며 반찬과 도시락 등도 판매하며 한국소비자산업평가로부터 우수 업체로 선정된 바 있다.

충북 충주시에 자리한 채식 뷔페 식당 '열명의 농부'는 팜 투 테이블(Farm to Table)을 실천하는 곳으로 유기농 쌈 채식 뷔페를 제공하면서 메뉴에 사용된 식재료를 생산한 농부들 이름을 표기해 진정성과 가치를 더했다. 또한 다양한 가공품을 판매하는 그로서란트를 겸하며 지역 농산물 판로 확대에 의미 있는 역할을 하고 있다. 경남 산청의 '열매랑뿌리랑 약초산

충주 열명의농부 쌈 & 채식 뷔페

나물뷔페'는 산청의 다채로운 산나물을 활용해 나물, 튀김, 장아찌, 볶음, 조림 등 다양한 메뉴를 낸다. 1인당 1000원만 남기는 전략으로 메뉴를 구성해 무려 40가지 이상의 음식을 내고 하루 600명 이상이 이용하는 지역 명소다.

하지만 한식 뷔페는 조리 과정에서 손이 많이 가는 데다 음식 종류의 다양성이 요구되는 만큼 많은 노동력을 필요로 하는데도 현실적으로 높은 금액을 받기는 어려운 소비자 인식이 깔려 있다. 이런 업종 특성상 무조건 많이 팔아야 하는 구조이며, 식재료 수급이나 기타 고정 비용에서 상쇄될 수 있는 특수성을 갖추지 않는 이상 공급자의 리스크가 큰 업종이다. 한때 많은 한식 뷔페들이 유행처럼 번졌다가 사라진 과거가 있지 않은가. 고물가와 경제 불황으로 인한 긴축 소비 추세는 언제든지 또 다른 형태로 변화될 수 있기에 고객들을 붙잡을 수 있는 외식업의 기본 가치를 지키면서 무분별한 확장보다는 브랜드 자체의 신뢰도를 높이는 것이 매우 중요한 시점이라 하겠다.

무한으로 즐겨요, 체질 개선 무한 리필 브랜드

'무한 리필'이라는 마법의 단어를 앞세운 무한 리필 전문점도 중저가 뷔페와 마찬가지로 상대적으로 저렴한 가격과 고기, 떡볶이, 피자, 샤브샤브 등 특정 메뉴를 전문으로 취급하되 뷔페의 장점을 결합한 형태로 소비자들의 호응을 얻고 있다. 물론 이러한 형태의 식당이 과거에 없었던 것은 아니다. 하지만 한국소비자원의 가격 정보 서비스 '참가격'에 따르면 2024년 5월 기준 서울 지역 삼겹살 1인분 평균 가격이 2만83원으로 사상 처음 2만원대 진입하는 등 최근 일반 음식점들의 가격이 크게 인상됨에 따라 같은 값이면 더욱 풍족하고 다양한 음식을 즐길 수 있는 무한 리필 식당의 경쟁력이 높아지고 있다. 더불어 주력 메뉴와 서비스 퀄리티에 집중해 만족도를 끌어올린 몇몇 브랜드의 선전으로 무한 리필 식당에 대한 소비자 인식이 개선된 점이 이들 식당의 인기 요인으로 풀이된다. 주력 메뉴는 대부분 고객이 서빙과 조리를 직접 셀프로 하는 시스템이라 일반 뷔페 식당보다 운영자 입장에서 인력 구성 부담이 적다는 점과 객단가 유지, 계절의 영향을 상대적으로 덜 받는다는 것 역시 장점이다.

무한 리필 식당 하면 가장 먼저 거론되는 것이 무한 리필 고깃집이다. 과거에는 주머니 사정이 가벼운 이들이 고기를 마음껏 먹기 위해 주로 방문했지만 저품질의 냉동 고기를 파는 곳, 고기 외에 이용할 수 있는 바 메뉴가 저원가의 구색만 갖춘 음식들이라는 인식이 강했다. 가격이 저렴해서 방문을 했다 하더라도 식사 만족도가 낮아 지속성을 갖추기 힘들었고 결국 대학가, 자취촌 등 구매력이 낮은 지역에 있는, '싼 맛'에 가는 곳 정도로 치부되었다. 하지만 무한 리필 고깃집도 높아진 외식 소비자의 눈높이에 맞춰 원물의 업그레이드, 공간과 서비스의 개선 등 진화를 거듭해왔다. 그러다 최근 불경기와 맞물리며 똑똑한 소비를 추구하는 소비자들에 의해 가성비 외식 아이템으로 떠오르기 시작했다. 외식의 꽃인 고기를 실속 있게 즐길 수 있는 무한 리필 고깃집이 가격에 타협한 선택이 아닌 만족스러운 경험을 위해 방문하는 '핫'한 외식 공간으로 주목받게 된 것이다. 특히 최근 동종 업계에서도 손꼽히는 무한 리필 고기 외식 브랜드는 원육 유통의 차별화를 통해 가격 경쟁력과 퀄리티를 확보하고 특색 있는 자체 레시피 개발, 패밀리 레스토랑 못지않은 바 메뉴 구성과 서비스, 그리고 쾌적한 식사 공간을 제공하며 훌륭한 가족 외식 공간으로 각광받고 있다.

명륜진사갈비 무한 리필 고기 코너

'명륜진사갈비'는 무한 리필 숯불돼지갈빗집의 대표 격이다. 리브랜딩을 통해 보다 깔끔하고 쾌적한 분위기로 변화를 시도해 단순히 가성비족만 겨냥하기보다 가족 외식 공간으로서 포지셔닝했다. 이곳에서는 숯불돼지갈비를 비롯해 스테이크, 통삼겹살, 프렌치랙, 숯불닭갈비 그리고 껍데기 등 다양한 부위의 고기와 셀프 바를 성인 1인 기준 1만9900원에 이용할 수 있다. 브랜드의 화제성을 가늠해볼 수 있는 트렌드 랭킹 서비스 '랭키파이'의 트렌드 지수 분석 결과에 따르면 2024년 7월 기준 한식 프랜차이즈 브랜드 중 가장 높은 트렌드 지수를 기록한 브랜드가 명륜진사갈비인 것으로 나타났다. 무한 리필 고깃집 브랜드 가운데 높은 인지도를 무기로 매장 평균 매출 또한 호실적을 거둔 것으로 나타났다.

그 밖에도 프리미엄 뷔페 콘셉트로 숯불뼈구이를 포함한 12종 이상의 다양한 고기 메뉴를 1인 1만9900원에 무한으로 제공하는 '청년고기장수', 시그니처인 양념 대장(大長)갈비와 프렌치랙·양념갈비·삼겹살·닭갈비 같은 고기를 비롯해 피자와 치킨 등 다양한 음식을 무한 리필로 즐길 수 있는 '육미제당', 15년 이상의 업력을 자랑하는 '통큰갈비' 그리고 '고기싸롱' 등의 무한 리필 고기 전문점은 보통 1인 2만원 이하의 가격으로 책정되어 있으며 가격 대비 뛰어난 주 메뉴 품질과 브랜드별 차별화 요소를 더해 업계에서 존재감을 발휘하고 있다.

고깃집 외에도 무한 리필 시스템이 장점을 발휘할 수 있는 식당들의 소비자 관심도가 어느 때보다 높은 상태다. 대표적인 것이 샤브샤브(훠궈), 떡볶이, 초밥, 중식 등이며, 2000년대 인기를 끌었던 '생크림 무한 리필 토스트'와 흔들 그네로 유명한 레트로풍 프렌차이즈 카페 '캔모아'도 유튜브와 TV 예능 프로그램 등을 통해 다시금 화제에 오르며 최근 신규 매장 출점 소식을 알려오고 있다. 샤브샤브 무한 리필 전문점 '샤브20'은 1인 2만원대 비용으로 식사 시간 내에 샐러드 바에서 닭강정, 떡볶이 등 다양한 음식을 제한 없이 먹을 수 있을 뿐만 아니라, 샤브샤브용 채소와 소고기, 돼지고기까지 무한으로 제공되는 가족 외식형 브랜드다. 다양성보다는 고객 선호도가 높은 메뉴에 집중해 잔반율을 줄이고 육류 등 주요 식자재는 자체 식재료 유통 인프라를 갖춰 매출 구조를 최적화했다.

'샤브올데이'는 호텔식 샤브 뷔페를 표방하며 빠른 속도로 시장 내에서의 입지를 다지고 있는 신생 브랜드다. 무한 리필 전문점답게 1인 2만원대 비용으로 프리미엄 소고기를 무제한으로 제공하며, 신선한 채소와 60여 가지의 샐러드 바를 통해 다양성을 무기로 내세운다. 또한 고객 개인의 취향에 따라 선택할 수 있는 다양한 특제 육수는 물론, 일곱 가지의 다채로운 디핑 소스를 마련해 각기 다른 맛의 조합을 즐길 수 있도록 했다. 이 외에도 초콜릿 분수, 키즈 존, 어머니 존 등을 갖추어 어린이와 함께 방문하

호텔식 샤브샤브 뷔페를 표방하며 빠른 속도로 시장의 입지를 다진 샤브올데이(사진_업체 제공)

는 가족들에게도 최적의 외식 환경을 제공하는 등 다양한 전략으로 빠르게 지점을 확장하고 있다.

트렌드의 최전선에 있는 다양한 지역 맛집들은 편의점업계와도 컬래버레이션을 펼치고 있다. 최근 CU와 협업한 명륜진사갈비는 '갈비정식도시락' 등 여러 협업 제품을 출시했으며, 이마트24는 캔모아와 손잡고 '피치후르츠크림샌드위치', '요거트피치파인애플샐러드' 등을 내놓으며 화제성을 입증했다.

우리 회사가 맛집, 구내식당이 최고의 복지

최근 인기리에 방영되고 있는 tvN 예능 프로그램 <백패커>는 요리연구가 백종원 대표 외에 몇몇 연예인들이 팀을 이뤄 학교, 군대, 관공서, 회사 등 사람들이 열심히 살아가고 있는 평범한 삶의 현장을 찾아 한 끼의 따뜻한 식사를 단체 급식 형태로 제공하는 프로그램이다. 최고의 급식 환경을 자랑하는 국가대표 선수촌부터 1000원의 아침밥을 제공하지만 금액의 한계로 다소 부실할 수밖에 없는 대학교 식당까지 소개되었고, 한 끼 4000원 이하로 책정되어 현재 외식 물가로는 터무니없이 열악한 소방관 급식 실태가 조명되기도 했다. 이 프로그램은 고물가의 영향으로 외식은 엄두를 내지 못하고, 부실하더라도 내부 급식 시설을 이용하려는 이들이 많은 현재의 상황을 보여주었고, 평소보다 풍족하고 맛있는 한 끼를 선물받은 이들의 표정은 '생활 터전 속 한 끼'의 소중함을 일깨워주었다.

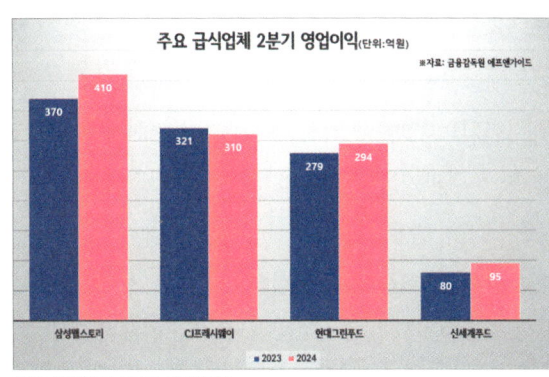

주요 급식업체 2분기 영업이익

고물가 영향으로 식비 지출을 아끼는 직장인들이 많아지고 개인 외식업체보다 상대적으로 저렴한 가격으로 식사를 해결할 수 있는 구내식당, 단체 급식 이용자 수가 늘어나면서 식자재·급식업계의 실적도 상승세를 이어가고 있다. 단체 급식 서비스 전문 기업 '삼성웰스토리'의 경우

2024년 2분기 연결 기준 매출액은 7750억 원, 영업이익은 460억 원으로 전년 동기 대비 각각 10.1%, 24.3% 증가했으며 '현대그린푸드'는 매출액 5424억원, 영업이익 325억원으로 전년 동기 대비 각각 4.21%, 16.41% 증가했다. 다만 대형 병원 단체 급식 서비스 비중이 컸던 'CJ프레시웨이'의 경우 의대 파업의 영향으로 다소 주춤한 모양새로 군 급식과 일반 급식 비중 확대와 외식 솔루션 사업 등을 통해 수익 구조 다각화를 꾀하고 있다. 단체 급식 전문 기업의 이러한 매출 성장은 일반적으로 학교나 회사, 공공기관의 내부 직원들을 위해 마련된 구내식당의 이용자 수 증가를 비롯해 각 기업들의 적극적인 해외시장 공략, 단체 급식과 급식 식자재 사업 분야의 B2B(기업 간 거래) 활성화, 식자재 유통 등의 복합적인 시너지 덕이다.

"다 먹고 살자고 하는 일"이라는 말이 있듯 우리의 일상에서 '잘 먹는 일'은 삶의 질을 좌우하는 근원적인 만족감과 직결되어 있다. 고물가에서 가장 민감하게 반응하는 분야도 바로 매일 마주해야 하는 먹거리다. 신한은행에서 발표한 '2024 보통사람 금융생활 보고서'에 따르면 소비 항목별 월평균 소비액 비중에서 전체 소비 항목 중 '식비'가 22.3%로 2위인 교통비 14.9% 대비 압도적으로 가장 많은 비중을 차지하고 있는 것으로 나타났다. 상위 지출 항목 중 교통, 통신, 관리비, 월세 등 고정적인 지출 항목에 비해 식대는 개인의 노력을 통해 유동적으로 관리할 수 있다는 점에서 '똑똑한 절약'이 필요한 분야라 할 수 있다.

직장인의 낙인 점심시간도 예외는 아니다. 외식 지출 부담이 늘어남에 따라 일반 식당에서 사 먹는 사람보다 도시락족, 편의점 외식족, 저렴한 밥집과 비용 부담이 적은 구내식당 이용족이 자연스럽게 늘어나고 있다. 특히 구내식당 이용 증가 이유는 단순히 가격적인 메리트뿐만은 아니었다. '구내식당이 복지'라는 말이 있을 정도로 식사 품질 향상이 직원들의 근무 만족도에 직결되는 만큼 각 기업들이 투자를 늘린 점도 주효했다. 이는 실제로 직원들의 기업 평가 결과에도 긍정적인 영향을 미치고 있다. SNS를 통해 일상을 공유하는 것이 자연스러운 시대인 만큼 회사 구내식당 메뉴가 알차게 나오는 경우 마치 맛집에서 인증 숏을 찍듯 회사 밥을 자랑하는 사례도 심심치 않게 볼 수 있다. 이에 단체 급식 전문 업체는 단순한 음식 퀄리티 향상뿐만 아니라 일반 외식 공간 못지않은 폭넓은 경험을 선사하기 위해 회사의 정체성을 담은 특식을 제공하거나 시즌에 따라 이벤트를 열기도 한다.

구내식당은 회사 직원들만 한정적으로 이용할 수 있는 공간이 대부분인 만큼 일반 외식 공간처럼 모객을 위한 마케팅이나 브랜딩이 필요한 것은 아니다. 하지만 직원에게 좋은 복지를 제공하는 활동은 결국 내부 고객과 잠재적 소비자들로 하여금 기업의 긍정적 이미지를 형성하게 하는 데 기여한다는 측면에서 직원 복지 차원의 구내식당 품질 향상에 투자하는 기업이 확대되고 있다. 이로 인해 단체 급식 서비스를 제공하는 업체 간의 경쟁도 보다 치열해지고 있다.

실제로 단체 급식 제공 업체는 다양하고 차별화된 메뉴 제공과 품질 향상을 위해 기존 외식 브랜드와 팝업 이벤트나 컬래버레이션 작업을 활발하게 진행하고 있다. 일반 외식 브랜드의 경우 지적재산권 활용, 대량 납품, B2B 분야의 영역 확장 등을 꾀하면서 단체 급식을 자사 음식과 브랜드의 잠재 고객을 향한 마케팅 채널로 활용하기도 한다. 또한 단체 급식 분야는 조리 로봇, 맞춤형 식단 제공 등 외식 분야에서 적용 가능한 다양한 푸드테크 활용의 장으로도 주목받고 있다.

GS타워 구내식당 '그레잇(Great)'은 GS리테일과 GS칼텍스 등 GS타워에 입주한 7개 계열사 직원들이 함께 모여 식사를 할 수 있는 곳으로 일반 사무 빌딩 구내식당 이용률이 30%인 데 반해 이곳은 60%에 달한다. 알찬 급식 식단으로 유명해진 스타 영양사를 영입해 식단을 고급화했으며 한식, 중식, 양식 등 다양한 메뉴와 특식을 구성해 입소문이 났다. '런던베이글뮤지엄', '남영돈', '유용욱바베큐연구소', '중앙해장' 등 유명 맛집과 '쉐이크쉑버거', 'BBQ치킨', '타코벨', '매드포갈릭' 등 대형 브랜드, 식품 전문 기업 및 지자체 로컬 푸드까지 다양한 협업을 통해 지속적으로 다양한 콘텐츠를 제공해 단체 급식과 외식의 긍정적인 시너지를 만들어내고 있다.

삼성웰스토리에서 운영하는 자사 구내식당 역시 주목할 만하다. 단체 급식 솔루션과 다양한 서비스를 공급하는 기업인 만큼 뷔페형 단체 식사 제공 오퍼레이션에 선진적인 시스템과

유명 식당과 협업한 구내식당 식단을 선보인 삼성 웰스토리(사진_업체 제공)

트렌드를 가장 빠르게 접목하고 있으며, 자동 조리 로봇 같은 새로운 시스템을 개발 및 도입해 시범 운영하는 안테나 숍 역할도 병행한다. 또한 '미식 복지'의 개념으로 '삼원가든', '황생가칼국수' 등 <미쉐린 가이드>에 수록된 맛집과 '오뎅식당', '베테랑' 등 지역 맛집, '오스테리아샘킴' 등 스타 셰프와의 컬래버레이션 등을 통해 자사에서 운영하는 기업들의 구내식당에서 각 지역의 맛집 요리를 맛볼 수 있도록 했다. 특히 각 식당들의 대표 메뉴를 대량 조리 레시피로 별도 개발해 상품화함으로써 자사의 경쟁력 확보와 해당 외식업체의 영역 확장이라는 시너지를 일으켰다.

또한 에버랜드와 협업한 프로모션에서는 전 국민의 사랑을 받고 있는 판다 가족, 바오 패밀리를 모티프로 한 제품들을 팝업 스토어 형태로 구내식당에서 선보이기도 했다. 판다샌드위치 같은 메뉴를 비롯해 바오 패밀리 포토 존을 통한 즐거운 체험 기회, 굿즈 판매 등을 통해 색다른 즐거움을 제공했다. 삼성웰스토리는 향후에도 고객 관심이 높은 트렌디한 브랜드, 상품, 기업들과의 컬래버레이션을 통해 고객 경험을 넓혀주는 공간으로서 구내식당의 진화를 선도할 것임을 시사하며 외식을 넘어 보다 다양한 콘텐츠와의 협업을 통해 단체 급식 분야의 확장성을 제시했다.

삼성웰스토리에서 운영하는 '삼성전자 R&D' 캠퍼스 구내식당의 경우 한식, 중식, 일식 등 다양한 메뉴를 갖춘 것은 기본이고, '웰스토리플러스' 애플리케이션을 활용해 그날의 메뉴를 사전 신청할 수 있게 해 주문 편의성을 높였다. 환자식, 식단식, 임산부 건강식을 비롯해 즉석으로 끓여가며 먹을 수 있는 1인 전골 코너까지도 운영 중이다. 또한 임직원의 건강 수준을 고려해 과학적이고 체계적인 분석으로 영양소와 음식 맛을 최적으로 맞춰주는 헬스 기빙(Health Giving) 서비스도 선보인다. 메뉴 최적화 프로그램을 통해 영양소, 선호도에 맞는 음식 선택을 도와주는 것. 대표적인 입주사인 삼성전자 구내식당은 죽 같은 특별식을 비롯해 인도 출신 개발자를 위한 할랄식 등 다양성을 고려한 메뉴도 함께 제공한다.

포스코(POSCO)는 경쟁력 있는 인재 영입을 위해 복지 제도 개편을 단행했는데 포항제철소 내 구내식당도 내부 소화 인원이 많은 만큼 압도적인 규모를 자랑한다. 대표적인 예로 '전국맛집투어' 기획을 통해 매주 다른 지역의 유명 맛집을 들여와 구내식당에서 직원들에게 소개하는 행사를 가지고 있으며, 풀무원 비건 브랜드 '플랜튜드'

를 비롯해 'BHC치킨', '도제식빵', '신롱푸마라탕', '노티드도넛' 등 유명 외식 브랜드 협업 메뉴와 팝업 스토어를 진행하며 만족도 향상을 위해 노력을 기울이고 있다.

국내를 대표하는 식품 기업 농심은 임직원들에게 '전액 무료' 구내식당을 운영한다. 알찬 식단과 더불어 식품 기업의 장점을 살려 회사 제품을 활용한 특식 메뉴도 정기적으로 선보이고 있는데 투 고(To Go) 형태로 제공하는 신선 식품 코너를 비롯해 매주 금요일 '라면데이'를 통해 농심 제품을 활용한 요리, 신제품 시연 등 자사 제품에 대한 경험치를 높이는 창구로도 활용하고 있다.

슈링크플레이션(Shrink+flation)

'줄어든다'라는 뜻의 슈링크(Shrink)와 '물가상승'을 뜻하는 인플레이션(Inflation)의 합성어인 '슈링크플레이션'은 제품의 가격을 유지하면서 크기나 양을 줄이는 방식으로 사실상 가격 인상 효과를 발생시키는 현상을 말한다. 외식업계에서도 전 세계적으로 원자재 가격이 상승하자 이를 상쇄하기 위해 제품의 크기나 양을 줄이는 방식으로 대응하고 있다. 물류비용 상승, 에너지 가격 상승 등으로 인한 운영 부담 증가로 일부 외식업체들은 제품의 양을 줄이면서도 가격을 유지하거나 소폭 상승시키는 방식으로 수익성을 개선하고 있다.

가격 인상에 민감한 소비자들의 반발을 최소화하기 위해, 외식업체들은 동일한 가격에 양을 줄이는 방법으로 제품을 조정하는 경우가 많다. 소비자 입장에서는 양보다 퀄리티 저하에 보다 민감하기 때문에 업체의 비용 부담으로 인한 불가피한 조정 상황이라면 품질은 유지하되 분량을 희생하는 쪽의 리스크가 덜하기 때문. 예를 들어, 동일한 가격에 제공되던 피자의 크기가 소폭 작아지거나 햄버거의 패티가 얇아지는 경우다. 이러한 조정을 통해 소비자들에게는 가격 동결의 인상을 주면서도 실제로는 비용 상승분을 상쇄할 수 있다. 패스트푸드나 테이크아웃 전문점에서는 포장 단위를 축소하는 전략을 취하기도 한다. 동일한 가격에 제공되던 음료의 용량이 줄어들거나 사이드 메뉴의 양이 감소하는 식이다. 또한 비용을 절감하기 위해 고급 재료를 대체할 수 있는 저렴한 재료로 변경해 원가를 절감하며 가격은 동일하게 유지하는 경우도 슈링크플레이션의 한 형태로 볼 수 있다. 이러한 슈링크플레이션으로 인한 축소 전략은 소비자들이 가격 인상을 명확하게 인식하지 못하도록 하면서도, 외식업체들이 비용 상승 압박을 완화하기 위한 자구책으로 사용된다.

슈링크플레이션이 적용된 사례로 일부 치킨 프랜차이즈는 한 마리 치킨의 크기나 조각 수를 줄이는 방식으로 대응하기도 했다. 피자업계에서는 토핑 양을 줄이거나 피자의 지름을 줄이는 식으로 적용했으며, 햄버거 체인점에서는 패티 크기를 줄이거나 채소의 양을 줄이는 사례도 있었다. 하지만 이러한 전략은 최대한 소비자의 눈에 띄지 않게 가격을 유지할 수 있다는 장점이 있지만, 반대로 역효과를 불러오거나 소비자의 불만을 초래할 수도 있다. 일례로 외식업 물가가 폭등한 미국에서는 슈링크플레이션에 반발한 소비자들이 유튜브 등 소셜 미디어를 통해 고발하는 사태가 화제가 되기도 했는데 유튜브 구독자가 2900만 명을 넘는 미국의 영화배우 겸 유명 유튜버 셰인 도슨(Shane Dawson)은 미국 유명 멕시칸 체인점 '치포틀' 매장 여러 곳을 다니면서 판매하는 부리토의 무게를 전자저울로 측정하는 영상을 올렸다. 이 영상들은 조회수 180만 회 이상을 기록하며 미국에서 큰 화제가 됐다. 이처럼 서민들이 주로 이용하는 브랜드에서 고지 없이 양을 줄이는 사례가 속속 적발되면서 소비자 불신이 높아지자 미국 대표 햄버거 체인 맥도날드는 절약 메뉴인 5달러 메뉴를 별도로 내놓았으며 '웬디스'도 5달러 메뉴를, '타코벨' 역시 7달러 메뉴를 내놓는 등 대형 외식업체들이 절약 메뉴 출시에 잇따라 합류했다.

국내에서도 이러한 슈링크플레이션 적용에 신중할 필요가 있다. 특히 내년부터 식품의 내용량 변경 표시가 의무화되기 때문인데, 이는 환경 변화에 맞춰 소비자 건강과 선택권 보장을 위한 정보 제공을 강화해 안전한 식품 소비 환경이 조성되도록 하기 위함이다. 물론 식품 영역에 적용되는 의무라 외식업과 별개라 생각할 수도 있고, 개인 외식업체의 경우 영업자가 가격을 자율적으로 표기할 수도 있다. 하지만 정확한 용량 변경 표기에 대한 소비자의 인식 변화는 곧 '일반적인 정서'로 자리 잡을 것이므로 이를 간과하는 경우 고객 만족도 저하와 부정 리뷰 등의 리스크로 작용할 수 있다는 점을 염두에 두어야 하겠다. 마진을 줄이는 대신 치밀하게 ▲**원가를 정량화**하고, 원가 부담이 높은 재료를 대체할 수 있는 ▲**대체 식재료**를 고객이 자연스럽게 받아들

점보라면 프로젝트로 출시된 틈새비김면 (사진_GS25)

일 수 있도록 메뉴에 적용하며, 추가 매출에 기여할 수 있는 ▲주류, 사이드 메뉴 강화 등의 전략을 취하는 것도 방법이다.

슈링크플레이션 이슈로 인한 소비자들의 불안감을 불식시키고 이를 역이용하는 마케팅도 효과를 누리고 있다. 먼저 편의점을 중심으로 '제품 거대화'가 높은 화제성을 보이며 이내 유행처럼 번졌다. GS25에서는 라면 8개 양을 한 번에 담은 '점보도시락' 라면을 시작으로 팔도비빔면과 틈새라면을 조합한 '틈새비김면', 8인분 분량의 초대형 물냉면 '유어스 세숫대야물냉면'을 출시했다. 유명 냉면집의 냉면 한 그릇 가격이 1만5000원을 넘는 가운데 '가용비'(가격 대비 용량)를 자랑하는 상품으로 고객에게 재미와 넉넉함을 전달하겠다는 의도다. SPC삼립에서는 정통크림빵 출시 60주년 기념 상품으로 6.6배 증량한 '크림대빵'을, CU에서는 7900원에 2인분을 제공하는 '신이어마켙 배터질비빔밥'을 출시했다.

배달 시장에서도 브랜드 파워를 지닌 기존의 외식업체에 대응해 두 마리 세트 치킨이나 1+1(Buy 1, Get 1 Free) 메뉴를 제공하는 업체가 효과적인 성과를 내기도 한다. 배달 음식 시장의 경쟁이 치열해지면서 업체들은 차별화된 프로모션을 통해 고객을 유인하고 있는데, 특히 1+1 이벤트나 두 마리 세트는 고객의 관심을 끌기 좋은 마케팅 전략이다. 경쟁 업체가 양을 줄일 때 오히려 이를 역이용한다면 차별화를 이루는 데 효과적일 것이다. 특히 배달 음식의 경우 집에서 먹기 때문에 한 번에 많은 양을 주문해 소분해 보관한 뒤 여러 번에 걸쳐 먹음으로써 배달비와 비용 절감을 꾀하는 스마트 세이버 소비자들의 선택을 받고 있다. 이 경우 동시에 판매하는 1인분 메뉴 역시 이미 가성비가 높은 브랜드라는 인식을 심어주고 있기에 구매 유도에 효과를 볼 수 있다.

그 밖에 한 번의 배달비로 식사부터 디저트까지 주문할 수 있는 '원스톱 카페'도 배달 전문 시장에서 새롭게 떠오르고 있다. 배달 주문의 편리함에 익숙해졌지만 배달비의 부담은 배달 음식 주문의 가장 큰 장벽인데, 이러한 원스톱 카페에서 주문할 경우 커피, 디저트와 동시에 떡볶이, 김치볶음밥 등 간단한 식사 메뉴를 함께 주문할 수 있어 고객 입장에서는 경제적이고 점주 입장에서는 객단가를 높일 수 있는 전략으로 여겨지고 있다. 고물가 시대를 살고 있는 소비자들은 동일한 가격으로 더 많은 양이나 더 나은 품질의 음식을 제공받을 때 긍정적인 브랜드 인식을 가지게 되며, 이는 매출 증대로 이어질 가능성이 큰 만큼 이를 전략적으로 활용한다면 새로운 기회를 만들어낼 수 있을 것이다.

2. 누가 욜로해? 이젠 '요노'가 대세… 간편식·마트가 차린 밥상

고물가로 인해 사치성 소비보다는 실용적인 소비로 추세가 바뀌면서 식문화에서도 합리적인 소비가 대세다. 한동안 2030세대 소비 트렌드로 자리했던 '욜로(YOLO: You Only Live Once)'를 지나 최근에는 그 반대의 개념인 '요노(YONO: You Only Need One)'형 소비, 즉 꼭 필요한 것만 구매하는 소비가 대세로 자리 잡았다. 한때 오마카세, 파인다이닝 등 '접근성 있는 사치'로 여겨졌던 외식 소비 풍토도 바뀌었다. 외식 소비 자체가 위축된 것이 가장 큰 흐름으로 외식을 하더라도 빠르고, 가볍고, 합리적이며 목적이 분명한 대상에 소비하는 것으로 나타났다.

우선 필수재인 먹거리 항목에서 가장 먼저 줄일 수 있는 것이 외식인 만큼 집밥족이 늘었는데, 1인 가구, 맞벌이 가구가 주류인 인구 구조와 라이프스타일 자체가 바뀐 것은 아니다. 즉 집밥족은 늘었지만 현실적으로 집에서 요리를 잘 하지 않는 가구는 여전히 주류를 이루고 있고 이들의 니즈는 결국 외부에서 해결되고 있다는 뜻이다. 이러한 추세는 간편식과 마트 즉석 음식 코너의 매출 증가로 나타나고 있으며 온라인몰, 마트, 편의점 등의 유통업계에서는 빠르고 간편하게 먹을 수 있는 포장 음식, 실속 있으면서도 다양한 메뉴, 유명 맛집과의 컬래버레이션 메뉴 등 '집에서 먹는 바깥 음식' 구성이 강력한 경쟁력이자 유인책으로 떠오르고 있다.

불황기 집밥족 책임지는 '간편식'

국내 소비 시장은 최근 고물가와 경기 침체의 영향으로 '불황형 소비 패턴'이 뚜렷하게 나타나고 있다. 특히 가장 먼저 줄이는 생활비 항목인 '외식' 대신 정량 재료와 레시피를 제공해 집에서 간편하게 요리할 수 있는 밀키트와 가열 등의 간단한 과정을 통해 취식할 수 있는 반조리 제품, 또는 완전 조리되어 즉시 섭취할 수 있는 먹거리 품목을 조합한 밥상이 집밥과 외식의 기능을 동시에 수행하고 있다.

2024년 통계에 따르면 상반기 농협 하나로마트에서 2030세대의 간편식 소비 건수는 전년 동기보다 21% 증가한 것으로 나타났는데, 이는 다른 연령대의 간편식 소비 증가율 대비 두 배에 가까운 수치로 특히 젊은 세대가 외식의 대체제로 간편식을 선택하는 비중이 높음을 파악할 수 있다. 또한 이마트에 따르면 2024년 상반기 창고형 할인점 트레이더스 홀세일 클럽의 신선 식품 매출은 전년 동기 대비 14% 증가했으며 즉석 조리 식품을 판매하는 델리는 6%, 가정간편식은 5% 각각 매출이 증가한 것으로 나타났다. 홈플러스도 온라인 기준 2024년 1~3월 판매된 신선 식품 매출이 전년 동기 14%, 가정간편식은 20% 각각 늘어난 것으로 집계됐다. SSG닷컴에서는 김밥과 샌드위치 등의 즉석 조리 식품과 가정간편식 매출이 나란히 40%씩 증가했다. 온라인 장보기 몰 마켓컬리에선 간편식 밀키트 매출이 10% 늘어났으며, 현대그린푸드의 간편식 브랜드 그리팅의 매출 역시 23% 증가했다. 대형 마트나 온라인 마켓뿐만 아니라 외식 소비 축소로 인해 롯데슈퍼와 이마트에브리데이, GS더프레시, 홈플러스익스프레스 등 '기업형 슈퍼마켓(SSM)'도 대형 마트보다 높은 접근성과 편의점에 비해 다양한 제품군 및 가격 경쟁력으로 영업이익이 증가했으며, 그 배경에는 내식 비중 증가와 간편식 판매 연계 효과가 큰 몫을 차지한 것으로 보인다.

간편식은 도시락, 김밥 등 즉석으로 섭취할 수 있는 식품 외에 단순 가열 등의 조리 과정을 거쳐 취식할 수 있는 즉석 조리 식품, 조리 없이 그대로 섭취할 수 있는 과일과 샐러드 등의 신선 편의 식품, 요리에 필요한 정량의 식재료로 구성되어 레시피에 따라 재료 준비 과정 없이 바로 조리해서 취식할 수 있는 밀키트로 종류를 세분화할 수 있다. 특히 간편식이 집밥을 대체하면서 최소한의 요리 과정이 필요한 밀키트로 집밥 수요가 쏠렸는데 글로벌 시장조사 기관 유로모니터에 따르면 국내 밀키트 시장 규모는 2019년 1017억원에서 2022년 3408억원으로 성장세를 이어갔고 2023년에는 3821억원에 이른 것으로 집계됐다.

특히 런치플레이션으로 인한 편의점 외식 증가로 즉석 가열을 통해 즐기는 ▲**편의점 밀키트** 시장의 성장이 돋보인다. 편의점 CU는 간편식 매출의 성장세에 힘입어 세계 미식 요리 콘셉트의 간편식 브랜드 '헤이밀스(Hey! Meals)'를 론칭했다. 가파른 외식 물가 상승 속에 편의점에서 한 끼 식사를 즐기는 고객들이 지속적으로 늘어나고 있기 때문이다. CU의 간편식 카테고리 매출 신장률(전년 대비)은 2022년 21.4%, 2023년 24%, 2024(1~9월) 20.9%로 매년 두 자릿수 성장을 이어가고 있다. 또한 고령층의 편의점 간편식 수요 증가에 따라 50대 이상 고령층, 특히 식생활이 불편할 수 있는 노인 1인 가구를 대상으로 한 건강 간편식 'The건강식단'을 선보이기도 했다. 이 제품은 균형 잡힌 영양과 건강한 조리법에 집중해 만든 간편식 라인이다.

편의점 GS25는 인기 프로그램 <흑백요리사: 요리계급전쟁> 출연진과 협업한 '편수저 시리즈' 간편식을 출시하며 큰 화제를 모았다. '조광201'의 조광효 셰프(만찢남)와 협업한 '흑백요리사 해물누룽지탕'과 '해물요리사 만찢남 라즈지' 2종은 출시 20여 분 만에 완판됐다. 그밖에도 김미령 셰프(이모카세1호), 임태훈 셰프(철가방 요리사), 일식 전문 외식 기업 네기컴퍼니의 장호준 셰프 등과의 협업 제품을 출시하며 식탁 위 간편식에 소비자들이 원하는 경험 요소와 트렌드를 더해 즐거움을 줬다. 그 밖에

GS25는 <흑백요리사> 출연진과 협업한 편수저 시리즈 간편식을 출시했다(사진 업체 제공)

도 거주지와 가까운 편의점에서 입맛에 맞는 밑반찬을 필요한 만큼만 소용량만 구매해 간단하게 한 끼를 해결하려는 수요에 맞게 '편의점 반찬'도 선보여 새로운 집밥을 꾸리는 또 하나의 선택지를 제공했다.

1~2인 가구 증가와 급속 냉동 기술로 재료 본연의 맛과 영양의 보존성 증가, 에어 프라이어, 오븐 등 가정 조리 기구의 발달로 저장성이 높고 저렴한 ▲**냉동 간편식** 분야도 간편식의 중요한 한 축을 담당하고 있다. 높은 냉동 간편식 수요에 따라 롯데마트는 제타플렉스 잠실점 내 냉동식품 매장의 재단장을 마치고 냉동 간편식 특화 매장

'데일리 밀 솔루션(Daily Meal Solution)'을 새롭게 선보였다. 이 코너는 끼니 고민 해결이라는 콘셉트에 맞춰 냉동 밀키트, 냉동 밥, 냉동 면, 냉동 국·탕, 냉동 반찬, 냉동 안주 상품군 등 '주식류' 냉동 상품으로 구성해 '간편식의 주식화'가 우리 식탁의 현주소임을 알렸다.

주요 외식 메뉴인 치킨의 자리도 냉동 간편식이 대체하고 있다. 2023년 냉동 치킨 간편식 시장 규모는 약 1558억원으로, 전년 대비 10%가량 성장한 것으로 추산된다. 치킨 한 마리 가격이 배달비를 포함해 3만원에 육박하는 고물가 시대에 1만원 내외로 구입할 수 있는 가성비 좋은 냉동 치킨 간편식에 대한 수요가 커지는 상황에서 식품업계가 발빠르게 제품을 선보이며 시장의 호응을 이끌어내고 있는 것. CJ제일제당의 '고메 소바바치킨'은 2024년 출시한 양념치킨 인기에 힘입어 누적 매출 1000억원을 돌파하며 주력 냉동 제품군이 됐고, 롯데웰푸드가 출시한 '쉐푸드 소빠닭'은 냉동 치킨 간편식 시장의 성장세를 상징하는 제품으로 자리매김했다. '소스에 빠진 닭'이라는 의미의 소빠닭은 바삭한 치킨에 특색 있는 소스를 듬뿍 발라 전문점 수준의 맛을 구현했다.

글로벌 열풍에 따라 국내 소비자에게는 오히려 생소한 '냉동 김밥'은 냉동식품 중 주요 수출 품목이 됐다. 미국에서 김밥 오픈 런을 주도했던 국내 기업 올곧은 2024년 8월 기준 냉동 김밥 330만 줄, 약 176억원어치를 수출한 국내 1위 냉동 김밥 업체로 미국 트레이더 조, 월마트 등 대형 마트에 냉동 김밥을 납품하고 있으며 싱가포르, 멕시코 등 세계 30여 개국으로 판로를 확장해가고 있다. 쌀 소비 촉진의 일환으로 쌀 가공품 개발이 과제로 떠오른 만큼 선두 주자인 올곧 외에도 다수의 우수한 냉동 김밥 가공업체가 수출 기조에 맞춰 속속 등장하고 있다.

마트 델리가 '쇼츠(Shorts)'의 성지?

최근 유튜브의 숏폼 콘텐츠 '쇼츠'에 대형 마트 쇼핑 콘텐츠가 심심치 않게 업로드되고 있다. 이는 국내뿐 아니라 해외에서도 1020세대를 중심으로 나타나고 있는 현상인데, 새로운 음식을 발견하는 즐거움이 있고, 무엇보다 높은 가성비의 제품을 발굴해 소개하는 영상이 불황기 소비자들의 니즈를 충족시켜주기 때문인 것으로 분석된다. 인플루언서들은 '함께 장보기(Shop with Me)' 콘텐츠를 통해 자신들이 애정하는 제품을 소개하며 친밀함을 높이기도 하고 'OO에서 꼭 사야 할 아이템 10' 같은 콘텐츠를 통해 해당 마트에서 만족도가 높은 식품을 선택하도록 돕는 영상으로 재탄생하는데 이는 해외여행 콘텐츠에서도 단골 소재다. 불황기 속에서 마트가 눈치 보지 않으며 콘텐츠를 촬영할 수 있고, 가성비 있는 식품 구매 정보를 전달하며, 자신의 취향을 표현할 수 있는 '쇼츠의 성지'가 된 것이다.

많은 소비자가 외식 지출을 줄이기 위해 레스토랑을 덜 찾는 대신 완전 조리 식품을 가정이 아닌 외부에서 가장 합리적으로 얻을 수 있는 장소로 마트의 '델리 코너'를 선택한다. 전문점만큼은 아니지만 적당한 맛과 합리적인 가격은 충분한 타협점이 되기 때문. 대형 마트나 유통사의 즉석 음식 코너는 일반 외식업체에 비해 규모의 경제(생산량이 증가함에 따라 단위당 비용이 삭감되는 것)를 통해 완전 조리 식품을 저렴한 가격으로 제공할 수 있다는 점이 가장 큰 메리트로 집밥과 외식의 중간 지점에서 주머니 사정이 빠듯한 소비자의 니즈를 채워주는 역할을 톡톡히 하고 있다. 마트 입장에서는 온라인으로 기울고 있는 고객을 오프라인으로 유인하는 도구로서 오프라인에 한정된 혜택을 늘리고 있는데 여기서 '즉석 델리' 음식이 아주 중요한 역할을 하고 있다. 고객 호응이 이어짐에 따라 진화를 거듭해 최신 트렌드의 반영은 물론 외식 전문점 못지않은 퀄리티와 다양한 고객 취향을 만족시키는 상품을 내놓고 있다.

대표적인 상품은 '치킨'이다. 최근 치킨 전문점의 치킨 한 마리 가격이 3만원에 육박하면서 주요 외식 메뉴인 치킨을 사기 위해 대형 마트를 찾는 소비자들이 늘고 있는 것. 치킨은 마트 델리 코너의 가장 핵심적이고 상징적인 상품으로 이마트, 롯데마트, 홈플러스 대형 마트 3사의 치킨 전쟁이 뜨겁다. 대형 마트가 양계업체와의 직거래 및 대량 매입 조건을 통해 원가를 낮추고 마트 유인을 위한 목적으로 자체 마진율을 낮추면서 일반 외식업체와는 경쟁 자체가 안 되는 '초저가 치킨'으로 승부수를 띄웠기 때문. 또한 자체 레시피 연구를 통해 맛과 다양성을 확보하며 기존에는 프라이드, 양념 정도였던 마트 치킨의 종류가 전문점 못지않게 다양해지고 품질 또한 우수하다는 평을 받고 있다.

초저가 치킨으로 화제가 된 이마트의 어메이징 완벽치킨
(사진_업체 제공)

이마트의 경우 치킨 성수기인 2024년 8월 한 팩에 6480원인 '어메이징 완벽치킨'을 내놓았다. 기존에도 이마트 자체 치킨 상품이 있었지만 어메이징 완벽치킨의 경우 피코크 비밀연구소가 만든 비법 파우더(쌀가루와 향신료 15종 배합)를 사용해 치킨 본연의 바삭한 식감과 진한 풍미를 살려 맛과 가격 경쟁력을 높인 제품이다. 또한 소비자들이 대형 마트 치킨을 구매한 후 바로 먹지 않는다는 데 착안해 에어 프라이어에 익히면 바삭함이 살아날 수 있도록 하는 등 소비자들의 만족도를 높이기 위해 구매 후 패턴까지 고려해 마트 즉석식품의 퀄리티를 높였다. 가성비 마트 치킨 유행을 선도한 홈플러스의 '당당치킨'은 2022년 출시 이후 1000만 팩 이상 판매됐다. 당일 조리, 당일 판매, 신선한 국내산 계육 사용이라는 슬로건을 내건 이 제품은 1팩에 6990원이다. 이제는 '당당' 자체가 브랜드가 되어 '당당치킨 시리즈'는 10여 종 이상으로 라인업이 확대됐다. 이마트 트레이더스는 한 버킷에 두 배의 양을 담은 '두마리치킨'을 1만7980원에 판매하며 용량의 차별화를 꾀했다.

마트 델리 코너의 인기가 높아지자 판매 제품군도 다양해졌다. 이제는 치킨뿐만 아니라 김밥, 떡볶이, 햄버거 등 분식집을 방불케 하는 다양한 즉석 음식과 회, 초밥, 족발, 바비큐 등 외식 특화 메뉴도 전문점 수준의 퀄리티로 제공하고 있다. 고객 관심이 높아진 만큼 유통업체 간 경쟁도 치열하며 다양한 이벤트도 진행한다. 이마트는 참다랑어 등 프리미엄 어종을 원하는 구성과 양만큼 구매할 수 있는 정육점 콘셉트의 '참치정육점'을 운영했는데, 참치회와 수제 초밥 등을 직원이 즉석에서 제조해 일식집 못지않은 퀄리티를 추구하며 호응을 얻었다.

홈플러스는 대용량 탕수육과 꼬막비빔밥을 필두로 한 '대짜(대용량 진짜)'와 튀김류를 모아둔 '홈플식탁'을 선보였다. 롯데마트는 '요리하다 키친'을 통해 중화요리를 비롯해 계절마다 제철 음식을 선보이고, '요리하다 스시'를 통해 고객이 직접 횟감과 부위, 중량을 선택해 회와 초밥을 구매할 수 있도록 했다. 이처럼 마트의 델리와 즉석 조리 식품은 집밥족들이 '편의성'을 가장 우선시하는 소비 추세에 맞게 보다 진화해 많은 경험을 전달할 수 있는 새로운 외식의 형태로 자리 잡을 것으로 전망된다. 다양한 외식업 브랜드와의 컬래버레이션도 보다 활발해질 것이며, 프리미엄 수요에 대응하고 고소득층 고객도 확보하기 위한 유기농, 식물성 원료, 인공첨가물 배제 등 건강 요소를 강화한 프리미엄 식품군도 강화될 것으로 보인다.

미식 쇼핑의 중심지가 된 백화점 식품관 역시 유명 레스토랑과 협업한 메뉴를 델리 코너를 통해 선보여 지점만의 특화 요소로 활용하곤 한다. 완성된 요리를 간단하게 구매할 수 있는 델리 코너는 일상 속에서 반복 구매가 많은 대중적인 메뉴로 구성하는데, 음식 종류보다는 브랜드나 콘텐츠 어필이 중요하게 여겨진다. 시대의 흐름에 따라 주거 형태, 라이프스타일, 가구 구성이 달라지듯 외식과 유통산업, 내식과 외식의 경계를 나누는 것이 무의미해진 현재의 식문화를 반영하며 그 접점에서 브랜드 메뉴를 간소화하거나 식품 기업의 특정 상품을 미식의 영역으로 구체화해 이를 고객의 식탁에 전달하는 역할을 하는 것이 백화점의 델리 코너라 할 수 있다.

현대백화점 압구정본점의 푸드 홀 '가스트로 테이블'에서도 다채로운 취향과 기호의 미식가를 만족시키는 특별한 큐레이션을 선보인다. 3년 연속 <미쉐린 가이드>에 선정된 '산다이' 문승주 오너 셰프가 선보이는 캐주얼 브랜드 '마키 산다이', 박준우 셰프의 비건 레스토랑 '푸드더즈매터'의 캐주얼 브랜드로 100% 순식물성 재료를 이용해 건강하고 신선한 샐러드를 선보이는 '푸더매', 한식 비스트로노미 '수퍼판' 우정욱 셰프의 프리미엄 분식점 '가지가지 by 수퍼판' 등이 활약하고 있다.

갤러리아백화점 압구정점의 푸드 홀 '고메이494(Goutmet494)'는 전문성을 갖춘 셰프의 한정 메뉴와 레시피를 담은 음식 및 식재료를 선보이는 곳으로 델리와 그로서리를 합친 콘셉트의 '델리서리'를 운영 중이다. 이곳에서는 서울 송파구 신천동의 프리미엄 덴푸라 오마카세 '덴푸라감춘'의 요리를 콤팩트하게 즐길 수 있는 '덴푸라감춘 더볼(The Bowl)'을 통해 한 그릇 요리와 프리미엄 도시락을 선보인다.

고효율 식사… 나홀로 식사 & 나홀로 업장

A대학가 앞의 한 외식업체 오너는 1인 가구가 많은 상권의 특성상 고객 관점에서 필요한 것은 무엇일까 오랜 고민을 거듭한 끝에 고깃집을 열었다. 그는 "고기도 햄버거처럼 빠르고 간편하게 먹을 수 있다면?"이라는 물음에서 출발해 매장의 콘셉트를 정했다. 고깃집이지만 혼자서도 부담 없이 즐길 수 있을 것, 학생들의 주머니 사정을 고려한 저렴한 가격일 것, 먹고 나서 옷에 연기 냄새가 배지 않을 것, 최대한 빠른 시간 내에 제공될 것, 집밥 같은 정성으로 자취생의 향수를 달래줄 것. 이 다섯 가지 원칙을 세우고 고객에게 다가가니 반응이 폭발적이었다. 하지만 저렴한 가격을 고수하는 만큼 회전율을 높이는 것이 숙제로 남았다. 고기는 굽는 데 시간이 걸리는 메뉴인 만큼 이를 해결하기 위해 테이블 화구에서 직접 구워 먹는 고깃집의 만족감은 주되 메뉴를 미리 가열한 후 제공해 바로 먹을 수 있도록 하여 시간을 단축시켰다. 또한 주문 후 고객이 식사를 시작하기까지 소요 시간을 '5분 이내'로 단축하기 위해 최적의 레시피 구축과 메뉴 간소화, 주방 동선 및 설비 투자를 통해 효율성을 높였다. 그 결과 학생들이 짧은 공강 시간에도 일부러 들러 먹고 가도 부담 없는 학교 앞 명물 고깃집이 됐다. '최고의 맛'을 추구하지는 않았지만 타깃 고객들의 관점에서 시간, 적절한 맛과 양, 가격, 서비스 등 효율의 밀도를 높이는 전략이 주효했다.

#나홀로 식사

앞선 사례에서 주목할 점은 불황기라고 해도 단순히 저렴하기만 해서는 지금의 소비자들에게 어필하기 힘들다는 점이다. 구매력이 낮은 상권이라 해서 무조건 가격만 타협한 상품과 서비스로는 지속성을 보장하기 어렵다는 것. 더구나 이제는 편의점과 배달, 퀵 커머스와도 무한 경쟁을 해야 하는 시대 아닌가. 소비 전반의 가성비 추구 경향과 1인 가구 증가에 따라 외식뿐만 아니라 끼니를 위한 일상적인 식사 시간과 식사 형태도 최대한 간소화되고 있다. 앞서 소개한 간편식, 델리 등의 이용 증가도 이와 같은 맥락에서 나타난 특징으로, 소비자의 생활 습관과 패턴을 고려해 최대한 빠른 시간 내에 최대한 효율적인 식사를 제공함으로써 식사 시간의 밀도를 높이는 서비스 제공이 중요해진 것. 여기서 포인트는 단순히 빠른 서비스만을 담보하는 것이 아닌 간편하지만 제대로 된 경험을 요구한다는 점이다. '혼밥'은 이제 특화 포인트가 아닌 시대를 대표하는 식사의 형태가 됐다.

이런 흐름에 발맞춰 가격, 시간, 편의성, 품질을 갖춘 패스트 캐주얼 외식 브랜드의 약진이 주목할 만하다. 이런 양상은 전 세계적 인플레이션의 영향으로 국내뿐만 아니라 해외에서도 비슷하게 나타나고 있다. 대표적인 사례가 미국에서 샐러드 업계의 스타벅스로 불리는 '스위트그린'으로 최근 인상적인 성장 수치 발표와 함께 지속적인 성장과 전략적 확장을 보여주고 있

스위트그린(미국)은 지속적인 성장세를 보여주며 샐러드 업계의 스타벅스로 불리고 있다(사진_업체 제공)

다. 2024년 2분기에 발표한 매출은 전년 대비 21% 상승했으며 연내 24~26개의 새로운 레스토랑을 오픈하고 2025년 이후 연간 15~20%의 매장 성장률을 유지할 계획임을 밝히기도 했다. 스위트그린의 성장을 이끈 주요인은 맛은 물론 건강에 초점을 맞춘 고품질 식사 제공이라 할 수 있다. 스위트그린은 단순히 음식뿐만 아니라 라이프스타일을 중심으로 구축된 다각적인 브랜드 아이덴티티를 전달하는 데 집중해 스위트그린의 테이크아웃 도시락, 또는 쇼핑백을 들고 있는 것만으로도 '건강을 신경 쓰고 트렌드에 민감한' 개인의 취향과 감도를 표현할 수 있도록 브랜드 이미지를 구축하고 있다. 빠르고 간편하지만, 개인의 취향이나 라이프스타일을 상징하는 복합적이고도 간접적인 도구의 역할을 하고 있는 것이다.

이에 비해 빠르고 간편한 식사의 대명사인 미국의 대표 패스트푸드 체인 '맥도날드'는 다른 모습을 보여주고 있다. 현대인이 원하는 속도와 시스템 그리고 가성비를 갖췄음에도 가격 인상에 대한 저항 여파와 건강하지 못한 음식이라는 이미지를 쇄신하지 못한 상태로 실적 저하가 이어지는 것. 앞선 스위트그린의 상황과 비교해본다면 현재 소비자들이 원하는 포인트를 분명하게 파악할 수 있을 것이다.

국내시장도 간편하면서 건강도 챙길 수 있는 형태의 외식 메뉴인 샐러드, 샌드위치

등을 비롯해 한 그릇 메뉴와 1인 식사 메뉴, 배달 및 포장이 용이한 업종이 강세를 보이고 있다. 식사 시간을 효율적으로 활용해 식사 외의 시간을 자기 계발과 휴식, 여가 시간으로 채우는 직장인들이 늘어남에 따라 사무실에서 최대한 빠르고 간편하게 식사를 해결하면서 건강도 놓치지 않는 '오피스 스내킹(Office Snacking)' 메뉴 역시 주목받고 있다. 간단한 식사를 하더라도 이제 소비자들은 자신의 라이프스타일과 가치에 맞는 것을 선택하려고 하며 건강한 영양 성분, 클린 라벨과 면역 지원, 스트레스 해소 등 기능적인 측면을 고려한다는 점이 특징이다. 핀테크 기업 핀다가 AI 상권 분석 플랫폼 '오픈업'을 통해 발표한 '전국 외식업 상권 기상도'를 보면 외식업 세부 업종별 매출액 증감률에서 앞서 언급한 뷔페 업종에 이어 패스트푸드, 베이커리 업종이 증가율 상위권에 포진해 있는 것을 알 수 있다. 이는 전체 매출 비중을 의미하는 것은 아니지만 가성비와 간편함에 대한 소비자들의 니즈를 확인할 수 있는 부분이다. 국내 프랜차이즈 역시 식사류 아이템의 경우 정찬 메뉴보다는 면류, 덮밥, 샐러드, 샌드위치, 도시락 등 '혼밥', '한 그릇 메뉴'의 강세가 두드러진다. 이에 기존에 격식 있는 메뉴를 제공하던 업종 역시 군더더기를 걷어낸 절약형 메뉴를 내놓거나 심플한 형태의 세컨드 브랜드를 론칭하며 소비 추세에 발을 맞춰가고 있다.

가성비 식사의 대명사인 편의점은 앞서 언급한 집밥 해결에 이어 외식 분야에서도 점차 진화하고 있다. 편의점 도시락은 일반적으로 8000원 이내에서 식사를 해결할 수 있으며 영양 성분 파악도 용이하다. 최근에는 종류도 다양해져 취향에 따라 선택할 수 있다. 요즘은 도시락뿐만 아니라 신선 코너의 비중도 점차 커지고 있으며 건강 도시락, 고기 도시락 등 취향에 따른 특화 도시락을 통해 차별화를 두거나 과일, 즉석국, 컵라면, 김밥, 야식에 이르기까지 다양한 종류를 갖추고 있다. 신선 코너에는 견과류, 치즈, 소스, 달걀 등 곁들이로 추가할 수 있는 소량 상품들을 함께 구성해 자신만의 조합을 만들어낼 수 있다는 점도 매력 요소다.

국내 편의점은 외식 트렌드 반영 속도가 어느 오프라인 유통사에 비해 빠른 만큼 독특하고 차별화된 제품과 1~2인 가구를 적극적으로 공략한 상품을 제공하는 것이 소비자들의 주된 선택 요인으로 작용한다. 또한 과거 편의점 도시락은 젊은 세대의 전유물로 여겨졌지만 최근 통계에 따르면 고물가 시대의 영향으로 노년층의 구매 비중이 점차 증가하고 있는 것으로 나타났다.

GS25에 따르면 2024년 1~5월 간편식 매출은 전년 동기 대비 30.6% 증가한 것으로 나타났으며, 김밥류 제품의 매출 상승률은 42.5%, 주먹밥 매출 상승률도 26.4%를 기록했다. 세븐일레븐도 같은 기간 간편식 매출이 15% 상승했으며, 그중 도시락과 김밥이 각각 20% 증가하며 높은 증가율을 보였다. CU는 2024년 1~4월 간편식 매출이 전년 동기 대비

편의점이 일상 식사까지 책임지면서 각 업체들은 구독 서비스를 선보이고 있다(사진_CU)

32.8% 증가했는데 김밥은 22.5%, 도시락은 20.6%, 삼각김밥은 18.3% 증가하며 매출을 견인했다. 이마트24도 동기간 간편식 매출이 20% 증가했고, 특히 김밥 상품군은 31%로 높은 증가율을 보였다. 이러한 매출 증대에는 '가성비' 높은 즉석 음식 판매 증가가 큰 영향을 미친 것으로 분석됐다.

간편식 매출 증가에 따라 각 편의점사에서는 대용량, 맛집 컬래버레이션 제품군을 강화하며 보다 적극적으로 소비자를 유인하고 있다. CU는 '백종원도시락'과 '명륜진사갈비도시락', GS25는 '김혜자도시락', 세븐일레븐은 '맛장우도시락' 등 유명인을 내세운 도시락을 출시하며 F&B 브랜드 또는 콘텐츠를 통한 차별화에 노력을 기울이고 있다. 관련 서비스도 대폭 확대하고 있는데 대표적인 것이 '편의점 구독' 제도로, 이를 통해 좀 더 저렴하게 식사와 후식을 이용할 수 있도록 했다. 대표 편의점 4사는 4000원대의 구독 상품을 선보이고 있으며, 수량에 따라 도시락을 포함한 먹거리를 20~30% 할인된 가격으로 구매할 수 있다. 자주 구매할 경우 구독료의 몇 배 이상 혜택을 볼 수 있기에 편의점 구독 상품은 점심값의 똑똑한 절약의 도구로 떠오르고 있다.

편의점 간편식에서도 눈에 띄는 트렌드는 단연 '건강 지향'이다. 편의점 유통 제품의 경우 영양 성분을 눈으로 확인할 수 있다는 점에서 신뢰감을 준다는 점도 긍정 요소로 작용한다. 영양소를 골고루 갖춘 도시락, 저칼로리 도시락, 현미밥을 중심으로 구성한 혈당 관리 도시락 등 건강 지향 소비자들을 겨냥한 제품은 스테디 셀러 품목이 됐으며, 이는 바쁜 일상 속에서 간단하게 식사를 하더라도 건강한 식습관을 추구하는 소비자의 니즈를 반영하고 있다.

#나홀로 업장

'고효율 식사' 트렌드에 따라 홀로, 빠르게, 간단히 식사하는 소비자가 늘어났을 뿐만 아니라 운영 효율을 극대화한 1인 운영 식당과 무인 운영 식당도 증가하는 현상이 나타났다. 이러한 흐름은 인건비 절감과 운영 효율성 향상, 그리고 비대면 소비에 대한 선호가 결합된 결과로 볼 수 있다. 통계청이 발표한 '2023년 8월 경제활동 인구조사 비임금 근로 및 비경제 활동인구 부가조사' 결과를 보면, '고용원이 없는 자영업자'는 437만 명으로 이는 15년 새 가장 많은 수치로 나타났다. 이는 경기 불황에 따른 폐업률 증가로 인해 자영업자 수가 가파르게 줄어들면서 나타난 현상이기도 한 만큼 자영업 생존의 현실을 여실히 드러낸 것이라고 할 수도 있다.

▲**1인 운영 식당**은 소규모 창업자들이 주로 선택하는 방식으로 셰프가 직접 요리와 운영을 모두 책임지는 형태다. 초기 비용이 적게 들기 때문에 리스크가 적고 자율성이 크다는 장점이 있지만 마케팅과 경영 측면에서 어려움을 겪을 수 있다는 단점도 존재한다. 무엇보다 체력적, 정신적 소모가 크고 돌발 상황 발생 시 대처가 매우 어렵다. 이에 여러 창업자가 한 브랜드 아래 각자 매장을 운영하면서 브랜드의 홍보, 마케팅, 제품 개발 등을 통합 관리하는 '공유 브랜드 창업'이나 '네트워크 창업' 등의 새로운 창업 시스템도 주목받고 있다. 이러한 시스템을 통해 창업자들은 공동 구매 및 자원 공유로 비용을 절감하고 운영 노하우를 공유할 수 있으며, 네트워크에 속한 각 가맹점이 동일한 브랜드 이미지를 유지함으로써 소비자에게 신뢰감을 주고 고객 기반을 확대할 수 있다.

전국적인 도시락 프랜차이즈 '한솥도시락'은 소규모 1인 운영이 가능하도록 설계된 브랜드로 간단한 메뉴 구성과 표준화된 조리 과정을 통해 적은 인원으로 운영 가능하다는 장점이 있다. 2024년 초 발표한 바에 따르면 신규 가맹점 수가 전년 대비 약 200% 증가했다고 밝혔다. 비슷한 모델로 '본도시락', '본죽' 등이 있다. 전국적으로 약 440여 개의 가맹점을 운영 중인 본도시락은 낮은 폐점률(약 2%)을 자랑하며, 1인 운영에 적합한 비즈니스 모델을 제공한다.

이 외에도 제공 방식이 단순하고 포장 및 배달 효율이 높으며 디저트처럼 트렌드 변화 주기가 짧지 않은 스테디한 외식 품목인 햄버거, 분식, 피자, 샌드위치 등의 아이템을 셀프 주문 시스템, 간편한 조리 시스템 등의 도입을 통해 1인 운영에 최적화한 브랜드가 젊은 창업자들 사이에서 인기를 끌고 있다. 비단 프랜차이즈뿐만 아니라 개인 외식 브랜드 역시 홀 운영과 배달, 포장 운영을 겸하거나 그랩 & 고 형태의 판매 형태를 취하는 경우가 많고, 이용하는 손님들 역시 충분히 학습되어 있는 상태다. 고객 입장에서는 직접 주문하는 번거로움, 인적 서비스를 받지 못하는 측면이 있지만 가격의 메리트를 취할 수 있다는 점과 젊은 세대일수록 비대면 구매를 더욱 편하게 느끼는 특징이 이러한 외식 업종의 증가에 기여한다는 분석이다.

부산에서 버거 트럭으로 시작한 브랜드 '791버거트럭'은 간단한 메뉴로 소규모 공간에서 운영 가능한 버거 프랜차이즈다. 트렌디한 메뉴와 비교적 낮은 창업 비용, 푸드트럭 형태의 소형 주방이면 가능하다는 장점 덕에 1인 창업자들이 시도하기에 적합한 브랜드로 알려져 있다. 매장 인테리어 또한 브랜드의 정체성을 지키기 위해 푸드트럭 콘셉트를 취한다.

대구 서문시장 야시장에서 시작해 각종 페스티벌 부스를 거친 '호랑이쌀국수'는 배달 전문점으로 입지를 다지고 성장한 브랜드다. 홀 영업도 겸하지만 배달 영업에 강점이 있는 브랜드이며 한식은 아니지만 매일 먹고 싶은 친근한 맛을 강점으로 내세우며 폭넓은 고객층을 확보했다. 야시장에서 시작한 브랜드인 만큼 맛을 놓치지 않으면서 대량 주문을 빠르게 소화할 수 있는 방식에 대해 집중적으로 연구한 끝에 조리 과정을 단순화, 매뉴얼화해 빠른 회전 시스템을 구축하고 원가율을 낮춰 효율을 극대화하는 비즈니스 모델을 구축해냈다. 이를 혼자서 운영하는 소자본 창업 모델에 접목해 가맹 브랜드로서 시너지가 생겼다고 볼 수 있다.

라면이 전문인 1인 운영 식당 '도쿄라멘'은 기본 돈코츠라멘 한 그릇에 3900원이라는 저렴한 가격과 간편한 운영 시스템으로 불황기 소비자들에게 초가성비 브랜드로서 주목받고 있다. 이곳은 주문과 결제가 무인 키오스크를 통해 이루어지며 주방은 라면만 끓일 줄 알면 누구나 가능한 레시피 시스템으로 운영 난이도를 낮춰 1인 운영에 최적화되어 있다. '피자먹다'는 '진짜 1인 피자'를 내세운 브랜드로 모든 메뉴가 1인분씩 세팅되어 있어 학교나 학원가, 오피스, 터미널 등 1인 식사 수요가 많은 지역에 진출해 있다. 테이크아웃 위주의 판매 아이템이라 소규모 매장에 적합하며, 5분 완성 시스템

진짜 1인 피자를 내세운 브랜드 피자먹다(사진 업체 제공)

을 갖춰 노동 시간도 적게 든다. 또한 무인 주문 시스템을 도입해 최소한의 인력으로 운영이 가능하기에 1인 운영에 적합한 브랜드다.

▲**무인 음식점** 또한 보다 보편적인 운영 형태로 자리 잡는 모양새다. 인건비 상승과 구인난에 의한 인적자원의 절대적 부족과 대체가 필요한 상황에서 모바일 주문 앱이나 QR코드 결제 같은 무인 결제 및 주문 시스템의 발전, AI와 로봇 등의 기술 발전이 맞물리며 무인 음식점의 도입을 더욱 촉진시키고 있기 때문. 경기 침체와 비용 절감의 필요성, 정부 지원 역시 무인화 기술 도입을 장려하는 방향으로 추진되고 있으며 무인 점포 운영과 관련된 법적 규제도 완화되고 있어 이에 따른 허들이 낮아지고 있는 상황이다. 주업 이외에 추가 소득원을 마련하기 위한 'N잡러'가 많아지는 현상 또한 무인 매장 확대에 기여하고 있다. 급여 인상이 물가를 따라가지 못하는 경제적 상황이 장기화되면서 향후 무인 매장 운영에 대한 관심도는 더욱 높아질 것으로 예상된다.

소비 트렌드의 변화도 여기에 일조하고 있다. 팬데믹 이후 많은 소비자가 비대면 서비스에 익숙해졌고 특히 젊은 세대를 중심으로 빠르고 간편하게 식사를 해결하고자 하는 니즈가 커지고 있으며 그에 따라 무인 음식점의 형태도 보다 다양화될 것으로 예상된다. 바로 만든 음식을 먹는 것이 메리트인 외식업의 특성상 조리만 직원이 직접 담당하는 형태로 '일부 무인화'를 접목한 곳이 가장 보편적이다.

잠실에 오픈한 무인 디저트 판매점 24시 케이크마트(사진 업체 제공)

서울 송파구 송리단길에 오픈한 '24시케이크마트'는 마치 편의점을 방불케 하는 외관의 무인 디저트 판매점이다. 이곳은 디저트 전문점 '빠아빠'의 이상화 셰프가 선보인 공간으로 매장에 들어서면 대형 냉장고 내부에 다양한 디저트가 진열되어 있다. 언제나 당 충전이 필요한 사람, 밤이든 낮이든 갑자기 케이크가 필요한 사람, 센스 있는 선물이 필요한 사람을 위해 24시간 열려 있는 디저트 가게를 표방한다. 마치 달걀 한 팩을 구매한 듯 위트 있는 형태의 초콜릿 파운드 케이크 '에그파운드'와 캔 티라미수, 개별 구매가 가능한 휘낭시에 및 마카롱 등 60여 종의 다양한 디저트가 준비되어 있다. 무인 운영 매장인 만큼 고객들은 제품을 고른 뒤 계산대에서 계산 및 포장을 셀프로 해야 한다.

샐러드 & 샌드위치 전문 프랜차이즈 '프레시크레딧'은 자사에서 직접 제조한 샐러드와 샌드위치, 과일, 착즙 주스는 물론 엄격한 기준으로 선별한 최고 품질의 다이어트 식을 전문으로 선보이고 있으며 24시간 무인 키오스크를 통해 주문부터 결제까지 모든 과정을 비대면으로 처리하는 무인 매장이다. 커피 전문점 '커피에반하다'는 음성 인식 기능을 탑재한 AI 음성 인식 키오스크를 도입해 고객의 주문 편의성을 대폭 향상시켰으며 최근 로봇 바리스타와 무인 드라이브 스루를 결합한 매장을 오픈, 24시간 이용할 수 있는 서비스를 제공하며 새로운 기준을 제시했다.

풀무원의 다양한 신선 식품과 냉장·냉동 도시락, 간편식(HMR) 등을 구매할 수 있는 스마트 무인 판매 플랫폼 '출출박스'는 상주 인력 없이 24시간 운영 가능한 구조로 학교, 병원, 구내식당, 휴게소 등의 진출을 확대하고 있으며 최근 무인 로봇 조리 스마트 무인 자판기 '출출박스 로봇셰프'를 선보이며 론칭을 추진하고 있다.

무인 음식점은 장점만큼 단점도 분명하게 존재하며 다양한 한계점도 드러나고 있다. 기술 의존성이 높아 시스템 오류가 발생할 경우 운영이 중단되거나 고객이 불편을 겪을 수 있으며 시스템이 해킹당할 경우 고객의 개인 정보가 유출될 위험이 있다. 이는 고객 신뢰도를 떨어뜨리고 장기적으로는 비즈니스에 치명적인 영향을 미칠 수 있다. 또한 직접적인 서비스가 부족해 고객이 특별한 요청이나 문의 사항이 있을 때 이를 해결하는 데 한계가 있으며 특히 노년층이나 기술에 익숙하지 않은 고객에게는 불편함을 줄 수 있다. 음식을 잘못 받거나 맛이 좋지 않은 경우, 즉각적으로 불만을 처리할 수 없다는 점도 단점이다. 만약 고객이 불만을 제기하는 과정에서 시간이 지체되거나 문제 해결이 어렵다면, 고객 만족도가 크게 저하될 수 있다.

위생 및 재고 등 운영 관리의 어려움도 상당하다. 무인 음식점에는 직원이 상주하지 않기 때문에 위생 관리에 소홀해질 수 있는데, 청소나 위생 관리를 자주 하지 않으면 음식이 변질되거나 매장 청결도가 낮아질 수 있고, 이는 고객 만족도에 직접적인 영향을 미친다. 또한 재고 관리를 자동화 시스템에 의존할 경우 시스템 오류로 인해 재고 부족이나 과잉 재고가 발생할 수 있으며 이러한 문제가 반복되면 운영 효율성이 저하될 수 있다. 법적 및 윤리적 문제도 고려해야 한다. 예를 들어 무인 시스템에서 발생한 문제의 책임 소재가 불명확할 수 있는데 음식의 품질이나 시스템 오류로 인한 문제 발생 시, 책임이 누구에게 있는지 명확하지 않을 수 있으며 빈번한 도난 발생도 가장 큰 리스크 중 하나다. 무인 매장 운영을 생각하고 있다면 이러한 단점들을 반드시 고려해야 하며 기술 지원 시스템 강화, 고객 대응 체계 마련, 주기적인 위생 점검 등을 통해 단점을 최소화해 이를 보완하는 전략이 필요하다.

딱 필요한 만큼만… 부분 소유 & 부분 영업

#일상에 한발 가까워진 구독 서비스

국내 외식업계에서 구독 서비스 제공이 증가하는 현상은 '부분적인 소유'를 선호하는 소비 트렌드와 깊은 관련이 있다. 소비자들이 전통적인 소유 개념에서 벗어나 필요한 순간에만 서비스나 제품을 이용하는 방식으로 소비 형태가 변화하고 있기 때문이다. 구독 서비스는 사용자가 일정 금액을 지불하고 정기적으로 특정 서비스나 제품을 제공받는 형태로, 이러한 서비스 모델은 특히 자주 방문하는 일상 외식 업종과 잘 맞아떨어진다. 소비자는 구독을 통해 저렴한 가격으로 다양한 메뉴를 즐길 수도 있고, 정기적으로 일정 혜택을 받을 수도 있다. 이는 소비자가 모든 메뉴를 직접 소유할 필요 없이 다채로운 외식 경험을 누릴 수 있게 한다. 소비자들이 부분적 소유를 선호하는 트렌드는 경제적 효율성, 편리함 그리고 새로운 경험을 중시하는 현대 소비자의 가치관과 맞물려 있다. 외식업계의 구독 서비스는 이러한 트렌드를 반영해 고객들에게 소유 부담 없이 다양한 외식 경험을 제공하고, 고객 충성도를 높이는 전략으로 자리 잡고 있다. KT경제연구소에서는 구독 경제 시장 규모가 코로나19가 한창이던 2020년 40조1000억원으로 확장의 계기를 맞이했으며 2025년에는 100조원 규모까지 늘어날 것으로 전망했다.

일상적으로 반복 구매할 가능성이 높은 품목, 특히 앞서 소개한 편의점 도시락 같은 품목은 자주 이용하는 고객을 대상으로 구독 서비스를 제공하는 것이 유리할 수 있다. 대표적으로 '배달의 민족'은 배달비 무료 혜택이 있는 구독제 서비스 '배민클럽'을 통해 가입자 이탈을 막으며 유입을 유도하고 있다. 해당 서비스를 이용할 경우 배민클럽 표시가 있는 가게에서 묶음 배달인 '알뜰배달'로 주문할 경우 배달비 무료 혜택을 받을 수 있으며, '한집배달'을 선택할 때도 자동으로 배달비 할인을 받을 수 있다. 가게가 설정한 최소 주문 금액만 충족하면 1인분만 주문해도 혜택을 받을 수 있으며 할인 쿠폰도 추가로 적용할 수 있다. 소비자 입장에서 배달 주문의 가장 높은 허들인 배달비 부담을 낮추고, 1인 주문이 차지하는 비중이 점차 커지는 추세를 고려한 것.

많은 소비자가 자주 이용하는 카페 브랜드도 구독 서비스 제공을 통한 록인(Lock-in) 전략을 펼치고 있

우아한 형제들은 배달료 할인 구독 모델 배민클럽 서비스를 시작했다(사진_업체 제공)

다. 생활과 밀착된 업종인 편의점업계는 더욱 적극적이다. 세븐일레븐은 고물가에 편의점에서 아침 식사를 하는 고객을 겨냥해 '모닝구독권'을 선보였다. 아침 식사 관련 상품을 오전 7~11시에 약 30% 할인해주는 모닝구독권을 통해 차별화 전략을 펼친 것. 이 외에도 개인의 취향에 맞는 주류 구입 및 혜택을 얻을 수 있는 '샴페인 & 위스키구독권' 등 특수 구독 상품을 출시하는 등 지속적으로 서비스를 확대하고 있다. 구독 서비스는 건강식 분야에서도 호응이 높다. 건강, 운동 등 웰니스를 추구하는 소비자들이 늘어남에 따라 일상 속에서 고민 없이 건강 밸런스가 맞는 샐러드, 식단식을 섭취할 수 있다는 점에서 꾸준히 성장하고 있는 시장이다. 그 밖에 커피 구독 서비스, 반찬 구독 서비스도 대표적인 F&B 분야의 구독 서비스로 주류, 스낵 등 취미의 영역으로도 세밀하게 파고들고 있다.

#공유 점포, 득일까 실일까?

외식업 운영 형태에서도 일부 시간대, 혹은 일부 요일, 점포 일부를 활용해 '부분적 운

영'을 하는 사례가 늘어나고 있다. 이는 운영의 효율성을 높이고, 인력 문제를 해결하며, 고객에게 차별화된 경험을 제공하기 위한 돌파구로서 활용되고 있다. 낮에는 카페, 밤에는 와인 바로 운영하는 등 낮과 밤의 메뉴를 시간대에 맞게 변경하여 운영해 효율을 높이는 것은 이미 매우 보편적인 형태다. 이처럼 메뉴와 콘셉트를 유연하게 변형해 운영할 수 있는 여력이 된다면 좋겠지만 그것이 쉽지 않은 경우도 많다.

주력 판매 아이템이 점심 혹은 저녁 메뉴로서 확고한 성격을 갖고 있을 경우 시간대에 맞게 변화를 준다고 해도 특화 매장과 경쟁하기에 한계가 있고, 상권의 유동 인구가 낮과 밤에 따라 극명하게 달라지는 경우에도 일관성 있게 매출을 올리기가 쉽지 않다. 예를 들어 점심 시간 직장인들을 겨냥한 간단한 샐러드 전문점의 경우 저녁에는 급격하게 줄어드는 유동 인구와 저녁으로는 가벼운 샐러드라는 메뉴의 한계를 극복하기가 어렵다. 와인 라인업에 강점이 있는 주택가 비스트로의 경우 점심 고객을 끄는 데 고민이 생길 수밖에 없다. 취약한 시간대를 겨냥한 메뉴를 개발해 운영하더라도 다른 전문점들 사이에서 경쟁 우위를 점하기 어렵고, 추가 인건비가 발생하거나 운영 비용 대비 효율성이 떨어질 수 있기에 오히려 피크 시간대의 매출을 극대화하는 것에 집중하는 것이 더 나은 방법이 될 수도 있다.

이에 시간대에 따라 한 점포에서 두 사업자가 두 가지 업종으로 영업하는 '공유 점포', 혹은 '공동 점포' 형태의 영업 사례가 나타나고 있다. 초기 창업자나 소규모 사업자에게는 전체 점포를 임대해 운영하는 것이 큰 부담이 될 수 있는데 공유 점포는 이러한 창업자들에게 낮은 비용으로 사업을 시작할 수 있는 기회를 제공하기 때문. 같은 공간과 시설을 공유하면서 낮이나 밤 중 일부 시간대만 활용할 수 있으므로, 초기 자본 투자 부담을 줄일 수 있다는 점과 임대료를 분담할 수 있다는 점이 가장 큰 장점이다. 예를 들어 낮에는 카페로, 밤에는 술집으로 운영되면, 각 운영자는 하루 중 가장 수익이 높은 시간대에만 집중할 수 있고, 그에 따른 임대료와 기타 운영비를 절감할 수 있다. 또한 외식업의 특성상 공간과 설비가 특정 시간대에만 집중적으로 사용되고 나머지 시간에는 쓰이지 않는 경우가 많은데 공유 점포는 이러한 자원의 비효율적 사용을 개선할 수 있다. 낮과 밤에 서로 다른 메뉴와 콘셉트로 운영되면 주방 설비, 인테리어, 서비스 인프라 등을 시간대에 따라 최대한 활용할 수 있으며 이는 자원의 효율적 활용을 통해 전체 운영 비용을 줄이고 수익성을 높이는 데 기여할 수 있다. 또한 낮과 밤에 서로 다른 운영자가 다른 형태의 외식 서비스를 제공하면, 서로 다른 고객층을 공략할 수 있다. 예를 들어, 낮에는 브런치나 커피를 즐기려는 사람들이 주 고객층이라면, 밤에는 와인 바나 펍을 찾는 사람들로 고객층이 달라진다. 하나의 공간에서 시간대에 따라 다른 고객 경험을 제공할 수 있기 때문에, 점포의 수익 잠재력을 극대화할 수 있다.

공유 점포는 많은 이점이 있지만, 동시에 단점도 존재한다. 먼저 '운영 조율의 어려움'이 있다. 서로 다른 운영자가 같은 공간을 시간대에 따라 나눠 사용하는 경우 운영 시간, 공간 활용, 청소 및 정리, 재고 관리 등에서 충돌이 발생할 수 있기 때문에 운영자 간의 긴밀한 협력과 명확한 규칙이 없으면 갈등으로 이어질 수 있다. 예를 들어 두 운영자가 같은 주방과 저장 공간을 공유할 때, 재고 관리가 복잡해질 수 있다. 각 운영자가 사용하는 재료가 다르고 재고도 따로 관리해야 하는데, 실수로 서로의 재료와 재고를 잘못 사용하는 경우도 발생할 수 있다. 이는 운영 효율성을 저해하고 때로는 재료 부족이나 낭비로 이어질 수 있다.

'운영 자유의 제한'도 따를 수 있다. 공유 점포에서는 서로 다른 운영자가 같은 공간을 사용하기 때문에 독립적인 점포에서처럼 자유롭게 인테리어나 설비, 운영 방식을 바꾸기 어렵고, 이로 인해 창의적인 아이디어를 구현하는 데 어려움이 있을 수 있다. '브랜드 이미지 혼란'도 야기할 수 있다. 하나의 공간에서 서로 다른 브랜드나 콘셉트로 운영될 경우, 고객에게 혼란을 줄 수 있으며 특히 낮과 밤의 분위기나 메뉴가 크게 다를 경우, 고객은 이 점포가 무엇을 주로 제공하는지 혼란스러워할 수 있다. 이는 점포의 정체성을 불명확하게 만들고, 고객의 충성도를 떨어뜨릴 수 있다. 또한 낮과 밤에 서로 다른 운영자가 서비스를 제공할 경우, 고객은 동일한 공간에서 서로 다른 서비스 수준이나 분위기를 경험하게 되는데, 예를 들어 낮에는 친근하고 캐주얼한 서비스가 제공되지만, 밤에는 고급스럽고 엄격한 분위기가 연출된다면 고객 경험의 일관성이 부족해지는 결과가 생기고 이것이 부정적인 결과로 이어질 수 있다.

'시설 및 장비의 손상과 책임 소재가 불명확'하다는 점도 리스크 요인이다. 같은 공간과 설비를 여러 운영자가 공유할 경우, 낮과 밤에 다른 용도로 사용하면서 시설과 장비의 손상이 촉진될 위험이 있으며 손상에 대한 책임을 두고 운영자 간에 분쟁이 발생할 가능성도 있다. 이러한 단점들은 공유 점포를 운영할 때 신중한 계획과 운영자 간의 원활한 협력이 필요함을 시사한다. 성공적인 공유 점포 운영을 위해서는 초기 계약 시 명확한 규칙을 설정하고, 정기적으로 운영자 간의 소통을 강화하는 것이 무엇보다 중요하다.

여러 운영자가 있는 공동 점포 외에 한 명의 대표가 하나의 공간을 다점포로 활용하는 사례도 많다. 주로 배달 및 포장 전문점에서 하나의 주방으로 다브랜드를 운영하는 경우다. 배달 영업의 경우 배달 앱 기반으로 영업해야 하는 특성상 유명 브랜드를 제외하면 보통 '음식명'으로 식당을 검색하는데 한 가게 아래 냉면, 갈비탕, 돈가스를 파는 것보다 공간을 쪼개 각각 사업자 등록을 해 냉면 전문점, 갈비탕 전문점, 돈가스 전문점으로 보이도록 하는 것이 유리하기 때문이다.

서울 송파구에서 5개의 배달 전문 매장을 한 공간에서 운영하는 '정갈한 음식점'은 하나의 주방에서 냉면 전문점 '팔공냉면', 연탄구이 삼겹살 전문점 '육집으로', 김치찌개 전문점 '인생김치찌개', 갈비탕 전문점 '제일면옥', 죽 전문점 '파파죽' 5개 브랜드를 운영한다. 대표 메뉴에 대한 전문성을 강조하기 위해 브랜드를 개별화해 고객 신뢰도를 높인 전략이다. 한 공간에서 여러 브랜드를 다루기 위한 최적의 동선을 구축하고, 한정적인 공간 속에서 효율성을 높이기 위한 설비 투자와 매뉴얼 구성에 많은 노력을 기울였다. 직원들이 어려워하면 지속 가능성이 없다는 판단 아래 누구나 하루만 적응하면 5개 브랜드 배달 메뉴를 소화하는 데 무리가 없도록 세팅했다. 또한 배달 음식을 주문할 때 손님들이 가장 우려하는 부분이 보이지 않기에 소홀할 수 있는 '위생'이라 판단해 배달 전문 매장으로는 이례적으로 식약처 위생 등급 '매우 우수'를 유지하고 있다. 배달 업장에 대한 고객의 불안을 불식시키기 위해 최고의 맛은 아니지만 일관성 있는 맛, 그리고 정

배달 다브랜드 운영으로 수익성을 개선하고 식약처 인증 매장으로 신뢰감을 높인 팔공냉면(사진 업체 제공)

갈함과 깨끗함을 근본 가치로 내세워 위생을 중시하니, 자연스럽게 고객 신뢰를 높이는 차별화 요소로 작용했다. 이를 통해 각 브랜드가 안정적으로 자리 잡으면서 시간과 계절에 따른 영향이 줄어들어 안정적인 매출을 확보할 수 있었다.

3. 위기에 빛나는 기본의 가치… 백 투 베이식(Back to Basic)

최근 '매일 기름통을 씻는 치킨집'이 화제가 된 적이 있다. 광주에 있는 한 치킨집 업주는 특별한 마케팅 활동을 할 여력이 되지 않았다. 대신 그는 인스타그램을 통해 치킨을 조리하는 튀김기 청소를 깨끗하게 마친 사진을 하루도 빠짐없이 업로드했다. 튀김기는 기름 처리와 세척이 까다롭고 대부분의 치킨집이 배달 전문점으로 운영되는 만큼 직접 눈으로 확인할 수 없는 주방 위생에 대한 우려는 기본적으로 깔려 있기 마련이다. 또한 일부 치킨집의 경우 기름 사용 주기를 늘려 산화된 기름을 사용해 문제가 된 경우가 있는 만큼 이 치킨집의 사례는 주인장도 예상하지 못했을 만큼 큰 주목을 받았다. 어찌 보면 음식점 운영자로서 당연하게 지켜야 할 원칙을 지켰을 뿐인데 청결하고 성실하게 매장을 관리하는 모습에 신뢰를 느낀 고객들의 찬사가 이어졌으며 입소문을 통해 방문한 고객들의 '믿고 먹는 깨끗한 치킨집' 인증도 이어졌다. 이는 음식점 위생에 대해 불신을 갖는 소비자들이 그만큼 많았다는 반증이기도 하다.

고물가, 고환율, 고금리의 '삼고(三高)' 시대라는 도전적인 시장 환경에 놓인 외식업계는 위의 사례처럼 SNS 등을 통해 한순간에 평판이 좋거나 혹은 나쁘게 좌우될 수 있는 시대를 지나며 운영 난이도가 한층 높아졌다. 또한 사회 관계망 서비스의 지나친 파급력으로 인해 외식업의 본질적인 기능보다는 오직 화제성에만 집중한 곳이 생겨나고, 그런 곳에서

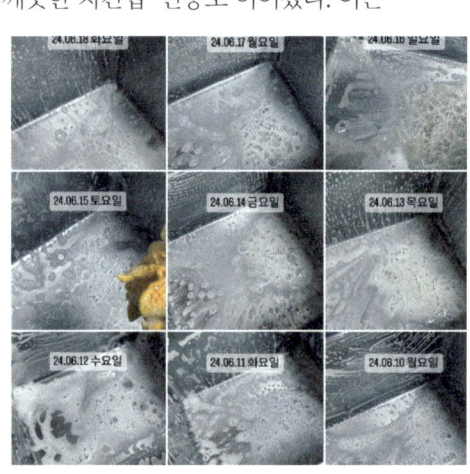

매일 기름통을 씻는 치킨집으로 화제가 된
광주 아주커치킨 양산점(사진 업체 인스타그램 갈무리)

내실 없는 경험을 한 소비자들의 눈높이가 보다 엄격해지면서 외식업 운영에 '기본'의 가치와 누가, 언제 가더라도 동일한 경험을 할 수 있는 '일관성'이 크게 강조되고 있다.

기본의 가치를 지킨 일관성, 무기가 되다

외식업의 기본적인 가치로 꼽는 맛, 서비스, 위생, 즉 QSC(Quality, Service, Cleanliness)는 불확실성이 큰 시대를 맞이해 경쟁력 유지와 강화를 위한 핵심 요소가 되었다. 대외적 불확실성이 클 때, 소비자들은 신뢰할 수 있는 브랜드와 서비스에 의존하려는 경향이 강해지기에 외식업체가 위생, 맛, 서비스 같은 기본적인 가치를 일관되게 제공하면 고객의 신뢰도를 높일 수 있으며 고객의 안전하고 예측 가능한 선택을 돕고 새로운 고객 유치로 이어질 수 있다.

소비자들은 지출에 더욱 신중해지고 있으며, '가격 대비 품질'을 매우 중요하게 생각하게 되었다. 따라서 외식업체들은 식재료의 신선도, 맛, 조리의 완성도를 높여 품질 좋은 음식을 제공하는 것이 가장 중요한 첫 번째 과제다. 소비자들은 자신이 신중하게 지불한 가격에 합당한 가치를 느끼기를 원하기 때문에, 음식의 퀄리티에 대한 평가 기준이 엄격해질 수밖에 없다. 또한 경제적으로 어려운 시기일수록 외식에서 얻는 '서비스'의 중요성이 커진다. 고객들은 단순히 음식을 먹는 것 이상의 경험을 기대하며, 앞으로는 친절하고 신속한 서비스, 고객의 요구를 세심하게 반영하는 '맞춤형 서비스'가 식당의 수준을 가르는 중요한 기준이 될 것이다. 그리고 고금리와 고물가 시대에도 고객들이 절대적으로 타협하지 않는 것이 바로 '위생과 청결'이다. 청결한 환경과 위생 관리가 철저히 유지될 때, 고객들은 안심하고 찾게 된다. 특히, 팬데믹 이후 위생에 대한 민감도가 높아진 상황에서 외식업체들은 더욱 철저한 청결 관리를 통해 신뢰를 쌓는 것이 매우 중요하다.

서울 강동구의 곱창 전문점 '대팔이네'는 돼지곱창집에 대한 편견을 없애고자 저녁 장사가 어려웠던 코로나19 시기 포기하지 않고 주어진 시간을 활용해 위생에 더욱 심혈을 기울였다. 식약처 위생등급제 관련 교육을 받고 매장에 적용했으며, 그 덕분에 4

년 연속 위생등급 '매우 우수' 판정을 받았다. 그 결과 깨끗하며 믿고 먹을 수 있는 곱창집으로 인정받으면서 배달 매출을 증가시켜 위기를 극복했다.

대구의 추어탕 전문점 '상주식당'은 1946년에 문을 연 노포로 '제대로 하지 않을 바엔 아예 하지 않는다'는 마음으로 미꾸라지 휴면기이자 좋은 얼갈이배추를 구하기 힘든 12월부터 3월까지는 아예 문을 열지 않을 정도로 맛의 일관성에 진심이다. 새벽부터 손수 음식을 준비하고 식재료 공수에도 타협하지 않아 특정 지역과 퀄리티를 고집한다. 이런 노력으로 언제나 동일한 맛을 내기에 휴식기가 지나고 재개장을 해도 마치 어제 문을 열었던 것과 똑같은 맛을 내는 것이 오랜 세월 가게를 지켜온 근원적인 힘이다.

전북 남원의 줄 서서 먹는 맛집으로 유명한 '두레식당'은 강한 불로 볶은 오징어볶음을 전문으로 선보이는 곳으로, 불 맛과 감칠맛 나는 양념, 그리고 매콤함을 중화시키는 구수한 청국장과 맛깔스러운 상차림으로 이름을 알렸다. 매우 바쁜 매장임에도 불구하고 음식뿐 아니라 '솔직, 배려, 친절'을 내세운 운영 철학이 이곳을 더욱 빛나게 한다. 다른 식당에서 불편하다고 느낀 부분을 기억해 식당 운영에 적용해 혹여 같은 불편함을 느끼지 않도록 배려하고, 손님을 보면 반가운 사람을 만난 듯 친절한 인사는 기본이다. 가장 사랑하는 이에게 대접한다는 마음을 갖고 음식을 하는 것 또한 음식을 통한 친절임을 강조한다.

요즘 프랜차이즈 업종의 맛을 평가할 때 '점바점'이라는 용어가 많이 사용된다. '점포 by 점포', 즉 점포에 따라 맛이 상이할 수 있다는 의미다. 사실 '일관성'이 가장 큰 가치인 프랜차이즈 업장에서 이러한 평가가 나온다면 브랜드 품질관리가 제대로 되지 않고 있다는 의미다. 주인장의 역량이 뛰어나 잘 관리되는 업장이 있다고 하더라도, 같은 간판을 달고 있는 다른 업장에서는 품질관리를 제대로 하지 못할 경우 이는 모든 매장에 악영향을 끼칠 수 있기에 그 무엇보다 점포 간의 품질을 일관되게 유지하도록 관리하는 것이 프랜차이즈 운영 본사의 가장 큰 역할이다.

최근 더본코리아 백종원 대표의 유튜브 채널에서 본인의 브랜드를 찾아다니며 맛을 점검하는 '내꺼내먹' 콘텐츠가 화제를 모았다. 특히 점포 간 맛의 격차가 크다는 의견이 많았던 '홍콩반점' 편은 2024년 1000만 뷰 이상의 조회수를 기록했다. 백종원 대표가 미스터리 쇼퍼로 여러 지점을 다니며 메뉴를 먹어본 뒤 품질이 좋지 않은 매장에 즉각적으로 교육을 하는 등 개선을 위한 조치를 취했다. 실제로 매장 간 같은 메뉴라고 하기 힘들 만큼 차이가 있는 경우가 있었는데 해당 콘텐츠에서는 개선이 필요한 매장에 포커스를 맞춰 의도대로 일관성 있는 맛을 내는 데 주력했다. 반대 급부로 소비자들이 자신의 동네에 있는 홍콩반점을 방문해 우수한 서비스와 맛을 제공하는 점포를 발굴해내는 콘텐츠가 만들어지기도 했다. 같은 브랜드라 하더라도 품질 유지를 위해 노력하는 업장과 그렇지 않은 업장의 차이는 소비자들이 더욱 민감하게 느낀다는 것을 보여주는 사례다.

유튜브 채널 백종원에서 자사 브랜드를 직접 점검하는 내꺼내먹 콘텐츠가 화제를 모았다(사진_백종원 유튜브 채널 갈무리)

이처럼 우수한 맛과 서비스 품질로 유명세를 얻은 식당들 가운데도 지점을 확장하면서 품질관리가 제대로 되지 않아 예전의 명성을 잃는 경우가 많다. 점포가 늘어나면 희소성이 줄어들어 매력이 떨어진다는 점도 있지만 설령 직영점으로 운영하더라도 그만큼 일관성을 유지하는 것이 힘들기 때문이다.

최근 미국 시장에서 스타벅스의 대항마로 꼽히는 '더치 브로스(Dutch Bros)'의 성장세가 눈에 띈다. 스타벅스가 미국 시장에서 가격 인상, 긴 대기 시간 등의 이유가 악재로 작용해 판매 실적이 주춤하고 주요 매장이 문을 닫는 가운데 더치 브로스는 대형 투자자를 유치하며 빠른 성장세를 보여주고 있는 '뜨는 해'이다. 저렴한 가격, 커스텀 메뉴 등의 특장점은 국내 저가 카페 브랜드의 성장 흐름과도 유사한 측면이 있으며 미국 시장 내 소비 트렌드와도 맞아떨어진다. 하지만 보다 핵심적인 더치 브로스의 성장 동력은 '고객에 대한 서비스'에 있다. 페이스북에 업로드된 한 사진은 더치 브로스의 기업 문화를 상징적으로 보여준다. 전날 남편을 사별한 여성 고객을 위해 더치 브로스의 직원들이 그녀의 손을 잡고 다 함께 기도해주는 감동적인 모습이 담긴 사진이다. 더치 브로스는 이처럼 고객 사랑에 대한 기업 문화를 유지하기 위해 직원 채용 시 인성을 중시하며 직원들은 고객 사랑을 실천하기 위한 자율성을 충분히 보장받는 것을 첫 번째 가치로 삼는다. 현시대에 자동화, 효율화되면서 사라져가고 있는 사람들과의 정서적인 교감, 즉 단골손님의 이름을 불러주고, 취향을 기억해주고, 표정을 살펴 컨디션을 걱정해주고, 안부 인사를 건네는 등의 개인화된 서비스와 대화는 결국 사람에게서 나온다는 메시지를 전달한 것이 차별화된 전략이 되었다.

중국 훠궈 프랜차이즈를 대표하는 '하이디라오' 역시 '친절'을 최우선 가치로 삼은 경영 전략으로 국내 시장에서 꾸준한 성장을 거듭하고 있다. 국내에서 마라, 훠궈 등 중식 트렌드가 지속되면서 경쟁이 심화되었지만 하이디라오에서만 경험할 수 있는 서비스 덕에 차별화된 브랜드로 안착했다. 하이디라오 2023년 한국 직원 모집 요강에 따르면 직원이 되기 위해선 열정적이고 성실하며 손과 발이 빨라야 한다고 한다. 여기에 한국어 구사와 직원 간 의사소통 능력, 그리고 '하이디라오를 사랑하는 마

훠궈 전문점 하이디라오는 혼밥 고객이 오면 대형 인형을 앉혀준다(사진_업체 제공)

음'을 강조하고 있다. 국내 중식당에서 현지인들이 서비스의 주축을 담당하는 경우 의사소통이 어렵거나 불친절한 경험을 하는 사례가 많았던 만큼 다소 편견이 존재해 온 것이 사실이다. 하지만 이곳은 네일 아트, 간단한 보드게임, 다과 등을 제공하며 웨이팅 공간에서부터 서비스가 시작되고, 고객이 직접 커스터마이징할 수 있는 소스 바나 눈앞에서 뽑아주는 면과 변검 쇼, 그리고 1인 고객 방문 시 맞은편에 외롭지 않도록 인형을 앉혀주는 등의 세심한 디테일이 돋보이는 서비스를 통해 그들만의 차별화된 서비스를 일관되게 선보이는 브랜드로 각인되어 있다.

불확실한 환경에서는 외식업체 간의 경쟁이 더욱 치열해지기 마련이다. 이때 고객이 기대하는 수준의 맛과 서비스, 정갈한 환경을 제공하는 점포는 변동성이 큰 시장에서도 꾸준한 수요를 유지하며 확실한 경쟁 우위를 획득할 수 있다. 요즘은 SNS로 인해 여론이 생성되고 퍼지는 속도가 워낙 빠르고 특히 부정적인 사건의 여파는 가속이 붙는다. 작은 불씨 하나가 매장의 지속 여부를 결정할 수 있는 트리거가 될 수 있다는 점을 유념하며 요식업의 기본 가치인 품질과 위생, 서비스에 있어서 만전을 기해야 하겠다.

NO 양심 속 빛나는 YES 양심

제주도의 한 고깃집을 방문한 손님이
온라인 커뮤니티에 올려 비계 삼겹살 논란을 촉발시킨 사진
(사진_온라인 커뮤니티 갈무리)

얼마 전 제주 유명 고깃집에서 비계가 가득한 흑돼지, 일명 '비계 삼겹살'을 판매해 방문 손님이 이를 저격했고, 이 일이 뉴스를 통해 보도되면서 전국이 들썩인 사건이 있었다. 논란과 함께 해당 식당에서 근무했던 직원이 과거 상한 고기를 판 적도 있다는 폭로까지 이어지며 사태가 일파만파 퍼지게 됐다. 여기에 일부 비양심 업주들의 행태로 인해 그간 논란의 여지가 많았던 제주 관광 실태에 대한 부정적인 폭로가 이어지면서 일부 소비자들이 제주 여행을 보이코트하는 등 제주 외식업 전체의 이미지가 손상되는 사태로 확산되기에 이르렀다. 이미지 쇄신을 위해 결국 제주 도지사까지 나서며 관리 감독을 강화하겠다는 입장을 밝혔지만 현실적으로는 민간 차원의 사업체 운영에 지자체가 개선을 위한 직접적인 역할을 하기에는 한계가 있다는 의견이 지배적이다. 이 사건을 계기로 제주뿐만 아니라 각 지역의 일부 비양심 식당에 대한 폭로가 이어지기도 했다.

바가지 요금으로 지역의 이미지 자체를 실추시키는 개인 사업자 또는 업체를 향한 엄격한 대중의 잣대도 지속적으로 확인할 수 있다. 서울의 유명 관광지로 외국인들이 즐겨 찾는 '광장시장'의 바가지 떡볶이도 논란의 도마 위에 올랐다. 떡볶이가 일반 업소 대비 터무니없이 비싸고 양도 지나치게 적다는 지적이 나오자 반성 대회를 열기도 하고 먹거리에 정량 표시제를 도입하겠다는 후속 조치도 내놓았지만 실제로 이루어지지 않고 있어 장기적으로 시장의 이미지 추락과 이로 인한 관광객 감소로 이어질 수 있다는 우려가 나오고 있다. 이미 국내 소비자들에게는 바가지 씌우는 시장이라는 이미지가 형성된 상황이며 본디 가성비가 최대의 장점인 타 전통시장과 광장시장을 비교하는 콘텐츠가 등장하기도 했다. 반대로 이러한 사태 속에서 정량 혹은 그 이상의 푸짐함으로 고객을 대접하는 업소가 소개된다면 'NO 양심 식당 속 YES 양심 식당'으로 더욱 많은 스포트라이트를 받을 수 있을 것이다.

바닷가의 해산물 판매점, 여름철 계곡 평상집 등도 항상 바가지 요금, 무허가 영업 등으로 매년 논란의 도마 위에 오르고 있다. 일부 지역 축제 역시 어설픈 파전 한 장에 3만원, 1회용 접시에 제공된 부실한 바비큐 한 접시에 5만원 등 바가지 물가로 인한 방문객들의 불쾌한 경험이 사진으로 적나라하게 공유되며 논란의 대상이 되곤 한다. 이같은 몇몇 참여 업체의 부정적 사례는 결국 축제에 참여한 모든 업체와 열심히 준비한 당사자들마저 비난의 대상으로 만들고 만다. NO 양심 영업에 대한 대중의 잣대는 이러한 논란이 쌓이며 더욱 엄격해지고 있다. 일부 업체의 사례라 할지라도 지역 전체 이미지가 추락하고 비난을 받는 사태로 이어지자 아예 비양심 영업을 근절하는 것이 모든 행사의 최우선 과제로 떠오르기도 했다. 관광지이기 때문에, 축제 기간이기 때문에 등의 이유는 수많은 선택지에 놓여 있는 소비자들에게 더 이상 변명이 되지 않는다.

외식업은 본질적으로 고객 경험을 제공하는 산업이다. 지속 가능성을 확보하기 위해서는 단기적인 트렌드나 유행에 의존하기보다 고객이 외식업체를 찾는 근본적인 이유인 맛있고 안전한 음식, 친절하고 세심한 서비스를 제공해 변동성이 큰 외부 환경에도 꾸준히 긍정적인 경험을 할 수 있도록 이끄는 것이 중요하다. 일관성 있는 긍정 경험을 제공하는 업장은 불황이라는 위기 상황에서 그 진가를 더욱 발휘하게 될 것이다.

2025 대한민국을 이끄는 외식트렌드

CHAPTER 2

먹는 김에
세계 일주

2025
대한민국을
이끄는
외식트렌드

감성이 아닌 '찐' 그 동네 바이브	73
• 글로벌 외식 브랜드, 브랜딩의 미국 & 장인 정신의 일본 강세	73
• 글로벌 커피 브랜드 진출 러시, 제2의 스타벅스 될까	78
• 해외 감성 '소도시'에 주목	82

1910
BACHA
COFFEE
MARVELLOUS
MOROCCAN
MOKA

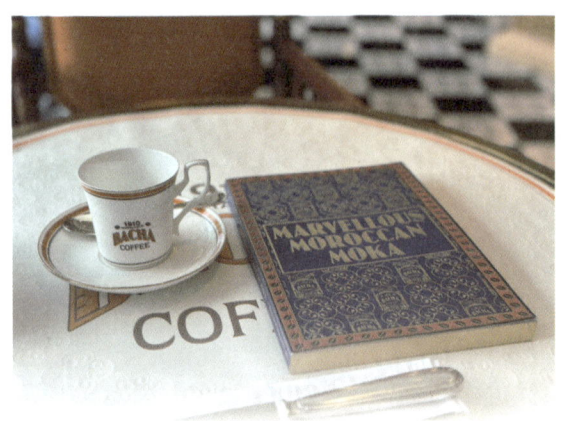

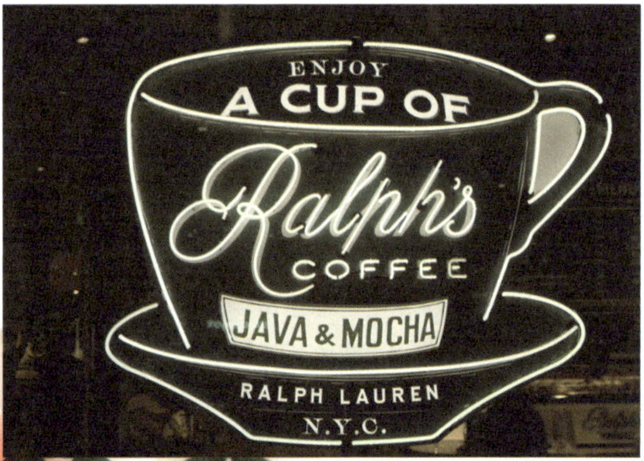
ENJOY
A CUP OF
Ralph's
COFFEE
JAVA & MOCHA
RALPH LAUREN
N.Y.C.

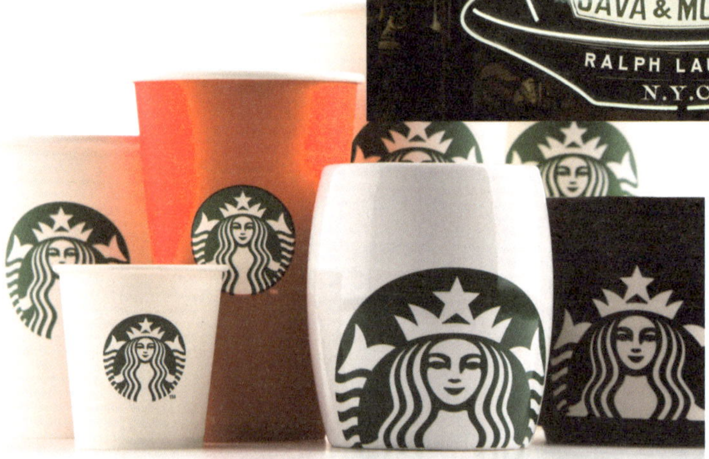

introduction

먹는 김에 세계 일주

최근 해외 유명 F&B 브랜드들이 한국 시장에 적극적으로 진출하고 있다. 물론 해외 유명 외식 브랜드는 한국 외식 시장의 성장과 함께 그동안 꾸준히 유입되어왔으나 최근에는 그 온도가 사뭇 다르다. 이는 해외시장이 바라보는 한국 외식 시장에 대한 잠재력이 높다는 증거로, 가장 큰 요인은 국내 소비자들의 빠른 문화 수용력에 있다. 글로벌 트렌드에 민감한 국내 소비자들은 해외 문화에 대한 수용성이 높고, 특히 젊은 층은 SNS 같은 플랫폼을 통해 해외에서 유행하는 식음료 문화를 빠르게 접하고 받아들인다. 이러한 트렌드 수용력 덕분에 글로벌 F&B 브랜드는 한국 시장에 진출할 때 상대적으로 낮은 진입 장벽을 경험하며, 이는 신제품이나 새로운 비즈니스 모델을 테스트하기에 적합한 환경으로 여겨진다. 또한 K-팝을 비롯해 한국의 드라마, 패션 등 문화 콘텐츠가 전 세계적으로 인기를 끌면서 한국은 글로벌 문화의 중심지로 부상하고 있는데, 이러한 현상 역시 해외 F&B 브랜드가 한국을 중요한 마켓으로 인식하게 만든다. 한국 시장에 진출하는 것은 단순히 현지 시장을 공략하는 것뿐만 아니라 한국을 통한 아시아 및 글로벌 시장 확대를 염두에 둔 전략이라 볼 수 있다.

팬데믹 이후 젊은 세대를 중심으로 개인적인 해외여행이 활발해진 점도 국내 외식 시장의 글로벌화를 조성한 요인이다. 팬데믹 당시 해외로 가지 못하게 되자 국내에는 해외 감성을 구현한 콘셉트의 공간과 음식들이 인기를 끌었는데 해외여행길이 다시 열리고 유튜브, SNS 그리고 TV 예능 프로그램 등에서 여행 콘텐츠가 인기를 끌면서 각 나라의 맛집들을 소개하고 공유하는 것은 어느새 여행의 큰 목적 중 하나로 자리 잡았다. 개인 여행이 활발해지면서 남들이 잘 알지 못하는 맛집을 발굴하거나 현지에서도 줄을 서야만 먹을 수 있는 곳을 방문해 소개하는 등의 콘텐츠가 하나의 장르가 되었고, 이런 분야는 갈수록 다양해지며 세분화되었다. 그곳에서만 먹을 수 있는 희소성이 있거나 특별한 경험을 제공하는 공간이라면 한국 소비자들에게 매우 매력적인 경험 소재로 다가가 경쟁적으로 소비하는 현상을 낳기도 했다. 실제로 이웃 나라 일본에 대한 여행 수요가 급격하게 증가했는데 친숙한 도시인 도쿄, 오사카, 후쿠오카 등에는 유독 한국 사람들이 많이 찾는 맛집들이 있다. 이러한 쏠림 현상 역시 SNS와 유튜브를 통해 정보를 획득하기 때문인데 사람들이 많이 방문할수록 많은 콘텐츠가 쌓이고, 이를 통해 더 많은 사람의 방문이 이어지면서 해당 식당은 어느새 '한국인 방문 필수 코스'가 된다.

팬데믹이 지나자 해외여행은 그 이전보다 더욱 활성화되었다. 이를 통해 다양한 경험이 쌓이면서 미식 경험치도 자연히 쌓이게 됐고, 해외에서 맛본 음식이나 브랜드를 한국에서도 즐기고 싶어 하는 수요가 증가했다. 이는 해외 외식 브랜드들이 한국 시장에 진출할 때 높은 화제성과 함께 빠르게 시장에 안착할 수 있는 계기로 작용했다. 특히 젊은 세대는 글로벌 문화를 적극적으로 수용하고 이를 일상에서 실천하려는 경향이 있다. 해외에서 접한 문화나 브랜드를 한국에서도 경험하고자 하는 욕구가 강해지면 이는 자연스럽게 관심과 소비로 이어진다. 또한 빠른 전파력을 통해 자신이 경험한 브랜드나 음식을 주변에 소개하면서 그 브랜드에 대한 수요가 주변 세대로 확대되는데, 이러한 특징은 해외 브랜드들이 한국 시장에 진출하는 중요한 동기 중 하나가 되고 있다.

감성만이 아닌 '찐', 그 동네 바이브

최근 한국 시장에 진출하는 글로벌 F&B 브랜드는 현지의 오랜 전통과 문화를 반영한 '정통성'을 지니고 있다는 특징이 있다. 이 브랜드들은 오랜 세월에 걸쳐 구축된 독특한 맛, 조리법 그리고 고유한 서비스 문화를 그대로 적용해 '진짜' 현지의 바이브를 전달한다. 국내 소비자들 역시 비슷하게 흉내 낸 것이 아닌, 해외에서 직접, 혹은 간접적으로 경험해본 진정성 있는 체험을 원하며 단순히 '해외 분위기'를 내는 것을 넘어 진짜 현지의 헤리티지와 스토리를 담고 있는 브랜드를 더욱 가치 있게 여긴다. 때로는 역사와 전통이 뒷받침되지 않더라도 브랜드가 가진 고유의 조리법과 현지의 맛을 제대로 전달할 수 있는 재료를 사용해 오리지널의 맛과 품질을 그대로 경험할 수 있게 하는 브랜드들은 소비자들에게 큰 호응을 얻고 있다.

브랜드만이 가진 프리미엄과 스토리도 한국의 소비자들을 공략하는 중요한 열쇠다. 현지에서 시작된 브랜드의 역사, 창업자의 철학 그리고 전통을 유지하면서도 현대적인 감각을 더한 스토리텔링을 통해 브랜드가 단순한 음식 제공을 넘어, 그 자체로 하나의 문화적 경험을 제공하게 만드는 것이 중요하기 때문이다.

글로벌 외식 브랜드, 브랜딩의 미국 & 장인 정신의 일본 강세

콘텐츠 소비는 결국 실제 소비로 이어지는 만큼 추세를 반영하는 바로미터라고 할 수 있다. 그에 따라 해외 현지 맛집에 대한 시청자들의 관심도가 높다는 점에 착안해 국내 도입이 시급한 해외 유명 맛집들을 현지 맛 그대로 소환해 팝업 스토어를 여는 콘셉트의 KBS <팝업상륙작전>이라는 예능 프로그램이 좋은 반응을 얻기도 했다. 박세리, 곽튜브 등 출연자들이 직접 현지의 맛집을 다니며 먹어보고 한국 소비자들의 반응이 좋을 것 같은 음식을 발굴해 팝업 스토어 론칭까지 연결하는 내용을 담았다.

해당 프로그램에서는 미국 LA와 일본 도쿄 두 팀으로 나누어 현지의 음식들을 소개했고 그중 미국 캘리포니아와 라스베이거스에서 총 10개 지점을 보유한 현지 유명 핫도그 브랜드인 '더트도그(Dirt Dog)'와 일본 쓰키지 시장에서 '관광객 필수 코스'로 꼽히는 달걀말이를 선보인 '마루타케'의 팝업 스토어를 론칭하는 데 성공했다. 이 팝업 스토어는 여의도 더현대서울에서 열렸으며 수백 명의 대기줄까지 생기는 등 성황리에 완료됐다. 이들은 다른 곳에서도 팝업 스토어를 선보여 시장 반응을 테스트한 뒤 정식 론칭 여부가 결정된다. 이어서 프로그램을 통해 푸딩백으로 유명한 홍콩 '카도라베이커리'

<팝업상륙작전> 프로그램과 현대백화점이 협업하여 열린 홍콩 카도라베이커리와 뉴질랜드 바두찌 미트볼 팝업 스토어 메뉴(사진 업체 제공)

와 미트볼로 유명한 뉴질랜드 '바두찌(Baduzzi)'의 팝업 스토어를 론칭하기도 했다. 실제 국내에 진출해 있는 해외 F&B 브랜드를 살펴보면 주로 미국과 일본이 강세다. 여기에는 몇 가지 요인이 작용하는데, 우선 미국의 경우 오랜 기간 깊은 영향을 받아온 만큼 미국 문화에 익숙한 것이 큰 몫을 차지한다. 국내 외식 문화가 발전해가는 과정에서 미국의 패스트푸드, 커피 문화, 프랜차이즈 시스템 등이 들어왔기 때문에 국내 소비자들에게 상대적으로 문화의 장벽이 낮다.

미국 외식 브랜드는 선진화, 차별화된 브랜딩 전략으로 '음식'을 소비하기보다 '브랜드'를 소비하도록 유도하는 것이 큰 특징인데, 해외 진출 시 이러한 강점이 미지의 브랜드를 받아들이는 현지의 소비자에게 심리적 장벽을 낮추는 무기로 작동한다. 이들은 자신들의 고유한 아이덴티티를 명확하게 설정하고 이를 일관되게 유지하며 브랜드의 철학, 가치 그리고 이야기를 통해 소비자들과 정서적으로 연결된다. 이러한 일관성은 글로벌 소비자에게 신뢰를 형성하고 강력한 팬덤을 만들어내는 데에 큰 힘을 발휘한다. 특히 소셜 미디어를 활용해 소비자와의 소통을 강화하고 브랜드 팬덤을 형성하는 데 유리하게 작용한다.

대표적으로 스타벅스의 경우 '제3의 공간'이라는 개념을 통해 단순히 커피를 마시는 장소를 넘어, 편안한 휴식처와 커뮤니티의 장소라는 이미지를 확립했으며 음료 커스터마이징 옵션이나 이벤트를 통해 소비자들에게 브랜드의 일부분이 된 듯한 느낌을 준다. 한편 디즈니의 레스토랑 체인들은 단순한 외식이 아니라 '마법 같은 경험'을 제공하는 것을 목표로 이를 통해 강력한 팬층을 구축한다. 미국 유명 프랜차이즈 '치폴레'는 SNS 캠페인을 통해 소비자 참여를 유도하고, 이를 통해 브랜드에 대한 긍정적인 이미지를 확산시켰다. 국내 소비자들 역시 SNS를 적극적으로 활용하는 만큼, 이러한 디지털 소통 전략은 큰 효과를 발휘해 국내에 론칭하기 이전에 이미 브랜드에 대한 인지도와 애정이 깔리게 되었다. 국내의 소비자들, 특히 젊은 층은 외식 공간을 선택할 때 이러한 감성적 연결에 큰 가치를 둔다. 충분하게 설명된 브랜드 가치를 제대로 인식하고, 누구보다 빠르게 경험하고자 하는 욕구를 갖고 있으며 브랜드 경험을 통해 이를 소셜 미디어에 자발적으로 홍보하는 과정 속에서 브랜드에 대한 충성도가 쌓이는 과정이 축적된다.

소셜 미디어를 통해 다양한 캠페인을 진행하여 소비자들의 브랜드 참여를 유도한하는 치폴레 (사진_업체 제공)

일본의 외식 브랜드에 대한 국내 소비자들의 선호도 역시 높은 편인데, 우선 일본은 한국과 지리적, 문화적으로 가까운 만큼 식문화 또한 비슷한 점이 많아 친근하게 다가온다. 그런 가운데 엔저 현상으로 인한 일본 여행의 활성화는 국내시장에 일본의 음식과 외식 문화가 보다 다양하게 알려지는 계기로 작용했다. 정교한 조리법과 품질에 대해 엄격한 기준을 유지하는 장인 정신을 바탕으로 구축한 정통성, 품질에 대한 브랜드의 고집은 한국 소비자들에게 신뢰감을 주며, 프리미엄 외식 경험을 추구하는 소비자들에게 큰 매력으로 작용한다.

지난 몇 년간 한국 시장은 미국 대표 음식인 햄버거 브랜드의 격전지였다. 뉴욕을 대표하는 햄버거 브랜드 '쉐이크쉑', 프리미엄을 앞세운 '고든램지버거', 글로벌 진출 1호점으로 한국을 택해 화제가 된 미국 샌프란시스코의 햄버거 브랜드 '슈퍼두퍼' 등 말 그대로 내로라하는 햄버거 브랜드 대부분이 한국에 진출한 상황이다. 2023년 국내에 상륙해 수많은 웨이팅과 화제를 몰며 성공적으로 안착한 '파이브가이즈'는 1호점인 강남점에 이어 여의도 더현대서울, 신세계 강남점, 서울역 등 총 5개(2024년 10월 기준) 지점을 확장했고, '글로벌 톱 10' 매장에 이름을 올릴 만큼 기대 이상의 성과를 보여주며 한국 소비자들의 구매력을 입증했다. 레스토랑 체인 '텍사스 로드하우스

'(Texas Roadhouse)'의 창업자 켄트 테일러(Kent Taylor)가 설립한 패스트 캐주얼 버거 '재거스버거(Jaggers Burgers)'도 국내에 론칭했다. 독특하게 서울의 주요 상권이 아닌 평택 험프리 미군 기지에 1호점을 열었다. 사실상 레드 오션이나 다름없는 미국 프리미엄 버거 체인의 각축전 속에서 마지막 주자로 거론되는 '인앤아웃'의 론칭 여부도 지속적으로 주목받고 있다. 미국 서부 이외의 지역에는 정식으로 진출하지 않는 것이 브랜드의 철학인 만큼 이를 깨는 것이 쉽지 않은 상황이지만 만일 성사되어 미국 3대 버거 트라이앵글의 마지막 꼭짓점이 완성된다면 또 하나의 커다란 이슈로 기록될 것이다.

미국 뉴욕 기반의 패션 브랜드 '키스(Kith)'에서 운영하는 아이스크림 전문점 '키스트리츠(Kith Treats)'도 서울 성수동 키스 매장 오픈과 함께 한국 시장에 진출했다. 키스트리츠는 특히 K-팝 아이돌인 블랙핑크 제니가 즐겨 먹는 아이스크림으로 알려지며 국내 입점 전부터 MZ 세대들에게 유명세를 탄 브랜드로 젤라토 같은 쫀득한 아이스크림과 함께 다양한 시리얼, 토핑 등을 선택해 커스터마이징할 수 있는 즐거움을 준다. 홈메이드 와플 콘과 컵, 밀크셰이크 등으로 선택할 수 있으며 국내 한정 메뉴도 선보이고 있다.

성수동에 오픈한 키스 매장 내에 자리한 키스트리츠

한편 키스 플래그십 스토어 매장 내부에는 뉴욕의 올데이 다이닝 '사델스(Sadelles)'의 아시아 1호점 '사델스 앳 키스'도 함께 오픈했는데 이곳에서는 베이글, 연어, 샌드위치, 팬케이크, 오믈렛, 프렌치토스트 등 전형적인 클래식 브런치 메뉴를 만날 수 있다.

그 밖에 1983년 일리노이주 찰스턴에서 연 첫 매장을 시작으로 현재 미국 전역에 2600개 이상의 매장을 운영 중인 미국의 유명 샌드위치 전문 프랜차이즈 '지미존스(Jimmy John's Sandwiches)'도 서울 강남구에 아시아 최초 매장을 오픈했으며, 세

도산대로에 오픈한 일본 유명 숯불 햄버그스테이크 전문점
히키니쿠토코메(사진_업체 제공)

계 최고의 투자가로 꼽히는 워런 버핏(Warren Buffett)의 오찬 장소로 유명한 스테이크하우스 '스미스앤월렌스키(Smith & Wollensky)'도 서울 용산구 한남동에 국내 첫 매장을 오픈하는 등 미국 외식 브랜드의 한국 시장 진출이 활발하게 이루어지고 있다.

일본 여행자들에게 입소문난 현지 브랜드도 속속 한국 진출 소식을 알리고 있다. 일본 도쿄 여행 시 반드시 들러야 할 맛집으로 교토, 후쿠오카에도 지점이 있는 유명 숯불햄버그스테이크 전문점 '히키니쿠토코메'가 서울 도산대로에 국내 1호점을 개점했다. '갓 만들어낸 것'을 기본으로 100% 무항생제 한우만을 사용해 매일 아침 가게에서 직접 다져 만든 햄버그스테이크 패티와 갓 지은 밥을 함께 제공한다. 한우를 직접 키우고 다루는 기업인 설성푸드에서 들여와 고기의 품질에 강점이 있다. 일본의 유명 디저트 전문점으로 쫀득하면서도 녹는 듯한 식감의 와라비모찌를 선보이는 '가마쿠라'도 와라비모찌 및 와라비모찌 음료를 맛볼 수 있는 매장을 서울 도산대로에 오픈했다.

벨기에의 프리미엄 초콜릿 디저트 전문 브랜드 고디바의 베이커리 전문 매장 '고디바 베이커리' 매장은 여의도 더현대서울 지하 1층에 오픈했다. 고디바 초콜릿과 음료 매장은 이미 진출해 있었으나 베이커리 매장은 국내 최초이자 도쿄에 이은 세계 두 번째 매장으로 베이커리 제품에 대한 국내 소비자들의 높은 호응도가 반영된 결과다. 고디바의 정체성인 초콜릿 플레이버를 강조한 '고디바가 만든 소라빵', 빵에 아이스크림을 담아 초콜릿 토핑을 올린 '소프트아이스크림 소라빵' 등의 메뉴를 비롯해 20여 가지의 다양한 베이커리 전용 메뉴를 맛볼 수 있다.

미국, 일본 외에도 각국의 외식 브랜드가 한국 시장에 진출하며 보다 다채롭게 분화하고 있다. 호주의 유명 베이글샌드위치 브랜드 '오베이글하우스'는 2024년 8월 서울 합정동에 국내 1호점을 오픈했다. 호주 유학생 출신 한국인이 퀸즐랜드 지역에서 창업한 브랜드로 호주 내 3개의 매장을 매일 줄서는 웨이팅 맛집으로 일궈냈다. 연간

100만 개의 베이글샌드위치를 판매할 만큼 성장해 현지에서 인기를 확보한 뒤 한국에 진출한 케이스로 '한국화된 베이글'과는 식감과 질감에서 차별화된, 호주에서 호평받은 퀄리티 그대로의 제품을 선보인다. 또한 매일 아침 갓 구운 신선한 베이글을 사용해 만든 베이글샌드위치와 호주 3대 로스터리 중 하나인 '세인트알리(St. Ali)' 커피빈으로 만든 커피를 국내에서 최초로 선보인다.

사우디아라비아의 고급 디저트 브랜드 '바틸(Bateel)'은 2024년 11월 잠실 롯데월드몰에 국내 1호점을 선보였다. 바틸은 사우디아라비아, 두바이, 아랍에미리트, 영국, 미국 등 30여 개국에 약 70개의 매장을 보유한 고급 디저트 브랜드로 대추야자 안에 견과류 또는 말린 과일을 넣거나 초콜릿을 입힌 디저트로 유명하다.

2016년 브라질에서 설립된 글로벌 아사이 브랜드 '오크베리(Oakberry)'도 2024년 5월 더현대

국내에 진출한 아사이 브랜드 오크베리(사진_업체 제공)

서울에서 오픈한 팝업 스토어를 시작으로 국내 시장에 진출했다. 아사이는 아마존 지역의 중요 식량원으로 이를 재배하는 것은 아마존 숲에 긍정적인 영향을 미치는 것으로 알려져 있다. 오크베리에서 사용하는 원료인 아사이 소르베는 브라질 파라 지방에 위치한 생산 시설 '오크빌'에서 생산되어 세계 각지로 출하되며, 품질에 대한 엄격한 관리 및 위생적인 공정으로 많은 관련 인증을 보유하고 있다. 오크베리는 아사이 소르베 위에 다양한 토핑을 추가해 취향에 맞게 즐길 수 있는 건강식으로 국내 소비자들의 좋은 반응을 이끌어내고 있다.

글로벌 커피 브랜드 진출 러시, 제2의 스타벅스될까?

글로벌 브랜드의 한국 시장 진출이 급물살을 타고 있는 가운데 카페 업종의 진출이 특히 활발하다. 시장조사 기관 유로모니터에 따르면 지난해 국내 1인당 연간 커피 소비량은 405잔으로 이는 전 세계 평균치의 3배를 웃도는 수치다. 커피 시장 규모 자체

가 꾸준한 우상향을 그리는 가운데 커피는 특정 계층이 소비하는 기호식품과 일상 속에서 반복적으로 구매하는 일반 식품의 특징을 모두 가지게 됐다. 스페셜티 커피 및 저가 커피 프랜차이즈 시장의 동반 성장과 공간 중심 카페, 홈 카페, 베이커리 카페의 호황 등 한국 시장 특유의 '카페 문화'도 다채롭게 분화하고 있다. 인구 대비 카페 수가 지나치게 많아 이미 포화 상태라는 지적도 있으나 한편으로는 국내시장의 잠재력을 여전히 높게 평가하기도 한다. 특히 최근 글로벌 커피 브랜드가 국내시장 진출 소식을 잇따라 전하며 향후 시장의 귀추가 주목되는 상황이다.

샌프란시스코의 '블루보틀', 포틀랜드의 '스텀프타운'과 함께 미국 3대 커피로 불리며 스페셜티 커피 문화를 견고히 만든 주역인 '인텔리젠시아(Intelligentsia)'가 2024년 2월 서울 종로구 서촌에 국내 1호점을 오픈했다. 1995년 미국 시카고에서 시작된 인텔리젠시아 커피는 커피업계에서 '제3의 물결(The Third Wave)'이라 일컫는 고급 커피 문화를 이끈 대표적인 브랜드다. 생산국별로 분류한 커피가 아닌 개별 농장에서 공급하는 생두의 특징을 섬세하게 살린 커피를 향유하는 문화를 대중적으로 이끌어낸 것. 현재 미국 내 12개 매장을 운영 중이며 서촌점은 첫 해외 매장이라 그 의미가 남다르다. 한국의 첫 매장인 만큼 공간이 갖는 상징성과 지역 고유의 정취를 담는 것에도 심혈을 기울였다. 80여 년의 세월을 품은 고즈넉한 단층 한옥 건물을 개조해 기와지붕과 서까래 등 전통 한옥의 뼈대 아래 현대의 모던함을 담아 미니멀함을 강조했다. 수동 에스프레소 머신 플레어(Flair)로 저압 추출해 선사하는 '알터네이트에스프레소(Alternate Espresso)'는 서촌 한정 메뉴로 다양한 뉘앙스의 원두를 취향에 맞게 선택해 즐길 수 있다.

서울 종로구 서촌에 오픈한 인텔리젠시아 1호점

1964년 캐나다 온타리오의 작은 커피 가게로 시작해 60여 년의 세월을 지나며 캐나다에서 가장 오랫동안 많은 사랑을 받아온 아이코닉한 커피 브랜드 '팀홀튼'도 2023년 한국에 진출했다. 그중 신논현점은 한국 진출의 첫 매장이다. 국내에서 가장 많은 사랑을 받고 있는 메뉴는 팀홀튼만의 신선한 브루 커피를 기반으로 만드는 시그니처 메뉴 '더블더블'과 커피, 크림, 얼음을 고운 입자로 갈아 만든 시원한 프로즌 블렌디드 음료 '오리지널아이스캡'이다.

커피계의 에르메스라고 불리는 모로코 커피 브랜드 '바샤커피'도 2024년 서울 강남구 청담동에 국내 1호점을 오픈했다. 1910년 모로코 마라케시의 궁전 '다르 엘 바샤' 안의 커피 룸을 모티프로 2019년에 설립한 커피 브랜드이며 싱가포르에 본사를 두고 있다. '바샤커피 청담 플래그십 스토어'는 1·2층 380㎡(115평) 규모로 원두와 드립백, 커피 액세서리를 판매하는 1층 커피 부티크와 커피 및 식사를 즐길 수 있는 2층 커피

모로코 궁전을 떠올리게 하는 이국적이고 고급스러운 인테리어로 꾸민 바샤커피 청담 플래그십 스토어

룸으로 꾸몄다. 특히 브랜드를 상징하는 오렌지, 금빛 컬러를 기본으로 모로코 궁전을 떠올리게 하는 이국적이고 고급스러운 인테리어는 인증 숏을 남기는 데 최적화되어 있다. 커피 룸에서는 공간을 즐기면서 간단한 식사와 디저트 그리고 다양한 바샤커피를 맛볼 수 있어 기본 커피 가격이 1만 6000원이라는 만만치 않은 금액에도 인기가 높다.

미국의 패션 브랜드 폴로랄프로렌의 커피 브랜드 '랄프스커피(Ralphs Coffee)'도 국내에 상륙했다. 1호점은 서울 강남구 가로수길의 폴로랄프로렌 플래그십 스토어 매장 위치에 둥지를 틀었다. 메뉴의 특이점보다는 브랜드가 갖고 있는 헤리티지를 매장의 분위기와 기물, 굿즈 등에 담아내 경험하도록 한 것이 눈에 띈다. 뉴욕, 홍콩, 런던, 도쿄, 파리 등의 세계적인 도시 속 랄프스커피 매장은 인증 숏을 찍기 위한 사람들로 늘 북적인다.

일본 여행의 필수 코스로 통하는 스페셜티 커피 전문점 '푸글렌(Fuglen)'도 서울 마포구 상수동에 1호점을 냈다. 국내 소비자들에게는 일본 현지에서 유명한 카페로 익숙

하지만 푸글렌은 북유럽 3대 커피 중 하나로 노르웨이 오슬로가 고향인 브랜드다. 원두를 약하게 볶아 원두 본연의 향을 풍부하게 즐길 수 있는 노르딕 스타일 커피로 낮에는 산미 있는 커피를, 밤에는 칵테일을 즐길 수 있다.

커피보다는 차를 더욱 보편적으로 즐기는 중화권 기반의 티 브랜드도 국내시장에 적극적으로 진출하고 있다. '헤이티(喜茶·Heytea)'는 2012년 광저우의 작은 골목에서 시작해 중국 전역으로 확산된 브랜드로 중국 내에서 가장 고객 선호도가 높은 차 브랜드다. 2023년 한 해 동안에만 2300개가 넘는 매장을 오픈했고 연 매출은 2000억원에 달하는 무서운 성장 속도를 보여주는 곳이다. 크림치즈 폼을 더한 버블티가 시그니처 메뉴로 가루 분말을 사용하거나 우유에 홍찻잎을 우리는 기존의 방식이 아닌 고유한 방식으로 메뉴를 개발하는 것으로 알려져 있다. 첨가물 대신 진짜 과육을 사용하며 시중의 우유보다 단백질 함량이 높은 전용 우유 '3.8고품질우유'와 전용 스테비아 설탕 등 재료부터 차별화했다. 서울 도산공원 인근에 1호점을 낸 것을 시작으로 강남, 홍대, 건대 등으로 빠르게 지점 확장을 진행 중이다.

2008년 중국 청두(成都)에서 시작해 8400개 이상의 매장을 운영 중인 '차백도'는 중국 내 가장 큰 밀크티 회사 중 하나다. 연간 10억 잔 이상의 높은 판매량을 보이고 있으며, 2024년 서울 강남에 첫 글로벌 매장을 오픈했다. 매장에서 직접 찻잎을 우려내는 등 재료에 대한 엄격한 기준을 통해 건강하고 신선한 맛을 제공하며 생애플망고를 사용한 '망고포멜로사고'가 대표 메뉴다.

다양한 글로벌 외식 브랜드가 잇따라 국내시장에 도전장을 내밀었지만 모든 브랜드가 성공을 거둔 것은 아니다. 한국은 이미 다양한 외식 브랜드와 로컬 식당들이 치열하게 경쟁하고 있는 시장이다. 이미 우수한 로컬 브랜드가 많고 맛과 가격, 서비스 면에서 강력한 경쟁력을 갖추고 있기에 글로벌 브랜드라 해도 완벽히 차별화하지 못하면 소비자에게 어필하기 어려울 수 있다. 또한 한국 외식 시장은 빠르게 변하는 트렌드가 특징이다. 새로운 브랜드가 진출하면 소셜 미디어의 영향으로 많은 사람이 몰리고 금방 확산되는 경우가 많은데 한국 시장에 맞게 고객을 지속적으로 사로잡을 전략이 없는 경우 초반의 화제성을 유지하지 못하고 결국 철수하기도 한다. 한국의 경우 외식업의 평균적인 서비스 수준이 높아 '인적 서비스' 품질을 중시하며 이는 만족도에 큰 영향을 미친다. 또한 앉은 지 몇 분 안에 음식이 나오는 등의 '빠른 서비스', 사계절이 뚜렷한 만큼 메뉴의 '계절성'에 대한 중시, 나눠 먹는 것이 익숙한 '공유 문화', 그리고 반찬이나 물 등 일반적으로 서비스로 제공되는 항목에 대한 기본 정서 등 오리지낼러티를 추구하되 한국 시장만의 특성을 제대로 파악하고 현지화해야 안정적으로 안착할 수 있을 것이다.

해외 감성 '소도시'에 주목

최근 한국 소비자들 사이에서 국내를 비롯한 국외 '소도시 여행'에 대한 관심이 급증하고 있다. 이는 단순한 관광을 넘어, 현지의 독특한 문화와 라이프스타일을 깊이 체험하고자 하는 욕구에서 비롯된 것으로, 대도시의 전형적인 관광지보다 소도시에서 더 진정성 있고, 덜 상업화된 경험을 할 수 있기 때문이다. 이러한 경험은 여행객들에게 강한 인상을 남기며, 이들이 돌아와서도 그 소도시에서 접했던 음식과 문화를 다시 경험하고 싶어 하는 수요로 이어질 수 있다. 해외여행의 증가는 결국 해외 소도시 여행의 증가로 이어질 수밖에 없다. 여행객들이 소도시에서 경험한 음식과 문화는 직간접적으로 국내시장에 지속적으로 소개될 것이며 자연스럽게 해외 소도시의 외식 브랜드나 음식에 대한 인지도를 높이고 한국 소비자들이 이러한 음식을 찾는 계기가 될 수 있다.

따라서 글로벌 외식 브랜드가 이미 포화된 국내 외식 시장에서 차별화를 이루기 위해 상대적으로 덜 알려진 해외 소도시의 음식과 문화를 한국에 소개하는 전략은 매우 유망한 기회가 될 수 있다. 국내 소비자들은 새로운 경험과 트렌드를 적극적으로 수용하는 성향이 강하며 대도시의 익숙한 외식 브랜드와 메뉴들에 지친 소비자들은 신선하고 독특한 것을 찾고자 하는 욕구가 분명히 있을 것이기 때문이다. 잘 알려지지 않은 해외 소도시의 음식과 문화를 소개하는 것은 소비자들에게 기존에 경험하지 못한 새로운 미식 세계를 선사할 수 있다. 예를 들어, 이탈리아의 작은 마을에서 유래한 전통 피자 레시피나 멕시코의 특정 지역에서만 맛볼 수 있는 독특한 타코 스타일을 도입하는 식의 접근은 소비자들에게 신선하고 매력적으로 다가갈 수 있으며, 소비자들의 첫 번째 접근 관문인 '검색' 단계에서도 유리한 지점을 확보할 수 있다.

여행·여가 플랫폼 '여기어때'에 따르면 2024년 상반기 일본 가고시마 지역의 숙소 예약 건수는 지난해 같은 기간 대비 3배 이상 증가한 것으로 나타났다. 이는 최근 N회차 일본 여행을 즐기는 여행객이 늘면서 소도시 여행 수요가 생긴 영향으로 분석됐다. 영화 <센과 치히로의 행방불명>의 배경지로 알려진 마쓰야마, 니가타 등 소도시행 항공편도 늘어나고 있으며, 일본 현지 맛집을 소개해 100만 명 이상의 구독자를 보유한 유튜브 채널 '오사카에 사는 사람들 TV'에서 일본 소도시 여행지를 추천한 영상이 화제를 모으기도 했다.

소도시 맛집 콘텐츠 역시 점점 늘어나고 있다. 일례로 최근 카페업계에서 화제가 된 디저트 중 하나인 '베네(Beignets)'는 발효 반죽을 정사각형으로 기름에 튀겨낸 뒤 슈거 파우더를 뿌려낸 도넛으로 미국 루이지애나에서는 전통적이고 인기 있는 디저트지만 국내에선 생소한 메뉴다. 서울 성수동의 카페 '웜브라운'은 국내 소비자들에게 이미 친숙한 도넛 메뉴 중에서도 국내 외식 시장에서는 새로운 베네에서 가능성을 보고 이를 소개했으며 높은 인기와 함께 더현대서울에서 팝업 매장을 여는 등 화제성을 입증했다.

미국 포틀랜드 역시 도넛 투어가 따로 있을 정도로 도넛에 진심인 도시인데, 그중 '부두도넛(Voodoo Doughnut)'은 도넛 위에 시리얼, 베이컨 등을 올리는 독특한 시도로 기존 도넛의 개념을 깨며 큰 언기를 얻은 도넛 전문점이다. 최근 뉴욕, LA 등 잘 알려진 도시 외에 신흥 도시 여행지로 각광받는 포틀랜드의 상징적인 브랜드로 자리 잡았다. 현지에서 생산된 베이컨과 메이플 시럽을 결합한 도넛 등 지역 특색을 가미한 메뉴로 지역의 독특한 감성을 반영해 현지를 방문한 관광객들에게도 포틀랜드 필수 코스로 인기를 얻고 있다.

이처럼 어디에나 지역만의 고유한 재료와 식문화가 존재하며 그 지역에서 발달한 음식이 존재할 것이다. 무궁무진한 가능성을 지닌 소도시만의 매력을 발굴해 외식에 접목한다면 새로운 기회의 창출로 이어질 것이다. 무한 경쟁 구도의 외식 신에서 '선점'은 무엇보다 중요하기 때문이다.

특정 소도시의 음식을 기반으로 한 브랜드는 상대적으로 경쟁이 덜한 '니치 마켓

(Niche Market)'을 형성할 수 있다. 니치 마켓은 특정 제품 및 서비스, 혹은 관심사를 중심으로 형성된 틈새시장을 뜻한다. 이러한 니치 마켓은 초기에는 작을 수 있지만, 특정 소비자의 구체적인 요구나 취향을 충족시키는 데 유리한 특성에 따라 트렌드에 민감한 소비자들 사이에서 빠르게 확산될 수 있는 잠재력을 가지고 있다. 특히 특정 미식 문화를 사랑하는 팬층이 형성되면, 그들은 브랜드의 충성 고객이 될 가능성이 크다.

해외 소도시의 음식은 비교적 덜 정형화되어 있어 한국 시장에 맞게 현지화하기에 용이하다는 장점도 있다. 대도시에서 인기 있는 글로벌 메뉴는 이미 정형화된 형태로 제공되기 때문에 변화의 여지가 적고 이국적인 감성을 전달하기 어렵지만 소도시의 음식은 현지의 입맛과 선호에 맞게 변형할 수 있는 가능성이 크며, 이를 통해 한국 소비자들의 입맛에 맞는 메뉴 개발이 더 수월해지고 현지화 전략의 성공 가능성도 높아진다.

CHAPTER 3

최적화 외식

1. 모두가 다른 취향, 모두를 만족시켜라 — 91
2. 다이어트에도 유행이 있다… 자기 관리의 최적화 — 95
3. 오감으로 향유하는 새로운 차원의 경험… 공간의 최적화 — 108
4. 지구적으로 사고하는 '기후 미식'… 윤리적 최적화 — 125

introduction

최적화 외식

-직장인 A씨는 초등학생 아들과 함께 주말이면 게임 속 포켓몬을 잡을 수 있는 명당을 찾아 나들이를 떠난다. 아이를 위해 시작했지만 어느덧 함께 재미를 붙이게 됐다. 여름휴가에는 일본에 가서 아들과 함께 포켓몬 센터를 방문할 예정이다.

-사회 초년생 B씨는 초등학생 조카에게 선물할 티니핑 인형을 사면서 자신의 백팩에 걸 '최애핑' 백참을 함께 구매했다. 주말엔 조카와 같이 극장에 가서 티니핑 애니메이션을 관람하고 팝업 스토어를 방문할 계획이다.

-대학생 C씨는 아날로그 사진에 푹 빠져 온라인을 통해 동호회에 가입했다. 한 달에 한 번 나가는 출사에는 20대부터 60대 이상까지 다양한 연령대의 사람들이 모이며 서로 촬영을 해주기도 하고 다양한 출사 명당 정보를 공유하기도 한다. 이들의 일상은 그들의 취향과 관심사로 연결될 뿐, 세대는 장벽이 되지 않았다.

미국 펜실베이니아대학 마우로 기옌(Mauro F. Guillén) 교수는 오늘날을 여덟 세대가 하나의 세계를 공유하며 살아가는 '멀티 제너레이션 시대'라 설명하며 '퍼레니얼(Perennial) 세대'라는 개념을 제시했다. 퍼레니얼은 '다년생식물'을 뜻하는 단어로, 자신이 속한 세대의 보편적 특징에 구애받지 않고 여러 세대의 특성을 동시에 갖는 사람들을 지칭한다. Z세대 자녀와 X세대 부모가 함께 애니메이션 '덕질'을 한다거나 밀레니얼 세대 자녀가 부모인 베이비 부머 세대와 함께 음악과 취미를 공유하는 등 문화 소비에서 세대의 경계가 흐려진 것이다. 소비 특성을 분석할 때 '세대'의 구별이 중요하지 않게 된 이와 같은 배경에는 빠르게 변화하는 디지털 기술 발전과 길어진 수명, 글로벌화가 자리하고 있다. 이로 인해 나이보다 취향과 가치관, 관심사가 소비 패턴을 결정짓는 중요한 요소로 떠오르게 된 것이다. 이런 문화를 이끄는 퍼레니얼 세대들은 디지털 환경에 익숙해 소셜 미디어, 온라인 쇼핑, 콘텐츠 소비 등에 적극적이며, 트렌드에 민감하게 반응하는 경험 중심의 소비를 지향하고, 지속 가능성이나 사회적 가치에 대한 관심도 높다는 특징이 있다.

이러한 특성이 반영된 소비자가 시장의 주류로 자리 잡으면서 기업들은 연령에 얽매이지 않는 ▲맞춤형 경험과 ▲디지털 친화적 접근 방식을 강화해야 할 필요성이 높아졌다. 또 지속 가능성, 건강, 윤리적 소비 같은 ▲가치 소비 트렌드를 고려한 제품의 개발 및 마케팅 전략 구축이 필수가 됐다. 특히 맞춤형 경험 제공은 가장 중요한 키워드로, 다양한 라이프스타일과 초개인화된 소비 성향을 충족시킬 수 있는 차별화된 경쟁력을 확보하는 것이 매우 중요한 포인트다. 앞으로는 1개의 제품을 수많은 고객이 소비하는 시대를 넘어, 100명이 있다면 마이크로 타깃팅을 통해 개별 고객의 특성을 반영한 각기 다른 100개의 제품을 제공할 수 있는 시스템을 구축하는 것이 미래의 경쟁력이 될 것이다.

위와 같은 전략은 외식업계에서도 동일하게 적용될 수 있다. 이러한 소비자들의 특성을 반영해 외식업계는 디지털 경험 강화, 개인화된 메뉴 구성, 그리고 지속 가능한 식재료 사용 및 윤리적 가치를 고려한 운영 시스템을 준비해야 하며, 건강과 환경을 중시하는 소비자의 요구를 충족시킬 수 있는 메뉴 개발도 필요하다. 또한 모바일 주문 시스템, 무인화 기술 등 첨단 기술을 활용한 편리한 외식 경험을 제공하고, SNS와 커뮤니티를 통해 고객과 지속적인 소통을 이어가는 것도 외식업의 중요한 마케팅 전략이 될 것이다. 이와 같은 외식 환경 조성은 결국 개별 고객의 니즈와 가치관을 반영한 최적의 맞춤형 외식 경험을 의미하며, <2025 대한민국을 이끄는 외식트렌드>에서는 이를 '최적화(Optimization) 외식'이라는 키워드로 풀어냈다.

1. 모두가 다른 취향, 모두를 만족시켜라

'최적화'는 주어진 자원이나 조건을 최대한 효율적으로 사용해 가장 좋은 결과를 도출하는 것을 의미한다. 이는 다양한 분야에 적용되는데, 디지털 환경이라면 성능, 속도, 비용, 품질 등을 최대한 개선하는 것을 뜻한다. 예를 들어 모바일 앱이나 소프트웨어가 원활하고 빠르게 작동하도록 코드, 메모리 사용, 데이터 처리 등을 효율적으로 조정하는 과정에서 불필요한 기능을 제거하고, 반응 속도를 높여 사용자 경험을 개선하는 것이 디지털 환경에서의 성능 최적화라 할 수 있다. 이와 같은 최적화 과정은 '정량적 최적화'라 할 수 있으며 결국 효율성과 성과를 극대화하기 위한 일련의 조정 작업을 의미한다. 또한 품질 향상과 자원 절약을 동시에 달성하는 것을 목표로 하며 이는 디지털 환경뿐만 아니라 모든 산업 전반에 적용할 수 있는 미래의 전략으로 쓰인다.

외식업에서 고려할 최적화 사항은 고객 경험, 운영 효율성, 비용 절감 등을 극대화하는 과정에 대입해볼 수 있다. 그중 가장 보편화된 것이 '디지털 친화적' 접근 방식을 통한 **▲주문과 결제 방식의 최적화**, 그리고 **▲예약 및 웨이팅의 최적화**라 할 수 있다. 모바일 앱이나 키오스크를 통해 고객이 자율적으로 주문하고 결제할 수 있도록 함으로써 주문 프로세스를 단순화하고, 대기 시간을 줄일 수 있다. 이는 직원의 업무를 줄여 운영 효율을 높이는 동시에 고객은 더 빠르고 편리하게 주문을 할 수 있게 한다. 고객 접근성과 예약 편의성을 높이는 디지털 예약 시스템 구축, 노쇼를 방지하는 예약금 결제 시스템, 가게 앞에서 무작정 기다리도록 방치하지 않고 인근에서 자유롭게 시간을 보낼 수 있도록 하는 비대면 줄서기 시스템 등 역시 운영상의 최적화를 위한 방법이라 할 수 있다. 이 외에도 최근에는 디지털 취약 계층을 고려해 고령층, 장애인을 배려한 기능을 탑재한 기술 서비스가 강화되고 있

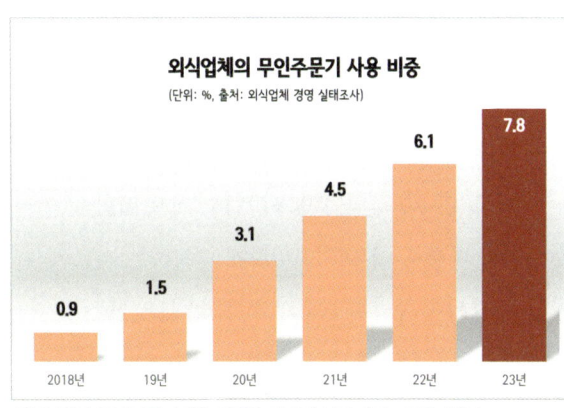

외식업체의 무인 주문기 사용 비중은 팬데믹 이전 대비 5배 증가했다

는 만큼 업장에서도 '소외 없는' 디지털 도입에 대한 고려가 함께 이루어져야 하겠다. 디지털 주문 시스템을 주요 기반으로 고객의 과거 주문 내역과 취향 데이터를 분석해 '맞춤형' 메뉴를 추천하는 개인화된 ▲식단의 최적화도 주목할 만한 사례라 할 수 있다. 고객이 채식주의자라면 앱에서 자동으로 채식 메뉴를 추천하고, 저칼로리 식단을 선호하는 사람이라면 칼로리가 적은 옵션을 먼저 보여주는 등 고객의 식습관에 맞는 메뉴를 쉽게 선택할 수 있게 도와주는 방식이 여기에 포함된다. 이러한 맞춤형 시스템은 고객의 라이프스타일과 건강 목표에 맞는 메뉴를 제공함으로써 고객 개개인이 원하는 식단에 최적화된 외식 경험을 제공하며 만족도를 높일 수 있다.

키오스크, QR 코드, 테이블 오더 등 O2O(Online to Offine) 주문 방식과 배달 앱의 발달은 소비자가 개인 취향을 반영하는 데 부담을 줄여주는 중요한 역할을 했다. 대면으로 주문할 때는 자신의 취향을 말로써 전달해야 하기에 까다로운 주문을 할 경우 고객과 직원 모두에게 불편함이 있고 주문 착오가 생길 여지도 크다. 하지만 온라인을 통해 주문하면 오더의 책임이 고객에게 있어 공급자의 부담이 줄어들고 소비자 역시 자신의 취향을 보다 적극적으로 반영할 수 있다는 점이 가장 큰 장점이다. 또한 고객 취향이 세분화될수록 디지털 시스템 속에 고객 데이터가 상세히 남게 되고, 이를 수집하고 분석해 고객의 특성과 니즈를 마케팅에 적절하게 적용할 수 있다.

최근에는 첨단 기술을 활용한 ▲매출의 최적화 작업도 종종 거론되고 있다. 데이터 기반의 의사 결정을 통해 외식업의 효율성을 높이는 전략인데, 예를 들어 AI 기반의 수요 예측 시스템을 통해 특정 시간대나 요일에 어떤 메뉴가 많이 주문되는지 분석해 재료를 적시에 공급하고 재고 낭비를 최소화하는 것으로, 이를 통해 식재료 비용을 절감하고 운영 효율을 극대화할 수 있다.

외식업에서는 정량적 최적화뿐만 아니라 '정성적 최적화' 역시 중요한 고려 사항이다. 이는 방문 고객 각각의 취향에 맞는 전략이 동시에 수반되어야 한다는 것을 의미한다. 갈수록 세분화, 개인화되는 경향에 따라 맞춤형 메뉴를 편리하게 제공하는 서비스는 커다란 경쟁력으로 작용할 것이며, 따라서 업종별로 최적의 적용 방식을 채택해야 할 것이다. 이러한 서비스가 보편화된 업종은 샌드위치나 샐러드, 햄버거, 마라탕, 커피 등 젊은 층에서 주로 소비하고 즉석으로 조리하며 오프라인과 배달 주문 모두 간편한 메뉴들이다. 보다 섬세한 조리가 필요한 업종이나 반찬 등을 미리 만들어 놓는 비중이 높은 한식의 경우 개인 취향을 반영하기 까다로운 부분이 있다. 이런 상황에서는 음식을 통해 요리사의 취향과 의도를 전달하는 것에 포커스를 맞추기도 하지만 앞으로는 다양한 고객의 취향을 수렴하고 개인화하기 편리한 서비스 구조를 만들어 더욱 확장성 있는 비즈니스를 추구하는 것이 외식업에서 필수적인 고려 사항이 될 것이다.

유독 김치가 유명한 A 반찬 가게가 있다. 김치는 한식 밥상의 필수 메뉴로 종류 자체도 다양하지만 배추김치 한 가지만 놓고 보더라도 100명의 손님이 있다면 100명 모두의 취향이 미세하게 다른 음식이다. 이곳에서는 달콤한 김치를 좋아하는 손님, 젓갈 김치를 선호하는 손님, 겉절이만 먹는 손님 등 방문 고객들의 취향을 모두 데이터화해 염도, 맵기, 익힘 등 빈도수가 높은 항목별로 카테고리를 나누어 판매했다. 취향에 맞춰 맛을 세분화함으로써 한 가정에서도 각 구성원의 입맛에 맞게 여러 가지 김치를 사가는 등 고객 만족도를 높인 결과 이 반찬 가게는 까다로운 고객들도 믿고 먹는 곳으로 입소문이 났고 높은 인기로 이어졌다.

하지만 주문 방식의 최적화를 위한 과정에서 간과해선 안 될 부분이 있으니, 바로 이와는 극단에 있는 개념인 '주문의 간소화'다. 까다롭지 않은 취향의 고객, 빠른 주문을 원하는 고객, 첫 방문 고객, 고령 고객 등은 주문 방식이 복잡할수록 심리적 거리감을 느낄 수 있다. 간편 주문 방식 선호 또한 취향의 한 영역임을 인지하고 메뉴에서 가장 접근성이 좋은 곳에 추천 메뉴나 원터치 주문 메뉴 등을 배치하는 배려가 필요하다.

커스터마이징 서비스의 대표 주자인 '서브웨이'는 빵부터 속 재료, 소스까지 모두 개인화에 최적화된 시스템을 갖추고 있는 곳이다. 이런 옵션은 개성을 중시하는 젊은 층에게 큰 인기를 끌었고 SNS에서는 '나만의 서브웨이 조합'이나 서브웨이 커스터마이징 메뉴를 능숙하게 주문하는 할아버

서브웨이는 취향에 따라 조합하는 즐거움을 경쟁력으로 내세웠다(사진_서브웨이 앱)

지 영상이 화제가 되기도 했다. 하지만 이러한 이미지는 서브웨이 브랜드 경험이 적은 고객에게는 부담으로 다가가기도 했다. 그에 따라 선택에 피로감을 느끼는 소비심리를 반영해 편안하게 베스트 품목을 추천받는 '썸픽' 메뉴를 도입했다.

메뉴뿐 아니라 고객의 라이프스타일, 취향에 따른 ▲**공간의 최적화**도 간과할 수 없는 요소다. 외식 소비자들에게는 단순히 음식과 서비스를 넘어 식사를 하는 공간 안에서의 경험이나 기능도 중요한 선택 요소이기 때문이다. 예를 들어 '혼밥족'을 위해 혼자 편하게 식사할 수 있는 1인석이나 파티션으로 구분된 좌석을 마련하고 휴대폰 거치대를 비치해 편안한 식사 환경을 제공할 수 있다. 또 가족 단위 고객을 위해서는 넓은 테이블과 아이들이 즐길 수 있는 메뉴 및 공간을 제공하고, 반려동물 동반 고객을 위해서는 독립된 파티션 공간과 함께 물그릇이나 '개모차' 대여 등 맞춤 서비스를 제공해 편의성을 높일 수 있다. 이처럼 상권 특성이나 상품, 브랜드의 지향점에 따라 최적화된 공간을 제공함으로써 고객에게 차별화된 경험을 선사할 수 있다. 특정 세대를 겨냥하기보다는 특정 취미나 취향을 공유하는 소비자를 고려해 외식 공간을 구축해 성별이나 세대를 뛰어넘어 정서적 공감대와 커뮤니티를 형성하는 연결 고리로 작동할 수도 있다.

과거에는 20대는 대학생과 사회 초년생, 30대는 신혼부부, 40대는 3~4인 가족 이런 식으로 세대별 삶의 모양새가 획일화되어 있었고 그에 따른 비즈니스 타깃이 명확했지만 요즘의 소비자들은 그렇게 단순한 방식으로 라이프스타일을 구별할 수 없다. 앞으로는 성별이나 세대에 구애받지 않는 다양한 취향과 가치관을 가진 소비자이자 주요 소비 계층인 퍼레니얼 세대의 특성을 고려해 그들의 라이프스타일에 맞춘 유연한 서비스와 개인화된 경험을 제공하는 것이 외식업체의 필수 요건이 될 것이다. 또한 최적화 과정을 통해 고객 만족과 운영 효율성을 동시에 개선하는 데 초점을 맞추는 한편 기술과 데이터를 기반으로 한 지속적인 모니터링을 통해 경쟁력을 높이고 파편화된 소비자 요구에 신속히 대응할 수 있도록 해야 할 것이다.

2. 다이어트에도 유행이 있다… 자기 관리의 최적화

방송인 최화정의 라이프스타일이 인기를 얻으며 다양한 레시피의 유행을 만들어냈다(사진_최화정 유튜브 갈무리)

최근 2030 여성들의 지지를 받으며 '추구미(내가 원하는 이미지, 추구하는 스타일 혹은 라이프스타일 등을 표현하는 신조어)'의 대명사로 꼽히는 연예인 중 60대 방송인 최화정, 50대 배우 고현정이 자주 언급되고 있다. 이들의 영향력은 다양한 소비로도 이어지면서 세대를 뛰어넘는 취향과 가치관에 따른 소비 트렌드를 보여주고 있다.

이들은 유튜브 채널을 통해 평소 라이프스타일을 공유하고 일상 루틴과 다양한 생활 속 아이템들을 소개하기도 한다. "맛있으면 0칼로리"라는 말을 유행시켰을 만큼 미식에 진심인 최화정은 건강관리를 위해 직접 만들어 먹는 통오이김밥, 사과땅콩버터, 요거트바크, 참외샐러드 등 다양한 다이어트 요리 레시피를 소개해 선풍적인 인기를 얻으며 실제 제품으로 출시하기도 했다. 이들은 오랜 세월 쌓아온 안목으로 믿을 만한 정보를 제공하고, 불안정한 현실 속 젊은 세대들에게 나이보다 젊은 외모, 세련된 취향, 여유 있게 삶을 즐기는 태도, 철저한 자기 관리 등을 보여주며 '나도 저렇게 멋있게 나이 들고 싶다'는 동경을 불러일으킨다. 걸 그룹 다이어트 등 극단적으로 굶는 다이어트가 유행했던 과거와 달리 이제는 단순히 외모뿐만 아니라 건강도 함께 관리하며 건전한 마인드셋을 추구하는 것이 중요하게 여겨지고 있다.

최근 건강과 자기 관리에 대한 관심이 높아지면서 식품 및 외식업계도 새로운 변화를 거듭 맞이하고 있다. 기대수명이 늘어남에 따라 질병 '치료' 중심에서 '예방' 중심으로 건강관리의 관점이 변화하고 건강한 삶을 위한 자기 관리의 중요성이 강조되면서 이제는 물질적인 풍요를 넘어 정신적인 만족과 행복을 추구하는 삶의 질 향상에 대한 요구가 높아지고 있다. 여기에 팬데믹은 건강의 소중함을 깨닫고 건강관리에 대한 관심이 폭증하는 트리거가 됐다. 또한 SNS의 발달로 인해 타인의 건강하고 아름다운 모습을 접하면서 자신도 더욱 건강하고 아름다워지고 싶은 욕구가 피어나게 되고 이것이 자기 관리를 통한 성취의 동기가 되고 있다. 이에 건강, 미용, 휴식 등을 아우르는 웰니스 산업이 폭발적으로 성장하고 건강한 체중 관리를 위한 다이어트와 운동이 일상생활의 중요한 부분으로 자리 잡고 있다. 이러한 추세에 발맞춰 건강기능식품 시장이 확대되고 있으며 건강한 삶을 위한 친환경 소비도 함께 증가하고 있다.

요즘의 소비자들은 그 어느 시대보다 자기 자신에게 관심이 많다. MBTI 검사를 통해 굳이 자신의 성향을 표준화하기도 하고, 자신에 대한 객관적인 판단 능력인 '메타 인지'의 중요성을 강조하기도 한다. 최근에는 간소화된 유전자 검사 키트로 개인의 체질을 파악하고 이에 맞게 식습관 개선을 시도하는 '정밀 영양' 서비스에 대한 수요도 증가하고 있다. 이와 같은 현상에 따라 식품 및 외식업계에서는 자기 관리에 진심인 소비자들을 위한 최적화된 서비스 제공 여부가 중요한 경쟁력이 되었다. 단순히 맛과 포만감을 넘어 건강한 식단, 특별한 식이요법 등 건강에 대한 다양한 니즈를 충족시키려는 소비자들의 요구에 따라 혈당 다이어트나 저속 노화 식단의 유행, 메디푸드 시장의 확대 등의 다양한 현상이 나타나고 있다.

다이어트 신 마법의 단어… 혈당 스파이크

다이어트는 시대의 흐름과 함께 변화해왔다. 바나나, 고구마 등을 주식으로 먹는 원푸드 다이어트, 지방 분해에 좋다는 녹차 다이어트, 비만 환자를 위해 고단백 저칼로리 식단으로 구성한 덴마크 다이어트, 탄수화물을 낮춘 키토제닉 다이어트, 일정 기간 동안 공복을 유지하는 간헐적 단식…. 다양한 다이어트와 새로운 식품들이 계속해서 나타났고, 그때마다 유행처럼 옮겨가며 소비되어왔다.

단순히 체중 감량만을 목적으로 칼로리를 제한하는 과거의 방식에서 벗어나 최근에는 건강과 지속 가능성을 중시하는 다양한 다이어트 방법들이 등장하고 있다. 그중 눈에 띄는 것이 혈당 관리를 통해 건강한 체중 감량을 추구하는 '혈당 다이어트'다. 만성질환 예방과 건강한 삶을 위한 필수적인 식습관으로 여겨지며 식품 및 외식 분야에서 다양한 형태의 혈당 관리 제품과 식단이 소개되고 있다.

혈당 다이어트 유행으로 떠오른 애플사이다비니거(사진_MBC <나혼자산다>)

혈당 다이어트에서 핵심은 '혈당 스파이크'를 줄이는 것으로 '섬유질→단백질→탄수화물' 순으로 식사를 진행해 혈당을 천천히 올리도록 하는 방법이 기본이다. 이와 더불어 혈당 지수가 낮은 식재료, 혈당 조절에 도움을 주는 식품이나 보조제가 소개되면서 현재 식품 및 의약품 분야에서 '혈당'은 마치 마법의 단어처럼 활용되고 있다. 다이어트와 연관성이 높은 메뉴를 다루는 외식 업종에서는 트렌디한 다이어트 방법에 맞는 메뉴 구성이 중요한 경쟁력이 될 수 있다. 사실 어떤 다이어트든 구성하는 식단 자체는 채소나 통곡물 위주의 건강 식재료와 저염, 저당이 기본인 것은 크게 다르지 않지만 '혈당 조절'이라는 키워드는 현시점에서 효과적인 마케팅 도구의 하나라 할 수 있다.

혈당 다이어트의 유행으로 떠오른 대표적인 식품이 사과 발효 식초인 ▲**애사비(애플사이다비니거)**다. 사과가 자연 발효되면서 생기는 아세트산이라는 물질이 탄수화물을 당분으로 만드는 소화효소를 억제해 혈당 상승을 방지하는 데 일부 도움이 될 수 있다는 원리에서 탄생한 것으로 보통 물에 타거나 음료로 희석해서 섭취하는 방식이 일반적이다. 프랜차이즈 카페 '디저트39'는 애사비를 활용한 음료를 출시해 좋은 반응을 얻기도 했다. 애사비 청사과탄산수, 애사비 제로복숭아탄산수, 애사비 퀸즈베리탄산수, 애사비 망고퀸즈베리펄블렌딩이 그것. 애사비를 드레싱으로 활용해 샐러드 옵션에 추가하는 곳도 다수다.

과거 고칼로리의 정크 푸드라는 오명을 쓰던 ▲**땅콩버터**도 혈당 다이어트 유행의 수혜자. 정확히는 모든 땅콩버터가 아닌 설탕이 들어가지 않은 100% 땅콩만 갈아 만든 땅콩버터다. 식사 전 이 땅콩버터를 한 숟가락 먹으면 식후 혈당이 치솟는 혈당 스파이크에 브레이크를 걸 수 있다고 알려지며 열량과 지방 함량이 높은 식품임에도 불구하고 다이어트 식품으로 각광받는 현상이 벌어졌다.

토종 땅콩 전문 브랜드 '옳곡(Olhgok)'은 고창에서 나고 자란 땅콩으로 만든 제품을 선보이는 브랜드로 마켓컬리 등의 유통 채널에 소개되며 인지도를 높였다. 모회사인 반석산업은 땅콩 농기계를 개발하는 회사로 농민들의 인력난과 농산물 판로 문제의 해결에 앞장서 왔다. 옳곡은 인기 제품인 100% 국내산 땅콩버터를 비롯해 다양한 땅콩 베이스의 디저트를 선보이고 있으며 경기도 남양주시에 첫 번째 오프라인 카페를 오픈하며 외식업에 본격적으로 진출했다.

서울 성수동의 '피넛버터바나나'는 매장에서 직접 갈아 만드는 땅콩버터 판매를 기본으로 이를 응용한 다양한 디저트와 음료를 선보이는 곳이다. 식단 조절이 필요한 당뇨 환자나 건강한 식단을 추구하는 운동 마니아들이 즐겨 찾는 공간이다. 이곳에서 판매하는 땅콩버터는 주문 즉시 기계를 통해 손님의 눈앞에서 즉석으로 땅콩을 갈아 버터로 만든 후 병입해 전달하기에 시각적인 즐거움도 상당하다.

귀리를 가마에 구운 후 압착, 분쇄해 먹기 쉽게 가공한 ▲오트밀 역시 주목받고 있다. 소화 흡수에 시간이 오래 걸려 혈당 수치가 빠르게 오르지 않도록 하며 식이섬유 함량도 높아 조금만 먹어도 포만감이 오래간다고 알려지면서 이를 가공한 다

성수동 카페 피넛버터바나나에서는 주문 시 즉석에서 피넛버터를 제조한다

양한 제품들이 소개되고 있다. 서양에서는 상당히 보편화된 음식이지만 국내에서는 다소 생소한 편이었으나 혈당 다이어트에 대한 관심이 높아지면서 밥 대용으로 먹을 수 있는 오트밀도 주목받게 된 것. 하지만 시중의 퀵 오트밀 제품들은 상대적으로 혈당 지수가 높은 편이라 혈당 관리를 위해서는 가공되지 않은 오트밀을 섭취하는 것이 유리한데 뻣뻣한 재료 특성 때문에 간편 조리가 어렵다는 단점이 있다. 하지만 외식은 이러한 불편함을 해소해주는 역할을 한다.

서울 송파구 문정동의 '다이오트밀'은 오트밀죽 배달 전문점으로 직접 만들어 먹기 번거로운 오트밀죽을 다양하게 선보인다. 감칠맛 가득한 오트밀참치죽과 오트밀새우죽, 오트밀리소토 등 다양한 오트밀 요리를 선보이며 이유식으로도 인기다. 서울 종로구 서촌 골목에 자리한 '세이오트'는 안전한 식문화를 지향하는 카페로 오트밀을 활용한 메뉴를 주력으로 선보인다. 유튜브나 방송을 통해 화제가 된 '오버나이트오트

서촌 세이오트의 오트밀 메뉴(사진_업체 제공)

밀'을 비롯해 홈메이드 오트브레드, 포테이토오트, 오트밀크 베이스의 음료 등을 선보인다. 서울 신사동의 '블랙루머다이오트'는 캐나다 앨버타주에서 6대째 오트밀 농장을 운영 중인 파트너와 함께하는 합작 법인에서 운영하는 오트밀 전문점으로 캐나다에서 직접 재배한 오트밀을 국내에서 도정, 가공 생산한 재료로 오버나이트오트밀, 오트밀샐러드볼, 포케, 스무디볼, 그릭요거트볼, 오트밀죽 비건 메뉴 등을 선보인다. 인기 메뉴는 오트밀에 오트밀크, 요거트, 치아시드, 피넛버터를 결합한 '피넛버터바나나오나오'다.

다이어트 산업은 끊임없이 진화하며 새로운 트렌드를 만들어내는 성장 산업이며 건강한 삶을 지속하기 위한 소비자들의 요구는 앞으로 더욱 강화될 것이다. 외식업에서도 다이어트 메뉴를 개발하고 다이어트를 목표로 하는 고객들을 위한 맞춤형 서비스를 제공하는 등 식단 트렌드를 빠르게 캐치하고 적극적으로 반영한다면 고객의 니즈를 충족하고 시장 경쟁력을 더욱 강화할 수 있을 것이다.

그들의 시간은 천천히 간다?… 저속 노화 식단

평소 건강에 관심이 높은 20대 직장인 A씨는 유튜브나 SNS에서 '저속 노화 식단'에 대한 정보를 자주 접한 뒤로 자신의 생활 습관과 식단에 대해서도 부쩍 신경 쓰고 있다. 바쁜 생활 속에서도 귀리 우유, 과일, 견과류를 곁들인 그릭요거트를 챙겨 먹으며 하루를 시작하고, 점심에는 사무실 근처의 건강 식당을 찾아 샐러드, 닭가슴살, 현미밥 등으로 구성된 메뉴를 선택하거나 직접 준비한 도시락을 먹으며 지키고자 하는 식습관에 맞는 식단을 챙겨 먹는다. 저녁에는 운동 후 집에서 간단하게 채소와 단백질 위주의 식사를 준비한다. 마트에서 장을 볼 때는 주로 신선한 채소, 과일, 곡물 등 가공식품보다는 자연식품을 선택해 구매한다.

건강에 관심이 높고 건강한 식단을 실천하려는 이들로부터 최근 인기를 얻고 있는 '저속 노화 식단'. 단순히 칼로리를 줄이는 것을 넘어, 노화를 늦추고 건강한 삶을 유지하기 위해 혈당 스파이크를 최소화하며 항산화 물질을 풍부하게 섭취하는 식단을 의미한다. 즉, 흰쌀밥 대신 잡곡밥을 먹고, 정제된 탄수화물 대신 통곡물을 섭취하며, 과도한 당 섭취를 줄이는 등의 식습관을 통해 젊음을 오래 지속하고자 하는 니즈를 반영한 식단이라 하겠다.

저속 노화 식단은 건강에 대한 관심 증가와 함께 일상 속에서 자신의 건강 상태에 맞는 식단을 실천하는 것이 보편화되면서 자연스럽게 떠오른 키워드다. 과거에도 건강한 식습관을 강조하는 다양한 트렌드가 있었지만, '저속 노화'라는 구체적이고 직접적인 키워드는 건강관리에 대한 소비자들의 관심을 더욱 집중시켰고 훌륭한 마케팅 수단이 됐다. 마치 장거리 달리기와 같이 꾸준히 이어져야 하는 건강관리에서 저속 노화 같은 새로운 목표는 지루함을 덜고 지속적인 동기를 부여하는 역할을 하며, 이는 마치 게임의 레벨업처럼 사람들에게 성취감과 즐거움을 제공하며 건강한 습관 형성을 돕는다.

저속 노화 식단에 대한 관심 증가는 건강한 음식을 다루는 업종이나 보다 다양한 소비자들의 취향을 만족시킬 수 있는 옵션을 추가하려는 음식점에서 효과적인 마케팅 요소로 활용될 수 있다. '건강'과 '젊음'이라는 매력적인 키워드는 소비자들의 구매 욕구를 자극하고, 차별화된 경쟁력을 확보할 수 있는 중요한 요소가 될 수 있기 때문. 하지만 단순히 유행을 따라가기보다는, 정확한 영양학적 지식을 바탕으로 소비자에게 진정한 가치를 제공하는 것이 중요하다.

메디푸드 트렌드 식품에서 외식 영역으로

팬데믹 이후 건강에 대한 관심이 높아지면서 특수 의료용도 식품인 메디푸드가 주목받고 있다. 메디푸드는 주로 건강상의 문제로 식단에 유의해야 하는 사람들을 위한 식품이었지만 최근에는 일상 속에서 식단을 통해 건강을 다스릴 수 있는 방법으로서 보다 보편화되어가는 추세다. 그래서 환자식, 질환 관리식보다는 '메디푸드', 혹은 '케

고령화와 건강 트렌드에 따라 메디푸드 시장 규모는 지속 성장할 전망이다(단위:100만원, 톤)

어 푸드' 등 보다 접근성 있고 광범위한 대상을 포용하는 용어로 변화했다. 메디푸드 시장의 성장 배경에는 빠르게 진행되고 있는 인구 고령화와 젊은 세대를 중심으로 당뇨, 비만 등의 만성질환자가 늘어나는 데에 따른 대중 수요의 증가가 있다. 대중 소비 추세에 민감하게 반응하는 식품업계에서도 관련 제품군은 불패의 키워드로 통한다. 국내뿐만 아니라 세계적으로도 건강 트렌드에 발맞춘 기능성 식품은 과학적 근거를 바탕으로 한 고부가가치 식품으로 각광받으며 식품업계의 역량이 집중되는 추세다.

특히 최근 메디푸드 시장은 개인 의료나 진료 기록, 혹은 관심사와 취향, 라이프스타일에 따른 데이터에 기반한 '개인 맞춤형' 시장으로 진화하고 있다. 근래에 MBTI나 유전 정보 테스트 등이 크게 유행했는데, 이러한 현상은 현대인이 개인의 성격, 특징, 잠재력을 더 잘 이해하고 싶어 하는 욕구가 커지면서 나타난 것이다. 이는 개인의 고유성을 추구하고, 객관적인 데이터의 확보로 과학적 근거를 바탕으로 한 합리적 의사 결정을 내리고자 하는 욕구와도 맞닿아 있다. 여기에는 개인의 특성에 맞게 최적화된 상품이나 서비스를 얻고자 하는 기대 또한 담겨 있다. 이러한 흐름에 따라 자연스럽게 부상한 메디푸드는 개인화된 식단을 섭취해 질병 발생 위험을 낮추고 건강을 유지하고자 하는 목표에 맞닿아 있는 분야로서 주목받고 있다.

이러한 배경 속에 개인의 유전 정보와 건강 데이터에 기반한 맞춤형 메디푸드 서비스가 속속 등장했다. 가장 대표적인 것은 온라인 플랫폼을 통한 맞춤형 구독 서비스로 메디푸드를 다루는 대부분의 기업에서 실행하고 있다. 현대그린푸드의 '그리팅'은 개인별 건강 목표에 맞는 식단 서비스를 제공하는 온라인 서비스로 단백질 식단, 저당 식단부터 질환 맞춤 식단, 프로틴 업 또는 채식 식단 등 다양한 수요에 맞는 식단 서비스를 지원한다. 자사의 영양 진단 프로그램을 통해 고객 개개인에 맞춘 식단을 추천해 정기 배송하는 서비스를 제공하고 있다.

현대그린푸드는 자사의 역량을 단체 급식업계에도 접목했다. 생성형 인공지능(AI)을 결합한 영양 상담 솔루션 '그리팅 X(Greating X)'를 통해 실시한 영양 상담 결과와 개별적인 체성분 분석 결과 등을 바탕으로 저당·저칼로리·고단백 등 맞춤

인공지능 영양 상담 솔루션을 통해 개인 맞춤 상품을 추천하는 그리팅스토어
(사진_현대그린푸드)

형 케어 푸드 식단을 제공하는 단체 급식 프로그램 '그리팅오피스'를 운영 중이기도 하다.

그 밖에도 시니어 특화 식자재 상품군을 보유 중인 CJ프레시웨이의 '헬씨누리'와 아워홈의 케어 푸드 브랜드 '케어플러스' 등이 대표적인 메디푸드 서비스로 꼽힌다. 최근 종합 식품 기업 오뚜기도 메디푸드 스타트업 '잇마플'과 신사업 협업에 나서면서 본격적인 메디푸드 시장 진출을 알렸다. 대상 역시 건강기능식품 계열사인 대상웰라이프에서 잇마플에 투자하며 메디푸드 브랜드인 '뉴케어'를 론칭하기도 했다.

하지만 병원이나 휴게소, 기관 등의 단체 급식 외에 일반 외식업 브랜드에서 메디푸드 제공을 전면에 내세운 사례가 아직은 많지 않다. 그만큼 새로운 가능성을 품고 있다는 의미다. 메디푸드에 대한 시장의 관심을 외식업에 효과적으로 접목할 수 있는 방안은 건강을 추구하는 트렌드와 개인화된 서비스 제공을 요구하는 소비자 니즈를 반영한 맞춤형 접근에 있다. 메디푸드 연구는 자동화 시스템, 빅데이터, AI 기술 등 푸드테크 분야와 접목되어 이루어진다. 따라서 오프라인 도입에서도 일일이 상담할 필요 없이 키오스크나 전용 앱 같은 디지털 기술과 접목해 개인에 맞는 개별적 메뉴를 추천해주는 방식을 채택할 수 있으며, 이를 통해 특별한 체질이나 질환을 가진 고객뿐 아니라 일반 고객에게도 건강한 선택을 할 수 있는 기회를 제공할 수 있다.

외식의 영역에서 메디푸드를 도입할 경우 즉석으로 요리를 제공하는 묘미와 미식적으로 좀 더 높은 완성도, 공간 경험, 휴먼 터치 등의 부가적인 가치를 담아 고객 서비스를 더욱 강화할 수 있다는 점에서 단체 급식이나 온라인 구독 서비스 등과는 차별화된 경쟁력을 확보할 수 있다. 외식업체 입장에서는 메디푸드 도입을 통해 건강 중

시 트렌드에 맞는 효과적인 마케팅을 펼칠 수 있다는 점도 긍정적 요소다. 이때 고객들이 쉽게 접근할 수 있도록 각 메뉴의 영양 정보를 투명하게 공개하는 것은 필수다. 이와 더불어 메디푸드에 관한 메시지를 광고에 포함시킨다면, 식사에 제한이 있는 질환자나 건강한 식습관을 추구하는 소비자 모두에게 건강과 맛을 동시에 만족시킬 수 있는 옵션을 제공하는 브랜드 이미지를 심어줄 수 있을 것이다.

메디푸드의 시장 확대에 따라 향후 이와 관련된 다양성에 대한 수요는 더욱 높아질 전망이다. 다채로운 제품 개발이 이뤄지며 시장이 성장하고 있고, 외식 트렌드 역시 개인의 건강에 최적화된 식사를 영위하는 방향으로 향하고 있는 만큼, 식품 산업을 넘어 외식 영역에서도 새로운 성장 동력이 될 수 있는 다양한 메디푸드 도입 사례가 등장할 것으로 기대된다.

로 스펙 푸드, 외식 소비자를 위한 '하이 스펙'되다

식품 및 외식 시장에서 꾸준하게 이어지고 있는 또 하나의 트렌드가 '로 스펙 푸드(Low Spec Food)'다. 로 스펙 푸드란 당분, 칼로리, 화학 첨가물 등을 낮춘 식음료를 뜻하며 맛은 그대로 유지하면서 칼로리 부담을 낮추거나 건강에 유해한 성분을 최소화한 식품이라고 할 수 있다. 건강과 다이어트에 대한 관심이 갈수록 높아지는 가운데 단순히 건강만을 위한 것이 아니라 맛있는 음식도 동시에 즐기고 싶어 하는 소비자들의 욕구가 공존하는 미식 트렌드가 지속되며 진화를 거듭해온 결과 자리를 잡은 것이 로 스펙 푸드라고 할 수 있다. 환경문제에 대한 관심이 갈수록 높아지면서 최근에는 맛과 기능성을 모두 갖춘 것뿐만 아니라 환경친화적인 생산과정에서 불필요한 첨가물을 최대한 줄이고, 포장재는 최소화해 환경보호에 기여하는 측면까지 고려한 식품을 찾는 니즈가 증가하고 있다. 식품업계에서 하나의 새로운 옵션으로 출시하던 로 스펙 푸드가 이러한 소비자들의 니즈를 반영하면서 이제는 거대한 주류 산업으로 정착하게 되었다.

이처럼 로 스펙 푸드에 대한 소비자 관심이 높아짐에 따라 제조 기업들의 경쟁도 치열해지고 있다. 관련 식품군의 퀄리티가 하루가 다르게 높아지고, 그 종류도 다양해지고 있는 것. 로 스펙 푸드의 다양성 추구가 건강하고 트렌디한 기업 이미지와 직결되면서 유통업계에서도 제조업체와 협업해 자체 상품들을 내놓기 시작했다. 긍정적 이미지 구축을 위한 이 같은 시도는 유통시장에 대한 접근성을 높이고 고객의 경험치도 한층 향상시키는 결과를 낳고 있다.

#제로 음료, 다음은 제로 식품

로 스펙 푸드 트렌드는 음료업계에서 가장 명확하게 찾아볼 수 있다. '제로 음료' 시장의 폭발적인 성장이 그것인데, 한국농수산식품유통공사(aT)에 따르면 국내 제로 음료 시장은 매년 두 자릿수 이상의 성장세를 보이는 것으로 나타났다. 대표적인 음료 구매 채널인 편의점 GS25의 2024년 1~4월 음료 상품 매출을 분석한 자료에 따르면 전체 탄산음료 상품 매출 중 제로 음료 구성비는 52.3%에 이른다. 편의점에서 판매되는 탄산음료 2개 중 1개는 제로 칼로리 음료라는 것. 이는 구매 고객들의 현재 소비 트렌드를 반영한 결과라고 할 수 있다. 제로 음료의 종류가 다양해지고 일반 제품과 맛의 차이가 줄어들면서 소비자 입장에서 높은 액상 과당과 칼로리를 함유한 일반 음료를 찾을 이유가 없어지고 있는 것이다. 다만 액상 과당 대신 들어 있는 아스파탐, 수크랄로스 같은 인공감미료의 혈당 개선 효과와 안전성에 대해서는 아직 의견이 분분하다. 최근 출시한 제로 음료 중 가장 큰 화제가 된 제품은 팔도의 '비락식혜'다. 제로 음료는 이제 너무나 익숙해져 특별할 것이 없지만 밥알이 있는 식혜를 제로 제품으로 구현했다는 것은 이목을 집중시킬 만했다. 제로 식품에 대한 제조기업들의 연구가 날로 진화하고 있음을 보여준 사례라 할 수 있다.

로 스펙 푸드 트렌드에서 제로 음료의 뒤를 따르는 것은 당연히 '제로 식품'이다. 대표적인 것이 롯데웰푸드에서 공격적으로 출시하고 있는 무설탕 디저트 전문 브랜드 '제로'의 제품군으로 과자와 젤리, 아이스크림에 이르기까지 점차 확대되고 있다. 음료의 경우 대부분 '칼로리의 제로'를 의미하지만 디저트 식품의 경우 설탕 제로 등 '특정 성분의 무첨가'를 의미하는 경우가 많은데, 이

제로 열풍으로 인기를 얻고 있는 팔도 비락식혜 제로(사진_팔도)

는 제로라는 단어를 사용함으로써 소비자들의 심리적 부담감을 낮추려는 전략이라 할 수 있다.

디저트업계에 부는 저당 바람은 무척 거세다. '라라스윗'은 저당 디저트 시장에 돌풍을 일으킨 주인공으로 대기업을 앞서는 성과를 낸 스타트업이다. 라라스윗 제품은 SNS상에서 "다이어터가 먹는 아이스크림"으로 불리며 인기를 끌었고, 대표 상품인 저당 모나카 아이스크림의 인기에 힘입어 급성장을 이루었다. 온라인 판매에 불리한 아이스크림 제품임에도 품질과 차별화를 통해 온라인 플랫폼 마켓컬리 판매 상위를 기록하며 저당 디저트 시장을 선점하는 데 성공했다는 평을 얻었다. 저당 디저트에 대한 주목도가 높아지면서 고객 선호도는 높지만 고칼로리, 고당 식품이라 부담감이 높은 초콜릿 바, 롤케이크 등의 제품을 저당 버전으로 내놓으며 로 스펙 푸드와 미식의 영역을 모두 충족하고자 하는 요즘 소비자들의 심리를 제대로 파고든 것. 이처럼 '저당' 옵션의 승부처는 탄산음료, 디저트 등 원래 칼로리와 건강 면에서 자유롭지 못했던 품목에서 주로 드러났다. 이는 건강을 추구하면서도 미각의 보편적 즐거움을 포기하고 싶지 않았던 소비자들의 본심이 드러나는 지점이다. 아무리 건강해도, 맛없으면 외면받는다.

#두부면, 곤약밥… 탄수화물 대체가 대세

저칼로리 추구, 저탄수화물 추구, 혈당 조절 추구 등을 통해 당이나 지방, 염분을 줄인 로 스펙 푸드 선호가 국내뿐 아니라 글로벌 추세로 떠오른 가운데, 국가별 식문화에 따라 이를 영위하는 방식도 다르게 나타나고 있다. 국내시장의 경우 '탄수화물의 대체'가 대표적인 키워드다. 탄수화물 비중이 높은 한국 식문화의 특징과 혈당 다이어트의 유행에 따라 주식인 높은 당질의 흰쌀밥의 대체, 다이어트의 주범으로 분류되는 밀가루의 대체를 강조한 제품들이 현재 국내 로

풀무원은 밀가루와 탄수화물 섭취를 꺼리는 소비자를 위해 다양한 식물성 대체 면을 선보이며 두각을 나타내고 있다 (사진 풀무원식품)

스펙 푸드 시장을 주도하고 있다.

로 스펙 푸드 트렌드가 식생활 전반에 큰 영향을 미치면서 외식업계 역시 이러한 변화에 발맞춰가고 있다. 예를 들어 채소나 다양한 슈퍼 푸드를 활용한 채식 메뉴 확대, 글루텐프리 메뉴 도입, 저탄수화물 메뉴 옵션, 유기농 및 제철 식재료 사용 등으로 메뉴 구성을 변화시키거나 이를 콘셉트로 삼아 마케팅에 활용하는 것을 들 수 있다. 메뉴의 영양 정보를 상세하게 제공해 소비자들이 건강한 선택을 할 수 있도록 돕는 것도 여기에 해당한다. 특히 쌀밥을 주식으로 내놓는 식당에서 현미밥, 곤약밥 등의 옵션을 추가해 고객의 부담감을 덜거나, 면을 다루는 업종에서 메밀면, 곤약면, 두부면, 두유면 등 밀가루를 대체할 수 있는 것들을 선택지로 제공함으로써 보다 넓은 범주의 고객층을 확보하는 기회로 삼을 수 있다.

#저당, 저염, 저열량이 더 잘 나가요

개인의 영양 상태나 식습관에 맞춰 최적화된 메뉴를 제공하는 서비스가 증가한 것도 외식업계에서 로 스펙 푸드 트렌드가 가져온 변화다. 배달 음식은 몸에 안 좋다는 것도 옛말이다. 배달의민족(이하 배민)에서 발표한 '배민트렌드 2024 가을·겨울편'에 따르면 2024년 7월 기준, 저칼로리 키워드가 들어간 메뉴의 주문 수는 전년 동월 대비 3.5배 늘었으며 같은 기간 저염 메뉴는 2.6배, 디카페인 커피 등의 주문 수도 1.3배 증가한 것으로 나타났다. 음식 본연의 맛은 즐기면서 건강을 고려해 칼로리, 나트륨, 카페인 등을 줄인 로 스펙 푸드가 배달 음식에서도 많은 사랑을 받은 것이다. 많은 배달 외식업체들이 변화한 식생활 트렌드를 메뉴에 접목해 바쁜 일상 속에서도 건강, 체중 관리 등에 관심을 기울이는 소비자들의 니즈를 충족시켜주고 있다.

로 스펙 푸드에 대한 트렌드가 꾸준히 이어짐에 따라 달콤한 행복을 전달하는 카페 및 디저트 분야에서는 저당, 저열량 옵션이 이미 선택이 아닌 필수가 됐고, 이제

치킨플러스의 제로슈거양념치킨(사진_업체제공)

는 샐러드 전문점과 카페를 넘어 보다 다양한 영역까지 확장되고 있다. 피자 전문 프랜차이즈 '피자알볼로'는 로 스펙 푸드와 건강한 식재료 선호 흐름에 맞춰 캐나다 청정 지역에서 자란 서부 적색 봄밀(CWRS)을 제분한 통밀 베이스의 도(Dough)를 출시했으며 '영천마늘불고기피자' 등 지역 특산물을 접목한 로컬 상생 메뉴를 지속적으로 선보이고 있다. 치킨 프랜차이즈 '치킨플러스'에서는 모든 재료에서 설탕을 빼고 알룰로스로 대체해 맛을 내며, 칼로리를 23% 줄인 '제로슈거양념치킨'을 출시했다.

한식에서는 저당, 저염 요소를 활용해 기본이 되는 양념에 로 스펙 푸드를 적용하는 사례가 많다. 서울 서초구 방배동의 '저당제육'은 배달, 포장 메뉴로 인기가 많은 제육볶음이 주력 메뉴이며, 자체 개발한 저당 소스로 무설탕 제육볶음을 선보인다. 반찬으로는 저당무채와 저당장아찌를 곁들이며, 밥은 옵션으로 곤약밥, 현미밥 등의 선택지를 뒀다.

서울 강남구 논현동의 '제로한식'은 무설탕 저당덮밥, 저염 국물 정식, 저칼로리 곤약면 등 로 스펙 푸드를 기본 콘셉트로 삼고 그에 맞는 메뉴들을 선보인다. 예를 들어 제로 우삼겹마늘간장덮밥은 마늘과 저염 간장으로 볶은 우삼겹을 곁들이고, 삼겹김치찌개 정식은 제로 김치와 삼겹살을 활용해 1인분 431칼로리로 제공하는 식이다.

한국식 샐러드를 지향하는 프랜차이즈 브랜드 '슬림비빔밥'은 쌀밥 대신 콜리플라워 라이스를 활용한 비빔밥이 대표 메뉴인 곳으로 이를 제육, 육회 등의 덮밥 메뉴로도 응용해 선보인다. 또한 키토김밥 같은 저탄수화물 메뉴도 판매하며 전국으로 지점을 확장하고 있다.

서울 서대문구 북가좌동 '스마일박스'는 "맛있게 먹은 짜장 때문에 오후를 망친 기억 있으신가요?"라는 질문을 던지며 그들만의 짜장을 소개한다. 맛있지만 너무나 자극적이어서 먹고 난 뒤 속이 더부룩했던 경험. 이곳의 대표는 시중의 짜장면을 먹고 누구나 한번쯤 겪어봤을 그 경험을 토대로 먹고 나서 속이 편안한 '제로슈거유니짜장'을 만들었다. 천연 재료를 통해 단맛과 짠맛을 뽑아낸 저당, 저염 짜장면으로 아이를 키우는 부모님과 당에 대한 부담이 있는 어르신들이 즐겨 찾는 메뉴가 됐다.

한편 최근 리브랜딩을 통해 새롭게 거듭난 '닥터로빈 한남LAB점'은 '건강한 음식의 일상화'를 표방하는 이탤리언 레스토랑으로 웰빙에 대한 소비자 관심에 부응하기 위해 자연 친화적 인테리어, 웰니스 레시피를 적용한 메뉴 등 브랜드 전반에 그 가치를 녹여냈다. 유기농 밀가루, 저당 앙금을 사용해 달지 않고 담백한 펌프킨브레드, 피스타치오 두부퓨레를 사용한 피스타치오 토마토파스타, 혈당 조절에 좋은 애사비에이드 등이 대표 메뉴이며 맛과 건강을 모두 고려한 음식들로 구성해 좋은 반응을 이끌어내고 있다.

로 스펙 푸드에 대한 소비자들의 관심이 높아지면서 이처럼 외식업계에서도 이 트렌드를 적극적으로 반영하고 있다. 하지만 단순한 저칼로리 식단이나 대체당을 통해 설탕만을 제거하는 식으로는 소비자 만족도를 장기적으로 끌고 나가기 어려울 수 있다. 로 스펙 푸드 메뉴를 도입하거나 관련 콘셉트의 브랜드를 운영하기 위해서는 적절한 맛의 균형, 다양한 식습관을 가진 소비자들을 고려한 메뉴 구성, 정확한 영양 정보 제공 등이 수반되어야 소비자들이 기꺼이 선택할 수 있게 된다. 또한 지나치게 유행을 따르기보다는 저당 메뉴를 선택하는 고객들의 피드백을 적극적으로 분석해 반영하려는 노력이 매우 중요하다.

로 스펙 푸드는 단순한 미식 트렌드와는 성격이 조금 다르다. 이를 즐기는 목적 자체가 지속 가능성과 건강 같은 장기적인 가치에 있는 만큼 지금, 그리고 앞으로도 고객 입장에서 제대로 만든 로 스펙 푸드라면 굳이 선택하지 않을 이유가 없다. 이에 따라 외식업계에서는 로 스펙 푸드에 대한 소비자들의 니즈를 파악하고 이를 바탕으로 차별화된 메뉴와 서비스를 지속적으로 개발해야 할 것이다. 그리고 건강에도 좋고 맛도 좋은 음식을 제공하고자 하는 철학을 공유하며 브랜드 이미지를 구축한다면 브랜드 가치와 화제성을 지속적으로 이어나갈 수 있을 것이다.

3. 오감으로 향유하는 새로운 차원의 경험… 공간의 최적화

지난 <2024 대한민국을 이끄는 외식트렌드>에서는 외식 공간의 특별한 인테리어나 콘셉트가 마치 사진 부스의 특별한 '프레임'과 같은 역할을 한다는 의미의 '프레임 외식' 키워드를 통해 공간의 중요성을 강조한 바 있다.

디지털 시대의 도래로 모든 소비가 온라인으로 옮겨가는 가운데, 외식 또한 예외는 아니다. 하지만 여전히 많은 사람은 오프라인 공간에서 음식을 맛보며 타인과 교감하고 싶어 하며 오프라인 공간을 통한 유일무이한 경험은 외식업의 중요한 기능 중 하나가 되었다. 외식업계에서 공간의 역할이 강조되면서 직접 만든 음식의 풍미, 함께 식사하는 이들과의 대화, 그리고 따뜻한 서비스는 온라인으로는 경험할 수 없는 소중한 가치로 여겨지고 있으며, 오프라인 외식은 단순한 식사를 넘어 사람과 사람 사이의 연결을 통해 다양한 문화를 경험하고 소통하는 공간으로 진화하고 있다. 또한 특정 취향을 콘셉트에 반영한다면 같은 관심사를 지닌 이들이 모여 공감대를 형성할 수 있는 커뮤니티로서의 역할도 수행할 수 있다. 이러한 다방면의 휴먼 터치는 온라인이 제공할 수 없는 진정한 외식 경험의 핵심이라 할 수 있다.

나와 너의 취향에 최적화… 팝업 스토어

단기 모객 및 행사, 홍보의 목적으로 일시적으로 운영하는 매장을 뜻하는 '팝업 스토어(Pop-up Store)'는 이제 단순한 기업 마케팅의 일환을 넘어 브랜드와 관계를 형성하는 하나의 문화 현상으로 자리 잡았다.

팝업 스토어가 이처럼 인기를 얻는 데에는 여러 요인이 복합적으로 작용한다. 온라인 쇼핑이 활성화되면서 오프라인 매장의 중요성이 감소하는 것처럼 보이지만, 실제로 많은 소비자는 여전히 오프라인 공간에서 직접 제품을 오감을 통해 체험하거나 혹은 단순히 물건을 구매하기 위한 온라인 쇼핑과는 다른, 구매 이상의 경험을 하고 싶어 하는 욕구가 강하다. 팝업 스토어는 이러한 소비자들의 니즈를 충족시키는 역할을 한다. 팝업 스토어는 이제 단순 홍보의 의미를 넘어 직접 방문해야만 체험할 수 있는 것들을 즐기고, 팝업 현장에서만 구매할 수 있는 상품을 획득하며, 그곳에만 있는 배경을 두고 흔적을 남기는 행위들을 통해서 온라인에서는 절대 할 수 없는 다른 차원의 경험을 하는 공간으로 진화했다. 한정 기간 동안 운영되고 그 공간에서만 할 수 있는 경험 요소를 제공하기에 브랜드 입장에서는 높은 단기 모객력을 활용해 효과적인 홍보를 할 수 있고, 고객 입장에서는 희소성 있는 체험을 하면서 그 과정에서 취향과 개성을 드러낼 수 있다는 점에서 특히 SNS를 통해 자신을 표현하는 젊은 층에게 매력적인 콘텐츠로 여겨진다.

최근에는 팝업 스토어 자체가 범람하면서 어떤 팝업 행사가 열리는지 알려주는 온라인 계정이나 애플리케이션도 등장했다. 그만큼 모객 경쟁이 치열하다 보니 단순히 브랜드 인지도에만 기대거나 홍보 목적을 고스란히 드러내며 제품만을 나열하는 팝업 스토어의 매력도는 떨어질 수밖에 없다. 팝업 스토어 자체의 체험형 콘텐츠가 더욱 강조되는 만큼 VR, AR, NFT 같은 다양한 기술의 접목 등을 통해 오프라인에서의 경험이 온라인으로, 혹은 온라인의 경험이 오프라인으로 자연스럽게 이어질 수 있는 연결 고리 역할을 하며 경험의 경계를 확장하고 있다.

무엇보다 팝업 스토어는 브랜드와 소비자가 직접 소통할 수 있는 공간을 제공함으로써 더욱 친밀한 관계를 형성하게 하는 역할을 한다. 시장조사 전문 기업 엠브레인 트렌드모니터가 전국 만 19~59세 성인 남녀 1000명을 대상으로 '팝업 스토어 방문 경험 및 인식 조사'를 실시한 결과, 팝업 스토어 방문 경험자의 절반가량이 '가고 싶은 곳을 일부러 찾아간 것'으로 나타났다. 그만큼 팝업 스토어는 트래픽이 높은 지역에서 최대한 많은 대중에게 브랜드를 각인시키는 역할도 하지만 사전에 이미 해당 브랜드에 관심이 있는 동일한 취향의 소비자들을 한곳에 집결시킴으로써 유대감을 높이고 결과적으로 관심과 충성도를 향상시키는 효과가 크다.

#팝업 공간, 목적이 되다

성수동이나 홍대 인근, 대형 백화점 및 쇼핑몰 등 팝업 스토어가 주로 열리는 곳은 기본적으로 트래픽이 높은 지역이다. 로드 숍의 경우 공간 임대 비용과 설치 비용이 높기 때문에 소규모 업체보다는 기업에서 자사 브랜드와 신제품의 홍보 등을 목적으로 진행하는 경우가 많다. 이때 공간에 머물게 하기 위한 장치로서 외식 요소를 활용하기도 하는데, 주로 외식업체와 컬래버레이션해 팝업 스토어 내에서 행사와 어울리는 한정 메뉴만 선보이는 경우가 많다.

외식업체의 팝업 스토어는 일반적인 패션, 스포츠, 연예인 등 특정 콘텐츠에 비해 불특정 다수 대중의 접근성이 높은 업종이기에 로드 숍보다는 백화점이나 쇼핑몰 등 다양한 지역, 다양한 연령대의 고객이 포진한 공간에서 주로 펼쳐진다. 베이커리나 디저트, 주류, 햄버거같이 간편 제공이 가능한 형태의 품목이 많고, 모객 효율이 높은 새로운 접근 방식을 제시하는 것이 일반적이다. 실제로 팝업 스토어가 상시 열리는 더현대서울이나 신세계강남 스위트파크의 경우 외식 팝업 매장으로 배정된 공간을 끊임없이 새로운 브랜드로 채우고 있다.

팝업 스토어를 활발히 유치하며 꾸준히 화제성을 이끌어온 브랜드가 대형 유통업체 입점으로 이어지는 경우가 많다 보니 '팝업=유명세'라는 공식까지 생길 정도가 되었다. 원래는 잘 모르는 브랜드였다고 해도 팝업 스토어 행사를 하고 있다는 자체로 사람들은 '어딘가에서 인기 있던 브랜드'라고 인식하게 된다. 브랜드 입장에서 팝업 스토어는 그 자체의 매출 수익을 넘어 기존 고객뿐만 아니라 새로운 고객을 유입시키고 브랜드 인지도를 높이는 큰 효과를 얻을 수 있다.

외식업체 자체 공간에서 진행하는 팝업 스토어의 경우 한정 메뉴, 컬래버레이션 메뉴, 신메뉴 출시 전 테스트를 위해 특정 메뉴를 한정 기간 제공하는 형태로 진행하는 것이 일반적이다. 정식으로 식사를 즐기는 형태의 팝업 행사라면 좌석 제한이 있는 만큼 예약제로 진행하는 경우가 많은데, 이런 행사는 주로 기존 고객들을 위한 이벤트성 성격이 강하다. 이를 통해 기존 고객들과 브랜드 그리고 고객 간의 유대감을 형성할 수 있고, 좌석 제한으로 방문하지 못한 이들로 하여금 해당 업체를 방문하고 싶은 의지를 북돋게 하는 효과를 가져올 수 있다. 또한 한정적인 인원을 대상으로 하기에 그만큼 한정된 콘텐츠를 제공할 수 있다는 점에서 방문객들의 자발적 SNS 바이럴 참여도도 높다.

소규모 외식업체가 대중에게 브랜드를 보다 광범위하게 알리기 위한 목적으로 팝업 이벤트를 추진한다면 식사 중심의 이벤트보다는 빠르게 투고(To-go)할 수 있는 아이템을 선정하거나 혹은 기존 인기 제품을 간소화, 패키지화해 회전율을 높이고 익스프레스 형태(빠르고 간편하게 쇼핑을 할 수 있도록 특화된 매장)의 판매 방식을 취해 기존 고객뿐만 아니라 지역 유동 인구도 자유롭게 접근 가능하도록 구상하는 것이 좋다. 또한 오프라인 외식 이외에 유통 채널이나 새로운 상권 진출의 테스트 베드로서 고객 반응을 확인해보는 것도 팝업 행사를 통해 실행해볼 수 있다.

최근 많은 식품·외식 기업들이 팝업 스토어를 통한 홍보를 진행하는 가운데 롯데GRS가 운영하는 프랜차이즈 버거 브랜드 롯데리아가 창립 45주년을 맞아 '리아's 버거 아트 뮤지엄' 팝업 스토어를 열어 주목을 받았다. 햄버거를 소재로 예술적이면서 유쾌하게 풀어낸 작품 전시부터 버거 시식 후 나오는 뇌파를 측정해 AI가 그림을 생성해주는 브레인

롯데리아에서 진행한 성수동 리아'S 버거 아트 뮤지엄 팝업 스토어
(사진_롯데GRS)

아트 체험, 롯데리아의 45주년을 담은 헤리티지 전시 등으로 구성했다. 또한 버거와 페어링 푸드 등을 맛볼 수 있는 테이스트 갤러리, 키 링 제작, 타임머신 포토 존 등 다양한 고객 체험형 프로그램을 마련해 차별화된 소비자 경험을 제공했다.

50년 된 국민 초콜릿 롯데웰푸드의 '가나초콜릿' 팝업 스토어는 2022년 첫 팝업 스토어 당시의 높은 호응에 힘입어 '가나 초콜릿 하우스 시즌 3'를 서울 성수동에서 개관하며 '시즌제' 팝업 스토어로 거듭나기도 했다. 전문 쇼콜라티에와 함께 가나초콜릿을 활용해 나만의 초콜릿을 만들어볼 수 있는 '나만의 가나 만들기' 체험 이벤트를 진행하는 한편 가나초콜릿을 활용해 만든 미니케이크, 가토쇼콜라, 소금붕어빵, 퐁당쇼콜라, 시가봉봉 등 다양한 디저트를 경험할 수 있도록 했다.

농심의 대표 제품 '짜파게티'는 출시 40주년을 기념해 서울 강남구 신사동에서 '짜파게티 다이닝 클럽' 팝업 식당을 열었다. 서울 강남구 신사동의 '춘식당'과 협업해 내외부를 짜파게티 콘셉트로 꾸몄으며 팝업 기간 동안 짜파게티 40년 역사를 체험할 수 있는 전시와 중식 스타일의 '두부마파짜파'와 양식 기반의 '짜파자냐' 등 창의적인 메뉴를 선보였다.

한편 해외 진출을 준비하고 있는 기업의 경우 해외 현지의 사전 반응 조사를 위해 팝업 스토어를 여는 것이 공식처럼 자리 잡고 있다. 일본에 진출한 '맘스터치' 역시 2023년 도쿄에서 첫 해외 팝업 스토어를 열고 만족스러운 반응을 끌어낸 뒤 2024년 첫 해외 직영점을 도쿄 시부야에 열었으며 CJ제일제당은 영국 런던 쇼디치에 '비비고

팝업 스토어'를 열었다. '비비고 투고' 서비스에서 판매하는 메뉴와 함께 냉동 김밥, 김치스프링롤 등의 메뉴를 한정 판매했다.

오비맥주의 대표 맥주 '카스'는 2024 파리올림픽 파트너사로 참여해 파리 시내에 마련된 코리아하우스의 야외 정원에서 한국식 포장마차를 테마로 '카스포차'를 운영했다. 방문객을 대상으로 카스의 대표 브랜드 '카스프레시'를 판매했으며 한국 맥주를 마시며 방문객들이 한국식 포장마차 특유의 감성을 즐길 수 있도록 했다. 이처럼 많은 식품 및 외식 기업들이 팝업 이벤트를 현지 소비자와 접점을 확대하는 기회로 삼고, 향후 사업 확장을 위한 테스트 베드로서 활용하고 있다.

아트 페어 프리즈 서울의 런던베이글 뮤지엄 팝업 스토어 (사진_업체 제공)

특정 기간 진행되는 전시나 페스티벌 등의 행사에서 결이 맞는 F&B 브랜드와 협업해 팝업 스토어를 열기도 하는데, 이러한 팝업 스토어는 이벤트의 밀도를 높이는 역할을 한다. 베이글 열풍을 몰고 온 '런던베이글뮤지엄'은 런던에서 시작한 세계적인 아트 페어 '프리즈서울'에서 팝업 매장을 열어 전시 관람객들이 미술 작품도 관람하고 따뜻한 베이글도 즐길 수 있도록 했다.

서울에서 독보적으로 오랜 역사를 자랑하는 베이커리 '태극당'은 경기도 용인시 호암미술관에 팝업 카페를 오픈했는데, 전통 정원인 희원을 바라보며 태극당의 다양한 메뉴를 즐기는 특별한 경험을 선사했다. 동아시아 불교미술을 조망하는 대규모 기획전과 함께 열린 팝업 현장에서는 연꽃색의 '연꽃레모네이드', 화이트 초콜릿으로 커피를 감싼 '극락라테' 등 불교미술에서 영감받은 특별한 음료를 선보였다.

업체 간의 시너지를 일으킬 수 있는 컬래버레이션 팝업 스토어도 외식업종에서 좋은 반응을 이끌어낼 수 있는 팝업 형태다. 한국 전통 순대의 세계화를 위해 꾸준한 연구를 거듭하고 있는 순대 전문 브랜드 '순대실록'은 3년간의 연구 끝에 개발한 '저탄고지' 순대와 와인의 페어링을 소개하는 프로젝트를 추진하며 이태원의 프렌치 다이닝 바 '라핀부쉬'와 협업해 팝업 이벤트를 열었다. 이 팝업 스토어에서는 그릴에 구운 '키토순대'를 부라타 치즈, 토마토, 루콜라와 조합하는 등 프렌치 터치를 입힌 순대 디시와 와인의 페어링을 경험하도록 했다. 넷플릭스 예능 프로그램 <흑백요리사: 요리계급전쟁>에 흑요리사로 출연한 고석현 셰프의 어묵 바 '휘뚜루'와 100% 서울 쌀로 빚어낸 서울 유일의 지역 특산주인 나루생막걸리의 '한강주조'가 만나 선보인 '마막' 팝업 스토어도 마라 맛 어묵과 시원한 과일 맛 생막걸리 셰이크의 신선한 조합을 통해 어묵, 그리고 막걸리의 기존 인식을 확장시켰다.

셰프와의 협업도 활발하다. 맛집 예약 플랫폼 '캐치테이블'은 <흑백요리사>에 등장하는 셰프들과 협업해 방송에서 선보인 경연 메뉴를 경험할 수 있는 '흑백요리사 릴레이 팝업 이벤트'를 진행하

캐치테이블 <흑백요리사> 릴레이 팝업 이벤트
(사진_캐치테이블 앱 갈무리)

기도 했다. 온라인 예약 플랫폼과 홍보 채널의 역할은 캐치테이블이 담당하고, 팝업 메뉴는 참여 셰프의 업장에서 제공하는 식이었다. <흑백요리사> 방송 후 셰프의 매장에 직접 방문해 방송에서 본 메뉴를 시식해보고 싶어 하는 고객이 많아지면서 그만큼 매장 예약이 어려워졌는데, 응모자를 대상으로 하여 추첨식으로 기회를 제공하고 매주 새로운 셰프가 릴레이로 참여해 본진인 레스토랑에서 먹기 어려운 <흑백요리사> 속 메뉴를 경험할 수 있도록 한 것. 1차 프로모션 참여 레스토랑은 권성준 셰프(나폴리 맛피아)의 '비아톨레도 파스타바', 배경준 셰프(원투쓰리)의 '본연', 김태성 셰프(히든 천재)의 '포노부오노'다.

종합 주류 기업 아영FBC가 운영하는 '사브서울'은 사브서울의 장한이 셰프, 'ADDE'의 조송아 페이스트리 셰프, '바 토르'의 전대현 바텐더가 협업한 팝업 스토어 '더 스터닝 프라이데이(The Stunning Friday)'를 운영하며 최근 사브서울이 추구하고 있는 프렌치와 한식의 조화, 그리고 와인과의 페어링을 선보였다.

올리브 TV 요리 경연 프로그램 <마스터셰프 시즌 4> 준우승자이자 모델로도 이름을 알린 오스틴 강 셰프는 버번위스키 브랜드 짐빔의 하이볼 팝업 스토어 '짐빔괴식당'의 셰프로 참여해 이목을 끌기도 했다. 오스틴 강 셰프는 야구 열풍에 힘입어 이랜드

뮤지엄이 선보인 'MLB포차' 팝업 스토어에도 참여했다. 그는 야구장에서 흔히 먹는 핫도그를 새롭게 개발했는데, MLB 스타 선수 9명에게서 영감을 받아 스타 선수들의 고향이나 연고지 혹은 선수의 플레이 특징을 반영해 6개의 퓨전 핫도그와 3개의 디저트 핫도그를 선보였다. 일본의 슈퍼스타 오타니 쇼헤이를 오마주한 '오타니핫도그'에는 다코야키와 돈가스 소스, 가쓰오부시를 올리고, 샌프란시스코 자이언츠 소속 타자 이정후를 모티프로 한 '이정후핫도그'에는 김치와 수육, 쌈장 소스를 올리는 식이다. 이처럼 팝업 마케팅은 이제 단순한 판촉 도구를 넘어 브랜드 스토리를 구축하고 같은 취향을 공유하는 소비자 간의 유대감을 강화하는 중요한 플랫폼으로 자리매김하고 있다. 특히 미식 경험에 중점을 둔 팝업 스토어는 외식업계의 새로운 성장 동력이 될 것으로 전망된다. 앞으로도 독창적인 이야기를 담은 다양한 형태의 혁신적인 팝업 스토어가 많이 등장할 것이고, 이런 팝업 매장은 누군가의 취향에 최적화된 경험의 플랫폼으로서 작동할 것으로 기대된다.

당신의 아네모이아는 무엇입니까?

'아네모이아(Anemoia)'. '경험하지 못한 시대에 대한 향수'를 의미하는 단어다. 최근 우리 사회에서 다양한 현상을 통해 아네모이아 문화가 나타나고 있다. 특히 젊은이들이 이런 문화를 주도하고 있는데, 디지털 시대를 맞이해 역사 속으로 사라질 줄 알았던 '필름카메라'를 소환해 다시 유행시키기도 하고, 특유의 감성을 지닌 저화질 캠코더를 찾아 동묘시장을 디깅(Digging: 파헤치기)하거나, 장롱 속에 잠들어 있던 부모님이 젊은 시절 입었던 빈티지 의상을 발굴해 Y2K 패션 트렌드에 동참하기도 한다. 스마트폰에 익숙하고 문해력이 낮다는 평가를 받는 디지털 네이티브 세대 사이에서 난데없이 독서가 멋있는 행위로 여겨지며 손에 액세서리처럼 책을 들고 다니기도 하고, 독서하는 모습을 SNS에 공유하면서 '텍스트 힙(Text Hip)'이라고 표현하기도 한다. 독서 열풍은 한강 작가의 노벨문학상 수상 이후 더욱 거세졌다. 무엇이든 금방 복제가 가능한 디지털 콘텐츠는 시간이 지날수록 그 가치가 점점 떨어지지만 포토 부스에서 찍어 한 장씩 나눠 가진 사진은 어쩐지 더욱 특별한 느낌을 준다. 이처럼 젊은 세대에게는 경험해보지 못한 시대를 불러들여 새로운 즐거움을, 기성 세대에게는 그 시절에 느꼈던 감정과 추억을 소환해 따뜻한 감흥을 불러일으킨다는 점에서 다양한 분야에서 나타나는 향수의 매개체들은 세대의 구별 없이 소구되고 있다.

사실 이러한 현상이 가장 먼저 나타난 분야는 외식업계다. 몇 년 전 '뉴트로 트렌드'가 외식업을 크게 휩쓸고 지나가면서 복고 콘셉트의 식당이 우후죽순 생겨났다. 꽃무늬 은쟁반에 반찬을 세팅하거나 페인트로 휘갈긴 예스러운 폰트의 간판 등은 다소 무분별하게 쓰여 이제는 식상한 느낌도 주지만 '진짜' 향수를 간직한 곳들의 감성은 여전히 유효하다.

아네모이아가 뉴트로 트렌드와 다른 점은, 뉴트로 트렌드가 단순히 과거의 분위기로 꾸민 공간, 과거의 물건과 디자인, 여기에 현대적인 감각을 더한 '물성의 매개체'가 중심이라면, 아네모이아는 과거 그 자체의 상황과 문화에 대해 감정적·정서적 연결을 추구하고, 그 시절을 경험해보지 못했더라도 이에 대한 향수와 동경을 느끼는 '비물질적인 매개체'를 소비한다는 점이다. 즉 감정적 레트로의 추구가 기반이 되고 물리적 레트로 요소는 몰입도를 높이는 도구로 활용된다. 뉴트로 트렌드가 공급 과잉을 통한 부침, 새롭게 나타난 젊은 세대의 소비 특성에 따라 여러 동력원을 통해 시공을 초월한 경험을 제공하는 '하이브리드 레트로'로 진화했다고 할 수 있다.

을지로에 이어 서울의 오래된 골목인 신당동이 새로운 핫 플레이스로 떠오르고, 디저트업계에서는 한옥에서 먹는 약과쿠키, 전통 보자기에 포장한 주악도넛 같은 현대적으로 재해석한 한식 디저트가 디저트 분야의 한 축을 담당하게 됐다. 과거에 존재했지만 '점점 사라져가는 것'은 그 자체로 희소성이 있으며 누군가의 아네모이아를 자극한다. 이것을 재해석하는 것은 공급자에게는 새로운 기회를, 소비자에게는 새롭게 경험하는 문화의 재해석 속에서 새로움과 즐거움을 선사한다. 또한 젊은 세대에게는 경험해보지 못한 시대에 대한 막연한 동경을, 기성세대에게는 어린 시절의 아련한 추억이 떠오르게 하는 향수를 자극하며 동일한 공간에서 각기 다른 감정을 느끼게 하는 특징이 있다.

다양한 분야에서 공간 요소를 통해, 혹은 외식 아이템을 통해 다채로운 방식으로 아네모이아를 전달하고 있다. 서울 중구 을지로의 '망우삼림현상소 & 20세기인쇄사무

아네모이아를 자극하는 을지로 망우삼림 현상소 & 20세기 인쇄사무실(사진_업체 제공)

실'은 20세기 감성의 필름 현상소이자 을지로를 상징하는 인쇄 문화를 콘셉트에 녹여내 다양한 인쇄물을 제작해주는 공간이다. 오래된 컴퓨터와 빈티지 소품들, 그리고 한편에 진열되어 있는 각종 필름과 레트로 무드의 철제 책상 등이 1990년대 인쇄 사무실을 옮겨놓은 듯한 분위기를 자아낸다. 이곳을 주로 찾는 고객층은 20~30대로 어린 시절부터 디지털카메라와 스마트폰을 사용하며 커온 세대다. 이들에게는 생소한 필름카메라로 촬영한 사진은 낮은 화질 속 특유의 색감과 감성이 낯설면서도 새롭고 매력적인 모습으로 다가간다. 필름카메라의 인기와 더불어 아날로그 사진을 좋아하는 이들 사이에서 이곳은 핫 플레이스로 통한다. 필름을 인쇄하는 서비스를 제공하고 필름이 현상되기를 기다리는 고객들은 그 공간에 머물면서 기다림의 낭만과 인쇄업이 흥하던 시절, 필름카메라밖에 없던 시절을 경험하고 빈티지 자판기 앞에서 음료를 뽑아 먹으며 시간을 보낸다.

LP 카페와 바가 젊은 층에게 인기를 얻고 있다

최근 MZ세대에게 핫한 취미로 떠오른 LP 음악 감상을 하며 시간을 보낼 수 있는 외식 공간도 눈에 띄게 늘어났다. 대전 중앙로의 카페 '확장성'은 사진과 LP 등 젊은 세대가 열광하는 아네모이아를 한곳에 모아 놓은 곳이다. 1층은 사진과 그림 작업실이며, 2~3층은 LP 음악을 들으며 음료와 디저트를 먹을 수 있는 공간으로 빈티지 시계와 라디오, 스피커, 20세기 팝아트 등이 조화를 이루며 전체의 결이 어우러진다. 서울 중구 을지로의 리스닝 바 '평균율', 서울 용산 남영동의 LP 칵테일 바 '오오비' 등 예스러움을 간직한 골목에 자리한 LP 카페와 바들은 하이브리드 레트로 감성의 싱크로율을 높이는 대표적인 공간들이다.

맥도날드 '해피밀'은 과거에 대한 향수와 설렘의 감정을 아우른 대표적인 마케팅 사례다. 원래 해피밀은 7세 이하의 어린이를 타깃으로 햄버거 세트를 시키면 장난감을 함께 주는 메뉴인데 최근에는 아이뿐만 아니라 성인까지 동시에 타깃팅해 장난감 증정품을 구성한다. 지금은 성인이 되었지만 어린 시절 맥도날드를 경험한 이들은 해피밀 세트를 주문하고 받은 장난감 포장을 뜯으며 기대와 설렘의 감정을 느낀 적이 있을 것이고, 이는 맥도날드에서 가장 향수를 불러일으키는 경험 중 하나라는 설명이다. 미국에서는 보다 일찍 '성인들을 위한 해피밀'을 내놓은 사례가 있다.

이러한 아네모이아 트렌드는 비단 국내에만 국한하지 않는다. 최근 일본에 진출한 K-팝 걸그룹 뉴진스가 도쿄돔 콘서트에서 1980년대를 풍미한 가수 마쓰다 세이코의 히트곡 '푸른산호초'를 커버한 무대는 일본인들의 향수를 강하게 자극하며 화제를 모았다. K-팝 소비에서 열외이던 중년 남성층을 이른바 '뉴저씨(뉴진스+아저씨)'로 유입시키는 계기가 되기도 했지만, 무엇보다 그 시기를 지난 어른들에 의해 추억되는 향수가 일본 젊은 세대 사이에서도 큰 반향을 일으켰다. 최근 일본에서는 일본 경제가 급속도로 발전한 전성기인 쇼와 시대 콘셉트의 '쇼와 레트로'가 조명받으며 1020세대 사이에서 부모 세대의 쇼와 문화를 소비하는 현상이 나타나고 있다. 레트로 아케이드 게임을 경험할 수 있는 카페, 당시의 의상을 빌려주는 렌털 숍 등이 그 예다.

빠르게 변화하는 시대에 지친 젊은 세대들이 아네모이아 트렌드에 열광하는 이유는 과거의 아날로그 감성을 통해 편안함과 안정감을 찾고자 하는 욕구 때문이다. 더불어 남들과는 다른 독특한 경험을 추구하는 현대인의 성향이 맞물리면서 이러한 트렌드가 더욱 큰 화력을 얻게 되었다. 이는 단순한 유행을 넘어 젊은 세대들이 과거와 현재를 연결하고 자신만의 정체성을 찾아가는 과정에서 나타나는 자연스러운 현상으로 해석된다. 또한 이러한 트렌드를 반영한 오프라인 외식 공간은 단순히 식사의 의미를 넘어 그 시대의 패션, 음악, 디자인, 문화 등 다양한 경험과 추억을 제공하면서 공간의 역할이 진화하고 있음을 보여준다.

펫 프랜들리, 키즈 프랜들리… 라이프스타일에 최적화

펫 프랜들리를 표방한 기흥 롯데프리미엄아울렛은 각종 편의 시설을 제공한다

최근 개인의 라이프스타일에 최적화된 외식 공간들이 늘어나면서 선택의 폭이 넓어지고 있다. 특히 반려동물을 동반한 고객, 아이를 동반한 고객 등 특정 고객의 편의성을 고려한 서비스를 제공하는 것이 선택의 중요한 요소로 작용하고 있다. 단순히 동반 가능 여부를 넘어 구성원과 함께 즐거운 시간을 보낼 수 있는 섬세한 공간 구성을 통해 외식 공간이 식사를 제공하는 것뿐만 아니라 개인의 삶의 질을 높이는 공간으로 진화하고 있음을 보여준다.

#유모차보다 '개모차'

농림축산식품부에 따르면 2023년 국내 반려동물 양육 가구 비중은 28.2%로 역대 최고치를 기록한 것으로 나타났다. 또한 국내 반려동물 시장 규모는 2022년 기준 8조원에서 오는 2027년까지 매년 14.5% 성장해 15조원 규모로 성장할 것으로 농림축산식품부는 예측했다. 정부는 반려동물 연관 산업을 신성장 동력으로 집중 육성할 계획을 밝히며 사회 변화에 맞는 제도적 기반을 마련하고 있는데, 이러한 거시적 변화의 움직임을 통해 반려동물 관련 산업이 주류 산업으로 부상했음을 확인할 수 있다.

반려동물 시장의 성장은 1인 가구 증가 및 저출산, 고령화 등 인구구조의 변화와 더불어 반려동물에 대한 인식 개선, 그리고 결혼 및 자녀 양육의 부담 증가 등 다양한 사회적·경제적 요인이 작용한 결과라 할 수 있다. 단편적으로 저출산 문제만 바라보더라도 국내 출산율은 2023년 기준 0.72명으로 역대 최저치를 기록했다. 최근 미국 <월스트리트 저널>은 세계 최저 수준의 출산율을 보이는 한국에서 반려견 유모차, 일명 '개모차' 판매량이 유아용 유모차를 넘어선 현상에 대해 조명하기도 했다.

반려동물 연관 산업의 성장은 자연스럽게 외식 산업에도 영향을 미치고 있다. 특히 최근에는 반려동물을 자신의 가족처럼 여기고, 반려동물의 건강한 성장과 삶의 질 향상 같은 가치를 중요하게 여기면서 이에 부합하기 위한 다양한 서비스들이 생겨나고 있다. 외식 공간 트렌드가 개인의 취향과 라이프스타일에 따라 세분화되고 있고, 일상에서 반려동물이 차지하는 비중이 날로 커지고 있는 만큼 외식 산업 역시 이에 맞게 반려동물을 새로운 서비스 대상으로 여기고 이를 집중 타깃팅한 공간들이 늘어나고 있다.

외식업계에서는 펫 카페, 펫 레스토랑 등 반려동물과 함께 식사를 즐길 수 있는 공간이 늘어나면서 새로운 외식 문화를 형성하고 있다. 이들은 반려동물의 체질이나 건강을 고려한 특별 메뉴를 개발해 선보이거나 반려동물 메뉴가 없더라도 반려동물과 부담 없이 동반할 수 있는 환경을 조성해 편의성을 높이고 있다.

서울 광진구 자양동의 '퍼피라운지'는 반려견 생일 등 특별한 날을 위한 강아지 전용 오마카세로 개별 룸에서 반려견 전용 코스 요리를 즐길 수 있을 뿐만 아니라 명품 브랜드 반려견용품 체험 및 촬영 공간 등의 서비스를 제공한다. 서울 강남구 논현동의 '패티드'는 사람과 반려동물을 위한 캐주얼 다이닝으로 사람을 위한 다이닝 메뉴와 펫 다이닝 메뉴를 함께 선보인다. 크루아상, 알리오올리오파스타, 라구토마토파스타 등 보호자와 반려견이 함께 즐기는 페어링 메뉴는 비주얼도 서로 매우 흡사하다. 이러한 외식 공간은 단순히 동반 가능한 수준을 넘어 반려동물과 함께하는 미식의 경험이라는 영역으로 서비스가 확장된 것이다. 반려동물을 가족으로 여기는 보호자들이 이들을 사람처럼 대하고 보살피는 현상인 '펫휴머니제이션(Pet+Humanization: 펫의 인간화)'의 대표적인 예시라 할 수 있다.

그 밖에도 대형 쇼핑몰, 교외 아웃렛, 대형 카페 등 반려동물 관련 편의 시설을 도입하기 유리한 입지의 많은 상업 시설에서 반려동물 동반 고객을 적극적으로 유치하기 위해 다양한 서비스를 제공하고 있다. 펫 프랜들리를 표방하며 반려동물 안전 시설, 급수대 및 배변 공간, 안전 펜스, 개모차 대여, 반려동물 놀이터 등 반려동물과 보호자들이 편안하게 방문해 함께하는 데에 필요한 모든 시설을 특화 요소가 아닌 기본 편의 시설로서 도입하는 추세다.

대표적인 예로 신세계 스타필드 계열 쇼핑몰은 국내 최초의 펫 프랜들리 쇼핑몰을 표방하며 반려동물 동반 몰링(Malling: 쇼핑과 여가 활동을 함께 하는 것) 문화를 만들어냈다. 특히 쇼핑몰 내에 마련한 가족형 반려동물 전문 매장 '몰리스(Molly's)'에서는 동물병원, 펫 미용실은 물론 반려인을 위한 수의학 강의, 샘플 사료 자판기, 패션 스트리트 등 다양한 콘텐츠를 제공한다. 이를 통해 반려동물용품을 구매 전에 미리 체험해보는 등 반려동물과 관련한 여러 가지 풍성한 경험을 할 수 있으며, 모든 콘텐츠는 지속적으로 업데이트를 하고 있다. 스타필드가 이렇게 물꼬를 튼 이후로 현재 많은 유통사 쇼핑몰과 백화점에서 반려동물 동반 고객 모시기에 적극적으로 나서면서 이제는 실내 쇼핑 공간에서도 반려동물을 동반한 모습은 꽤 익숙한 풍경이 됐다.

서울이나 수도권, 대도시 인근 지역의 가족 나들이 공간으로 여겨지는 아웃렛 역시 발빠르게 펫 프랜들리 시설을 도입했다. 신세계사이먼 시흥프리미엄아울렛은 반려동물 산책과 놀이에 특화된 '펫파크'와 산책로를 마련했으며 배변용 쓰레기통, 놀이기구 그리고 반려인과 함께 쉴 수 있는 야외 테이블까지 갖추고 있다. 현대프리미엄아울렛 김포점은 반려동물 음수대와 배변 봉투함이 있는 '펫 스테이션'을 곳곳에 만들어놓았으며 '펫모차'를 무료로 대여해 실내 공간에서도 반려동물과 함께 편하게 시간을 보낼 수 있도록 했다. 롯데프리미엄아울렛 파주점은 푸드 코트 내부에 강아지와 함께 식사할 수 있는 '펫 그라운드'라는 공간을 따로 마련해놓았다. 펫 프랜들리 시설이라 해도 실내 식사는 제한된 경우가 많은데 반려동물 동반 고객 전용 식사 공간을 따로 만들어 눈치 보지 않고 편하게 이용할 수 있도록 한 것. 또한 곳곳에 리드 줄을 걸 수 있는 도그 훅을 설치해 편의성을 높였다.

펫 프랜들리 서비스가 공공시설로 확대되면서 비반려인들 역시 반려동물과의 공존에 자연스럽게 익숙해지고 있다. 반려동물 증가의 원인으로 지목되는 다양한 사회현상은 앞으로도 지속될 것으로 보이는 만큼 반려동물 관련 서비스는 일상 공간이나 여가와 관련된 공간에서 더욱 다양화되고 세분화될 전망이다. 일상 및 여가의 핵심 콘텐츠인 외식 관련 분야에서도 이러한 추세는 계속 이어질 것으로 보인다.

반려동물을 위한 외식 공간이 갈수록 많이 생겨나고 있지만 식사를 하는 공간인 만큼 아직은 여러 논쟁이 많은 상황이고 제도적 변화와 외식업 공급자, 소비자들의 적응도 동반되어야 하는 상황 속에서 과도기를 거치고 있는 것이 사실이다. 실제로 현행법에 따르면 식품을 취급하는 모든 업소는 반려동물이 있는 공간과 인간이 머무는 공간이 분리되어 있어야 하며 출입이 허용된다고 하너라도 동물 전용 공간이 마련되어 있어야 한다. 사회적 분위기가 허용의 방향으로 가고 있더라도 이에 대한 리스크가 존재한다는 의미다. 사회의 변화와 함께 반려동물 동반 식당과 카페에 대한 수요 증가는 명확하게 나타나고 있으며 이에 따른 법과 정책의 조정도 속도의 문제지 방향의 문제는 아닌 상황이다. 현재는 새로운 산업의 성장을 지원하기 위해 기존의 규제를 일시적으로 면제하거나 유예하는 '규제 샌드 박스' 시기라 할 수 있고, 반려동물 동반 가능 음식점도 시범 운영 단계라고 볼 수 있다.

#노 키즈 vs. 웰컴 키즈, 구분이 답일까?

앞서 외식업계를 비롯한 다양한 서비스 산업에서 파편화된 소비자 취향에 맞춰 각각의 고객에 최적화된 서비스를 제공하는 것이 필수적인 전략임을 강조했다. 개인의 삶의 모양에 맞춰 편의성을 높이는 것이 업주 입장에서 유리하게 작용할 수 있으나 이러한 선택은 함께 살아가는 사회 구성원들을 지나치게 개인화하고 카테고리화한다는 점에서 재고해볼 여지를 던져준다.

최근 여러 지자체에서 출산·양육에 대한 부정적인 인식 개선과 건전한 양육 문화 조성, 그리고 아동 친화적인 외식 환경 마련을 위해 '웰컴 키즈 존(Welcome Kids Zone)'이라는 이름으로 아동 친화 음식점 지정 사업을 시행하는 사례가 늘고 있다. 지자체별로 차이는 있지만 웰컴 키즈 존을 운영하는 식당은 아동 편의 물품과 지자체 홍보 등의 지원을 받게 된다. 사실 유흥 주점을 제외한 대부분의 식당은 나이 제한을 하지 않아 자유롭게 이용할 수 있는데도 '굳이' 별도로 지정하면서까지 웰컴 키즈 존을 육성하는 이유는 무엇일까. 여기에는 아이를 동반한 고객들이 보다 환영받을 수 있도록 사회적 인식을 개선하고자 하는 의도가 담겨 있으며, 아이들의 출입을 제한하는 '노 키즈 존(No Kids Zone)' 확산에 대한 경계의 의미도 담겨 있다. 하지만 웰컴 키즈 존을 조성하는 것이 그 외의 공간에서는 아동의 입지를 제한하는 것으로 비춰지게 만들 수 있다는 우려도 동시에 존재한다.

제주도 등 유명 관광지를 비롯해 젊은 세대에게 인기 있는 핫 플레이스에서 주요 고객인 성인들이 보다 편안하게 이용할 수 있는 분위기를 조성하기 위해 자체적으로

서울시에서 시행하고 있는 서울키즈 오케이존 지정 사업

노 키즈 존 운영을 하는 사례가 상당히 보편화됐다. 아동 안전사고가 우려되는 업종이나 어린이 맞춤 메뉴를 운영하기 어려운 업종 등에서 편의를 위한 것이거나 고객 간 갈등 유발을 막기 위한 조치라는 것이 노 키즈 존 업체의 일반적인 설명이다. 실제로 보건복지부가 노 키즈 존 운영 사업주를 대상으로 노 키즈 존을 운영하는 이유를 조사한 결과 '아동 안전사고 발생 시 사업주가 전적으로 책임져야 해서'가 68.0%(중복 응답)로 가장 많았다. 그리고 '소란스러운 아동으로 인해 다른 손님과 마찰이 생길까 봐'(35.9%), 그리고 '처음부터 조용한 가게 분위기를 원해서'(35.2%) 등의 답변이 그 뒤를 따랐다. 이에 서울시 등 지자체에서는 노 키즈 존 운영의 대표적 요인이 되는 사고 발생 시 업주에게 전가되는 부담을 낮추기 위한 보험 상품을 출시하고, 아이 동반 손님이 편하게 외식할 수 있는 '서울키즈 오케이존'을 지정하는 등 외식업 공급자와 소비자를 모두 고려한 정책들을 도입하기도 했다. 물론 패밀리 레스토랑이나 키즈 카페 등 아동을 주요 타깃으로 설정한 외식 공간도 존재하지만 핵심은 보편적인 외식 공간에서의 아동 친화도를 높여 아이를 동반한 고객들이 보다 편안하게 외식할 수 있는 사회적 환경을 조성하는 것이다.

일반 음식점에서 아이들의 출입을 제한하는 문제는 다양한 시각에서 논쟁을 불러일으킨다. 한편에서는 이를 특정 집단에 대한 배제이자 타인에 대한 이해 부족으로 비판하며, 또 다른 한편에서는 일부 몰상식한 부모들의 양육 태만으로 인한 안전사고나 소란 행위, 심지어 아이에게 제공할 무료 음식 요구 등의 사례를 들며 합당한 조치라고 주장하기도 한다.

최근 프랑스 일간지 <르몽드>에서는 한국 사회에 보편적으로 자리 잡은 노 키즈 존에 대해 조명하며 이는 아동으로 인한 안전사고 발생 시 업주가 부담해야 하는 법적 책임과 연관성이 크다고 짚었다. 대표적으로 2011년 부산의 한 음식점에서 뜨거운 물을 들고 가던 종업원과 부딪힌 10세 아이가 화상을 입자 법원이 식당 주인에게 피해 아동 측에 4100만 원을 배상하라고 판결한 예를 들기도 했다.

이에 대해 어디까지나 음식점은 개인 사업장이기에 "입장 손님을 제한하는 권리는 업주에게 있다"는 것이 외식업계의 중론이다. 노 키즈 존 운영과 관련해 자주 거론되는 제주 지역은 노 키즈 존 외식업체가 타 지역에 비해 많은 곳으로, 전국 약 500개 노 키즈 존 사업장 가운데 20% 이상이 제주에 위치해 경기에 이어 전국에서 두 번째로 높은 수준이다. 첫 번째인 경기 지역 전체의 인구밀도, 외식업체 수, 아동 편의 시설 비중을 감안하면 제주 지역에서의 체감도가 훨씬 높을 수밖에 없다.

제주 지역 내에서 이와 관련된 이슈는 뜨거운 감자라 할 수 있다. 이와 같은 상황에서 제주도의회에서는 '제주 지역에 대한 편견과 특정인에 대한 차별을 조장한다'며 노 키즈 존 지정 금지 조례안을 상정하기도 했지만 '영업의 자유를 침해한다'는 이유로 부결된 바 있다. 대신 차별 해소를 위한 인식 개선 활동을 전개하고 아동 친화 업소에 인센티브를 제공하는 방향으로 정책이 수정됐다. 하지만 이러한 노력에도 불구하고 2024년 5월 말부터 한 달 동안 진행된 '제주 지역 노 키즈 존 실태조사'에 따르면 그 수가 전년 대비 증가한 것으로 나타났다.

업주들은 노 키즈 존을 하나의 홍보 수단으로 내걸기도 한다. 그만큼 노 키즈 존을 선호하는 고객이 많기 때문이라는 게 이런 업주들의 설명이다. 고객 유치가 어렵지 않은 곳일수록 아동을 동반한 가족 고객보다는 성인 위주의 고객을 대상으로 영업하는 것이 수익적인 면에서 유리하고, 기타 문제가 발생할 소지도 적다는 것이 그들이 말하는 현실적인 이유이기도 하다.

노 키즈 존의 운영이 꾸준히 사회적 논쟁이 되는 이유는 '노 키즈 존이 아닌 곳에 가면 되지 않겠느냐'는 식의 단순한 접근으로는 문제를 해결할 수 없는, 사회적 인식에 대한 우려가 존재하기 때문이다. 특정인을 제한한다는 것 자체가 차별적인 사회를 정당화할 수 있고, 아이를 불편한 존재로 낙인 찍는 사회적 인식을 조성할 수 있다는 게 그러한 우려다. 아이가 줄어들고 있는 대표적인 국가로서 이러한 사회적 인식 확산에 경각심을 가져야 할 것이고, 이를 컨트롤할 수 있는 제도 역시 장기적인 관점에서 필요할 것이다. 노 키즈 존을 운영하는 업장의 불편 사항을 근본적으로 해소할 수 있는 제도적 장치 마련에 노력을 기울여야 할 이유다. 궁극적으로 예스(Yes)든 노(No)든, 특정 계층을 제한해 그 밖의 편의를 도모하기보다 공존의 의미와 가치에 대한 보편적인 인식 전환을 통해 모두가 자연스럽게 어우러질 수 있는 방향으로 최적화가 이루어져야 하겠다.

4. 지구적으로 사고하는 '기후 미식'… 윤리적 최적화

최근 외식 산업에서는 윤리적 가치를 고려하고 환경에 미치는 영향을 중시하는 '지구적 사고'가 중요한 트렌드로 자리 잡고 있다. 이는 소비자들이 음식 선택에서 단순한 맛과 가격을 넘어 환경보호, 동물 복지, 공정 거래 등 사회적 책임을 중시하는 가치 소비를 지향하게 된 배경에 기인한다. 특히, 기후변화와 환경오염 문제의 심각성, 지속 가능한 자원 사용의 필요성, 동물 복지에 대한 관심 증가가 주요 요인으로 작용하고 있다. 이에 젊은 세대를 중심으로 개별적, 도덕적 신념을 가지고 인간, 사회, 환경에 대한 사회적 책임을 실천하는 소비 행동을 지향하는 윤리적 소비의 중요성이 강조되면서 외식 트렌드에도 영향을 미치고 있다.

외식업 공급자들 또한 먹거리를 다루는 일에 책임감과 소명 의식을 갖고 보다 지속 가능한 방식의 생산을 비롯해 친환경 재료 사용, 플라스틱 사용 줄이기, 공정 무역 제품 도입 등 윤리적 가치를 실현하기 위한 다양한 노력을 기울이고 있다. 소비자들이 느끼는 인플레이션, 경기 침체, 기후변화, 지정학적 불안에서 오는 압박이 심해질수록 이러한 압박을 덜어낼 수 있는 방향을 모색하고 그러한 방향성에 맞는 서비스를 제공하는 것 또한 새로운 기회로 작용할 수 있을 것이다.

금(金) 사과, 다이아몬드 배추… 달라진 제철

기후 위기를 가장 직접적으로 체감하게 하는 것이 바로 식탁 위에 오르는 먹거리다. 전 세계적인 기후 위기는 단순히 외식 트렌드에 영향을 미치는 수준을 넘어 식량 생산 시스템 자체를 변화시키고 있으며, 때가 되면 당연한 듯 밥상에 오르던 '제철 음식'의 의미 역시 무색해졌다. 기후 환경 변화에 가장 취약한 게 농산물이고, 농산물의 수급이 불안정해질수록 가격 또한 오를 수밖에 없기에 소비자의 부담은 날로 커져가는 상황이다. 전 지구적 기후변화로 인해 과일, 커피, 카카오, 설탕, 올리브유 등 세계인의 식음료에 없어서는 안 될 농작물의 작황 부진이 갈수록 심화되고 있으며 이에 따른 공급 감소와 가격 상승이 이어지고 있다. 또한 해수 온도 상승으로 인한 유해 조류 번식과 해양생물의 독소

통계청 자료에 따르면 배추(51.5%), 무(52.1%) 등 신선 채소류의 가격 상승률이 2022년 이후 가장 높게 나타났다

생성은 다양한 질병 발생의 원인이 되고 있으며, 자연스러운 계절 순환의 붕괴는 식물성 식품에도 균의 번식을 촉진하는 등 기후변화로 인한 위험이 갈수록 높아지고 있다.

해가 갈수록 길어지는 폭염에 의해 '배추 파동'이 일어나고, 사과 대신 '아열대 과일'이 식탁에 오르는 것이 이제 더 이상 낯선 일이 아니다. 가을이 없어지면서 '가을송이'가 온데간데없이 사라진 것이나 가축 및 어패류의 폐사가 늘어나는 것 역시 어제오늘의 일이 아니다. 2030년엔 경북이 아닌 강원도 정선과 양구 일대가 사과 산지가 될 것이라고 통계청이 이미 밝힌 바 있으며, 이와 같은 추세라면 향후 50~60년 이내에 남한 땅에서 사과 재배지가 사라질 수 있다는 예측도 가능하다. 지구온난화에 따른 배추 생육 환경의 변화 역시 무시할 수 없다. 여름 이상고온현상이 계속되면서 이른바 '다이아몬드 배추' 현상이 벌어지는 가운데, 2050년대가 되면 현재 고랭지 배추 재배 면적의 97%가 사라질 것이라는 전망도 나왔다.

기온 상승으로 인해 우리나라 기후대가 바뀌면서 농수산물의 주 생산지가 하루가 다르게 북상하고 있다. 이제 변화하는 기후에 맞춘 새로운 품종 육성과 재배 가능 품목을 재정비해 이상 기후에 대응하는 것이 불가피해졌다. 생산되는 먹거리의 변화는 결국 음식과 식문화의 변화로 직결될 것이다. 지구가 보내는 신호는 해를 거듭할수록 점점 더 긴급해지고 있다. 기후변화, 자원 고갈, 환경오염 등 우리가 직면한 문제들은 더 이상 미룰 수 없는 상황이 되었다.

기후변화로 인해 제철 식재료와 식량 생산 환경이 변화하면서 외식업계는 새로운 도

전에 직면하게 됐다. 기후변화와 환경오염 속도를 늦추는 근본적인 노력이 필요하겠지만 현재의 식문화를 다루는 외식업계에서는 우선 생존을 위해 달라진 먹거리 환경과 외식 문화에 대한 대비책 마련이 시급하다. 기후변화는 외식 문화에도 다양한 변화를 가져왔다. ▲**지속 가능한 식재료에 대한 관심 증가**와 ▲**비건 및 채식 메뉴의 확대** 그리고 ▲**대체 식품 시장의 성장**이 그것이다.

실제로 많은 외식업체가 기후변화에 강한 품종 등 새로운 식재료 연구 개발과 계절의 영향이 적은 지속 가능한 식재료의 소싱을 핵심적인 역량으로 보고 지역 농가와의 협력 강화 등 다각적인 노력을 기울이고 있다. 또한 식량 안보에 대한 중요성이 강조되고 국산 식재료에 대한 신뢰도가 높아짐에 따라 지역에서 생산된 ▲**로컬 식재료**를 사용하는 추세와 기후변화에 강하거나 달라진 기후에 맞는 ▲**새로운 품종**의 발굴이 꾸준히 이어지고 있다. 이러한 트렌드는 급진적인 혁신이나 변화로 시장을 바꿔놓기보다는 지속적인 변화와 상호 연결을 통해 시너지를 발휘하고 있다.

#식물성 외식

지구온난화의 주범인 온실가스를 줄이기 위한 노력으로 육류 생산 방식의 변화를 촉구하는 움직임이 꾸준히 지속되고 있다. 이를 통해 성장을 이루고 있는 분야가 '대체육' 시장인데, 아직까지는 대중적인 인지도와 소비를 확대하는 데 어려움을 겪고 있다. 미국의 대표적인 대체육 기업인 비욘드 미트(Beyond Meat)와 임파서블 푸드(Impossible Food)는 초기 화제성에 비해 지속적인 시장 가치를 이어가지 못하고 위기에 직면해 있는 상황이다. 한때 식품 혁신의 중심에 있던 대체육 시장의 부진은 인플레이션과도 관계가 있다. 대체육의 개발과 생산에는 특수한 기술과 설비가 필요한데 물가가 치솟다 보니 생산 비용이 높아지고 규모의 경제 측면에서 불리하기 때문이다. 초기에 관심을 갖던 사람들도 비교적 고가에 속하는 대체육보다는 저렴한 진짜 고기로 대부분 돌아오게 된 게 현실이다.

대부분의 소비자는 여전히 익숙한 육류의 맛과 식감을 선호하고, 아직까지 많은 대체육 제품이 실제 육류와의 차이를 완전히 극복하지 못해 소비자들의 기대를 충족시키지 못하고 있다. 게다가 조리법에 한계가 있어 다양하게 활용하기 어렵다는 점 또한 대체육이 극복해야 할 과제다. 이러한 요인들은 외식업계의 도입 속도를 저해하는 원인이기도 하다. 하지만 기후변화와 환경문제의 심각성이 갈수록 부각되고 있는 만큼 앞으로도 대체육에 관련된 연구는 꾸준히 이어질 것이며, 여러 시행착오를 거치면서 다양한 변화를 보일 것으로 예상된다.

최근에는 체질이나 건강상의 문제로 인한 불가피한 비거니즘이 아닌, 선택에 의해 육류를 지양하는 '리듀스테리언(Reducetarian)' 식단도 주목받고 있다. 완전한 식물성 식단을 고수하며 육류를 '금지'하는 것이 아닌 '줄이는 것'에 집중하는 식단으로, 건강과 환경, 동물 복지를 모두 고려하는 유연한 접근 방식이라 할 수 있다.

독일 버거킹에서는 윤리적인 소비 패턴을 향한 사회적 변화를 촉구하고 식물성 대체식품이 가격 경쟁력이 떨어진다는 인식을 전환하기 위해 최근 식물성 식품 메뉴 가격을 육류 메뉴보다 저렴하게 조정했다. 이러한 결정은 2023년 유럽연합(EU)이 지원한 대규모 조사에서 독일인의 39%가 식물성 대체 제품이 너무 비싸다고 응답해 높은 가격이 가장 큰 구매 장벽으로 나타난 데에 기인한다. 불경기 속에서 요리사나 소비자들이 비싼 값을 지불하며 지속 가능한 식품을 사용하기란 쉽지 않은 일이다. 어쩌면 '비싼 신념'은 옳은 방향성의 대중화를 막는 가장 큰 요인이라고 할 수 있다. 분명한 것은 아직까지는 시장의 니즈가 사회적으로 요구되는 방향성에 맞춰 바뀌지는 않았다는 사실이다.

독일 버거킹은 식물성 식품을 제공하는 세계 최초의 비건 버거킹 지점을 열었으며 식물성 메뉴의 가격을 인하하는 캠페인을 실천하고 있다(사진_버거킹)

독일 버거킹의 사례는 기업의 사회적 책임과 지속 가능한 소비의 중요성을 보여주는 좋은 예시라 할 수 있다. 앞으로 더 많은 기업이 식물성 식품 시장에 진출하고, 소비자들은 윤리적인 소비를 통해 지속 가능한 미래를 만들어가는 데 동참해야 할 것이다. 이를 위해선 식물성 식품 시장의 성장을 위한 정부 차원의 지원과 규제 완화가 동반되어야 한다. 이러한 노력으로 수요가 증가하고 이것이 생산 기술 발전과 대량생산 체계 구축으로 이어진다면 가격 경쟁력 또한 확보될 수 있을 것이다.

주로 소고기의 맛과 형태를 구현하는 데 집중했던 대체육 분야에서 최근에는 조류와 해산물 등 다양한 먹거리에 대한 연구가 이어지고 있다. 국내에서는 식물성 식품, 즉 채소와 곡물 등을 활용한 식품의 강세가 뚜렷하다. 특히 밥, 면 등을 주식으로 즐기는 식문화 속에서 같은 곡물 제품이라도 건강에 좀 더 유리한 것으로 대체하려는 노력이 이어지고 있다. 이러한 식물성 식단은 기업이 아닌 개인 외식업체에서도 충분히 연구, 개발할 수 있기에 '다양성'이 확보될 수 있다. 따라서 시간이 지날수록 소비자들은 외식업계의 수많은 참신한 아이디어를 토대로 다채로운 선택지를 갖게 될 것이며 이러한 경험의 확대는 결국 소비의 확대로 이어질 것이다. 또한 기후변화로 인해 채소와 제철 식품에 부여하는 가치가 높아지는 '비건 프리미엄' 인식이 강화되면서 채식을 추구하는 신념과 소비자의 니즈를 충족시키는 노력도 꾸준히 이어질 것이다.

외식업계에서 가장 활발하게 나타나는 식물성 식품의 활용 분야는 음료 시장이다. 우유를 대신한 두유, 귀리유, 아몬드유 등의 식물성 우유 옵션은 현재 대부분의 카페에서 적용하고 있으며 유제품 사용량이 많은 베이커리, 디저트 분야에서의 도입도 대중화됐다. 시장조사 기업 유로모니터에 따르면 2023년 국내 식물성 음료 시장 규모는 6769억원으로 5년 전인 2018년(5221억원) 대비 약 30% 성장했고 오는 2026년에는 1조원을 돌파할 전망이다. 특히 두유를 제외한 기타 식물성 음료 시장은 지난해 934억원으로 2018년(308억원) 대비 203% 증가했다. 이는 전 세계적인 추세다. 지난해 식물성 음료 글로벌 시장 규모는 200억 달러로 2016년(146억 달러) 대비 37% 성장했으며, 오는 2026년에는 239억 달러 규모로 커질 전망이다.

식물성 유제품 시장의 성장 이면에는 출생률 저하로 인한 기존 우유 소비 축소와 수입산 우유 공습으로 인해 경쟁이 심화되면서 새로운 활로 개척에 나선 유업계의 공격적인 투자가 있다. 건강을 중시하는 트렌드와 맞물려 식물성 제품을 선호하는 소비자가 증가하고, 식물성 제품은 수출 규제에도 유리한 측면이 있으니 생산 기업 입장에서 식물성 유제품은 투자 가치가 높은 매력적인 시장이었다. 유음료를 넘어 식물성 치즈, 식물성 아이스크림 등으로도 식물성 유제품의 범주가 확대되고 있으며 외식 분야로의 접목도 활발히 이루어지고 있다.

대중성을 추구하는 프랜차이즈 외식 분야에서도 비건 옵션 도입이 선진적 브랜드 이미지 구축의 필수 요건으로 자리 잡고 있다. '한국 파파존스'는 비건 피자인 '그린잇 식물성 마가리타', '오리지널 그린잇 식물성 가든 스페셜'을 각각 선보였다. 이 메뉴는 영국비건협회에서 인증한 33년 전통의 영국 시즈(Sheese) 비건 치즈를 사용하고, 동물성 재료와 유당, 글루텐, 유제품을 사용하지 않아 비건뿐 아니라 누구나 부담 없이 즐길 수 있다. 아이스크림 전문점 '베스킨라빈스'는 스웨덴 귀리 음료 브랜드 '오틀리(Oariy)'와 협업해 비건 아이스크림 2

파파존스의 식물성 피자 그린잇(사진_한국파파존스)

종을 출시하기도 했다. '비건오틀리초콜릿', '비건오틀리코코넛커피' 2종이다. 모두 한국비건인증원의 인증을 받은 아이스크림으로, 식물성 귀리 음료로 만들었다.

'롯데리아'는 패티는 콩 단백질과 밀 단백질로 구성하고, 소스는 달걀 대신 대두를 사용하며, 빵 또한 식물성 재료를 이용해 만든 '리아미라클버거Ⅱ'를 판매 중이다. '노브랜드버거'는 신세계푸드가 자체 개발한 식물성 대안육 '베러미트' 패티를 사용한 '베러불고기버거'를 판매 중이다. 풀무원이나 신세계푸드처럼 직접 비건 제품을 개발하는 식품 기업들도 전문 외식 공간 조성과 단체 급식 메뉴 도입을 통해 일반 소비자들의 제품 경험치를 높이는 시도를 이어가고 있다.

이와 같은 외식업계의 비건 옵션 도입은 단순히 새로운 메뉴를 출시해 매출에 기여하려는 목적을 넘어 기업의 사회적 책임을 강화하고, 소비자들의 윤리적 소비를 위한 가치 추구에 최적화된 서비스를 제공함으로써 지속 가능한 미래를 만들어가기 위한 노력의 일환으로 볼 수 있다.

불편하지만 확실한 의무, 플라스틱 아웃

요즘의 소비자들은 그 어느 때보다 제품의 지속 가능성에 집중하고 있다. 이와 관련해 외식업계에서 가장 민감한 부분은 음식의 포장 용기라 할 수 있다. 친환경적인 포장 용기에 대한 소비자 수요가 늘고 있는 만큼 식품 포장법 및 규정은 새로운 기술과 재료의 도입을 계속 촉진할 것으로 보인다. 기업들 역시 식품 포장의 환경적 영향을 줄이기 위해 재생·재활용 가능 소재 또는 생분해성 소재 등의 친환경 포장에 투자하고 있다. 이를 통해 기업은 폐기물과 환경오염 감소뿐만 아니라 브랜드 평판 및 소비자 매력도 향상, 저렴한 재생 포장 소재 사용으로 인한 비용 절감 등의 효과를 기대할 수 있다.

최우선 과제는 '플라스틱 아웃'이다. 최근 유럽연합(EU)은 플라스틱 쓰레기 문제를 해결하고 재활용을 촉진하기 위해 2024년부터 '일체형 뚜껑(Tethered Caps)'을 의무화했다. 이 규제는 '일회용 플라스틱 지침(Single-Use Plastics Directive)'의 일환으로, 플라스틱 병의 뚜껑이 병에서 분리되지 않도록 설계된 일체형을 사용하게 하는 것이다. 일반 플라스틱 병 뚜껑은 크기가 작아 버려지는 경우가 많은데 일체형 뚜껑을 사용하면 병과 함께 재활용될 가능성을 높일 수 있다. 우리나라 정부도 2050년까지 대기 중 온실가스 순배출량이 '0'이 되도록 하는 탄소 중립을 목표로 하고 있는 만큼 식품 및 제품 판매에 플라스틱 용기가 필수인 국내 기업들 사이에서도 온실가스 배출의 주요 요인으로 지목되는 플라스틱을 줄이거나 대체하는 움직임이 확산되고 있다.

플라스틱 활용 비중이 높고 배출량이 많은 외식업계에서도 '플라스틱 아웃'은 핵심 과제로 여겨진다. 기후변화와 환경문제의 체감도가 높아짐에 따라 많은 외식업체가 일회용품 사용을 줄이기 위한 다양한 노력을 기울이고 있다. 대표적인 예가 개인 컵 사용 장려, 다회용기 사용 권장, 친환경 포장재 도입 등이다. 일부 프랜차이즈에서는 고객이 개인 컵을 가져오면 할인 혜택을 제공하거나, 다회용 컵 보증금 제도를 운영해 고객 참여를 유도하고 있다. 또한 음식 포장 시 비닐봉투 대신 종이봉투나 생분해성 포장재를 사용하고, 플라스틱 빨대 대신 종이 빨대나 재활용 가능한 금속 빨대를 제공하는 등 포장재를 친환경 소재로 대체하려는 노력도 활발하다.

2024년 파리올림픽은 IOC의 '친환경 의제(Greener Agenda)'에 맞춰 치른 첫 올림픽 대회로 경기장 중 95%는 기존 시설과 임시 시설을 활용하고, 선수촌과 수영장 등만 지속 가능한 목재로 신규 건설했다. 또한 식재료의 80%는 프랑스산을 쓰고, 특히 선수촌 식당 250km 이내에서 재배한 제철 식재료를 사용했으며, 남은 음식은 푸드 업사이클링이나 퇴비화를 하는 등 탄소발자국을 줄이고 온실가스를 감축하기 위한 많은 노력을 기울였다. 물론 최대한의 신체적 역량을 발휘해야 하는 선수촌의 에어컨 미보급, 친환경을 표방하며 제공된 '고기 없는' 부실한 식단 등이 도마에 오르기도 했지만 분명한 것은 향후 이와 같은 대규모 행사에서 나아가야 할 방향성은 충분히 제시했다는 것이다. 문제점

한국맥도날드가 선보인 재생 페트 컵(사진_한국맥도날드)

을 보완해 강요가 아닌 보다 폭넓은 공감대를 형성할 수 있는 방법을 마련하는 것이 앞으로의 과제라 할 것이다.

국내외 외식업체들도 친환경 트렌드에 발맞춰 다양한 시도를 하고 있다. '한국맥도날드'는 100% 재생 페트(rPET, recycled PET)로 만든 플라스틱 컵과 리드를 전국 매장에 도입했다. 맥도날드가 도입한 재생 페트 컵과 리드는 국내에서 별도 분리 배출한 투명 페트병을 세척, 분쇄, 용융하는 가공 과정을 거쳐 재탄생시킨 것으로, 환경부와 식약처의 기준 요건을 철저하게 충족시킨 안전한 제품으로 제작됐다는 설명이다. 예를 들어 선데이아이스크림 컵과 리드 1세트에는 수거된 500ml 투명 페트병 약 2.5개가 사용됐는데 이러한 재생 페트는 신생 플라스틱 대비 제작 비용이 높지만 약 59%의 탄소 절감 효과가 있는 것으로 알려져 있다.

'파파존스'는 버려지는 페트병을 모아 직원들이 입는 유니폼과 앞치마를 만들고 있다. 이 업사이클링 유니폼에는 각각 폐페트병 16~18개가 사용된다. 친환경 정책에 앞장서온 '스타벅스'는 일상 생활 속 개인 컵 이용을 장려하기 위해 기획됐던 NFT 에코 프로젝트를 통해 개인 컵 이용 횟수에 따라 베이식 NFT(Basic NFT), 크리에이티브 NFT(Creative NFT), 아티스트 NFT(ArtistT NFT)로 구성된 스타벅스 NFT 3종을 발행했다. NFT 보유 고객들에게는 커피박 트레이, 원두팩 파우치 등 업사이클링 선물을 증정한다. 또한 개인 컵 사용 시 에코별 적립이나 음료 즉시 할인 같은 상시 혜택을 제공하고 텀블러 세척기를 비치하는 등 개인 컵 사용 문화 확산 및 일회용컵 저감을 위해 꾸준히 캠페인을 진행하고 있다.

사실 코로나19 시기 개인 위생에 대한 민감도가 올라가며 국내 외식업계에서 적극적으로 진행하던 일회용품 근절을 위한 움직임이 다소 주춤한 상태다. 카페 실내 취식 시 다회용기를 사용하는 정책은 보편적으로 자리 잡았지만 최근 폭발적으로 늘어난 테이크아웃 위주의 저가 프랜차이즈 카페의 경우 플라스틱 빨대와 일회용기 제공이 일반적이라 일회용기 사용 축소를 향하던 외식업계의 방향성이 소비자들에게 다소 무감각해진 것도 사실이다. 최근 환경부는 외식업계 및 일회용품 사용량이 많은 배달업계와 손잡고 플라스틱 사용량을 줄이기 위한 자발적 협약을 맺었다. 이에 따라 외식업계는 다회용 배달 용기와 일반 용기보다 플라스틱을 10% 정도 덜 사용해 만든 '경량화 용기' 사용을 적극적으로 홍보·유도하고 다회용·경량화 용기를 사용하는 매장이 늘어나도록 노력하기로 했다. 배달 플랫폼 역시 입점 매장이 다회용·경량화 용기를 쓰도록 적극적으로 홍보·유도하며, 다회용기로 음식을 배달받을 수 있는 지역이 늘어나면 이를 홍보해 해당 지역에서 소비자가 다회용기를 선택할 수 있게 더욱 적극적으로 유도하겠다고 약속했다.

외식업계의 일회용품 사용을 줄이기 위해서는 정부의 적극적인 지원과 정책 마련이 필수적이다. 앞선 노력들이 비록 불편함을 초래하더라도 소비자 인식 개선을 위한 홍보 캠페인 강화를 통해 책임감을 부여하려는 노력도 수반되어야 하며, 친환경 포장재 개발 및 보급을 위한 지원을 확대하고 관련 산업 육성에 힘써야 한다. 아울러 일회용품 사용 감축에 대한 성과를 정기적으로 평가하며 개선 방안을 모색해 정책의 효과성을 높이기 위한 장기적 노력이 필요하다.

자원의 재발견, 업사이클링

기후 위기가 현재 전 세계적인 문제로 대두되면서 우리의 삶을 근본적으로 변화시키고 있다. 이러한 위기를 극복하기 위해서는 자원의 효율적인 활용과 폐기물 감축이 필수적인데 업사이클링(Upgrade+ Recycling)은 이러한 목표를 달성하기 위한 가장 효과적인 방법 중 하나로 꼽힌다. 업사이클링은 버려지는 물건에 새로운 가치를 부여함으로써 자원 낭비를 줄이고 한정된 자원의 효율적 활용을 도모하며, 폐기물 매립으로 인한 토양 및 수질 오염, 소각으로 인한 대기오염을 감소시킨다. 또 새로운 제품을 생산하는 데 필요한 에너지 소비를 줄여 탄소 배출량을 감소시키고 기후변화 완화에 기여할 수 있다. 폐기물을 활용해 새로운 제품을 만들어 새로운 부가가치를 창출함으로써 경제적 효과도 도모할 수 있다. 이런 점에서 업사이클링은 현재와 미래를 아우르는 필수 산업으로 거듭나고 있다.

외식업계에서도 단순히 음식을 제공하는 것을 넘어 지속 가능한 미래를 위한 노력을 기울이고 있다. 대표적인 예가 ▲**음식 부산물**을 활용해 새로운 식품 또는 메뉴를 개발하거나, 상품성이 떨어져 버려지는 ▲**못난이 채소**를 활용해 폐기물을 최대한 줄이는 등의 '제로웨이스트(Zero-waste)'를 실천하는 것이다. 이 외에도 사용 후 버려지는 포장재를 재활용해 새로운 제품을 만들거나 친환경·업사이클링 소재로 포장재를 대체하는 것, 실내 인테리어에 폐목재·폐철물 등 업사이클링 소재를 사용하는 것, 음식물 쓰레기 처리 과정에서 발생하는 폐수를 정화해 재활용하는 것 등을 들 수 있다.

▲**자원의 업사이클링**도 시도되고 있는데, 주로 관련 연구소나 테크 기업이 식품 기업과 함께 합작하는 사례가 일반적이다.

덴마크 코펜하겐의 식당 '알케미스트(Alchemist)'는 미쉐린 2스타이자 그린 스타를 수여한 식당으로, 셰프 라스무스 뭉크(Rasmus Munk)는 "음식의 미래가 우리가 이미 버리는 것에 달려

스위스 아펜젤의 양조장 로허에서는 양조 부산물을 업사이클링해 다양한 식품을 선보이고 있다(사진. 업사이클링 브랜드 브루비의 피자)

있다"고 믿고 이를 업사이클링하는 것에 집중하며 미식업계의 자원 순환에 동참하고 있다. 코코아 껍질로 초콜릿을 만들기도 하고 유채 오일 부산물이나 닭 머리, 토끼 귀 등 버려지는 자원을 새로운 메뉴로 재탄생시키는 등 재료에 새로운 가치를 부여하는 작업을 이어가고 있다.

스위스 아펜첼(Appenzell)에 위치한 양조장 '로허(Locher)'는 1886년부터 5세대에 걸쳐 이 지역에서 맥주를 만들어온 전통적인 양조장이다. 이곳에서는 자체 식품 업사이

클링 브랜드인 '브루비(Brewbee)'를 통해 양조 과정의 부산물로 피자, 뮤즐리, 칩, 심지어 고기 대체 식품을 만들고 있다. 또한 다양한 풍미를 지닌 맥주 식초를 만들며 푸드 업사이클링의 모범을 보여주고 있다.

일본 도쿄도 미나토구에 자리한 '밤의 빵집'은 도쿄, 교토, 사이타마, 홋카이도 등 일본 전역의 제과점에서 당일 오전에 구워 팔다가 남은 제품을 한데 모아 판매하는 가판대 형식의 빵집이다. 이곳은 팔리지 못한 빵이 버려지는 것을 최소화하고 전국 각 지역의 빵을 손쉽게 구매할 수 있는 매개체로서 작동하며, 자칫 음식물 쓰레기로 전락할 수 있는 상품이 다시 유통될 수 있도록 돕는 일본식 푸드 업사이클링의 사례가 되고 있다.

현재 국내 외식 산업의 푸드 업사이클링 시장은 시작 단계다. 1차원적 푸드 업사이클링인 못난이 농산물의 소비가 확산되는 가운데, 원자재 가공을 통해 부가가치를 창출하는 외식업계에서도 못난이 농산물의 소비가 활발하게 이루어지고 있다. 이들은 단순히 원가 부담을 낮추기 위해서만이 아니라 못난이 채소로도 똑같이 맛있고 좋은 음식을 만들 수 있다는 긍정적인 경험을 제공한다. 이를 통해 못난이 채소나 자투리 채소에 대한 인식을 긍정적으로 바꾸고 다양한 활용법을 제시하며 뿌리, 껍질 같은 버려지는 부분까지도 식재료로서 가치가 있음을 알리고 있다.

서울 용산구 해방촌에 자리한 '흠마켓'은 이름처럼 '흠'이 있는 농산물을 활용해 브런치 메뉴를 선보이는 공간이다. 이들은 맛과 영양 면에서 전혀 문제가 없으나 단순히 흠이 조금 났거나 모양이 매끈하지 않다는 이유로 상품 가치를 인정받지 못하고 심지어 버려지는 유통 구조에 문제의식을 제기한다. 천편일률적인 모양새를 유지하기보다 다채로운 모양과 크기를 인정하는 인식 변화를 통해 버려지는 농산물을 줄여가고자 하는 철학과 노력이 공간 전체의 콘셉트에 녹아 있다. 이곳의 특별한 점은 식사와 음료를 즐길 수 있는 외식 공간이지만 농산물과 가공품을 직접 구매할 수 있는 식료품 상점 역할을 겸한다는 것이다.

제주시 구좌읍의 '넘은 봄'은 제주 지역 농가와 상생하며 팜 투 테이블(Farm to Table), 제로웨이스트, 탄소 발자국 저감을 실천하는 공간이다. 이곳은 자연주의 요리를 지향하며 B급 농산물과 사라져가는 토종 식재료를 활용한 조리법을 연구해온 강병욱 셰프가 운영한다. '이노베이티브 한식 비스트로' 콘셉트의 레스토랑으로 김녕마을과 용천수인 '청굴물'이 어우러지는 곳에서 바다를 바라보며 제주의 사연을 느끼고 경험할 수 있는 제주 음식 연구소다.

그 밖에도 맥주 부산물인 맥주박으로 만든 대체 밀가루 '리너지 가루'를 생산하는 업사이클링 기업 '리하베스트'를 비롯해 즉석밥을 만들고 남은 깨진 조각 쌀과 콩비지 등의 부산물로 만든 스낵 '바삭칩'을 출시한 CJ제일제당, 푸드 업사이클링 브랜드 '비(B)요미'를 통해 두부 비지를 넣은 그래놀라와 단백질 바, 못난이 농산물로 만든 착즙 주스 등의 제품을 선보인 삼성웰스토리 등 많은 식품 기업들이 잇따라 푸드 업사이클링에 뛰어들고 있다. SPC삼립은 수제 맥주 회사 '세븐브로이'와 손잡고 국내 첫 빵맥주를 표방한 푸드 업사이클링 맥주 '크러스트'를 출시했다. 올 초 맥주에 넣는 재료의 범위를 확대하도록 주세법 시행령의 일부가 개정된 점을 반영해 새롭게 개발한 밀맥주다.

배추 유통과정에서 버려지는 청잎을 활용한 청잎김치(사진_아워홈)

식품 외식 기업 아워홈은 김치 제조 과정에서 부산물로 인식되던 배추 겉잎인 청잎을 활용해 '청잎김치'를 선보였다. 국내산 배추, 고춧가루를 사용해 배추 청잎을 한 장씩 켜켜이 쌓아 담근 청잎김치는 식물성 색깔 영양소인 파이토케미컬 성분이 풍부하며 저온 숙성으로 충분히 익힌 후 제공해 탄력 있는 식감과 깊은 감칠맛이 특징이다. 이 제품은 세계 최대 규모의 국제 식품 박람회인 '2024년 파리식품박람회(SIAL Paris 2024)'에서 선정하는 혁신상 레디밀·케이터링 부문에서 그랑프리를 차지했다. 대중성과 자원 선순환 측면에서 높은 점수를 받은 것으로 알려졌다.

주식회사 오야오얏은 김천의 못난이 자두를 가공해 찹쌀떡과 자두청, 오얏커피, 오얏 스파클링 등의 가공 제품을 만들어냈다. 특히 '오얏커피'는 자두청과 앙금을 만들 때 발생하는 자두 껍질을 버리지 않고 2차 가공해 자두의 풍미를 살린 스페셜 커피백이다. 버려지는, 혹은 상품 가치를 잃은 자두를 농가에서 직접 구입해 만들기 때문에 농가와 상생을 도모하는 대표적인 케이스로 꼽힌다. 이를 벤치마킹해 여러 지자체에서 이와 같은 시도가 이어지고 있다.

해양 부산물을 활용한 업사이클링은 해양 생태계 보호 및 미식 분야의 새로운 가치 창출을 위한 목적성을 갖고 다양한 연구가 이루어지고 있는 분야다. 예를 들어 해조류는 미네랄이 풍부한 기능성 식품 소재로 각광받고 있으며, 어패류 부산물은 단백질 함량이 높아 기능성 식품이나 사료 개발에 주로 활용된다. 해조류를 이용한 바이오 플라스틱 개발이나 해양 미생물을 활용한 기능성 소재 개발 등이 전 세계에서 활발하게 진행되고 있다.

최근 미식 분야에서는 해양 부산물 업사이클링 소재로 '해조류 오일'이 주목받고 있다. 대표적인 제품이 미국 스타트업 '제로 에이커 팜스(Zero Acre Farms)'의 '배양오일(Cultured Oil)'이다. 세계에서 세 번째로 많이 소비되는 식품인 식물성 기름이 환경에 미치는 영향을 줄이고자 사탕수수 기름과 미세 조류 발효를 통해 개발한 배양 식용유다. 이 오일은 생산과정에서 카놀라유보다 85% 적은 토지를 사용하고, 대두유보다 86% 적은 CO_2를 배출하며, 올리브유보다 99% 적은 물이 사용된다는 것이 업체 측의 설명이다.

미국 뉴욕의 햄버거 브랜드 쉐이크쉑에서 선보인 배양오일을 사용한 감자튀김(사진_쉐이크쉑)

제로 에이커의 배양오일은 미국의 외식 분야에서 현재 활발히 이용되고 있다. 데이비드 훔(Daniel Humm)이 총괄 셰프를 맡고 있는 뉴욕의 미쉐린 3스타 레스토랑 '일레븐 매디슨 파크(Eleven Madison Park)'를 필두로 미국 각지의 고급 레스토랑에서 이 제품을 사용하고 있는 것. 대표적인 미국 햄버거 브랜드 '쉐이크쉑' 역시 협업을 통해 감자튀김과 치킨 등의 메뉴에 배양오일을 사용하고 있으며, 텍사스의 모든 '홉도디 버거(Hopdoddy Burger)' 매장에서도 이 오일을 쓰고 있다. 배양오일은 식물성 오일처럼 특징적인 맛과 향이 없어 요리를 하는 식재료를 돋보이게 할 수 있다는 점이 장점이다. 중립적인 맛이라 오히려 범용적 활용이 가능하다는 것이 배양오일을 활용하고 있는 외식업체의 설명이다.

지역을 담다, 하이퍼로컬(Hyper-local)

지역 식재료를 활용한 메뉴가 단순한 유행을 넘어 식문화의 새로운 기준이 되었다. 이는 자연의 순환을 존중하고 계절의 풍미를 최대한 살리려는 외식업계의 노력이 낳은 결과이기도 하다. 특히 농장에서 식탁까지 최소한의 이동으로 탄소 발자국을 줄인 국산 로컬 식재료는 신선도가 뛰어나고 풍미가 깊다. 이뿐만 아니라 환경보호라는 윤리적 선택과 건강한 식생활이라는 더 큰 가치와도 연결된다. 이 같은 명분이 아니더라도 로컬 식재료는 지난 몇 년간 외식업계에서 다양한 시도를 통해 지역과 소비자를 연결하는 매개체로 활용되었으며, 이와 더불어 1차 산업의 지속 가능성과 기반 강화를 위한 활동이 이어져왔다. 로컬 식재료를 외식에 접목하면 국산 식재료의 높은 퀄리티와 투명한 생산과정 등에 대한 소비자들의 신뢰가 반영되어 마케팅 측면에서도 유리하게 작용했다.

최근에는 지역의 특성에 보다 세밀하게 초점을 맞춘 '하이퍼로컬' 트렌드가 외식업뿐 아니라 산업 전반에서 나타나고 있다. 특정 아파트 단지나 동네 주민들이 모여 정보를 공유하고 소통하는 온라인 커뮤니티, 지역 주민들이 직접 추천하는 맛집 정보 공유 서비스, 이웃 간 중고 물품을 거래할 수 있는 플랫폼, 지역 농가에서 생산된 신선한 농산물을 직접 구매할 수 있는 직거래 시장 등이 여기에 포함된다. 소비자들이 개개인에게 보다 최적화된 맞춤형 서비스를 요구하는 성향이 강해진 데다 온라인 플랫폼의 발달로 인해 누구나 쉽게 온라인 커뮤니티에 참여하고 지역 정보를 얻을 수 있게 되면서 하이퍼로컬 트렌드는 갈수록 활성화되고 있다.

하이퍼로컬 트렌드는 지역의 고유한 특성을 살린 상품이나 서비스를 제공하는 형태로 나타나는데, 외식업 관점에서 살펴보면 지역 문화와 특산물을 활용해 차별화된 경험을 제공함으로써 경쟁력을 확보할 수 있다는 장점이 있다. 이 과정에서 지역 농가와 협력해 지역 경제를 활성화하며 상생할 수 있는 기회를 제공하고, 지역의 토종 품종을 활용하는 만큼 생태계 다양성 보존과 환경보호에도 기여한다. 이렇게 로컬 트렌드는 다양한 사회적 책임을 실천하며 지속 가능한 성장을 추구할 수 있다는 점에서 의미가 크다.

경북 칠곡군에 자리한 므므흐스는 연간 수만 명이 다녀가는 로컬 크리에이팅의 성공 사례다

외식업체에서 이러한 하이퍼로컬 트렌드를 접목하기 위해서는 해당 지역의 역사, 문화, 특산물 등에 대한 깊은 이해가 필요하다. 그리고 신선하고 질 좋은 로컬 식재료를 안정적으로 공급받을 수 있는 네트워크 구축, 지역 특색을 살린 차별화된 메뉴 개발, 메뉴에 담긴 이야기를 효과적으로 전달해 고객에게 감동을 선사할 수 있는 스토리텔링이 필요하다. 로컬 현지에서 운영하는 경우 지역 주민들과 가깝게 소통하고, 지역 행사에 참여해 유대감을 강화하는 것이 중요하다.

경북 칠곡군 왜관읍 매원리의 작은 한옥 마을에는 주중, 주말 할 것 없이 바쁘게 돌아가는 햄버거 가게가 '므므흐스'가 있다. 상권이 형성되지 않은 작은 시골 마을에 연간 수만 명이 다녀가도록 만든 햄버거 가게 므므흐스는 로컬 크리에이팅의 대표적 성공 사례로 꼽힌다. 므므흐스는 '건강에 좋지 못하다'는 인식의 패스트푸드를 지역의 농산물로 건강하게 만들어 큰 호응을 얻었다. 이들은 버거의 번(Bun)에 경기도 성남에서 구한 면역 흑마늘을 이용하는 것을 비롯해 충남 논산의 크리스피아노(잎채소), 전남 화순의 토마토, 경북 성주의 양파, 칠곡의 수미 감자와 미나리 등을 사용해 버거를 만든다. 이렇게 지역 농가의 다양한 농산물을 활용하며 함께 성장할 수 있는 시스템을 구축했다. 또한 지역 주민들과의 어우러짐을 강조해 양질의 일자리 창출, 지역 주민들의 의견 경청, 마을을 함께 방문할 수 있는 도슨트 프로그램 운영 등을 펼쳐가며 지역과의 상생을 로컬 비즈니스의 핵심으로 삼았다.

울산시 남구 울산대공원 인근의 미트 델리 전문점 '도시외양간'은 울산 최초의 수제 가공육 전문점으로 울산 축협에서 공급받은 한돈 뒷다릿살로 소시지를 만든다. 비선호 부위 소비를 늘려 축산 농가에 이바지하고 있으며 건강하고 맛있는 햄과 소시지로 육가공품에 대한 편견을 깨기 위해 노력하고 있다.

세종시에 위치한 퓨전 한식 다이닝 주점 '비스트로세종'은 식음료 스타트업 '세종시 삼십분'에서 운영하는 곳으로 지역의 농산물과 전국 팔도의 재료를 메뉴에 접목해 전통주와 함께 선보이고 있다. '전라남도갓김치 화이트라구', '충청북도밤호박 한방연저육찜' 등 메뉴 이름에 도 이름이 붙는 특색이 있다. 과거 프랑스 요리를 한식의 재료로 재해석한 '불란서수라상'을 선보여 좋은 반응을 얻으면서 지역 식재료의 새로운 활용법을 제시하기도 했다.

전남 곡성군의 카페 '미카129'는 곡성을 대표하는 로컬 식재료를 이용한 아이스크림을 선보이는 곳이다. 전국 생산량의 70%가 곡성에서 생산되는 지역 대표 특산물 토란의 활용 범주를 넓히고 소비량을 늘리기 위해 소프트아이스크림 형태의 토란아이스크림을 개발했으며, 곡성의 특산물인 멜론아이스크림도 선보인다.

강원도 강릉의 '31건어물'은 바닷가 마을의 흔한 가공식품인 건어물을 트렌디한 상품으로 재해석해 건어물에 대한 기존의 인식을 전환시킨 곳이다. 3대째 건어물 사업을 이어온 현재의 대표가 건어물에 관심이 없는 젊은 세대에게 어필할 수 있는 제품이 필요하다는 생각에서 변화를 이끌어냈다. 패키징 리뉴얼과 스낵형 제품 개발, 전용 페어링 맥주 개발, 카페처럼 편안하고 모던한 분위기에서 건어물을 구입하고 즐길 수 있는 공간 연출 등을 통해 고착화된 건어물 시장에 새로운 변화를 불러일으켰다.

전북농업기술원 식물자원연구소와 무주천마사업단은 특산 작물인 '천마'를 활용한 다양한 연구를 진행하고 있다. 이들은 천마의 대중적 인지도를 향상시키고 음식에 다양하게 활용할 수 있는 방법을 알리기 위해 무주 내 외식 업소 중 천마 메뉴를 훌륭하게 다루는 곳을 '천마맛집'으로 선정했다. 이 과정에서 현지인조차 다루기 까다로운 천마를 활용해 음식의 레시피를 개발하고 전

무주군 안성면에 위치한
천마맛집 용추폭포가든의 천마토종백숙

수 교육을 진행하는 등 시장성 있는 천마 먹거리를 정착시키기 위한 노력을 거듭해오고 있다.

이러한 노력의 결과로 무주의 많은 식당에서 천마를 소개하고 있다. 무주의 대표 향토 음식인 어죽을 전문으로 다루는 '무주어죽'에서는 천마와 직접 담근 장의 맛을 담은 천마어죽 및 천마도리뱅뱅이를 선보이며, 한방 오리백숙 전문점 '용추맛집'에서는

천마를 활용한 천마오리주물럭을, 덕유산 용추폭포 인근에 자리한 '용추폭포가든'에서는 자숙 천마와 귀한 약재를 넣어 끓인 천마토종백숙을 판매한다. 무주 IC 만남의 광장에 자리한 카페 '무에르'에서는 천마를 전병처럼 얇게 펼쳐 구워낸 천마튀일과 바삭하고 달콤한 천마스노볼 등의 디저트 메뉴를 소개하며 천마의 대중화를 위해 노력하고 있다.

트래픽이 높은 지역의 미식 공간과 결합해 우수한 식재료지만 대중 인지도가 낮은 천마를 알리는 노력도 진행하고 있다. 이를 위해 최근 서울의 유명 음식점 5개소의 셰프가 참여해 각자의 특색에 맞는 천마 메뉴를 개발하고 이를 업장에 도입했다. 국내 최초로 중식 분야 <미쉐린 가이드> 스타를 획득한 '요리사들의 요리사' 왕육성 셰프의 중식당 '진진'은 천마멘보샤, 천마간짜장, 천마군만두, 천마찐만두를 개발했으며 그중 진진의 시그니처 메뉴를 변형한 천마멘보샤를 매장에서 판매한다.

셰프테이너이자 한식과 양식을 넘나드는 요리연구가인 홍신애 셰프는 약재로도 쓰이는 천마의 효능을 강조한 보양 갈비찜, 천마수삼갈비찜을 개발했으며 마장동 정육 마이스터인 '배꼽집'의 박규환 대표는 천마양곰탕, 특제소스 천마구이, 천마솥밥 메뉴를 선보였다. 로컬 식재료를 활용한 한식 요리와 전통주 페어링으로 한식과 전통주의 우수성 및 다양성을 대중에게 알리는 로컬 음식 및 전통주 전문가 정재훈 대표의 한국 술 전문점 '담은'에서는 막걸리와 잘 어울리는 천마청국장비빔면, 천마꿀전을 개발해 메뉴에 도입했다.

다양한 식생활의 반영을 위한 그랩 & 고(Grab & go) 형태의 외식 상품 개발은 이탤리언 파인다이닝의 대가이자 파인다이닝 간편식의 시조인 어윤권 셰프가 맡았다. 셰프의 개발 메뉴는 천마감자수프, 천마 한우 오븐 요리, 천마와 자연산 생선카르파치오, 천마와 보타르가 총 4종으로 현대백화점 압구정본점 델리인 '구르메에오'에서 구매할 수 있다.

이미 서울 등 대도시에서 유명세를 얻은 브랜드가 지역에 역진출하는 경우 브랜드의 색깔에 지역의 특색을 담아 차별화하는 것이 중요하다. 메뉴에 지역의 한정성을 담거나 지역의 특색을 담은 인테리어 디자인을 통해 고객들에게 특별한 경험을 선사하고 지역 예술가나 브랜드와 협업해 공간에 생기를 불어넣는 것도 방법이다.

베이글 열풍을 몰고 온 '런던베이글뮤지엄'은 서울과 대형 쇼핑몰을 벗어나 제주에 지점을 냈는데 지역의 감성을 물씬 느낄 수 있는 특유의 매장 연출로 화제가 됐다. 마치 작은 시골 마을을 방문한 듯한 분위기와 제주의 특색을 살린 수평으로 넓은 매장, 영국 런던의 빈티지 카페에 방문한 듯한 브랜드 특유의 감성에 제주의 오션 뷰가 어우러져 오직 그곳에서만 경험할 수 있는 가치를 전달한다.

서울의 핫 플레이스 성수와 도산공원을 뜨겁게 달구며 10개 이상의 지점으로 확장한 '카멜커피'도 제주에 진출했다. 제주시 동쪽 월정리 코난비치에 자리한 카멜커피 제주점은 단층의 통창 건물과 풍력발전기

카멜커피 제주점 전경(사진_업체제공)

가 어우러진 독보적 풍경을 자랑한다. 푸른 제주 해안 풍경을 감상할 수 있는 곳답게 타 지점과 달리 베이커리 브랜드 '브로디그로서리'를 함께 선보이며 지점만의 특색을 더했다.

CHAPTER 4

푸드 쇼퍼
(Food Shopper)

2025
대한민국을
이끄는
외식트렌드

1. 맛집 쇼핑의 성지가 된 백화점 ——————————— 149
2. 지역 관광 메가 콘텐츠, 전통시장 ——————————— 156
3. 오래된 상가에 무슨 일이? ——————————— 160
4. 로컬의 맛, 페스티벌에서 찾다 ——————————— 167
5. 콘텐츠 쇼퍼 ——————————— 174

introduction

푸드 쇼퍼(Food Shopper)

고물가, 불황기 시대의 소비자들은 큰 지출은 줄이지만 이에 대한 반동으로 자신을 위한 작은 사치, 즉 '미니멀 플렉스(Minimal Flex)'를 위한 품목의 지출은 늘리는 경향이 있다. 소비자 만족도가 높으면서도 가격이 상대적으로 저렴한 기호품 구매를 통해 취향을 드러내고 만족감을 얻는 것. 예를 들어 고급 외식이나 해외여행 같은 큰 비용이 드는 활동은 줄이지만, 대신 사치품 중 상대적으로 저렴하면서도 고급스러운 식품을 구매하는 데는 지출을 늘리는 현상에서 이러한 추세를 찾아볼 수 있다.

인플레이션 여파에 따른 인건비, 식재료 등 외식업 운영에 필요한 제반 비용 부담 증가는 외식 비용 상승으로 이어졌고, 불경기에 의해 외식 소비 자체를 줄이고 있는 소비자들은 큰 비용을 들이지 않고도 외식의 만족감을 느낄 수 있는 메뉴를 찾기 시작했다. 그에 따라 프리미엄 디저트와 커피, 고급 식재료를 사용한 간편식처럼 상대적으로 저렴한 가격대로 만족감을 얻을 수 있는 외식 상품과, 가격은 고급 외식에 비하면 저렴하지만 시간과 노력을 들이면 획득할 수 있는 희소성 있는 특별 패키지나 한정판 제품, 콘텐츠 파생 상품 등이 인기를 얻고 있다. 이런 아이템은 성취감과 함께 작지만 특별한 경험을 제공하며 소비자들에게 가격 대비 높은 만족감을 준다.

외식업체들은 이 같은 미니멀 플렉스 소비 경향을 반영해 메뉴 구성과 마케팅 전략을 재조정하고 있다. 예를 들어, 햄버거나 덮밥 같은 캐주얼한 메뉴에 고급스러운 재료를 사용한다거나 한정판 메뉴 등을 통해 소비자들에게 부담은 적지만 특별하고 차별화된 경험을 제공하려는 것. 이러한 전략은 소비자로 하여금 크게 무리하지 않고 충분히 지불 가능한 가격으로 외식의 즐거움을 만끽할 수 있도록 한다.

한편 온라인 쇼핑이 활성화되면서 판매와 구매라는 기본적인 기능보다는 오프라인에서만 누릴 수 있는 경험을 제공하는 것이 중요해짐에 따라 외식 상업 공간들은 먹거리 인프라 강화에 집중하고 있다. '미식'을 매개체로 오프라인에서 극대화되는 경험을 선사하기 위해서다. 현재 미식 콘텐츠가 고객을 모으는 힘은 식문화 수준의 향상과 불황기가 맞물려 증폭됐다고 할 수 있다.

과거 명품 브랜드 유치를 두고 경쟁하던 대형 백화점도 불황의 여파로 명품 소비는 줄어드는 데 비해 외식 소비는 오히려 늘고 있는 모양새다. 소비자들의 관심이 먹거리 분야로 쏠리자 백화점들은 10개의 점포 공간이 있으면 이를 10개의 유명 맛집으로 채울 만큼 화제성 높은 먹거리를 경쟁적 유치하고 있다. 이에 따라 소비자들은 백화점 식품관에 들어서는 순간, 유명 맛집이 한눈에 펼쳐지는 경험을 하게 되고, 그 순간부터 어떤 '맛'을 쇼핑할지 고민에 빠지게 된다.

다채로운 미식 선택지가 주어지는 것은 비단 백화점만이 아니다. 대형 쇼핑몰을 비롯해 전통시장, 오래된 주거 단지의 상가 등 지역 주민 대상의 생활 밀착형 상업 공간들도 마찬가지다. 오로지 '미식'을 위해, 소유보다는 '경험'을 위해 발걸음하는 '푸드 쇼퍼'들에 의해 입소문이 나면서 이런 곳이 타 지역 방문객들도 찾는 핫 플레이스로 변모하기도 한다.

1. 맛집 쇼핑의 성지가 된 백화점

고급 쇼핑 장소이자 안전성과 품질에 대한 신뢰를 확보하고 있는 백화점은 식음료 코너 역시 미식을 향한 소비자의 욕구를 신뢰감 있게 충족시켜주는 대표적 장소다. 특히 최근 백화점업계에서는 단순히 물건을 쇼핑하는 공간만이 아니라 고객들에게 차별화된 미식 경험을 제공하는 곳으로서 인정받는 것이 핵심 역량으로 평가되고 있다. 물론 백화점에서 판매하는 다른 품목에 비해 식품의 객단가는 낮지만 고객 계층을 확장하고 우수 고객들을 록인하는 장치로서 식음료 코너는 매우 중요한 역할을 한다. 따라서 각 백화점들은 식품관이나 식당가 구성에 사활을 걸고 있다. 과거 백화점 식음료 코너는 쇼핑 중간에 잠시 끼니를 때우거나 쉬어가는 장소로 여겨졌고, 입점 수수료가 가격에 반영되면서 일반 외식업체 대비 가성비가 좋지 않아 기능적으로만 활용되는 면이 있었다. 하지만 최근에는 백화점 방문의 주된 목적이 물건 쇼핑이 아닌 백화점 내 입점한 '전국구 맛집'이나 '팝업 스토어' 등의 이벤트에 참여하고 한정적으로 판매되는 식품을 구매하기 위한 것으로 변모하고 있다.

백화점들이 식품 및 외식 콘텐츠를 강화하는 것은 과거 백화점 매출의 주력 분야로 팬데믹 당시 매출이 크게 뛰었던 명품 등의 패션 분야가 불황의 직격탄을 맞고 있기 때문이기도 하다. 실제로 국내에서 백화점 매장을 운영 중인 명품 브랜드 20개 중 11개 브랜드가 2024년 상반기 마이너스 성장을 기록했다. 인기 있는 상위 몇 개 브랜드를 제외하면 수익을 얻지 못한 셈이다. 지출 규모 자체가 줄어든 상황 속에서 작은 사치를 누릴 수 있는 맛집과 식품 팝업 스토어 등의 행사는 고객을 모으는 중요한 장치가 되고 있다.

이에 주요 백화점들은 각 점포에 전 세계의 유명 브랜드와 유니크한 로컬 맛집, 유명 셰프의 고급 레스토랑, 줄 서는 맛집의 분점, 외국의 '먹킷리스트' 성지를 한자리에서 경험할 수 있는 공간을 조성하면서 차별화된 경험을 제공하려 노력하고 있다. 백화점을 '먹으러 가는 장소'로 인식하게 만들고 고객들이 특별한 외식을 즐길 수 있는 공간으로 백화점을 선택하게 만들기 위한 것이다. 그에 따라 한정판 메뉴나 팝업 레스토랑, 컬래버레이션 점포 등을 운영해 트렌디함과 생동감을 동시에 전달하며 식품관과 식당가를 단순한 장 보기 공간이 아닌 고급화된 미식 공간으로 탈바꿈시키고 있다.

식당가 전체를 특정 테마에 맞게 구성해 하나의 별도 브랜드로 인식되도록 공간을 구성하고, 해당 공간에 특정 명칭을 붙이는 것도 과거와 달라진 점이다. 식품관도 마찬가지다. 프리미엄 식재료 판매, 시식 행사, 맞춤형 요리 서비스 등을 통해 고객들에게 특별한 미식 경험을 제공하면서 단순한 식품 구매 이상의 가치를 제공하고 있다.

이처럼 백화점들은 식품 및 외식 관련 공간 조성을 통해 비록 불경기에 지갑은 닫았지만 사람들을 만나고 밥을 먹고 시간을 보내는 일상의 행위는 지속해가야 하는 소비자들에게 이를 보다 특별하게 영위할 수 있도록 판을 깔아주는 역할을 하고 있다. 접근성이 뛰어난 쇼핑의 주요 거점인 백화점에 안성맞춤인 포지션인 것이다.

'리뉴얼' 신세계강남 vs. '팝업 성지' 더현대서울 vs. '뉴 브랜딩' 롯데타임빌라스

2024년 F&B 분야 소식으로 가장 큰 화제를 모은 백화점은 단연 신세계 강남점이다. 지하 1층 공간을 대대적으로 리뉴얼하며 백화점을 미식 공간으로 인식될 수 있도록 크게 기여했는데, 상반기에 문을 연 디저트 전문관 ▲스위트파크는 국내외 최고의 디저트를 엄선해 선보이며 오픈 석 달 만에 누적 방문객 수가 350만 명에 이르는 등 명실상부 국내 최고의 디저트 성지로 자리매김했다. 기존 점포 공간을 개조하기보다는 상업 공간으로 쓰이지 못하고 터미널과의 연결 통로로만 활용되던 분수 광장과 이벤트 홀 정도로 사용되던 1600평의 넓은 공간을 전국 각지, 국내외에서 가게 앞에 줄을 세우는 핫한 디저트 브랜드로만 가득 채워 '빵지 순례'를 원스톱으로 해결할 수 있는 '디저트 올림픽' 개최지 같은 공간으로 재탄생시켰다.

이곳에는 총 43개의 브랜드가 입점했는데, 특히 일본 오사카에서 탄생한 밀푀유 디저트 전문점 '가리게트', 벨기에 왕실

신세계 강남점에 오픈한 스위트파크

쇼콜라티에로 지정된 럭셔리 초콜릿 브랜드 '피에르마르콜리니', 한국인 서용상 셰프가 파리에서 운영하는 플랑 전문점 '밀레앙' 등 해외에서만 맛볼 수 있던 유명 디저트 브랜드를 국내 최초로 론칭하기도 했다. 이 외에도 '해피해피케이크', '비스퀴테리엠오', '아우치바이허니비' 등 유명 파티시에의 프리미엄 브랜드를 비롯해 신규 브랜드인 '장블랑제리', '태극당' 등의 전국 노포 베이커리, '한과미의식'이나 '만나당' 등의 전통 디저트 숍, 소금빵 전문점 '베통', 서촌의 스콘 맛집 '스코프' 등 로드숍의 핫한 브랜드와 다양한 팝업 스토어 등을 적절하게 배치해 말 그대로 "뭘 좋아할지 몰라 전부 준비했다"고 당당하게 어필하고 있다. 기존 인기 브랜드라 할지라도 신세계 강남점만의 한정 메뉴나 특화 메뉴를 추가하는가 하면 취식 방식을 다르게 하거나 파생 브랜드를 신규 론칭하는 등 스위트파크만의 차별화 포인트도 놓치지 않았다.

6월에는 백화점의 식품 콘텐츠와 호텔 로비의 모습을 결합한 ▲하우스오브신세계를 오픈했다. 12개 레스토랑과 와인 매장을 선보였는데 푸드 홀 12곳의 레스토랑이 모두 국내 유통업계 최초 입점 브랜드로 채워져 오픈과 동시에 큰 화제를 모았다. 특히 매장 중앙에는 2대에 걸쳐 운영 중인 강남의 전통적인 스시야 '김수사'의 첫 백화점 매장이 자리했는데 푸드 홀 내에서 합리적인 가격으로 오마카세 스타일의 서비스와 함께 스시를 즐길 수 있어 큰 인기를 얻었다. 그리고 용리단길에서 '효뜨', '꺼거' 등을 성공시킨 남준영 셰프의 '키보아츠아츠', 생면 파스타 바 열풍을 불러일으킨 '바위파스타바', 부산의 명소 '해운대암소갈비집'의 손자가 미국 뉴욕에서 선보인 '윤해운대갈비', 일본 도쿄에서 4대를 이어온 장어덮밥 전문점 '키쿠카와', 을지로와 연남동의 인기 라멘집 '콘부'에서 선보인 '타치바나', 서울에서 가장 핫한 고깃집 '몽탄'과 '고도식'의 기획자 바비정(@bobby_chung) 정동우 대표가 선보인 '미도한우함박' 등 각 골목의 대표 주자들을 한자리에

신세계 강남점 하우스오브신세계에 오픈한 스시 오마카세 김수사

모아 말 그대로 '거를 타선이 없는' 맛의 성지로 자리매김했다. 신세계백화점은 다른 지점으로도 미식 콘텐츠를 점차 강화해나갈 계획이다.

신세계백화점이 차별화된 콘텐츠와 럭셔리로 무장했다면, 더현대서울은 방문할 때마다 새롭게 변화하는 역동성이 주 무기다. 백화점 및 유통업계에서 '팝업' 마케팅의 흐름을 주도하며 업계의 트렌드를 선도하고 있는 더현대서울은 오픈 초기 3대 명품을 유치하지 않고도 기록적인 매출을 달성해 화제를 모으기도 했다. 더현대서울의 지하 1층 글로벌 식품관 ▲**테이스티서울**(Tasty Seoul)은 약 1만4670㎡(4438평) 규모의 거대 식품관으로 '팝업의 성지'로 통하며 백화점의 성공 공식을 바꿔놓았다. 테이스티서울 방문 고객이 다른 매장의 구매로 연결되는 연관 구매율이 2023년 65.2%로 집계되며 '명품보다 식품'이 대세임을 증명했다. 테이스티서울은 2024년에도 현시점 가장 화제성 높은 F&B 브랜드 매장을 유치하며 화제성을 이어갔다.

'힙지로 타코 성지'로 불리는 '올디스타코'의 첫 번째 팝업 매장, 대만 MZ세대 사이에서 핫한 프루트 티 전문점 '드링크스토어', '떡켓팅' 대란을 불러일으킨 '익산농협 생크림찹쌀떡', 세계적인 모델 켄달 제너가 운영하는 '818데킬라'의 아시아 최초 팝업 스토어 등 다양한 로드숍 또는 상징적인 브랜드의 먹거리를 팝업 스토어를 통해 선보였다. 또한 도쿄에 이어 아시아 두 번째 매장인 벨기에 프리미엄 초콜릿 고디바의 베이커리 브랜드 '고디바베이커리', 베이글 열풍을 주도한 '런던베이글뮤지엄', 이탈리아 프리미엄 트러플 기업 얼바니(Urbani)의 트러플을 사용해 다양한 베이커리 제품을 선보이는 '더트러플베이커리', 미국의 3대 버거 중 하나로 꼽히는 '파이브가이스', 용리단길의 핫 플레이스 '테디뵈르하우스', K-약과 열풍을 주도한 '골든피스', 신규 브랜드 '하트티라미수' 등 소위 오픈 런 맛집들을 한데 모아 푸드 쇼퍼들을 불러 모으고 있다.

더현대서울의 성공적인 안착을 통해 현대백화점

더현대서울은 을지로 타코 맛집 올디스타코 팝업 스토어를 통해 피크닉 세트를 선보였다(사진_업체 제공)

의 다른 지점들 역시 점포별로 특색 강화에 나섰다. 현대백화점 부산점은 '커넥트현대'로 리뉴얼해 2024년 9월에 재개장하면서 로컬 브랜드와 미식 콘텐츠에 집중한 새로운 포맷의 쇼핑 공간을 선보였다. 부산의 떡볶이 맛집 '다리집'과 부산의 미쉐린 레스토랑 '딤타오', 크레페 디저트 전문점 '버터레코드' 등 지역 맛집을 비롯해 프리미엄 디저트 카페 '노티드', 브라질 디저트 브랜드 '오크베리아사이' 그리고 '고디바베이커리' 등이 입점해 많은 고객의 발걸음을 재촉했다.

현대백화점 압구정본점에 입점한 송리단길 파이 숍 진저베어

현대백화점 압구정본점도 푸드 홀을 리뉴얼하면서 미식가들을 위한 특별한 큐레이션을 선보이는 미식 존 ▲**가스트로테이블**을 조성했다. 강남권의 유명 중식당 'JS가든'의 도삭면 전문 브랜드 '슈슈차이 by JS가든', 한우 오마카세 열풍을 주도한 '이속우화'의 캐주얼 철판 스테이크 전문점 '우화함', 도산공원 상권에서 감각적인 한식 차림으로 주목받은 퓨전 한식 브랜드 '도슬박', 정호영 셰프의 1인 샤브샤브 & 스키야키 전문점 '샤브카덴', 1985년 압구정본점에서 시작해 한결같은 맛을 선보이는 '한솔냉면', 일본 도쿄에서 줄 서서 사 먹는 생캐러멜 시폰케이크 전문점 '마사비스', 송리단길의 핫 플레이스 '진저베어' 등 내로라하는 브랜드를 한데 모아 푸드 홀 전체가 트렌디한 미식 공간으로 자리매김했다.

롯데는 자사 전 채널의 미식 콘텐츠 강화에 나섰다. 롯데백화점은 대대적인 개편을 통해 백화점과 쇼핑몰 등 채널의 경계를 없애고, 프리미엄 콘텐츠를 통해 오프라인의 특화점을 살린 '하이엔드 쇼핑몰'을 앞으로의 성장 모델로 내세웠다. 백화점의 프리미엄, 쇼핑몰의 트렌드가 결합된 시너지를 경험할 수 있다는 점이 강점이다. 먼저 개장 10주년을 맞은 롯데몰 수원점을 '타임빌라스'로 탈바꿈했고 F&B 브랜드 26곳이 집결한 식당가 ▲**다이닝에비뉴**를 구성했다.

과거 백화점이나 쇼핑몰의 트렌디한 콘텐츠는 대부분 서울의 핵심 점포에만 집중되어 지방 점포와의 격차가 컸지만 최근에는 수도권 및 광역시, 지역 신도시 등 각 점포만의 특색이 경쟁력이 되었다. 이것이 부동산 시장에도 영향을 미칠 만큼 지역의 주요 인프라가 되었고, 같은 모회사의 백화점, 쇼핑몰이라 해도 점포별 특화 요소를 갖춰 지역 주민은 물론 외부 고객들의 방문을 유도하고 있다. 특

타임빌라스 수원점에 꾸며진 1100석 규모의
유럽풍 광장형 미식 공간 다이닝에비뉴 (사진 롯데백화점)

히 지역 백화점은 롯데백화점 대전점의 '성심당'처럼 로컬 맛집을 입점시키면서 타 지역 고객들이 편안하게 들러 로컬 특색 음식을 즐기거나 특산품을 구매할 수 있는 주요 채널의 역할을 담당하고 있다.

비교적 최근인 2021년에 개점한 롯데백화점 동탄점은 타 점포와 차별화된 콘텐츠 구성에 심혈을 기울였다. <미쉐린 가이드>에 수록된 용산의 '구복만두', 동대문 네팔음식거리의 유명 인도 음식 전문점 '에베레스트', 충무로 유명 경양식당의 분점인 '더함박그릴데미그라스', 망원시장의 소문난 맛집 '서울떡갈비 & 우이락', 이태원의 이탤리언 가정 식당 '이태원121', 신사역의 35년 전통 돈가스 전문점 '한성돈까스', 청담동의 올데이 다이닝 '스케줄' 등 입점 브랜드 하나하나를 지역의 알짜배기 맛집들로 구성했다. 롯데의 미식 콘텐츠 역량이 집중된 서울 잠실롯데월드몰은 '런던베이글뮤지엄'과 용산의 핫 플레이스 '쌤쌤쌤', 북촌의 유서 깊은 간장게장 맛집 '큰기와집', 송리단길의 핫한 베이글 카페 '킴스델리마켓', 성수동의 하이엔드 디저트 전문점 '핀즈' 등을 유치했다. 말 그대로 맛집 옆에 맛집 수준이다.

백화점 입점, 득일까 실일까?

"외식업체가 백화점에 입점하는 것은 성공적인 사업 확장의 기회일까, 아니면 과도한 부담을 동반한 모험일까?" 최근 많은 외식업체가 백화점에 진출하면서 매출 증가와 브랜드 이미지 강화라는 긍정적인 기대와 함께 높은 임대료와 치열한 경쟁이란 현실

적인 고민을 안고 있다.

외식업체 입장에서도 백화점에 진출하는 것은 다양한 장점이 있으며, 특히 현재 국내 외식업 상황에 잘 맞아떨어지는 전략이 될 수 있다. 먼저 ▲높은 유동 인구를 통한 안정적인 매출 확보가 가능하며 보다 ▲넓은 고객층에 노출되어 브랜드를 대중적으로 알리는 데 효과적이다. 그리고 백화점에 입점한다는 것 자체가 화제성과 품질에 대한 검증이 되었다는 뜻으로 해석할 수 있기 때문에 ▲브랜드의 신뢰도를 높이는 효과도 있으며 대형 유통사인 ▲백화점의 자체 마케팅 채널을 활용한다는 점도 장점이다. 예를 들어 백화점의 할인 행사, 고객 대상 프로모션, 멤버십 프로그램 등을 통해 브랜드 노출이 증가하며, 이는 추가적인 광고 비용을 절감하는 효과를 제공한다. 백화점 내 이벤트와 연계된 마케팅 활동을 통해 신규 고객을 유치할 수도 있다. ▲다양한 소비자 트렌드를 빠르게 반영할 수 있는 장소인 백화점 입점을 통해 최신 소비자 트렌드에 맞춘 신메뉴를 테스트하거나 소비자 반응을 즉각적으로 확인할 수도 있다. 이는 시장의 변화에 민첩하게 대응하고 새로운 제품이나 메뉴의 성공 가능성을 미리 평가하는 데 유리하게 작용한다.

장점만 있는 것은 아니다. 다양한 리스크도 존재하는데 가장 먼저 꼽을 수 있는 것은 ▲높은 임대료와 운영 비용이 수반된다는 것이다. 또 백화점의 영업시간에 맞춰 운영해야 하므로 일반 매장보다 ▲영업시간이 제한적이라는 것도 단점이다. 백화점에 입점하면 외식업체의 ▲브랜드 독립성도 제한될 수 있다. 백화점 규정에 따라 매장의 디자인, 운영 방식, 메뉴 구성 등에 제한이 있을 수 있으며, 외식업체가 원하는 브랜드 이미지를 완벽하게 구현하지 못할 수도 있다. 이런 이유로 백화점 내 다른 브랜드와의 경쟁 속에서 차별화가 어렵다고 느낄 수도 있다. ▲경쟁과 비교의 압박도 크다. 백화점 내 다른 외식업체들과의 직접적인 경쟁이 불가피하며, 고객들은 쉽게 여러 매장을 비교할 수 있다. 동일한 공간 내에서 한쪽으로 사람이 몰리거나 유명 맛집의 인기에 밀릴 경우 상대적으로 주목받지 못할 위험이 존재한다. ▲까다로운 계약 조건도 리스크로 작용할 수 있다. 계약에 따라 매장 확장이나 메뉴 변경에 제약을 받을 수 있으며, 계약 해지 시 위약금 등의 문제가 발생할 수 있다. 또 백화점 측에서 요구하는 특정 조건이나 목표를 달성하지 못할 경우 계약이 종료될 가능성도 있기에 일반 상권의 개인 운영 업장에 비해 유연한 경영이 어려울 수 있다. 다만 최근 백화점 간의 경쟁이 치열해진 만큼 브랜드의 영향력에 따라 명품 브랜드 이상의 유리한 조건으로 입점하는 등 조건의 편차가 존재한다. 즉 백화점 입점에 앞서 브랜드의 가치와 지속성을 위한 기초 토대를 공고히 하는 것이 선제되어야 할 것이다.

2. 지역 관광의 메가 콘텐츠, 전통시장

지난 <2024 대한민국을 이끄는 외식트렌드>에서는 MZ세대의 놀이터가 된 전통시장의 활성화에 대해 소개하며 서울의 대표 전통시장이자 먹거리 천국인 광장시장과 '힙당동(힙+신당동)'에 자리한 서울중앙시장, 그리고 청량리 경동시장과 '백종원시장'으로 불리며 화제의 중심에 섰던 예산시장을 소개한 바 있다. 전통시장의 체질 개선과 젊은 층을 겨냥한 다양한 이벤트 등을 통해 지역의 명소로서 외부 유입을 끌어낸 대표적인 사례를 통해 '전통'이 가진 잠재력에 대해 조명했다. 이러한 기조에 따라 지자체, 기관들의 노력이 동반되고, 불경기 속에서 저렴하고 푸짐한 시장 속 맛집에 대한 관심이 한층 높아지면서 가성비를 추구하는 푸드 쇼퍼들의 전통시장을 찾는 발걸음이 꾸준히 이어지고 있다. 특히 고령층 소비자들의 전유물이라 생각했던 전통시장을 찾는 젊은 세대의 비중이 늘어났다는 점이 과거와는 다르다.

KB국민카드에 따르면 전통시장 가맹점 8만9000곳의 매출 데이터 5700만 건을 분석한 결과 2023년 시장을 찾은 사람들의 18%가 2019년부터 2022년까지 전통시장을 방문하지 않았던 이들이라는 결과가 나왔다. 특히 가장 큰 비중을 차지하는 것은 20대로 26%를 차지했다. 시장에 한 번도 방문한 적 없던 세대가 지난해부터 급격하게 전통시장을 찾기 시작했다는 의미다. 또한 외식 물가 상승으로 인해 마트 및 음식점 이용 고객 일부가 전통시장으로 유입된 것도 전통시장 매출 상승에 기여했다는 분석이다.

외국인 관광객 증가도 전통시장이 활기를 띠게 된 주요 요인이다. '야놀자리서치'에서 발표한 대한민국 인바운드 관광 시장 현황 보고서에 따르면 2024년 1월부터 4월까지 한국을 방문한 외국인 관광객 수는 전년 동기간 대비 87% 성장한 것으로 나타났다. 과거에는 아시아계 관광객들이 주류를 이루었다면 지금은 전 세계적인 K-콘텐츠의 영향으로 더욱 광범위한 국가의 관광객들이 한국을 찾는다. 이중 전통시장은 외국인 관광객들이 즐겨 찾는 필수 코스로 한국의 문화를 체험하고 전 세계적으로 인기를 얻고 있는 한국의 길거리 음식, 즉 떡볶이나 닭강정, 김밥, 호떡 등을 맛보기 위한 발걸음이 이어지고 있다.

대한민국 최초의 상설 시장이자 120년 전통을 자랑하는 광장시장을 필두로 외국인 방문객이 많은 여러 전통시장이 팝업 스토어와 이름난 브랜드 입점을 통해 보다 활발한 시대의 흐름을 타고 있다. 광장시장의 경우 유동 인구는 평일 약 3만~5만 명, 주말 약 12만~15만 명으로 방문객들의 연령대가 낮아지고 글로벌해지면서 시장 내 판매 메뉴나 업종도 카페, 팝업 스토어, 편집 숍, 디자인 상점 등 젊은 세대의 취향에 맞게 다양해졌다.

이제 팝업 이벤트는 언제든 방문해도 볼 수 있을 정도로 광장시장의 핵심 콘텐츠가 됐다. 화제성 유지는 물론 전통시장 내 팝업 이벤트의 다양한 사례를 만들면서 이를 다른 시장에도 전파하는 구심점 역할을 하고 있다. 광장시장의 명물 '박가네빈대떡' 3세가 운영하는 '365일장'은 그로서리 스토어이자 팝업 이벤트의 명소로서 이름을 알렸으며, 용리단길의 핫 플레이스 '효뜨'와 협업한 쌀국수 팝업 스토어 '광장한효뜨네국수' 그리고 망원동의 수제 햄 맛집 '제로햄'과 와인 전문가 '와인킹'이 협업해 선보인 '제로햄×와인킹 with 365일장' 등이 특히 많은 화제를 모으며 주목받았다. 이 외에도 국민 간식 브랜드 오리온의 인기 상품 '알맹이' 젤리 팝업 스토어 '알맹이과일가게', 로컬을 대표하는 전통주를 음미하고 한국만의 고유한 문화를 체험해볼 수 있는 전통주 팝업 스토어 '광장주막' 등도 좋은 반응을 얻었다. 이러한 팝업 행사는 브랜드의 가치를 널리 알리고 전통시장을 방문한 이들에게 새로운 경험과 볼거리를 제공한다. 또 로컬의 가치를 높이고

광장시장에서 진행된 효뜨 팝업 매장 광장한효뜨네국수 (사진_365일장)

전통의 맥을 이으며 지역 경제를 살리는 시장의 순기능이 제대로 발휘될 수 있도록 시대에 맞는 시장이라는 새로운 역할을 제시한다.

광장시장 팝업 이벤트의 화제성을 입증하듯 빈대떡골목, 육회거리 같은 식당 위주로 이뤄진 시장의 한가운데에 '스타벅스'까지 입점할 계획을 발표했다. 예정 부지는 광장시장 만남의 광장과 인접한 한복별관 건물 2층이다. 청량리역 인근의 경동시장 내 오래된 극장을 리모델링해 '스타벅스 경동1960점'을 오픈하며 공간 연출과 재생을 통해 사람들을 불러모았던 것처럼 신구의 조화가 어우러진 매력적인 공간으로 재탄생해 즐길 거리가 또 하나 늘어날 예정이다.

경동시장에 자리한
<흑백요리사> 이모카세 1호 셰프의 안동집손칼국시

한편 경동시장의 유명세와 더불어 마늘닭도리탕으로 유명한 '계림', 수구레국밥과 닭발로 이름난 '호남집', 순두부백반 전문점 '승우네식당', 노포의 깊은 맛을 전하는 '방아다리감자국' 등 광장시장 내, 혹은 을지로4가, 종로5가 등 인근 상권에 포진한 많은 음식점이 종로 일대 맛집 검색 상위권을 차지하며 연계 방문율을 높이고 있다.

서울 홍대 상권에서 개성 강한 외식 공간과 외국인 비중이 높은 망원동의 망원시장도 먹거리로 유명하다. 망리단길에서 맛집과 카페에 갔다가 망원시장에 들러 테이크아웃 메뉴를 구매해 한강공원에 가는 것이 많은 이가 즐기는 코스다. 전국구 고추튀김 맛집 '우이락'과 육즙 가득한 떡갈비로 유명한 '망원떡갈비', 다양한 맛의 닭강정을 선보이는 '큐스닭강정', 달콤한 길거리 대표 간식 '훈훈호떡', 셰프가 만드는 수제 돈가스 전문점 '바삭마차' 등이 유명하다.

서울 동대문구 제기동의 경동시장(청량리농수산물시장 포함) 역시 2022년 말 문을 연 스타벅스 경동1960점을 필두로 많은 매장이 성업 중이다. 가수 성시경 등 유명인들의 유튜브를 통해 소개되며 웨이팅 행렬을 낳은 '남원통닭'과 1만원 순대로 유명한 '황해도순대', 튀김만두 30개를 1만원에 판매하는 '기태만두', MBC 예능 프로그램 <나

혼자 산다>에 출연하며 유명세를 탄 '충북보리밥집', <흑백요리사>의 이모카세 1호 김미령 셰프가 선보이는 국수와 배추전이 일품인 '안동집손칼국시', 하루 4시간만 영업하는 노포 간짜장 맛집 '홍릉각' 등이 대표적이다. 대부분 시장에서 오랜 세월 장사를 해온 노포 맛집들로 전통시장을 방문하는 젊은 세대가 늘면서 새롭게 속속 발굴되고 있다. 최근에는 '감초식당' 등의 경동시장 내 맛집부터 '혜성칼국수', '서울뼈구이매운족발', '어머니대성집' 등의 인근 지역 맛집이 연계된 코스가 생기기도 했다. 청량리역 일대는 인근의 재개발을 통해 주변 인프라가 개선되고 교통이 편리해져 앞으로도 더욱 많은 외부 인구가 유입될 것으로 전망된다.

한국문화관광연구원이 발표한 <2023~2025 관광 트렌드>를 살펴보면 대국민 인식 조사 결과 관광객들이 가장 선호하는 여행은 '현지 투어를 통한 현지 문화 접하기'(27.5%)로 조사됐다. 특히 젊은 층을 중심으로 지역의 먹거리와 고유 콘텐츠의 경험을 선호하는 추세가 명확하게 나타나고 있는데 로컬 관광에서 빼놓을 수 없는 곳이 각 지역의 전통시장이다. 그중 MZ세대 유입이 크게 늘어난 것으로 나타난 지역의 대표 전통시장은 인천의 신포국제시장, 강원도 강릉의 강릉중앙시장과 속초의 속초중앙시장, 대구의 서문시장·칠성시장, 부산의 국제시장·기장시장·부평깡통시장, 충남 예산의 예산시장, 포항의 죽도시장, 광주의 1913송정역시장, 제주의 동문시장 등이다. 이처럼 많은 전통시장이 MZ세대의 핫 플레이스로 부상하면서 단순히 물건을 사러 오는 곳에서 맛집과 독특한 경험을 찾는 장소로 변화하고 있다. 시대의 흐름에 따라 빠르게 변화를 시도하고, 전통을 새로운 시각의 콘텐츠로 재탄생시키며 진화해온 이들 전통시장의 사례는 많은 시사점을 안겨준다. 각 지역의 전통시장이 이들과 같이 현시대에 맞게 발전하며 사랑받기 위해서는 어떻게 해야 할까?

우선 지역 특색을 살리면서도 현대적이고 독창적인 퓨전 음식 등을 통해 다양한 세대의 입맛을 충족시킬 수 있는 ▲합당한 가격과 특색을 갖춘 먹거리 마련이 가장 중요하다. 그리고 시장의 매력과 정보를 손쉽게 접할 수 있도록 하는 ▲소셜 미디어 마케팅과 ▲온라인 예약 및 배달 서비스, 모바일 페이 등의 ▲결제 편의성 강화도 필요하다. 더불어 로컬 아티스트와의 협업, 플리마켓, 공연, 전시 등 다양하고 내실 있는 ▲경험 중심의 이벤트 개최를 지속적으로 추진해야 한다. 또한 전통시장에 대해 부정적인 인식을 갖게 만드는 가장 큰 이유인 바가지 요금이나 불친절은 반드시 개선해 초행객들도 부담 없이 방문할 수 있는 분위기를 조성해야 한다. 이 같은 노력을 기울이며 현 시대의 눈높이에 맞게 변화해야 할 부분과 지켜야 할 부분을 정확히 구분 지어 진화한다면 향후에도 전통시장은 지역 주민들을 넘어 유행에 민감한 젊은 세대나 외국인 관광객들이 찾는 새로운 문화와 미식의 중심지이자 지역 관광의 메가 콘텐츠로 향유될 수 있을 것이다.

3. 오래된 상가에 무슨 일이?

광장시장, 경동시장, 신당동 중앙시장, 망원시장…. MZ세대가 즐겨 찾는 전통시장은 대부분 과거 서울의 중심이자 상업의 중심이던 올드 타운, 즉 한강 이북 지역에 위치한다. 서울의 거대한 '특이점'이 온 시기라 할 수 있는 1970년대, 강북 인구 집중 억제 정책에 따라 영동지구 개발이 가속화되며 강남 개발 촉진이 진행됐다. 당시 시민들의 이주를 독려하기 위해 강북에 있던 유서 깊은 고등학교들을 강남으로 이전시키면서 이후 강남은 '8학군'으로 대표되는 교육의 메카가 되었으며, 강남 개발은 한국의 주된 주거 형태가 아파트로 변화하는 계기가 되었다. 현재 서울뿐 아니라 대한민국 전체 가구의 50% 이상은 아파트에 거주한다. 특히 국내 아파트 주거 문화는 '단지' 개념으로 형성되었는데, 2000년대를 기점으로 1970~1980년대에 지어진 30~40년 된 아파트의 재건축 시기가 도래하며 아파트의 '브랜드'화가 진행되었고 단지의 규모가 다양한 인프라 구성의 중요한 역할을 하면서 더욱 거대화됐다.

재건축에 수반되는 여러 이해관계에 의해 여전히 과거의 모습에 머물러 있는 아파트 단지와 상전벽해의 변화를 거친 단지가 공존하는 변곡점을 살아가는 현재, 오래된 아파트 단지 수요를 기반으로 형성된 '아파트 상가'에 최근 젊은 푸드 쇼퍼들의 발걸음이 이어지고 있다. 아파트 상가는 식품점, 소규모 식당, 학원, 슈퍼마켓 그리고 다양한 상점 등 주로 지역 주민들을 대상으로 존재했던 생활 밀착 인프라로, 굳이 따지자면 과거 시장의 역할을 건물 속으로 옮겨놓은 셈이라고 할 수 있다.

강북과 강남, 변화한 주거 형태에 따라 시장의 모양새도 다르게 발달했는데, 재래시장을 찾는 젊은 세대가 많아진 현상과 마찬가지로 소셜 미디어를 통해 정보 전달의 범위가 넓어지면서 지역 주민들의 전유물이던 오래된 아파트 상가를 찾는 외지인이 늘어나고 있다. 특히 그중에는 유행을 선도하는 MZ세대가 온라인으로 정보를 접하고 방문하는 경우가 많다. 이런 분위기 속에서 지역 주민들 사이에서 오랜 세월 사랑받아온 맛집이 소개되기도 하고, 외지인의 시선이 개입되면서 새로운 핫 플레이스가 발굴되기도 한다. 오래된 상가가 새로운 수요가 유입되는 기회의 상권으로 여겨지면서 로드 숍과는 또 다른 매력의 미식 로드가 펼쳐지고 있다.

왜 MZ세대는 오래된 상가로 놀러 가나?

이러한 현상이 일어나는 요인은 무엇일까? 가장 먼저 들 수 있는 것은 젊은 세대를 중심으로 과거의 문화를 재해석하고 즐기는 ▲**복고 트렌드의 지속**이다. 오래된 아파트 단지의 상가들이 풍기는 1970~1980년대 분위기는 젊은 세대들에게 신선하고 독특한 경험을 제공한다. 이런 곳을 찾는 행위는 단순히 오래된 공간을 소비하는 것이 아니라 그 안에서 새로운 의미를 찾고 자신만의 독특한 취향을 드러내는 방식이라고 할 수 있다. 이러한 공간과 그 안의 콘텐츠들은 시대의 변화와 함께 언젠가는 사라질 마지막 시절이기에 보다 의미가 크다.

다음으로 들 수 있는 요인은 대형 체인점이 아닌 독립 상점이나 ▲**소규모 가게에 대한 선호도의 증가**다. 작지만 알찬 가게들이 밀집한 오래된 상가에 대한 관심도가 높아진 데에는 이런 가게들이 대형 쇼핑몰이나 브랜드에서 제공할 수 없는 ▲**내공의 맛과 색다른 경험을 제공**하는 게 한몫을 한다. 특히 자신만의 브랜드나 아이덴티티를 구축하고자 하는 젊은 창업자들에게 매력적인 장소가 되기도 한다.

▲**소셜 미디어와 온라인 커뮤니티의 영향**도 크다. 특히 MZ세대는 자신이 찾은 숨은 명소나 독특한 공간을 공유하는 것에 익숙하며 이러한 공간들이 입소문을 타고 더 많은 이에게 알려지는 경향이 있다. 이와 맞물려 오래된 상가가 재조명되고 매력적으로 스토리텔링되면서 자연스럽게 같은 관심사를 가진 연령대에게 광범위하게 알려지는

것이다. 유명 인플루언서나 유튜버들이 방문 후기를 남기면서 특정 아파트 상가의 유명세에 불이 붙기도 한다. 유명한 몇몇 아파트 상가의 음식점들은 강남 부촌 거주민의 수요를 대응하며 발달해 음식의 퀄리티가 매우 높기 때문에 일부러 찾는 외부 고객들도 상당수를 차지한다. 이처럼 까다로운 소비층을 만족시키며 오래 살아남은 식당들을 필두로 전체적인 음식의 수준이 보장되어 있다는 점도 중요한 인기의 요인이다.

최근에는 유명 셰프들이나 일반 맛집 상권에서 성공을 거둔 외식업 대표들이 아파트 상가에 새로운 브랜드를 론칭하는 행보도 나타나고 있다. 이들이 지역 주민들을 대상으로 하는 아파트 단지에 식당을 여는 현상은 기존의 일반 레스토랑과는 다른 방향으로 사업을 확장하고자 하는 전략적 선택과도 관련이 있다. 일반 외식 업소는 경제 상황이나 계절 등 외부 요인에 영향을 많이 받는다. 이에 비해 아파트 단지 내 식당은 지역 주민들을 주요 고객으로 삼아 고객층이 안정적이고 식사 시간이나 패턴이 규칙적이기 때문에 비교적 안정적인 수익을 창출할 수 있다. 따라서 공급자에게 장기적으로 안정적인 사업 모델을 제공한다. 이러한 지역 밀착형 비즈니스를 통해 지역 주민들과 밀접하게 소통하고 그들의 요구에 맞춘 음식을 제공함으로써 커뮤니티의 일원으로 자리 잡을 수 있는데, 이는 브랜드 충성도를 높이고 고객들과의 신뢰 관계를 구축하는 데 도움이 된다.

일반 로드 숍과 달리 아파트 단지 내 식당은 주로 지하에 위치하며 비교적 작은 규모로 운영하는 경우가 많아 초기 투자비와 운영 비용이 낮다. 이러한 식당들은 대개 간단한 메뉴를 제공해 고급 레스토랑에서 요구되는 복잡한 운영 구조를 피할 수 있어 운영 역시 효율적이다. 다양한 메뉴 실험을 통해 새로운 요리 스타일을 개발할 수 있는 기회를 얻는 데에도 유리하다. 또한 아파트 단지 내 식당은 특정 계층에 국한되지 않고 다양한 연령대와 소득층의 고객을 대상으로 하는데, 이는 셰프들이 다양한 요리 스타일을 시도하고, 더 폭넓은 고객층에게 다가갈 수 있는 기회를 제공한다. 이러한 접근 방식은 장기적인 브랜드 가치를 높이는 데에도 도움이 된다.

외식 수준이 전반적으로 향상됨에 따라 특별한 날에만 고급 외식을 즐기기보다 일상에서도 질 좋은 음식을 찾아 먹는 경향이 갈수록 뚜렷해지고 있다. 이러한 소비 추세의 변화에 따라 외식업 공급자들은 '고급스러운 경험을 일상에서 제공하는 것'에 포커스를 맞추고 있다. 그 결과 주거 지역 인근 상권에서 지역 주민을 대상으로 일상적인 아이템의 메뉴를 판매하는 현상이 증가한 것으로 보인다.

40년 노포와 미쉐린 셰프의 국밥까지? 오래된 상가에 펼쳐진 '맛' 아케이드

#은마종합상가

서울을 대표하는 아파트 상가 하면 가장 먼저 언급되는 곳이 바로 대치동 은마종합상가다. 수년째 재건축 이슈로 시끌벅적한 은마아파트는 1970년대에 지어진 강남 1세대 아파트로 은마종합상가는 아파트와 역사를 함께해온 곳이다. 지하 1층에는 소위 호락호락하지 않은 '대치맘'들의 식탁을 책임지는 식품 매장과 식당이 촘촘히 들어서 있다. 내부에 들어서면 마치 재래시장을 실내로 옮겨놓은 듯한 시장 거리가 펼쳐지는데, 탄탄한 배후 수요와 주중 주말 할 것 없이 밤낮으로 불야성을 이루는 대치동 학원가 상권이라는 특수성에 의해 높은 상업성을 유지하고 있다. 연면적 6000㎡ 규모로 지하는 A블럭, B블록으로 나뉘어 운영되며 넓고 복잡해 초행길이라면 길을 잃기 쉽다. 내부에는 오랜 세월 주부들의 친정 손맛이 되어준 반찬 가게와 식료품 상점, 마트를 비롯해 오랫동안 영업해온 맛집들이 많다. 외부에서도 일부러 찾는 손님들이 많고 특히 어린 시절 대치동에서 자랐거나 공부한 이들이 추억 삼아 방문하는 경우도 많다. 최근에는 여러 유튜버들에 의해 리뷰되면서 젊은 세대를 중심으로 맛집 탐방 차원에서 은마종합상가를 찾는 현상이 붐업됐다.

서울 대치동 은마종합상가 전경

은마종합상가의 대표적인 맛집으로 가장 많이 거론되는 곳은 분식집의 쌍두마차 '맛나분식'과 '튀김아저씨'가 있다. 특히 맛나분식은 30년 넘게 사랑받은 은마종합상가의 대표 맛집인데, 아쉽게도 2024년 1월 마지막 영업을 끝으로 문을 닫았다. 수십 년간 운영하며 어느덧 주인장 부부의 나이가 60대 중반에 다다랐는데 유년 시절 추억을 간직한 각지의 '대치 키즈'들이 마지막 추억을 공유하기 위해 몰려오며 화려하게 영업을 마무리했다. 떡볶이와 튀김 그리고 바삭하게 튀긴 떡꼬치와 뻥튀기아이스크림 등은 맛나분식을 상징하는 추억의 메뉴가 됐다. 튀김아저씨는 분식집이시만 이름처럼 튀김에 강점이 있는 곳이다. 숙명여고 앞 트럭에서 10년 넘게 튀김과 떡볶이를 판매하던 '도곡동 튀김아저씨'가 2016년부터 은마종합상가 지하에서 맛을 이어오고 있다. 바삭한 튀김과 자작한 국물떡볶이의 조합이 환상적인 것은 물론 풍성한 고명의 튀김우동도 일품이다.

깔끔한 멸치 육수 베이스의 수제비·칼국수·칼제비 메뉴로 유명한 '산월수제비', 대치 키즈들의 간식을 책임진 '오미닭강정', 40년 가까운 전통을 자랑하는 수제 만둣집 '은마왕만두', 매일 아침 9시에 들여온 닭으로 튀긴 치킨을 수제 치킨 무와 함께 내는 전통의 치킨 & 호프 '마미치킨' 등도 은마종합상가에서 손꼽히는 맛집들이다. 일식당 '후토시'는 <미쉐린 가이드>에 선정된 '쿠시아게진'의 김형준 셰프가 운영하는 초밥집으로 합리적인 가격에 높은 퀄리티의 초밥 세트를 선보여 인기를 끌고 있다. 같은 셰프가 비교적 최근 오픈한 '극강은마'는 숯불구이를 기본으로 하는 덮밥 전문점으로 숯불 향을 가득 입힌 규동(소고기덮밥), 숯불에 구운 장어 한 마리를 통째로 올린 우나기동 등을 역시 높은 퀄리티에 합리적인 가격으로 선보이고 있다.

르 코르동 블루 출신 셰프가 운영하는 '피자느반'은 신생 피자 가게로 '느린 반죽'을 의미하는 상호처럼 72시간 숙성해 느림의 미학으로 건강하게 만든 피자를 선보인다. 대치동 중고생 최고 인기 메뉴 미트마니아피자, 150일 이상 숙성한 최고급 피칸테 등급의 고르곤졸라피자 등에서 정성과 특색이 느껴진다. 최근에는 트렌드의 최전선에 있는 '이마트24' 편의점이 은마종합상가와 합작한 제품을 출시하며 화제성을 입증하기도 했다. 상가 내에 위치한 '은마왕만두'와 협업한 만두삼각김밥, 순댓국밥과 족발로 유명한 '사랑의집'과 협업한 순대가득국밥, '마미치킨'과

이마트24에서 출시한
은마종합상가 맛집 협업 먹거리(사진 업체 제공)

협업한 치킨집도시락 등 '편슐랭 시리즈' 먹거리 상품 7종을 순차적으로 선보였다.

#장미종합상가

1970년대 잠실 대개발 시절 준공된 서울의 거대 아파트 단지 중 일부인 송파구 신천동 장미아파트 단지에 자리한 장미종합상가도 대표적인 대형 아파트 상가다. 장미아파트만 떼어놓고 봐도 3522세대로 구성된 대단지 아파트인 데다 인근 지역 주민의 인구도 많은 편이며 롯데월드, 석촌호수, 잠실한강공원과의 입지가 좋아 외부 접근성도 뛰어난 곳이다. 삼성SDS타워와도 인접해 직장인 방문객 역시 많다. 장미종합상가 A동과 B동, 잠실나루역과 마주 보고 있는 C동(장미전철상가)으로 나뉘는데 A, B동은 500여 개 점포가 입점해 있을 정도로 규모가 크다.

오랜 세월과 큰 규모만큼 이곳에는 알짜배기 맛집들이 많다. 당일 도축한 한우만 사용하는 뭉티기·육회비빔밥 전문점 '한뭉티기', 37년 이상의 업력을 자랑하는 '뽀빠이분식', 한자리에서 1989년부터 지금까지 운영해온 감자탕 전문점으로 백년가게에 선정된 '송가네감자탕', 호텔 조리사 출신 사장님이 2000년부터 지금까지 일식 돈가스를 전문으로 선보여온 '시부야' 등이 특히 오랫동안 사랑받아왔다. 정순 할머니의 정성을 담은 햄버그스테이크 전문점 '정순함박'은 국내산 돈육으로 만든 햄버그스테이크 표면에 얇게 튀김옷을 입힌 튀김함박이 유명하다. 튀김함박을 패티로 사용하고, 브리오슈 번, 양배추, 치즈를 더해 만든 '궁극의 버거' 또한 이곳의 별미로 유튜버 '상해기'의 극찬을 받으며 더욱 유명세를 탔다.

<미쉐린 가이드> 수록 식당 야키토리묵 셰프가 선보인 잠실장미종합상가 장미시장국밥(사진_업체 제공)

이 같은 오랜 내공의 맛집뿐만 아니라 2017년부터 건강한 김밥과 지짐떡볶이, 맞춤도시락을 선보인 '케이트분식당'도 맛과 정성, 담음새의 디테일 그리고 좋은 식재료로 중무장한 김밥을 내놓으며 인근 주민들과 직장인들의 신뢰와 입맛을 사로잡은 곳이다. 일본과 미국 르 코르동 블루, 신라호텔 등을 거친 강경희 대표가 셰프의 손맛과 엄마의 마음을 합쳐 입과 몸이 즐겁고

보기에도 좋은 분식을 선보인다. 장미종합상가 먹방 후 필수 코스로 들러야 하는 '푸가커피로스터스'는 이름처럼 스페셜티 원두 로스터리의 직영 매장이다. 제대로 된 에스프레소와 드립 커피를 맛볼 수 있는 곳으로 커피와 오렌지 풍미를 더한 아란치아가 시그니처 메뉴다. 최근 장미종합상가 지하에 문을 연 '장미시장국밥'은 <미쉐린 가이드 서울>에 수록된 '야키토리묵'의 김병묵 셰프가 새롭게 선보인 곳이다. 살코기와 도가니, 우족을 넣고 오랜 시간 끓인 한우국밥집으로 수육, 한우뼈찜, 감자채전 등 술과 어울리는 다양한 메뉴도 만날 수 있으며 재료 소진으로 영업이 조기 종료될 만큼 큰 인기를 얻고 있다.

#**직장인의 소울 머무는 여의도 상가들**

상가 내 식당 하면 빼놓고 이야기할 수 없는 곳이 여의도다. 시범·장미·삼익·삼부·공작아파트 등 50년 된 시범아파트를 필두로 재건축을 앞두고 있는 단지가 많은 여의도는 오피스 빌딩과 아파트 단지가 어우러진 상권으로 핫 플레이스라기보다는 지역에 머무는 시간이 긴 증권가 직장인, 지역 주민 대상의 식당들이 주류를 이루는 곳이다. 물론 최근 더현대서울, IFC몰 등 대형 쇼핑몰과 한강공원 나들이객 등의 유입으로 외부에서도 찾아

여의도종합상가 지하에 웨이팅 행렬이 늘어서 있다

오는 상권으로 변모하고 있지만 근본적으로는 지역민이 중심인 상권이다. 빌딩이 밀집된 지역인 만큼 각 건물마다 지하와 1, 2층 상업 시설에 식당들이 셀 수 없이 많이 들어서 있다. 그중에서도 오래된 아파트와 함께 세월을 지나온 상가에 자리한 식당들 중에는 노후한 건물과 시설에도 불구하고 수십 년 된 노포부터 감각 있는 셰프의 밥집까지 많은 방문객이 찾는 알짜배기 맛집이 많다.

공작아파트와 서울아파트 단지 앞 **공작상가·서울상가**에 자리한 '영원식당'은 여의도를 대표하는 노포 중 하나로 기본에 충실한 맛의 수제비와 감자전으로 유명한 곳이다. 같은 건물 지하에 자리한 '희정식당'도 점심시간이 되면 여의도 직장인으로 꽉꽉 찬 로컬 맛집이다. 1988년 개업한 이곳에서는 수북한 햄과 다진 고기, 얼큰한 국물이

매력적인 부대찌개와 스테이크를 선보인다. 옛날치킨과 떡볶이로 술꾼들에게 유명한 호프집 '농부와닭동네', 그리고 직접 끓인 소바 육수와 간장 베이스에 신선한 우니를 올린 우니소바로 유명한 일식당 '소몽' 등도 인기가 높다. 상가가 한강과 인접하다 보니 치킨, 호프집과 테이크아웃 분식집이 많은 것도 특징이다.

여의도에서 40년이 훌쩍 넘은 **경도상가**에 자리한 '화목순대국'은 30년 역사를 자랑하며 연예인의 맛집으로 유명하다. 같은 건물의 '요츠바' 역시 한우암소스테이크와 칵테일을 즐기기 좋은 바(Bar)로 오랜 단골이 많다. **여의도종합상가**와 **여의도백화점**에도 직장인들이 즐겨 찾는 맛집이 많은데, 특히 점심 장사를 주로 하는 백반집이 많다. 전국구 맛집으로 등극한 '아루히'와 여의도 '진주집', 신흥 가성비 스테이크집으로 떠오른 '르뵈프', 청국장 전문점 '삼보정', 로스터리 카페 '마치커피' 등이 유명하다.

새로 생긴 빌딩이나 쇼핑몰 내 식당들은 상대적으로 밥값이 높게 형성되어 있는 경우가 많다. 이에 비해 편안하게 방문하기 좋은 가성비 좋은 식당들은 오래된 상가에 주로 포진해 있는 만큼 이들 식당에는 합리적인 가격대의 맛집을 찾는 외부 고객들의 방문이 꾸준히 이어지고 있다.

4. 로컬의 맛, 페스티벌에서 찾다

최근 20대를 대변하는 Z세대를 중심으로 '흠뻑쇼'(엄청난 양의 물을 뿌리면서 공연하는 가수 싸이의 콘서트), '워터밤'(메이드온에서 제작하는 국내 최대 규모의 음악 및 물 테마의 페스티벌), '서울재즈페스티벌', '인천 펜타포트 락페스티벌' 등과 같은 다양한 테마의 공연이 성황리에 펼쳐지고 있다. 야외에서 다수가 함께 즐길 수 있는 이들 페스티벌이 이제는 일부 마니아층만 즐기는 공연이 아닌 최고의 오프라인 경험을 누릴 수 있는 대중적인 문화 행사로 여겨지고 있다.

이러한 페스티벌 문화의 중심에 있는 것이 1990년대 중반부터 2010년대 초반에 출생한 젠지(Gen-Z) 세대다. 이들은 디지털 환경에서 성장한 첫 세대로 소셜 미디어를 통해 경험을 공유하고, 자신만의 개성을 드러내는 것을 중시하는 '온라인 중심'의 경험에 익숙한 세대라는 점이 흥미롭다. 기존의 틀에 얽매이지 않고 새로운 경험을 추구하며, 실시간으로 공유할 수 있는 이벤트나 활동에 열광하는 것도 이들 세대의 특징이다. 흠뻑쇼와 워터밤 같은 페스티벌은 시원하고 강렬한 물놀이와 음악이 결합된 비일상적 즐거움을 제공하며, 공연과 그곳에서 즐기는 모든 순간은 복제할 수 없는 유일무이한 경험을 안겨준다는 점에서 Z세대의 각광을 받고 있다. 팬데믹 이후 대면 활동에 대한 갈망이 극대화된 점도 이런 축제가 인기를 얻는 원인으로 작용했다. 온라인 소통에 익숙한 만큼 페스티벌 참여 자체가 하나의 '인증'이 되어 개인의 라이프 스타일을 돋보이게 하는 요소로 작용하기도 한다.

젊은 세대를 중심으로 억눌렸던 활동 욕구가 폭발하면서 대규모 야외 행사와 페스티벌이 활기를 되찾은 것과 더불어 지역 축제 같은 이벤트 또한 일상에서 벗어난 특별한 경험을 제공해 관심도가 높아졌다. 이에 따른 수요가 늘면서 여러 기업체, 지자체의 참여도 늘어나고, 보다 다양한 페스티벌이 개최되어 시즌별로 취향에 따라 입맛에 맞는 페스티벌을 골라 즐길 수 있을 만큼 공급이 많아졌다. 특히 지역 페스티벌은 지역 경제 활성화에도 기여하며, 지역 주민과 외부 방문객이 함께 어우러지는 소통의 장으로서도 중요한 역할을 한다. 한 번에 수많은 관객이 모이고 적극적인 바이럴이 가능한 만큼 페스티벌에 참가하는 후원사들 간의 홍보 부스 경쟁도 날로 치열해지고 있다. 외식업 공급자 입장에서도 브랜드를 알리고 홍보하는 활동에서 페스티벌은 좋은 창구가 되고 있다.

특히 먹거리는 페스티벌의 핵심 콘텐츠라고 해도 과언이 아니다. 음악, 놀이 그리고 음식이 어우러진 종합적인 경험을 제공하는 페스티벌에서 먹거리는 단순히 배를 채우는 것을 넘어 전체 경험의 중요한 요소로 자리 잡았다. 관객들은 단지 공연을 즐기기 위해서가 아니라 그 자체로 특별한 이벤트를 체험하기 위해 페스티벌에 참석하며, 이때 음식은 중요한 경험 요소로 작용한다. 다양하고 퀄리티 높은 식음료 옵션은 페스티벌의 가치를 높이고 전체적인 만족도를 끌어올리는 역할을 담당한다.

아무리 좋은 공연이 준비되어 있어도 편의 시설과 먹거리가 제대로 갖춰져 있지 않다면 페스티벌 자체의 평판이 떨어질 위험이 있다. 또한 먹거리는 페스티벌 내에서 추가적인 수익 창출 수단이기도 하다. 높은 퀄리티의 음식과 독창적인 메뉴는 더 많은 판매를 유도할 수 있으며, 만족한 관객들에 의한 자연스러운 홍보로 연결될 가능성이 높다. 이는 페스티벌의 지속 가능성을 높이는 중요한 요소다. 따라서, 식음료 부스의 세팅에 공을 들이는 것은 단지 부수적인 일이 아니라 관객의 만족도를 높이고 페스티벌의 성공에 기여하는 핵심 전략으로 작용한다.

로컬을 살리는 '먹거리' 페스티벌

지역 축제는 아예 먹거리를 중심 테마로 삼고 개최하는 경우가 많다. 음식은 관광객을 끌어들이는 강력한 요소로 맛있는 지역 음식과 요리법을 직접 경험하게 함으로써 방문객들이 그 지역의 문화를 더 깊이 이해하고 체험할 수 있는 기회를 제공하기 때문이다. 또한 먹거리를 테마로 한 축제는 지역의 특산물을 널리 알릴 수 있는 좋은 기회가 되고 이를 통해 지역 농산물이나 전통 음식의 인지도가 높아지며, 잠재적으로 지역 경제 활성화에도 긍정적인 효과를 가져올 수 있다.

축제의 이름도 '김천김밥축제', '원주만두축제', '예산맥주페스티벌' 등 먹을거리를 직관적으로 표현하는 것이 추세인데, 보다 친근하고 기억하게 쉽게 대중에게 각인될 수 있기 때문이다. 특정 먹거리 축제가 성황리에 개최되면 지역 이미지가 좋아지고 향후 축제에서 각인된 음식을 지역 외식업계와 연계해 육성하는 콘텐츠로 활용하기에도 좋다. 장기적으로는 지역의 대표적인 관광 자산으로 자리 잡을 수 있다는 점도 먹거리 콘텐츠에 집중하는 행사가 늘어나고 이런 행사의 질적 향상에 집중하는 이유다.

다만 여러 지역에서 비슷한 먹거리 축제를 개최하고 경쟁이 심화될수록 차별화가 어려워지고 이로 인해 축제의 성공이 불확실해질 수 있다는 우려가 있다. 관광객 유치에 실패할 경우에는 오히려 경제적 손실이 발생할 수도 있다. 대규모의 먹거리 축제를 준비하고 운영하는 데는 많은 자원과 노력이 필요하다. 특히, 위생 관리와 품질 유지, 적절한 공급망 구축 등에 많은 노력을 기울여야 한다. 단기 수익 창출만을 염두에 둔 바가지 요금 등의 문제가 발생할 경우 축제의 평판이 손상될 수 있으므로 보다 철저한 준비와 차별화된 전략이 필요하다.

봄의 생명력이 가득한 4월에 개최한 2024년 '양평 용문산 산나물축제'는 Z세대가 많이 이용하는 소셜 미디어에서 좋은 반응을 얻으며 많은 화제를 모았다. 산나물 하면 젊은 세대의 관심사와 다소 거리가 있는 먹거리로 여겨지는데 산채튀김, 양평막걸리 등 젊은 세대의 입맛에 맞게 재탄생시킨 음식을 선보여 호응을 얻었을 뿐만 아니라 음식의 퀄리티와 '가성비가 높다'는 평가를 받으며 입소문을 탔다. 또한 "Let's Go(Green Only) 산나물!"을 슬로건으로 삼아 다회용 식기 사용, 업사이클링 부스 운영으로 친환경 트렌드를 축제에 접목한 것 또한 요즘 세대들의 공감대를 불러일으킨 요소로 작용했다.

충남 예산군과 백종원 대표의 더본코리아와 협업으로 개최된 2024년 '예산맥주페스티벌'도 35만 명의 방문객을 모으며 성황리에 막을 내렸다. '이번엔 통닭이다'를 주제로 열린 이번 축제에서는 예산 사과맥주 '애플리어' 등 지역 특산물을 활용한 맥주와 풍차바비큐, 그릴바비큐, 가마솥통닭 등을 선보여 호응을 얻었다. 더본코리아의 셰프 20여 명

예산맥주페스티벌에서 선보인 풍차바비큐(사진_더본코리아)

이 상주해 퀄리티 유지에 만전을 기했고, 바가지 요금 없는 축제를 만들기 위해 주변 상인들과 '환영해유' 캠페인도 함께 펼쳤다. 그 결과 바가지 요금 근절, 안전과 청결에 집중한 지속성 있는 축제로 자리매김하는 초석을 마련했다.

치맥 축제의 원조로 통하는 '대구치맥페스티벌'은 2013년부터 시작해 코로나19로 인해 취소된 2020년과 2021년을 제외하고 매년 열려 2024년 12주년을 맞이했다. 이번 페스티벌은 6개의 구역으로 나누어 구역별 특색에 맞게 진행됐다. 연예인들의 공연을 함께 즐길 수 있는 트로피컬 치맥 클럽과 웰컴 치맥 로드, 시원한 물속에 발을 담그고 치킨과 맥주로 무더위를 식힐 수 있는 수상 식음 존이 마련된 하와이안 아이스 펍, 7080 디스코 테마 콘셉트와 옛날통닭이 어우러진 치맥 핫서머 디스코 포차, 인생 샷을 건질 수 있는 공간인 치맥 선셋 가든 등으로 구성해 방문객들이 자신의 취향에 맞게 축제를 즐기도록 했다. 지역 주민들뿐만 아니라 전국 각지에서 방문하는 국내 대표 먹거리 페스티벌로 자리 잡아 2024년 축제에는 100만 명 넘는 방문객이 다녀간 것으로 집계됐다.

'노잼' 도시의 오명을 벗고 '유잼' 도시로 거듭나고 있는 대전은 '성심당'을 필두로 국

내 대표 '빵의 도시'로 자리매김했다. 빵을 향한 대중의 관심은 빵 내음과 함께 출발하는 대전발 기차와 중앙로역 인파로 증명됐는데, 성심당 외에도 다양한 대전 빵 맛집들이 함께 발굴되고 있다. 2024년 9월에는 대전관광공사에서 주최한 '대전빵축제'가 열렸는데 말 그대로 구름 인파가 몰리며 역대급 화제를 모았다. 해당 축제에는 후원사인 성심당 및 대전의 유명 빵집 71개소와 청주의 '흥덕제과', 공주의 '북촌35제빵소', 예산의 '응봉상회' 등 전국 유명 빵집 10개소 총 81개 업체가 참여했다.

2024 대전빵축제 홍보 포스터
(사진_대전관광공사)

대전빵축제에서는 대전 및 전국 유명 빵집 컬렉션, 10m 대형 바게트 커팅 시연, 지역 상권 연계 아트 플리마켓, 빵잼 만들기 체험, 지역 아티스트 버스킹 및 베이커 브라스 밴드 등의 공연, 꿀잼 도시 대전 빵집 퀴즈쇼 등이 진행됐다. 입장에만 2시간 이상이 소요될 만큼 어마어마한 관심을 모았던 이 축제에는 무려 14만 명의 참관객이 방문한 것으로 집계됐다.

전남 목포에서 열린 '국제남도음식문화큰잔치'에서는 남도 음식 명인, 남도 종가 음식을 비롯해 요리연구가 홍신애, 중화요리 대가 여경옥 셰프의 쿠킹쇼가 열렸으며 남도 음식의 글로벌 콘텐츠화를 위해 유명 셰프들이 남도 식재료를 활용한 다양한 요리를 선보이기도 했다. 딤섬의 여왕 정지선 셰프의 딤섬, 용리단길의 손꼽히는 요리사 '효뜨' 남준영 셰프의 바비큐덮밥, 미쉐린 1스타 니시무라 다카히토 셰프의 라멘, 파인다이닝을 넘어 제주에서 새로운 로컬 미식을 전파하는 오세득 셰프의 파에야 등을 선보이며 다채로운 콘텐츠를 통해 성황리에 막을 내렸다.

경북 김천에서 열린 '김천김밥축제'도 화제다. 인구 13만 명의 도시에 무려 10만 명이 몰려 축제장 일대가 마비되는 사태가 벌어졌을 정도다. 지역 특산물도 아니고 김밥축제라니 뜬금없는 것 같아 보일 수도 있으나 여기에는 재미있는 배경이 있다. 김밥 및 다양한 분식을 파는 프랜차이즈 '김밥천국'의 주 고객인 젊은 세대들이 이를 줄여 '김천'이라고 부르는데, 실제로 김천시에서 지역을 알리기 위해 무엇을 할까 고민하다 실시한 설문조사에서 김천 하면 떠오르는 것이 김밥천국이라 답한 사람이 가장 많았다는 것. 여기에 위트 있는 축제 홍보 영상이 더해지며 김천김밥축제에 대한 기대감을 높였고 결과는 대성공이었다. 김밥을 가장 맛있게 먹는 방법은 '소풍'이라는 점에서 착안해 사명대사공원 및 친환경생태공원 일대를 장소로 낙점해 소풍 분위기를 즐기며 김밥을 먹을 수 있도록 했다. 다회용 식기 사용, 뻥튀기 접시에 김밥을 얹어 파는 등 친환성 요소를 반영한 섬노 시의석설했나는 썡이나.

기업들도 페스티벌 열풍을 브랜드 홍보에 적극적으로 활용하고 있다. 펩시, 카스, 참이슬을 비롯해 편의점 GS25까지 많은 기업이 그들의 이름을 내걸고 뮤직 페스티벌을 열고 있는 것. 일반 기업이 페스티벌 내에 홍보 부스를 세우고 제품 판촉을 하던 후원사의 역할을 넘어 페스티벌을 여는 주체가 됐다는 점이 과거와 다르다. 'GS25 2024 뮤직앤비어페스티벌(뮤비페)'은 경기도 일산과 부산, 강원도 속초로 지역을 확대해서 개최했으며 각 브랜드의 맥주를 비롯해 GS25의 다양한 PB 상품과 먹거리를 접목한 푸드 부스를 마련해 '가성비 높은 먹거리 라인업'으로 호응을 얻었다.

맛집 들렀다 바로 턴, 퀵 턴(Quick Turn) 여행

원하는 물품을 구매하거나 맛집을 방문한 후 당일에 돌아오는 퀵 턴 여행이 늘고 있다. 퀵 턴 여행은 긴 휴가를 내지 않고도 하루를 효율적으로 활용해 원하는 목적지를 방문한 뒤 바로 돌아오기 때문에 바쁜 일상 속에서도 짧은 시간과 노력을 들여 재충전하고 만족스러운 경험을 얻을 수 있다. 새로운 곳에서의 경험을 통해 소소한 행복을 추구하는 현세대의 라이프스타일과도 맞닿은 세대적 특성이기도 하다. 최근 엔저 현상과 위스키 열풍이 결합되며 여행과 위스키 쇼핑을 겸한 일본, 대만 등의 해외 퀵 턴 여행객들도 상당수다. 세금 면제 혜택과 환율 혜택 등을 생각하면 왕복 교통 비용 이상의 효율을 거둘 수 있기 때문이다.

국내 퀵 턴 여행의 대표적인 목적은 바로 '맛집' 방문이다. 미식 인프라가 집중된 서울의 팝업 스토어나 맛집 방문을 위해 이른 아침 서울에 상경했다가 저녁에 귀향하기도 하고, 타 지역 맛집을 찾아가며 지역 여행을 겸하기도 한다. 국내 여행은 교통 인프라가 잘 갖춰져 있어 대부분의 주요 도시와 관광지를 하루 내로 다녀올 수 있는 당일치기가 가능하다. 이러한 인프라는 퀵 턴 여행 유행의 핵심 자원으로, 시간적·비용적 제약이 큰 현대인에게 효율적인 선택지로 작용한다.

퀵 턴 여행을 즐기는 MZ세대에게 '지역 맛집 경험'은 무엇보다 매력적인 요소다. 이들에게 여행은 단순히 새로운 곳을 방문하는 것이 아니라 특별한 경험을 통해 자신의 라이프스타일을 표현하고, 이를 소셜 미디어 등에서 공유하는 기회로 작용한다. 지역의 유명 맛집 방문은 이러한 경험의 핵심이라 할 수 있으며, 여행의 주된 동기가 된다. 이에 각 지역에서는 지역 관광과 경제 활성화를 위해 퀵 턴 여행자를 위한 코스 구상과 부담 없이 방문할 수 있는 퀵 턴 여행 콘텐츠 강화에 나서고 있다.

사실 퀵 턴 여행의 유행에 불을 지핀 것은 대전 '성심당 오픈 런'이라고 해도 과언이 아니다. 대전의 명물 성심당에 아침 일찍 방문해 빵을 사서 오후에 돌아오는 일정의 퀵 턴 여행이 젊은 세대 사이에서 선풍적인 인기를 끌었는데, 그 중심에는 시즌별로 구성을 달리하는 과일 케이크 'OO시루' 시리즈가 있다. 하루 한정 수량만 판매하기에 전국적 인기의 성심당에서 그 케이크를 구매하려면 오픈 런을 감행해야 하기 때문. 그 외에도 성심당 빵은 내용물이 풍성하고 가격이 저렴해 일부러 시간과 비용을 들여 구매할 만한 가치가 있다는 고객이 많다. 하지만 일찍 빵을 사고 나면, 특히 케이크의 경우 변질 우려가 있어 빵만 사고 즉시 돌아가버리는 사례가 적지 않았기에 대전 지역에서는 여행을 편안하게 즐기라는 취지에서 빵을 냉장 보관할 수 있는 빵 보관소, 일명 '빵장고'를 만들기도 했다. 성심당을 비롯해 대전의 맛있는 빵집을 도는 '빵지 순례' 코스를 만들어 배포하며 대전을 빵의 고장으로 인식시키고 업소의 균형 있는 성장을 위한 노력도 꾸준히 이어지고 있다.

성심당 빵장고(사진_으능이랑성심이랑 상생센터)

그 밖에 주목받는 퀵 턴 여행 코스로는 강릉 초당 순두부마을과 카페거리 투어, 전북 군산의 오래된 중국집 짜장면과 이성당 빵집으로 이어지는 역사의 맛 코스, 경기도 수원 행궁동 카페 투어 등이 있으며, 미식과 결합된 다양한 콘텐츠가 개발되고 있다.

5. 콘텐츠 쇼퍼

콘텐츠는 이제 외식 선택의 중요한 기준이 되었다. 과거에는 맛과 가격만이 외식 선택의 주요 요인이었다면, 이제는 맛있는 음식을 즐기는 것뿐만 아니라 그 음식을 통해 어떤 경험을 할 수 있는지, 어떤 이야기를 남고 있는지에 더욱 관심을 갖게 된 것이다. 이러한 관심의 매개체가 되는 것이 바로 콘텐츠다. 자신이 관심 있는 분야의 콘텐츠를 제공하는 공간이 될 수도 있고, 이를 같이 향유하는 커뮤니티의 공간이 될 수도 있으며, 특정 콘텐츠를 통해 흥미를 갖고 새로운 의미를 부여한 공간이 될 수도 있다. 모든 일상이 콘텐츠로 재생산되는 사회 속에서 이를 통한 새로운 경험의 제공은 외식 업계의 또 다른 경쟁력이 됐다.

야구장이 맛집이라고?

최근 가장 인기 있는 스포츠는 단연 프로야구와 러닝이다. 프로야구는 경험과 소속감, 러닝은 건강과 성취를 안겨주며, 두 활동 모두 젊은 세대의 트렌드와 라이프스타일에 적합하게 부응하기에 많은 인기를 얻고 있는 것. 스포츠 열풍과 함께 같은 취미를 공유하는 팬덤, 혹은 크루 문화도 다양하게 생겨나고 있는데, 이는 여가 시간을 보내는 방식의 변화를 의미하기도 한다. 스포츠 이벤트는 지역 경제에 끼치는 영향력이 큰 동시에 외식 산업과도 밀접한 연관이 있다.

한국 프로야구는 2024년 역대급 인기를 끌며 8월 기준 사상 최초로 900만 관중을 달성했다. 특정 구단만의 인기가 아닌 KBO 소속 구단 전체가 연고지를 중심으로 흥행몰이를 하고 있는 가장 큰 요인은 야구장이 '젊어졌기' 때문이다. MZ세대들 사이에서 야구장 관람 인증 샷과 유니폼 및 굿즈 구매, 각종 야구 관련 밈(Meme) 등이 퍼지며 유행의 속도를 가속화시켰다. 젊은 여성 관중의 증가도 야구 관중 증가에 한몫을 했다. 야구가 경기 관람뿐만 아니라 응원 문화와 경기장 내 다양한 이벤트, 먹거리 등이 결합된 종합 엔터테인먼트로 자리 잡으면서 지금의 젊은 관중은 야구장을 놀이공원, 대형 쇼핑몰처럼 즐긴다. 각 구단의 팬덤 문화는 젊은 세대가 특정 팀을 응원하며 소속감을 느끼고, 이를 통해 공동체 의식을 형성하는 데 중요한 역할을 한다. 특히 야구장은 가족, 친구, 연인 등과 함께하는 여가 장소로도 인식되어 사회적 경험을 중시하는 MZ세대의 소비 트렌드에도 부합한다.

프로야구의 인기가 많아지면서 국내 야구장 인근 외식업 매출도 덩달아 올랐다. 한국신용데이터가 홈경기 기준 9개 야구장의 주변 외식 사업장(경기 시작 전후, 경기장 1.5km 반경 이내 외식 업장)에서 발생한 카드사 매출을 분석한 결과에 따르면 롯데 자이언츠의 보금자리인 부산 사직구장 인근 외식 업장의 하루 평균 매출은 전년 대비 22.9% 증가한 것으로 나타났다. 두산 베어스·LG 트윈스가 홈팀인 잠실구장 인근 외식 업장 매출은 18.5% 증가했고, 한화 이글스가 홈팀인 대전구장은 16.2%, KIA 타이거즈의 광주구장은 11.0%, NC 다이노스의 창원구장은 5.0% 순으로 매출이 늘었다. 매출이 증가한 경기장 인근 상권을 추가 분석한 결과 사직경기장은 중식(전년 대비 32.5% 증가), 대전경기장은 양식(65.8%), 광주구장은 생선·해산물(29.9%) 업종 매출이 가장 많이 늘어난 것으로 집계되어 프로야구 특수를 확인할 수 있었다.

인천SSG랜더스필드는 관중들을 위한 야구장 맛지도를 제작했다
(사진_랜더스필드 SNS)

프로야구의 인기에 힘입어 각 구단들은 야구장 내 엔터테인먼트 요소를 강화하고 있으며 맛있는 먹거리는 각 구장의 자존심 싸움이 됐다. SSG 랜더스의 홈구장인 인천 랜더스필드는 '고기 맛집'으로 소문이 자자하다. '트레이더스 오픈 바비큐 존' 덕분인데 말 그대로 바비큐를 즐기며 야구를 관람할 수 있는 좌석이다. 해당 좌석을 예약하면 야구장 내에서 바비큐를 먹을 수 있는 전기 그릴과 집기를 사용할 수 있고 삼겹살 등 고기도 구매할 수 있는데 예약 경쟁이 치열하다. 랜더스필드 내 1루 2층 스테이션 매장에서 판매하는 크림새우, 1루 1층의 버거 트레일러에서 구매할 수 있는 치즈감자 푸틴도 이곳의 명물이다.

수원 KT위즈파크는 무려 '캠핑 존'을 운영한다. 야구를 보면서 가족 캠핑을 즐길 수 있도록 마련된 곳인데 야외 경기를 펼치는 야구장이기에 충분한 메리트가 있다. 캠핑

존에는 캠핑 텐트와 바비큐를 즐길 수 있는 테이블 공간이 확보되어 있으며 바비큐에 필요한 물품도 모두 무료로 대여할 수 있다. 야구장 내에는 수원의 유명 맛집인 '진미통닭'과 '보영만두' 등도 입점해 있다.

서울 잠실구장은 야구장 먹방의 근본인 치맥 세트를 한 손에 들고 먹을 수 있도록 제공하는 '잠실원샷'과, 치킨과 찰떡 궁합을 이룬다는 시원하고 새콤한 '통밥'의 김치말이국수의 조합이 유명하다. 홈런 세트, 적시타 세트, 안타 세트처럼 야구장에 딱 맞는 네이밍의 크로켓(고로케)과 도넛류를 판매하는 '송사부' 역시 야구장에서만 느낄 수 있는 즐거움을 선사한다.

키움 히어로즈의 고척스카이돔에는 '고척크림새우'라 불리는 상징적인 먹거리가 있으며, '백남옥 달인 손만두'도 야구장 입장 전 반드시 포장해야 하는 음식으로 유명하다. 이런 야구장 속 미식 문화는 한국의 유별난 특성이기도 하다.

야구 열풍에 따라 최근 야구장에 가지 않고도 야구를 좋아하는 이들과 함께 야구장에서 야구를 관람하는 '단관 문화'가 생겨나면서 특정 구단을 응원하는 콘셉트의 '야구 포차'도 인기를 얻고 있다. '서울갈매기'는 서울 마포구 동교동에 위치한 야구 포차로 직관이 어려운 수도권 롯데 자이언츠 팬들을 위한 소통의 공간이다. 야구장에서 판매하는 메뉴에서 영감을 받은 먹거리로 구성해 야구장 모양의 용기

야구 포차 서울갈매기의 사직구장 플레이트 메뉴(사진 업체 제공)

에 내는 '사직구장 플레이트'와 갈매기하이볼, 부산 대표 수제 맥주인 갈매기브루잉의 맥주 등을 곁들이며 여러 사람과 함께 야구를 관람할 수 있다.

서울 종로구에 위치한 '엘지포차'는 서울 연고의 'LG 트윈스' 구단 팬 사이에서 성지로 통하는 곳이다. 꽤 오랜 역사를 자랑하는 곳인 만큼 실제 선수들이 다녀간 흔적과 LG 트윈스의 역사도 구경할 수 있어 관람의 목적이 아니더라도 LG 트윈스의 팬이라면 방문하는 의미가 크다. 야구 경기가 시작되면 응원가를 다 함께 부르며 즐겁게 응원하는 분위기가 조성된다. 광주광역시에는 지역 연고팀인 기아 타이거즈 팬들이 함께 모여 맥주를 마시며 대형 스크린을 통해 야구를 관람할 수 있는 대형 포차인 '기아

타이거맥주'가 있다. 내부 인테리어 역시 온통 기아 타이거즈에 관련된 정보와 마스코트, 선수 명단 등으로 꾸며져 있다.

특정 야구팀을 응원하는 팬덤 문화는 야구 열풍이 지속되는 한 더욱 활성화될 것이며 야구 포차처럼 같은 관심사의 사람들을 연결하고 공감대를 형성할 수 있는 공간이 되어주는 외식업 비즈니스 또한 다채로운 형태로 나타날 것으로 기대된다. 팬덤 마케팅의 일환으로 프로야구 콘텐츠를 접목한 편의점도 등장했다. GS25는 프로야구단 한화이글스와 LG 트윈스, 프로축구단 울산 HD 등과 협업해 총 3개의 스포츠 특화 매장을 운영 중이다. LG 트윈스와 협업한 GS25 잠실타워점은 매장 한편에 라커룸을 모티프로 한 팀 전용 공간을 마련하고 응원 도구 등 30여 종의 굿즈를 판매하고 있다.

한화이글스 협업 매장인 GS25 대전 타임월드점(사진_업체 제공)

대전 서구 둔산동에 위치한 GS25 타임월드점은 한화 이글스 플래그십 스토어와 결합한 새로운 형태의 특화 매장이다. 매장 외부 중심부에는 팀의 상징 컬러인 주황색 배경의 대형 쇼윈도가 자리하며, 특별 제작한 한화 이글스 마스코트 '수리' 조형물을 전시해놓았다. 이곳은 핵심 포토 존으로 활용되고 있으며, 매장 내부에 들어서면 야구장 그라운드가 펼쳐진다. 1~3루는 '원두커피 카페25', '혜자로운집밥 도시락' 등의 GS25 편의점 상품으로 구성돼 있고, 홈 플레이트에는 한화 이글스 굿즈 전용 코너가 마련돼 있다. 전용 코너에서는 유니폼, 모자, 응원 도구 등 약 20여 종의 한화 이글스 굿즈를 판매한다.

#이번엔 러닝 열풍?

야구와 축구가 '보는 스포츠'로 인기라면, 직접 '하는 스포츠' 중 최근 가장 핫한 종목은 '러닝'이다. 코로나19 시기 골프와 테니스가 젊은 세대 사이에서 한때 선풍적인 인기를 모았지만 장비 마련 등의 진입 장벽이 있고 일상화되기엔 비용 부담이 높은 만큼 그리 오래가지는 못했다. 하지만 러닝은 별다른 준비물 없이 시작할 수 있고 특별한 기술도 필요하지 않아 접근 문턱이 낮다. 또 시간과 장소에 크게 구애받지 않으며 혼자서도 즐길 수 있는 운동이라는 점에서 바쁜 일상 중에도 병행하기에 수월해 젊은 세대가 즐기기에 적합하다.

러닝은 개인의 목표를 설정하고 이를 달성하는 과정에서 성취감을 얻게 되는 활동으로, 기록을 측정하고 발전을 확인하는 과정에서 동기부여가 된다. 경제적, 사회적 성취가 갈수록 어려워지는 시대 속에서 이러한 성취감은 MZ세대에게 큰 힘이 되고, 자기 계발에 도움이 될 수 있다. 러닝은 이러한 성취를 시각적으로 쉽게 표현할 수 있는 장점도 있다. SNS에 러닝 기록이나 러닝 중의 풍경을 공유하는 활동은 자신의 라이프 스타일을 표현하는 방법이기도 하며, 긍정적인 피드백은 목표를 향하는 데 좋은 동기가 되어주기도 한다.

러닝 열풍은 관련 시장의 폭발적 성장이 이를 극명하게 보여준다. 러너들이 착용하는 의류, 소품 등이 큰 인기를 끌면서 많은 패션업계가 '러닝 코어(Runningcore: 러닝 아이템과 일상복을 믹스 매치한 스타일)'에 주목하고 있다. 국내 운동화 시장 규모는 약 4조원으로 이중 러닝화가 1조원을 넘어섰는데, 유명 브랜드인 나이키, 아디다스가 아닌 러닝화 전문 브랜드 '온러닝', '호카' 등 신흥 브랜드의 약진이 도드라진다. 러닝 열풍의 주역이 주로 2030세대로 이루어진 만큼 트렌드에 민감하며 새롭고 신선한 브랜드에 대한 호기심이 높기 때문이다.

러닝 열풍은 자연스럽게 마라톤 열풍으로 이어지는데 미국 보스턴마라톤, 독일 베를린마라톤, 일본 도쿄마라톤 같은 세계 유명 마라톤 대회는 물론 각종 마라톤 대회에 대한 관심도가 높아지고 있다. 국내에서 열리는 마라톤 대회도 많은 관심을 받고 있으며, 그에 따른 관련 산업의 성장 역시 주목할 만하다. 일반인이 참가할 수 있는 소규모 대회도 새롭게 생겨나고 있는데, 국내 마라톤 대회의 경우 대부분은 아직 규모가 크지 않지만 그만큼 성장 가능성이 크다. 마라톤 열풍이 이어져 대회의 규모가 커진다면, 국제 마라톤 대회처럼 해외의 마라토너가 방문하는 지역 전체의 축제가 될 수도 있는 것이다. 이는 지역 경제에도 긍정적인 영향을 미칠 것으로 기대되는 만큼 단기적 인기에 편승하기보다 지역의 아름다움을 느낄 수 있는 특별한 코스 발굴과 안전하고 내실 있는 콘텐츠를 마련하는 것이 중요하다. 지금은 무엇보다 장기적인 목표의

일명 수육런으로 인기를 얻고 있는
금천구청장배 건강달리기대회(사진_금천구청)

청사진이 필요한 시점이다.

러닝 열풍에 따라 여러 지자체, 기업에서는 다양한 취지를 담은 대회, 이벤트 등을 개최하고 있는데 그중 '금천구청장배 건강달리기대회'가 의외의 화제를 모았다. 금천구가 주최하고 금천구육상연맹이 주관하는 이 대회는 2024년 20회를 맞이했을 만큼 역사가 깊다. 특이한 것은 이미 10여 년 전부터 달리기 애호가들 사이에서 '수육'을 주는 대회로 유명했다는 것. 완주 여부와 무관하게 참가비 1만원으로 대회 참가는 물론 수육과 막걸리를 먹을 수 있어 가성비가 뛰어난 대회로 유명해지기 시작했고, 러닝 애호가뿐 아니라 일반인에게도 입소문이 나면서 '수육런'이라는 별칭이 생기기도 했다. 단순히 돈을 내고 음식을 사 먹는 축제의 형태가 아니라 러닝으로 건강도 챙기고 보상으로 맛있는 먹거리도 제공한다는 점에서 보람과 즐거움을 동시에 전달한 점이 요즘 세대의 취향에 맞아떨어졌다는 분석이다.

대전에서는 '빵'을 테마로 한 이색 마라톤 대회 '빵빵런'을 개최했다. 대회 코스는 5km와 10km 총 두 가지이며 참가비는 1인당 4만9000원이다. 참가자에게는 대전의 대표 빵집 성심당의 '튀김소보로'와 서울 3대 빵집 중 하나인 리치몬드과자점의 '레몬케이크', 농심의 '빵부장 소금빵' 외에 대전 지역 빵 맛집 탐방에 필요한 '대전 빵지도'를 기념품으로 기본 제공하며 완주 후에는 메달을 수여한다. 맛있는 빵도 먹고, 건강도 챙기고 싶은 MZ세대의 마음을 대변하며 큰 호응을 얻었을 뿐 아니라 러닝과 미식을 결합한 아이디어가 돋보여 호평을 받았다.

매년 봄에 열리는 '합천벚꽃마라톤대회'의 2024년 대회에는 역대 최다 인원인 1만 3102명이 몰렸는데 이는 합천 인구의 32%에 달하는 수치로 요즘 러닝의 인기를 여실히 보여줬다. 대회 전후로 주요 관광지와 식당, 숙소 등이 특수를 누렸는데, BC카드 신금융연구소에 따르면 업종별 매출이 숙박업과 유통업은 각각 전주 대비 29%, 27% 증가했고, 외식업은 41% 상승률을 보였다.

이처럼 스포츠를 즐기는 과정에서 외식도 하나의 중요한 경험 요소로 자리 잡고 있다. 외식업계가 스포츠 콘텐츠와 결합해 새로운 경험을 제공한다면 콘텐츠 비즈니스의 핵심인 팬덤 소비 수요를 흡수해 동반 성장의 기회로 활용할 수 있을 것이며, 이를 통해 스포츠와 결합된 색다른 미식 문화의 형성도 기대해볼 수 있을 것이다.

<흑백요리사>와 콘텐츠플레이션(Contents+flation)

2024년 하반기 대한민국 외식업은 '흑백요리사' 한 단어로 귀결된다고 해도 과언이 아니다. 넷플릭스 오리지널 프로그램 <흑백요리사: 요리계급전쟁>은 100명의 전문 셰프 중 대외적으로 잘 알려진 셰프이거나 미쉐린 스타 셰프, 서바이벌 우승 경험이 있는 셰프 20명을 '백수저'로, 그리고 나머지 80명의 셰프를 '흑수저'로 구별해 대결 구도를 만든 요리 서바이벌 프로그램이다. 이들을 심사하는 심사위원은 외식업계의 정점에 있는 백종원 대표와 셰프들의 정점에 있는 국내 유일 미쉐린 3스타 레스토랑 '모수'의 안성재 셰프로 구성했다. 보통 서바이벌 프로그램에서는 심사위원이 홀수로 구성되어 의견이 갈리더라도 다수결로 결정하도록 하는 반면 흑백으로 나뉜 참가자들처럼 심사위원의 성향 역시 일상 음식 전문가와 파인다이닝 전문가 양극단으로 나뉜 구도를 만들었다는 점이 시청자들에게 신선함으로 다가갔다. 추석 연휴에 에피소드가 오픈된 이후 프로그램이 종료되는 한 달여의 시간 동안 <흑백요리사>는 말 그대로 대한민국을 들썩이게 했다.

전례 없는 요리 서바이벌의 전 국민적 신드롬의 이유 중 가장 첫 번째로 꼽는 것은 유명세가 아닌 실력을 통해 '공정한 대결'을 펼칠 수 있다는 점이다. 끝없는 경쟁 사회 속에서 '불공정'을 경험하며 좌절한 경험을 누구나 갖고 있는 현재의 청년들이 가장 중요하게 여기는 가치가 바로 '공정함'일 것이다. 프로그램은 심사위원들의 편견이 개입될 수 있기에 눈을 가리고 오로지 맛으로만 평가하는 시스템으로 진

넷플릭스 <흑백요리사> 포스터(사진.넷플릭스)

행해 여러 명장면을 탄생시키기도 했다. 후각과 미각만으로 어떤 요리인지 맞춰내는 심사위원의 신묘한 능력도 볼거리였으며, 실력은 훌륭하지만 재야에 숨어 있던 흑수저 셰프가 승리하는 반전의 장면들은 보는 이로 하여금 짜릿함을 불러일으켰다. 또한 셰프들이 보여주는 요리에 대한 열정과 번뜩이는 아이디어, 그리고 각각의 인생 스토리가 전달하는 진정성은 매회 드라마를 만들어내기에 충분했다.

<흑백요리사>의 인기는 침체된 외식업계에 활기를 불어넣는 계기로 작용하기도 했다. 실제 참가 셰프들의 식당은 전에 없는 예약 전쟁을 치르게 됐으며 예약 플랫폼과 참여한 유통업계도 발빠르게 <흑백요리사> 특수에 대응했다. 맛집 예약 플랫폼 '캐치테이블'에 따르면 방송 직후 출연 셰프들의 레스토랑 검색량은 전주 대비 74% 상승, 식당 저장 수는 무려 1884% 증가한 것으로 나타났다. 우승을 차지한 권성준 셰프(나폴리 맛피아)의 식당 '비아톨레도 파스타바'는 캐치테이블 예약이 열리자마자 10만 명이 접속해 서버가 마비되는 사태가 벌어지기도 했다. 임태훈 셰프(철가방 요리사)의 식당 '도량'은 웨이팅 번호표를 받기 위해 아침 6시부터 가게 앞에 줄을 서는 오픈 런 고객들이 몰려들었다. 예약을 하지 않으면 아예 갈 수조차 없는 식당들이 많은 반면 김미령 셰프(이모카세 1호)가 운영하는 청량리 인근 경동시장 내 손칼국수 전문점 '안동집'은 웨이팅은 해야 하지만 회전율이 빨라 예약 없이도 진입이 가능하고 서민적인 음식으로 접근성이 높다 보니 수백 명의 손님들이 몰려 재래시장에 활기를 더하고 있다.

불경기로 인해 외식 소비가 위축되면서 가장 큰 타격을 입은 파인다이닝 업계도 이 프로그램을 통해 인식이 새롭게 제고되었다. 최고의 스킬과 미각을 단련한 셰프가 운영하는 파인다이닝 분야에 대한 관심이 급격하게 높아진 것. 이번 <흑백요리사> 출연자의 업장을 비롯해 다음 시즌 출연자로 지목되고 있는 업계 유명 셰프들의 업장에 대한 관심도 동반 상승시키며 외식업계의 새로운 흐름을 만들어내고 있다.

서울시에서 진행한 '아시아 50 베스트 레스토랑 2024'에서도 <흑백요리사>에 심사위원으로 출연한 안성재 셰프가 총괄 감독을 맡은 'Taste of Seoul Meets Citizens' 행사가 큰 주목을 받았다. 미식, 그중에서도 파인다이닝을 중심으로 하는 이 행사는 티켓 판매에 45만 명이 동시 접속해 10초 만에 마감되며 파인다이닝과 국내 유일의 미쉐린 3스타 레스토랑 '모수'에 대한 관심 및 인지도가 그만큼 높아졌음을 확인시켰다. 행사에서는 안성재 셰프의 지휘 아래 강승원 셰프(트리플스타)와 배경준 셰프(원 두쓰리), 모수 출신 오종일·정영훈 셰프의 요리를 맛볼 수 있는 기회를 제공해 뜨거운 호응을 얻었다.

유통업계에서는 <흑백요리사> 출연 셰프와 협업한 다양한 제품을 개발하며 식당에 방문하지 않더라도 출연 셰프들의 요리를 경험할 수 있도록 접근 문턱을 낮췄다. 프로그램에서 협찬사로 나선 CU의 'CU 편의점 재료 대결' 우승 메뉴였던 권성준 셰프의 '밤티라미수컵'은 제품으로 출시되어 몇 초 만에 예약 판매분이 품절되는 등 큰 화제를 모았다. 초반의 한정적인 제품 수량 때문에 구입하지 못한 소비자들이 재료를 구해 직접 만들어 먹는 것이 유행하면서 관련 제품의 매출까지 함께 상승하는 효과도 나타났다. 이뿐만 아니라 밤티라미수 디저트 자체가 프로그램이 방영된 가을 시즌과 맞아떨어지면서 각종 베이커리 및 디저트업계에서 밤티라미수를 비롯한 밤 디저트 제품을 출시하며 콘텐츠로부터 파생된 유행의 흐름을 나눠 가졌다. 그 밖에도 각 셰프들이 참여해 개발한 간편식 제품들은 프로그램의 영향력과 함께 '지금 가장 소비하고 싶은 요리'가 됐다.

<흑백요리사>를 통한 이 같은 쏠림 현상을 통해 현시점의 소비자들에게 '콘텐츠'가 얼마나 중요한 가치로 작용하는지를 확인할 수 있다. 이들이 식당에 찾아가 소비하는 것은 음식이지만 그 이면에는 콘텐츠의 힘이 대부분의 가치를 차지한다 해도 과언이 아니다. 이들에게는 보통의 '칼국수'가 아니라 <흑백요리사>에 출연한 이모카세 1호 셰프가 인생 요리로 선보인 '칼국수'여야 의미가 있는 것이다. 이러한 현상은 비단 방송 프로그램뿐 아니라 유명 유튜버가 극찬한 가게, 소셜 미디어에서 유행하는 챌린지가 있는 가게 등 외식 소비에서 콘텐츠가 발휘하는 영향력을 가늠하게 한다.

콘텐츠는 시장의 흐름과 분위기를 단숨에 바꿔놓을 만큼 강력한 힘을 발휘하며 무한 경쟁을 부추긴다. 그에 따라 경쟁이 치열한 외식업계에서도 수많은 선택지 중 특정 콘텐츠의 가치가 결합돼 있는 식당에 손님이 쏠리는 '콘텐츠플레이션(Contents+flation)' 현상이 일어나고 있다. 먹는 것에까지 경쟁을 해야 하는 상황으로 내몰고 있는 이러한 현상은 현재 외식 트렌드의 가장 큰 특징이자 소비자들로 하여금

외식 소비를 피로하게 만드는 요소이기도 하다.

최근 <흑백요리사>를 통해 외식업계가 새삼 주목받으며 한때 우후죽순 생겨났다가 어느 순간 사라져 이제는 '유행이 지났다'고 평가받은 요리 관련 프로그램들의 재방영 소식이 들려오고, <흑백요리사>에 참여한 셰프들이 출연하는 콘텐츠들도 쏟아져 나오고 있다. 미식 산업에 대한 열기에 이처럼 다시 불이 붙은 것은 매우 고무적이다. 요리사들은 언제나 그 자리에서 묵묵히 자신의 일을 해왔지만, 외식업계를 파고든 대외적 어려움은 노력으로 극복하기 힘든 과제들을 안겼다. 그런 상황에서 어느 날 하나의 콘텐츠가 상황을 180도로 바꾸어놓은 것은 긍정적인 일이라 할 수 있다.

까칠해 보이지만 요리에는 진심인 셰프, 멋부리는 것 같지만 그 누구보다 치열하게 스킬을 연마해온 셰프, 도전하고 증명하기에 늦은 나이는 없다는 것을 알려주는 셰프들…. 이들의 이야기를 전달하는 것이 바로 '콘텐츠'의 힘이다. <흑백요리사>가 가져온 외식업계의 활기는 반가운 일이지만 콘텐츠의 효과가 대부분 그러하듯 지나치게 과열된 열기는 쉽게 사그라들기 마련이다. 식품 및 외식 관련 업계는 미식에 대한 관심이 꾸준히 이어질 수 있도록 '양질의 콘텐츠' 생산을 위한 자구적 시도를 꾸준히 해나가야 할 것이다.

CHAPTER 5

나의 친절한 AI

2025
대한민국을
이끄는
외식트렌드

1. 외식 산업의 미래를 디자인 하는 생성형 AI ·········· 188
2. 스마트 레스토랑 ·········· 196

introduction

나의 친절한 AI

최근 외식업계는 급변하는 기술 혁신과 함께 새로운 국면을 맞이하고 있다. 외식 소비자들의 요구는 더욱 정교해지고 있으며, 외식 업장의 효율적인 운영을 위한 '푸드테크(Food Tech)'의 도입은 이제 선택이 아닌 필수가 되어 일상 속에 자연스럽게 자리 잡고 있다. 푸드테크란 음식(Food)과 기술(Technology)의 합성어로, 식품 및 외식 산업에 다양한 기술을 접목해 새로운 가치를 창출하는 모든 활동을 의미한다. 인공지능(AI), 로봇 주방, 빅데이터 분석 그리고 지속 가능한 공급망 관리 등의 푸드테크 기술은 외식업의 본질을 재정의하고 새로운 서비스를 창출하는 등 미래 식품 및 외식 산업의 핵심 분야로 자리 잡을 전망이다. 이에 전통적인 식품 및 외식 연관 산업구조를 유지하고 있더라도 푸드테크를 통해 다양한 범주의 확장 가능성을 품고 있다는 점에서 주목해야 할 미래 산업이다.

지난 〈대한민국을 이끄는 외식트렌드〉에서는 외식 일상을 바꾸는 게임 체인저로서 푸드테크를 조명한 바 있다. AI와 맞춤형 식품·메디푸드·대체 식품·애그테크(AgTech: 농업과 기술의 합성어) 등을 다루는 미래 먹거리 속 푸드테크, 외식 오퍼레이션 속에서 활용되는 푸드테크, 지속 가능성을 위한 푸드테크, 배달 외식 속 푸드테크를 비롯해 온라인을 통한 연결 기술로 사람과 사람 그리고 사람과 미식이 교류하는 커뮤니티의 변화에 대한 내용을 다루었다. 각 분야에서 여전히 해당 기술들은 활발히 활용, 진화하며 일상 속 존재감을 넓혀가고 있다. 이처럼 외식 산업 전반에서 다양한 푸드테크 기술이 접목되면서 소비자 역시 보다 고도화된 기술을 통한 맞춤형 경험을 기대하고 있으며, 업계는 이러한 니즈를 충족시키기 위해 스마트 기술을 이용해 개개인의 취향을 반영한 서비스를 제공하려는 다양한 시도를 거듭하고 있다.

1. 외식 산업의 미래를 디자인하는 생성형 AI

외식업계의 푸드테크 분야에서 가장 큰 화두는 바로 AI다. 최근 수년간 여러 테크 기업을 통해 AI 기술이 급격히 발전하면서 외식업 각 분야에서 활용 범주를 넓혀가고 있다. '생성형 AI(Generative AI)'의 탄생과 함께 인공지능 기술은 보다 광범위한 외식 소비 영역으로 파고들고 있다. 생성형 AI란 대규모 데이터와 패턴을 학습하고 기존의 데이터를 활용해 이용자의 요구에 따라 텍스트, 이미지, 비디오, 음악, 코딩 등의 '새로운 결과'를 만들어내는 보다 지적인 행위를 자동화하는 인공지능 기술이다.

생성형 AI는 외식 산업에서도 데이터 분석을 통한 메뉴 개발, 고객 맞춤형 마케팅, 디자인 및 영상 제작, 재고 관리, 고객 관리, 시장조사 등의 데이터 분석과 예측, 그리고 직원 채용 및 교육 등 운영 전반에 걸쳐 적용이 가능한 혁신적 기술이다. 기존 데이터를 분석해 최적의 결과를 도출하도록 돕는 '똑똑한 조수'에서 새로운 시장을 개척하는 핵심 인력, 아니 '핵심 술력(術力)'으로 진화하고 있는 것.

외식업 곳곳에 자리 잡은 'AI 사원'

미국 햄버거 프랜차이즈 '웬디스(Wendy's)'는 일부 드라이브 스루 매장에 AI 챗봇 기술을 적용했다. 스피커를 통해 주문을 받는 과정을 AI에게 맡긴 것. 구글의 대규모 AI 언어 모델인 LLM(Large Language Model의 약자, 대규모 언어 모델로 방대한 양의 텍스트 데이터를 학습해 인간과 유사한 수준으로 텍스트를 이해하고 생성할 수 있는 인공지능 모델)을 바탕으로 개발된 AI 챗봇은 고객이 주문하는 수많은 방식을 이해하도록 훈련됐는데, 고객들이 자주 쓰는 언어를 바탕으로 약어나 별칭을 쓰더라도 주문을 이해할 수 있도록 했다는 설명이다. 예컨대 '주니어 베이컨 치즈버거'를 주문하며, "JBC 주세요"라고 말하는 경우가 있고, 콜라를 주문하며 "코

드라이브 스루 매장에 AI 챗봇 기술을 적용한 미국 웬디스(사진_업체 제공)

카콜라 혹은 펩시 주세요"같이 주문하는 경우도 있는데 이러한 변화를 이해할 수 있다는 것이다. 잦은 주문 오류나 외부 환경 변화를 인지하지 못하는 점 등은 아직 풀어야 할 숙제로 남아 있으나 대부분의 패스트푸드 전문점이 드라이브 스루 형태로 운영되고 있는 미국 내에서는 이를 감안하고서라도 도입을 늘려가는 추세다.

AI가 개발한 플레이버를 선보인 배스킨라빈스 (사진_업체 제공)

SPC 배스킨라빈스는 AI 기술을 제품 개발에 접목했다. 최근 SPC 본사 사옥에 '워크샵 바이 배스킨라빈스' 매장을 오픈했는데, 이곳에서 오픈AI가 개발한 대화 전문 챗봇 '챗GPT'를 통해 신제품 아이디어를 구상하고 생성형 AI로 제품 비주얼까지 그려내는 차세대 상품 개발 모델 '배스킨라빈스 AI NPD(New Product Development) 시스템'을 시범 운영한다. AI NPD 시스템은 배스킨라빈스가 1500가지가 넘는 플레이버를 개발하면서 축적해온 상품 개발 노하우와 해피포인트 고객 구매 데이터에 기반한 핵심 키워드를 도출해, AI에 질문하고 아이디어를 얻어 신제품을 개발해 출시하는 시스템이다. 이는 외식 R&D 분야의 새로운 시도로 해당 매장에서는 AI를 접목해 개발한 신제품을 매달 선보이고, 고객 반응을 확인해 제품에 적용하는 안테나 숍 역할을 겸한다. 첫 번째 개발 제품은 '오렌지 얼그레이' 맛이다. 소비자 구매 데이터를 기반으로 해당 시즌 반응이 좋았던 '과일'과 최근 트렌드로 떠오르는 '티(Tea)'를 키워드로 도출한 뒤, AI에 질문해 오렌지와 얼그레이의 조합을 얻어냈다는 설명이다. 여름에 출시한 두 번째 AI 기반 아이스크림 '트로피컬 썸머 플레이' 맛은 구글의 최신 AI 모델 '제미나이(Gemini)'를 활용해 개발한 메뉴다.

외식업에서 최고의 '인적 서비스'를 제공하는 고급 레스토랑 산업에서도 AI를 통해 다양한 측면을 혁신하고 있다. 예약 관리 및 고객 선호도를 예측한 좌석 배치로 프런트 직원의 업무를 대신하기도 하고, 레스토랑에서 알고리즘을 사용해 '고객 주문을 개인화'해 고객 만족도를 높이는 데 활용하기도 한다. AI 기반 로봇은 '노동 집약적 작업'을 보다 정밀하고 일관성 있게 구현할 수 있으며, 주방에서 필요한 온도 제어 같은 단순 작업이나 새로운 맛을 만들고 요리의 경계를 넓히는 새로운 조합을 제안하는 등의 더욱 복잡한 작업을 처리하도록 확장되고 있다. 이처럼 고급 레스토랑 분야에서 기술직 강화와 시스템 효율화, 개인화된 서비스를 위한 AI 기술의 활용이 보다 보편화되는 방향으로 나아가고 있다.

#긱워커 시대 연 AI

외식업계의 구인·구직 풍경도 AI에 의해 변화하고 있다. 아르바이트 채용 플랫폼들은 AI를 통해 구직자의 이력을 분석하고 맞춤형 일자리를 연결해주는 등 진화를 거듭하고 있다. 전 세계적으로 단기 아르바이트 및 긱워커(Gig-worker: 초단기 근로자)가 증가하는 현상과 맞물려 해당 시장은 보다 성장할 것으로 내다보고 있다. 기존 구인·구직 시장을 장악하고 있던 플랫폼은 구인자와 구직자 간 연결이 불편할수록 플랫폼의 수익성은 극대화

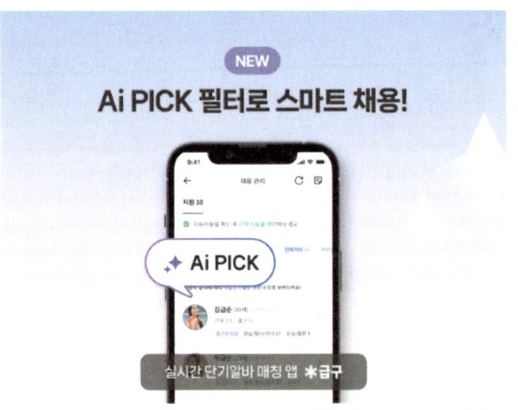

AI 기술을 접목한 실시간 단기 아르바이트 매칭 앱 급구(사진_업체 제공)

되는 불합리한 구조를 내포하고 있다는 측면이 지적되어왔다. 또한 데이터를 AI 기술로 분석, 구직자와 구인자를 연결하는 서비스는 기존에도 존재는 했으나 정규직·전문직 연결 서비스에만 주로 접목돼 외식업계의 활용도가 비교적 낮았다. 하지만 최근 AI 기술이 보편화되면서 이용자의 편의를 높인 새로운 서비스로 접목되고 있으며 이를 통해 주목받고 있는 플랫폼들은 데이터 기반의 연결 시스템을 단기 아르바이트 시장으로 확대해 '최저임금 1만원 시대' 속 초단기 아르바이트 시장의 성장과 함께 새로운 채용 플랫폼 시대를 열고 있다.

일본의 단기 일자리 중개 플랫폼 '타이미(Taimee)'는 일본 내 초단기 단발성 일자리를 찾는 긱워커의 급증과 맞물려 성장을 거듭하며 2024년 7월 상장에 성공해 시가 총액 1조원을 넘긴 바 있다. 타이미는 특히 인력 부족이 심각한 음식업에서 중요한 인력

확보 창구 역할을 한다. 매장에서는 필요한 시간만큼만 인력을 배치해 효율을 높이고, 구직자 입장에서는 자투리 시간을 활용해 유연하게 근무할 수 있는 일자리를 얻을 수 있다는 점이 시대의 요구와 맞아떨어졌다는 분석이다.

국내 역시 경기 불확실성과 더불어 산업구조 및 라이프스타일 변화로 전체 채용 시장이 주춤한 가운데 단기 일자리 시장은 선방하고 있다. 단기 채용 관리 플랫폼 '급구'는 구인자와 구직자를 연결하는 큐레이션(Curation: 정보를 필요에 따라 분류하고 선별해 제공하는 서비스)을 도입해 '3초 만에 매칭이 가능한 플랫폼'이란 수식어를 내걸며 시장에서 주목받기도 했다. 급구는 AI 기반 실시간 매칭 시스템인 'AI Pick 채용'을 제공 중이며 구직자의 과거 아르바이트 이력과 이전 직장 평가를 확인할 수 있어 검증된 인력 선택이 가능하다. 또한 구인자와 구직자의 연결이 이뤄진 후에도 이용할 수 있는 서비스를 제공한다는 점도 경쟁력으로 꼽힌다. 사업자와 아르바이트의 계약 체결부터 근태 관리·급여 지급 등이 플랫폼 내에서 이뤄진다. 급구는 편의점이나 외식업에서 주로 사용하고 있다. 서빙, 설거지, 주방 보조 등의 업무에서 단기 아르바이트 수요가 많기 때문이다.

국내 대표 아르바이트 채용 플랫폼 '알바몬' 역시 소상공인에게 검증된 인재를 추천하고, 구직자에게는 맞춤형 일자리를 연결해주는 '알바몬 제트'를 선보이며 AI 기반의 채용 서비스를 제공하고 있다. 알바몬 제트는 아르바이트를 채용하는 소상공인에게는 검증된 인재를 추천하고, 구직자에게는 맞춤형 일자리를 연결해주는 서비스다. 아르바이트 사업장과 근거리에 있으면서 각 업무에 맞는 경력과 스킬을 보유한 구직자들을 매칭해준다. 소상공인들은 아르바이트 공고를 올린 후 실시간으로 AI가 분석한 채용 확률이 높은 인재를 알림 톡으로 추천받으며 제트 공고 게시 후 빠르면 2분 이내에 지원자 매칭을 받아볼 수 있다. 또한 구직자는 '제트크루' 등록을 통해 거주지 주변 7km 이내의 맞춤형 채용 정보를 확인할 수 있다.

AI의 페르소나틱스

생성형 AI 기술을 통해 외식업 공급자 및 소비자가 경험할 수 있는 가장 핵심적인 가치는 개인 맞춤형 서비스의 제공과 이를 통한 고객 만족도의 극대화일 것이다. 단순히 데이터 분석을 통한 취향의 추출을 넘어 상황이나 기분에 따른 변화에 세분화된 터치가 가능하다는 것이 포인트로, 현재의 AI 기술은 고객이 경험해보지 못한 영역까지 예측해 데이터를 추출해내는 것이 가능한 단계까지 진화했다. 이에 AI가 고객이 체감할 수 있는 경험 혁신을 위해 각각 잠재 욕구와 불편함을 통해 고객의 다양한 페르소나를 데이터로부터 찾아내는 '페르소나틱스(Personatics)' 서비스도 가능해졌다. 예를 들어 파인다이닝 마니아지만 일상식은 편의점 외식을 즐기고 날씨에 따라 주종을 바꿔 먹는 이를 위한 선택지, 식단을 주로 하는 운동 마니아지만 스트레스 해소를 위해 주기적으로 매운 음식으로 치팅(Cheating)을 즐기고 익숙한 식당보다는 새로운 곳의 음식을 경험하는 것을 선호하는 이를 위한 선택지는 매일 시간과 환경에 따라 달라질 수 있는데, AI가 이를 인식해 최적의 선택지를 제시함으로써 효율적 의사결정을 돕는 서비스를 제공하는 것이다.

미국 스타벅스는 자사 AI 프로그램 '딥브루(Deep Brew)'를 통해 머신 러닝 기술을 바탕으로 날씨와 시간, 고객 행동 데이터를 분석해 개인 맞춤형 추천을 제공하는 서비스를 선보였다. 또한 고객의 온라인 주문 데이터를 분석해 매장에 필요한 원두량, 바리스타 수까지 예측해 계산해준다. 이를 통해 매장 운영을 최적화하고 고객 경험을 향상시킬 수 있다는 설명이다. 스타벅스코리아도 AI를 활용한 '미래형 매장' 만들기에 나섰다. AI 매장 관리 시스템 '더 서드 아이(The Third Eye) 시스템'을 일부 매장에 시범 도입해 운영 중이며 CCTV를 통해 고객 동선, 연령, 성비 등에 대한 영상 정보를 수집하고 AI로 분석한 후 해당 데이터를 기반으로 매장 개편과 전략 수립을 통해 서비스 고도화를 위한 자원으로 활용한다.

#배달 음식

배달 주문 서비스를 기반으로 이커머스 분야까지 확장하고 있는 '배달의민족(배민)'은 AI 기술을 접목한 서비스를 확대하고 있다. 대표적인 AI 서비스는 리뷰 학습을 통한 개인화 추천 서비스다. 주문 이력을 통해 사용자의 행동 패턴을 분석한 뒤 지역과 날씨, 취향에 맞는 콘텐츠와 메뉴를 타깃팅해 추천하는 서비스다. 대부분의 고객

라이더의 사고 위험을 낮추기 위한
배달의민족 AI 추천 배차 서비스 (사진_업체 제공)

이 메뉴와 가게를 정하지 않은 상태에서 배달 앱을 켜고 주문에 이르기까지 고민의 과정을 거친다는 점에서 주문 전환율을 향상시키고 고객 편의성을 높이기 위해 해당 서비스를 도입했다. 배민은 이와 같은 개인화 추천을 적용한 뒤 주문 전환율이 80% 향상됐다고 설명한다.

고객뿐 아니라 식당과 고객을 연결하는 배달 라이더를 위한 AI 서비스도 제공한다. 배민은 라이더의 위치와 배달 상태 등 다양한 정보를 바탕으로 최적의 배차를 개인별로 제안하는 'AI 추천 배차' 서비스를 제공해왔다. 배차 경쟁으로 인해 운행 중 스마트폰을 보다가 배달 라이더의 사고가 벌어지는 경우가 많은 것에 착안해 이러한 문제를 해결하고자 다양한 데이터를 바탕으로 최적의 배차를 개인별로 제한해 노출하는 서비스다.

2024년 발표된 'AI 추천 배차 시스템이 배달 라이더의 안전에 미치는 영향'(*2024 싱가포르국립대 컴퓨터과학과 경나경 교수 연구팀) 연구 결과에 의하면 배민커넥트 앱으로 배달 활동을 하는 라이더들 가운데 동일한 기간 동안 AI 추천 배차를 사용한 라이더와 사용하지 않은 라이더의 사고 패턴을 비교 분석한 결과 AI 추천 배차를 사용하는 라이더 그룹의 사고 확률은 이를 사용하지 않는 라이더 그룹보다 27.8% 낮은 것으로 조사되며 사고 확률을 줄이는 데 유의미한 효과를 나타냈다.

#고객 리뷰 대응

외식업 종사자들에게 검색 포털 사이트나 맛집 추천 앱, 배달 앱 등 디지털 플랫폼을 통한 고객과의 소통은 더욱 중요해졌다. 외식업 경쟁이 치열해진 상황에서 고객 리뷰에 똑같은 내용을 '복사 붙여 넣기' 하는 경우 고객들로 하여금 성의 없다는 인상을 줄 수 있다. 고객 리뷰 대응이 매장의 이미지 관리 및 충성도 확보에 중요한 업무로 떠오른 만큼 이를 보다 효율적으로 응대할 수 있는 '텍스트 생성형 AI' 기술 역시 나날이 발전하고 있다. 다양한 리뷰 대행 서비스 업체도 속속 등장하고 있다.
검색 포털 사이트 '네이버'에서는 매장의 위치나 연락처 등 기본 정보 및 예약과 방문 리뷰 등의 종합적인 정보를 제공하는 '네이버 스마트플레이스'를 운영한다. 플레이스 정보는 온라인 간판이자 광고판의 역할을 하는 만큼 고객의 선택을 돕기 위한 정보 및 리뷰 관리는 필수다. 네이버는 자체 AI인 클로바 X(CLOVA X)를 이용해 리뷰 댓글을 AI로 직접 생성하는 관리 서비스를 제공한다. 리뷰가 등록되면 자동으로 생성한 댓글 초안을 사업자에게 전달하고, 이를 그대로 사용하거나 수정 또는 재요청해 고객 리뷰 대응을 간편하게 해주는 서비스다. 또한 부정적이거나 개선을 필요로 하는 리뷰를 인식해 사업자에게 특별히 표시함으로써 신속한 대응이 가능하도록 한다. 반복 사용을 통해 사업자의 말투를 학습해 직접 작성하는 리뷰와의 격차를 최소화하며 그밖에도 가게 상호, 식당 소개, 메뉴판 작성, 마케팅 카피라이팅 등을 제안하고 AI를 활용한 홍보와 매장 운영에 실질적으로 활용될 수 있는 서비스를 제공한다.

AI의 추천 맛집은?

다양한 정보가 넘쳐나는 시대에서 음식과 관련된 정보는 매우 방대하고, 이 가운데 개인의 취향과 상황에 맞는 맛집을 찾기란 쉽지 않은 일이다. 수많은 맛집 리뷰, 블로그, 온라인 게시글 속에서 진짜 맛집을 가려내는 것은 시간과 노력이 많이 필요한 일인 만큼 방대한 데이터를 분석하고 학습해 개인의 취향에 맞는 맛집을 추천하는 서비스에도 AI 기술은 적극 활용되고 있다. 이를 통해 외식 소비자들은 시간 절약은 물론 데이터 기반의 객관적인 정보를 통해 취향에 맞는 맛집을 추천받거나 새로운 곳을 발굴할 수 있다.

통합 모빌리티 플랫폼 '티맵'은 AI 장소 에이전트 서비스 '어디갈까'를 통해 연간 67억 건에 달하는 방대한 이동 데이터를 학습해 이용자 주변의 인

맛집 추천의 새로운 시대를 열고 있는 AI 기술
(사진_티맵 AI 장소 추천 서비스 어디갈까)

기 장소나 주로 방문한 장소, 코스 제안 등을 해주는 서비스를 제공하고 있다. 또한 해당 서비스를 통해 개인 맞춤형 장소 추천을 점차 고도화하고 장소 검색과 이동 전후의 연결된 경험을 제공할 계획이다. 장소 선정에서 핵심 고려 사항인 사용자 리뷰는 신뢰성을 높이고자 실제 주행한 유저들만 작성할 수 있는 주행 인증 리뷰를 도입했으며, '추천 검색' 기능은 구체적인 장소명 대신 '을지로 맛집', '삼겹살 맛집' 같은 키워드 검색이 가능하도록 했다. 티맵 '인증뱃지'도 도입한다. '로컬 인기뱃지'는 현지인이 자주 방문하는 맛집을 데이터 기반으로 선정해 제공하며 집을 등록한 사용자들의 데이터를 활용해 동네 주민들이 자주 찾는 맛집을 자동으로 추천한다. 또 지역 내 최신 이동 횟수를 기반으로 선택 지역의 상위 50개 장소 정보를 랭킹으로 보여주고, 이중 상위 10곳의 맛집과 카페에는 티맵 '랭킹뱃지'를 부여해 실제 방문 데이터 통계로 도출된 간편하고 신뢰도 높은 맛집 정보를 제공한다.

AI 기술을 활용한 이 같은 위치 기반 앱은 사용자의 현재 위치와 선호도를 정확하게 파악하고, 방대한 데이터를 분석해 복합적인 지표에 의한 개인 맞춤형 맛집을 추천해주며, 사용자의 취향에 맞는 부가 정보 제공을 통해 앱 충성도를 높여준다. 예를 들어 내비게이션에 목적지를 '검색'하는 경우 잘 모르는 지역을 방문할 확률이 높은데 해당 지역에서 가볼 만한 맛집 정보를 내비게이션 이용과 함께 원스톱으로 파악하는 편리함을 경험한 사용자라면 높은 확률로 해당 서비스를 다시 이용하게 된다는 것. 또한 사용자 데이터를 기반으로 맛집 이외에도 새로운 개인화 서비스를 개발하고 비즈니스 모델을 다각화할 수 있다는 점에서 AI 기반 서비스는 필수적으로 도입하는 추세다.

푸드테크 기업 '식신'은 아마존 웹 서비스(AWS)의 아마존 베드록(Amazon Bedrock)을 활용한 AI 대시보드 '외식 메타 인덱스'를 구축했다. 식신이 보유한 100만 개 이상의 맛집 데이터 및 월간 350만 명의 이용자 데이터를 기반으로 금융·공공·검색·SNS·GA(방문자 정보, 유입 경로, 웹사이트 내 사용자 행동, 전환) 등 다양한 이기종 데이터를 통합·분석하며 이를 통해 지역별 인기 메뉴, 스토리가 있는 메뉴 트렌드, 상황이나 장소에 맞는 테마 데이터, 메뉴별로 사용된 식자재 등의 데이터를 실시간으로 확인할 수 있는 서비스를 제공한다. 또한 해당 데이터를 통해 가맹점 컨설팅, 신메뉴 분석, 외식 트렌드 등에 대한 인사이트를 제공해 식음료업계에 종사하는 이들이 필요로 하는 정보를 획득하고 비즈니스에 적용할 수 있는 종합 AI 외식 데이터 플랫폼으로서 성장할 기반을 마련했다.

2. 스마트 레스토랑

푸드테크 기술이 발달하고 실제 현장 적용 범위가 넓어지면서 매장 전반에 최신 기술을 적용한 '스마트 레스토랑'도 등장했다. 스마트 레스토랑은 최신 기술을 활용해 운영 효율성, 고객 편의성, 그리고 맞춤형 경험을 제공하는 레스토랑으로 AI, 사물인터넷(IoT), 로봇, 데이터 분석 등의 첨단 기술을 활용해 고객 경험을 극대화하고, 운영 과정을 자동화해 인건비를 절감하며 서비스 속도와 품질을 높인 매장이다.

스마트 레스토랑에 접목 가능한 푸드테크 기술은 매우 다양하다. 대표적인 것을 살펴보면, 우선 고객의 취향과 과거 주문 데이터를 분석해 맞춤형 메뉴를 추천하거나 특별 할인 혜택 등 개인화된 경험을 제공하**는 ▲AI 기반의 개인화 서비스**를 들 수 있다. 그리고 로봇과 자동화된 기계가 음식을 조리하며 준비하는 과정을 돕고, 로봇 서버가 음식을 고객에게 전달하는 프로세스를 통해 조리와 서빙 과정의 속도와 일관성을 높이고 인력 의존도를 낮추는 **▲주방 자동화 및 로봇 서비스**가 있다. 키오스크, 태블릿, 또는 모바일 앱을 통해 고객이 직접 메뉴를 선택하고 결제까지 진행하는 **▲무인 주문 및 결제 시스템**과 IoT 센서를 통해 레스토랑의 온도, 습도, 조명 등을 자동으로 제어해 쾌적한 식사 환경을 유지하고 냉장고나 창고의 온도를 모니터링해 식재료를 신선하게 보관할 수 있도록 도움으로써 품질 유지에 기여하는 **▲스마트 환경 모니터링**도 유용하게 활용할 수 있는 기술이다.

이 외에도 판매 데이터를 분석해 인기 메뉴를 파악하고, 소비자 트렌드를 예측해 메뉴 개발과 마케팅 전략에 반영하도록 하며 이를 통해 보다 수요에 맞는 재고 관리와 매출 증대가 가능하도록 돕는 **▲빅데이터 분석 시스템**, AI를 활용해 음식 재고를 정확하게 관리하고 남는 음식을 최소화하며 음식물 쓰레기를 분리 수거 및 퇴비화하는 **▲재고관리 시스템**, 조명·수도·냉난방 시스템 등을 스마트하게 관리해 에너지 소비를 줄이거나 태양광 발전 시설을 설치해 친환경 에너지를 활용하는 ▲에너지 효율화 시스템 등이 실제 현장에 도입되고 있다. 이처럼 푸드테크는 외식업을 구성하는 모든 요소에 접목되어 활용되고 있다.

앞선 파트 3의 '최적화 외식' 중 '윤리적 최적화' 부분에서 소개한 자원의 재활용 역시 기술의 발전과 함께 외식업계에 활발하게 활용되고 있는 주요 푸드테크 산물이다. 이러한 기술을 접목한 스마트 레스토랑은 다양한 기술을 통해 기존 외식업의 한계를 극복하고, 보다 효율적이고 개인화된 고객 경험을 제공하는 차세대 외식 모델로서 자리 잡고 있다.

스마트 레스토랑 시스템의 도입은 인적 서비스가 중요한 동네 상권보다는 임대료가 높고 스마트 기술 활용에 익숙한 젊은 층의 유동 인구가 많은 지역이나 구인이 어려운 지역, 인프라가 부족한 낙후 지역, 단체 급식이나 휴게소처럼 상시 영업을 하거나 이용객이 많은 업종에 접목하는 것이 효율적이다. 특히 인건비 상승과 노동력 부족에 의한 수익성 악화가 외식업체 운영의 최대 난제로 거론되는 국내 외식업계에서는 이를 극복하기 위한 솔루션 차원에서 도입이 빠르게 이루어지고 있다.

로봇 셰프 & AI 바리스타… 특이점이 온 레스토랑

강원도 정선에 위치한 강원랜드 내 하이원 그랜드호텔에서 스마트 레스토랑 '스마트 테이블'을 오픈했다. 무인화·자동화 콘셉트로 운영되는 이곳에서는 테이블에 착석한 고객이 키오스크를 통해 셀프 주문을 하면 로봇 셰프가 음식을 만들고, 업장 내 대기하고 있는 서빙 로봇이 이 음식을 제공해준다. 레스토랑 측에서는 로봇 셰프 도입을 통해 표준에 가까운 맛과 품질을 유지하고 주방 내에 발생할 수 있는 위험 요소에 대응할 수 있다는 점을 장점으로 꼽았다. 이곳에서는 키오스크

스마트 레스토랑 스마트테이블의 조리 로봇(사진_강원랜드)

에서 메뉴를 선택하고 결제하면 AI 바리스타 로봇이 로봇 팔을 움직여 직접 메뉴를 만들고, 고객이 원하는 시간대에 픽업대로 옮겨주는 서비스도 제공하고 있다. 강원랜드는 팬데믹 시기를 지나면서 정상 영업을 못한 채 '재앙'과도 같은 시간을 보냈는데, 이와 같은 리스크를 최소화하기 위해 정상화 과정에서 레스토랑을 비롯해 카지노 영업에도 스마트 시스템을 도입해 영업 효율성을 높이는 데 집중했다고 설명한다.

고속도로 휴게소 역시 푸드테크 활용을 통해 진화하고 있다. 위탁 급식, 휴게소, 컨세션 등의 푸드 서비스를 담당하는 전문 기업 풀무원푸드앤컬처는 국내 휴게소 곳곳에 푸드테크를 접목해 고객들에게 이색 경험을 제공하며 미래형 휴게 공간으로서 자리잡을 수 있도록 혁신을 거듭하고 있다. 대표적인 예가 요리 로봇 '로봇웍'이다. 조리사들이 무거운 웍을 사용해 반복적으로 조리해야 하는 부담을 덜어주고 전문 조리사 수준의 맛과 일정한 품질을 구현하기 위해 영동고속도로 안산복합휴게소 1층 대형 식당가 코너에 도입했다.

로봇웍은 조리 알고리즘 데이터에 기반해 전문 요리사들이 채소를 기름에 볶을 때 웍을 흔드는 모션과 웍에 불을 켜고 화력 조절을 하는 모션, 기름 투입 등의 과정을 자동화한 설비다. 레시피에 따라 조리사가 웍에 재료를 넣으면 로봇웍이 기름을 투입한 후 불을 켜고 화력을 조절해 볶음 요리를 완성하는 원리다.

안산복합휴게소에서 사용되고 있는 **로봇웍**(사진 풀무원푸드앤컬처)

안산복합휴게소는 '기송관'을 통해 꼬마김밥을 캡슐에 담아 전달하는 이색 무인 배송 서비스도 제공해 이용객의 즐거움을 더했다. 그 밖에도 커피 전문 드라이브 스루 및 로봇 바리스타 시스템을 설치해 시간에 구애받지 않고 카페의 커피를 24시간 제공하는 등 디지털 기술을 활용한 언택트 서비스를 선보이고 있다.

부산식 국밥 '대건명가' 밀키트 제품으로 이름을 알린 프론티어식품은 밀키트의 뛰어난 품질을 바탕으로 부산 송정해수욕장 인근 '대건명가 송정플래그샵'에 24시 '콜드팬트리' 매장을 선보였다. 무인 매장인 이곳에서는 키오스크에서 메뉴를 선택하고,

밴딩 머신에서 나온 음식을 매장 내에 비치된 인덕션에서 데워 먹는 시스템으로 운영되고 있다. 이를 통해 최근 무인 국밥 편의점 콘셉트를 접목하기에 최적의 장소인 휴게소에도 진출했다. KR산업과 협력해 횡성휴게소(강릉 방향)와 입장휴게소(서울 방향)에 '무인 24시 국밥 편의점 서비스'를 도입한 것. 냉동 국밥 스마트 밴딩 머신을 통해 제공받은 국밥을 데워 먹는 것과 더불어 무인 셀프 주방에서 고객이 직접 국밥과 라면 등 다양한 메뉴를 손쉽게 조리할 수 있는 시스템을 취하고 있다. 특히 24시간 운영하기에 야간 운전자들에게 간편한 식사 대안이 되고, 자동화된 시스템을 통해 편리하게 합리적인 가격으로 제공된다는 점이 소비자에게 어필할 것으로 보인다.

AI 셰프 그릴 로봇 안디가 선보인 호텔 안다즈 서울의 메뉴

서울 강남 압구정역에 위치한 호텔 안다즈 서울 강남은 AI 셰프 그릴 로봇 '안디(ANDI)'를 활용한 신메뉴 3종을 선보였다. 안디는 푸드테크 기업 비욘드허니컴과 KT가 합작해 개발한 로봇으로, 전문 셰프의 조리법을 AI 학습을 통해 동일하게 구현해 요리하는 쿠킹 로봇이다. 특급 호텔업계에서는 선도적 시도로 평가받고 있다. 이 로봇은 호텔 셰프가 최상의 품질로 조리한 스테이크, 닭가슴살, 채소 등을 분자 센서로 정확하게 분석해 조리함으로써 맛을 동일하게 구현하는 것이 특징이다. 비욘드허니컴은 프리미엄 삼겹살 외식 브랜드 '하남돼지집'과도 MOU를 맺고 고기 초벌 로봇을 개발하고 있다. 하남돼지집의 시그니처인 500℃의 고온 초벌 기법부터 원육 품질 유지 프로세스, 서비스 방법 등을 토대로 AI를 접목해 국내 대표 외식 메뉴인 삼겹살 판매 업장에도 특이점을 불러올 전망이다.

로봇 바리스타는 공항이나, 터미널, 기차역, 병원 등 시간 제약 없이 영업할 수 있는 곳, 그리고 오피스 건물이나 코워킹 스페이스 같은 특정 고객층을 타깃으로 하는 곳, 속도나 공간 효율을 높여야 하는 카페 등 도입에 유리한 조건을 갖춘 입지를 중심으로 확장되고 있다.

경기 성남시 판교에 위치한 카카오 사옥에 자리한 '라운지엑스알'은 국내 최초로 사람과 로봇이 협동하는 카페 '라운지엑스'에서 선보인 무인형 로봇 카페다. 24시간이라는 유연한 운영 시간과 더불어 로봇 바리스타인 '바리스브루'를 통해 효율적으로 운영되고 있다. 동시에 6잔까지 제조하는 병렬 제조 방식으로 약 45초마다 커피 1잔을 제조하며, 최대 24잔까지 픽업 존에 둘 수 있어 사람들이 몰리는 피크 시간대에도 여유 있는 영업이 가능하다. 2017년 월드 커피 바리스타 챔피언십에서 우승한 강민서 바리스타가 설정한 레시피와 커피 제조 단계를 그대로 거쳐 음료를 제조하기에 퀄리티 또한 수준급이라는 평이다. AI 로봇 기술을 적용해 서비스 수준도 높였다. 인사 모션으로 고객을 맞이하고 디스플레이와 스마트 픽업대를 통해 주문 현황을 안내하는 등 보다 고차원적인 서비스 영역을 커버하며 고객 만족도를 높이고 있다.

'두산로보틱스'는 국내 커피 프랜차이즈 '메가MGC커피'에 특화된 협동 로봇 솔루션을 공급하는데, 시범 운영을 거친 뒤 확장 단계에 있다. 기존 매장 내 커피 제조 공간 구조를 그대로 활용하면서 직원 동선을 최소화하고, 그라인더 및 반자동 커피 머신과 연계해 협동 로봇이 에스프레소를 추출할 수 있도록 했다. 특히 에스프레소를 추출하면서 다음 추출을 준비하는 연속 동작이 가능해 피크 시간대의 음료 제공 속도와 노동 효율을 높이고 맛의 일관성을 유지할 수 있다는 것이 장점이다. 이러한 로봇 바리스타의 도입은 향후 커피 프랜차이즈업계의 흔한 풍경이 될 수 있다는 예측도 가능하다.

AI 바리스타가 탑재된 커피 로봇을 개발하는 국내 기업 '플레토로보틱스'는 F&B 업종에서 가장 큰 어려움이 인력 관리라는 점에 착안해 자동화 시스템을 도입한 커피 로봇 개발에 집중했고, AI 바리스타 로봇 '해피본즈'를 선보였다. 해피본즈는 단지 기록된 값의 레시피대로 추출만 하는 '자판기'나 다를 바 없는 로봇이 아니다. AI를 탑재해 원두 상태와 온도, 습도 등 환경을 분석하고 상황에 따라 추출 방법을 달리하면서 최적의 상태로 커피를 추출한다. 데이터베이스 딥 러닝을 통해 자체 AI 알고리즘을 만들어 적용했다.

AI 바리스타가 탑재된 로봇을 개발하는 플레토 로보틱스

플레토로보틱스는 최근 사람과 로봇이 협동할 수 있는 카페 시스템 '카페지노(Cafe Zinho)'를 선보이기도 했다. 바리스타가 음성을 통해 AI에게 지시하면, 로봇이 원하는 메뉴를 제조해 고객에게 전달하는 협동형 시스템으로 3~4명이 필요한 구조를 한 명으로 줄일 수 있는 솔루션이다. 최근 늘어나고 있는 저가형 프랜차이즈 브랜드 시스템에 도입하기도 적절하기 때문에 해당 시스템을 통한 새로운 혁신 브랜드의 탄생도 기대해볼 수 있을 듯하다.

'스마트팜' to 테이블(Smart Farm to Table)

기후변화로 인해 가장 크게 영향을 받은 분야는 바로 농업이다. 폭염, 극심한 가뭄, 홍수 및 기타 기후 조건은 토양의 자연적 생산성을 제한해 작물 수확량에 큰 피해를 입혔으며, 여기에 팬데믹으로 인한 봉쇄와 전쟁으로 인한 수급 불안정은 식재료비 상승으로 이어졌고, 외식업계는 그 영향을 그대로 떠안았다. 그에 따라 식문화의 근간이 되는 식재료를 생산하는 '농업'의 중요성이 강조되고 있다. 농업이 국가 경제에 미치는 영향이 갈수록 커질 것이라는 인식이 강화되면서 푸드테크 업계에서도 기술을 통해 농업이 처한 어려움을 극복하기 위한 다양한 시도가 이어지고 있다.

'스마트팜'은 이러한 농업 기반 문제를 해결하고 농업 생산성을 높이기 위해 현대 기술을 접목한 새로운 농업 기술, 혹은 농장을 뜻한다. IoT, AI, 로봇, 드론, 빅데이터 분석, 자동화 설비 같은 다양한 첨단 기술을 통합해 농장을 운영한다. 국내 스마트팜 기술은 유망 수출 품목이기도 하다. 최근 외식업계에서도 스마트팜 시스템의 도입에 주목하는 업장들이 늘어나고 있다. 스마트팜을 통해 재료를 수급하거나 아예 매장 내에 스마트팜을 두어 볼거리를 제공하면서 고객들이 먹는 식재료의 근원을 인지시키기도 한다. 이처럼 외식업체들이 스마트팜을 도입하는 배경은 신선하고 안전한 식재료의 안정적인 공급, 식재료 원산지와 생산과정의 투명한 관리, 운영 효율성 증대 및 비용 절감, 차별화된 경쟁력 확보와 브랜드 이미지 향상 등의 긍정적 효과를 기대할 수 있어서다.

충북 진천에 위치한 '룻스퀘어(Root Square)'는 농촌이라는 '공간', 농업이라는 '산업',

그리고 농촌에서의 '문화'를 아우르는 복합적인 요소를 고려해 훗날 농업을 이끌어갈 젊은 농업인의 필요를 충족시키는 기능을 수행하는 데에 최우선의 목적을 둔, 농업과 문화가 연결되는 복합 문화 공간이다. 이곳은 스마트팜 농업 회사인 만나씨이에이(Manna CEA)가 운영하는 곳으로 스마트팜 농장은 물론 숙박 시설, 레스토랑과 카페, 공연장, 마켓 등을 갖췄으며, 온실 정원에서는 싱그러운 채소가 꽃밭처럼 펼쳐져 자라고 있다. 내부 외식 공간에서는 스마트팜에서 키운 농산물을 활용한 샐러드와 파스타, 리소토 등의 다양한 메뉴를 즐길 수 있도록 했으며, 공간 내 모든 조경을 먹을 수 있는 식물로 했다는 점도 이채롭다.

룹스퀘어는 스마트팜을 전시의 영역으로 확장했을 뿐 아니라 도시가 전달하지 못하는 즐거움, 여유, 문화를 농촌 스타일로 재해석해 보여줌으로써 농업 자체를 일상 가까이에 두고 문화의 대상으로 향유하도록 했다. 향후에는 물고기 양식과 수경 재배를 접목한 아쿠아포닉스(Aquaponic) 기술을 활용해 키우는 쏘가리, 장어, 철갑상어 등의 수산물을 활용한 메뉴도 내부 레스토랑에서 선보일 계획이다.

충북 진천의 룹스퀘어, 스마트팜 시설을 조경으로 활용한다
(사진_업체 제공)

최근 현대자동차그룹은 싱가포르에 한식 레스토랑 '나오(Na Oh)'를 열었다. 스마트팜에서 로보틱스 기술로 재배한 채소를 메뉴에 활용해 방문객들에게 새로운 경험을 제공하고, 현지인들과의 접점을 늘려가기 위한 공간으로, 미국 샌프란시스코의 미쉐린 3스타 셰프 코리 리(Corey Lee)와 협업했다. 현장에서 직접 재배한 채소와 전통 방식으로

현대자동차그룹이 코리 리 셰프와 협업해 싱가포르에 오픈한 한식당 나오, 스마트팜에서 재배한 채소를 메뉴 일부에 사용한다(사진_업체 제공)

발효한 장류를 사용해 삼계탕, 냉면, 수육 등 전통 한식을 현대적으로 재해석해 선보인다. 레스토랑 내 두 곳의 스마트 농장은 매일 신선한 채소를 공급하며 미래 지향적인 기술을 도입해 자연과 기술의 조화를 선사한다.

디저트에 주로 쓰이는 딸기의 스마트 농법 생산을 선도하는 국내 스타트업 기업 '넥스트온'은 차별화된 인도어 팜(Indoor Farm) 기술로 안전하고 건강하게 키운 작물을 1년 내내 균일한 품질로 생산한다. 특히 국내산 고품질, 신품종 딸기를 실내 언더그라운드 식물 공장에서 벌이 수정하는 방식으로 시설 재배하는 기술을 개발해 연 10회 이상 연중 수확이 가능한 인도어 팜 시스템을 구축해냈다. 이에 SPC그룹의 '파리크라상'과 '청정 농산물 관련 사업 공동협력을 위한 협약'을 체결하고 여름철에도 스마트 팜의 고품질 딸기를 안정적으로 공급받아 관련 제품을 소비자들에게 선보인다. 이처럼 외식업계에서 스마트팜 시스템을 도입하는 것은 단순히 식재료를 공급받는 것을 넘어 식품 안전, 품질, 그리고 브랜드 이미지를 향상시키는 데 기여하며 스마트팜은 외식업계의 지속 가능한 성장을 위한 핵심적인 기술로 자리매김하고 있다.

＊파트 3 '최적화 외식'의 '지구적으로 사고하는 '기후 미식'… 윤리적 최적화'와 파트 7 '카페 & 디저트 트렌드'의 'Trick or 'Re-treat!...디저트 업사이클링'에서는 푸드테크의 한 갈래인 대체 식품, 친환경 패키지, 자원의 업사이클링에 대한 내용을 포함하고 있습니다.

CHAPTER 6

한식의 뉴 헤리티지

2025
대한민국을
이끄는
외식트렌드

1. 전통과 혁신의 조화, 한식의 뉴 헤리티지 ——— 209
2. K-외식, 글로벌 시장에서 한식의 미래를 열다 ——— 238

introduction

한식의
뉴 헤리티지

글로벌 한류 열풍 속에서 한식의 입지도 확연히 달라졌다. 불닭볶음면 품절 대란, 미국 대형 마트의 냉동 김밥 오픈 런, 뉴욕·런던·파리 등 세계적인 도시에서의 한식 레스토랑 호황 등 이토록 한식이 주목받은 적이 있었던가 싶을 정도다. 한식의 인기 배경에는 한류 콘텐츠와 K-팝 등 대중문화 분야의 활약이 있다. 영화 〈기생충〉이 '짜파게티'를 먹고 싶게 만들고 BTS 정국이 좋아하는 치킨 맛을 궁금하게 하는 등 한류 콘텐츠를 통해 생긴 한국에 대한 긍정적 이미지가 한식에 대한 호기심까지 불러일으키는 커다란 역할을 했다. 물론 현재 한류의 대세적 흐름 저변에는 세계 각지에서 양질의 한식 토양을 닦아온 한식당과 셰프들, 식품 기업들의 노력이 있었다. 그리고 한국에 세계적 관심이 집중되는 시기가 오자 이것이 폭발적인 시너지를 만들어냈다고 볼 수 있다. 그전까지는 한식을 알리기 위한 지속적 시도와 유의미한 성과는 있었지만 글로벌 외식 시장 속에서 한식이 결코 대중적인 카테고리라고는 할 수 없었던 것이 사실이다. 최근 한식 열풍의 가장 긍정적 측면은 마트에서 구매하는 라면·과자 같은 식품에서부터 떡볶이·삼겹살·핫도그·국밥 등의 캐주얼 음식, 그리고 파인다이닝에 이르기까지 입체적인 성장을 이루고 있다는 점이다.

하지만 한국의 문화적 성과가 꽃을 피우는 시대의 중심에 있는 한국 젊은 세대는 대중문화와 한식이 세계적 주목을 받는 것이나 낮은 범죄율 등의 성숙한 국민성에 대해 자부심을 지니고 있는 한편 그와 동시에 '헬조선'을 외치기도 하는 양면성을 보인다. 한국을 우리 스스로는 비판할 수 있지만, 타인의 비판은 참지 못하는 유별난 국민 정서는 새로운 세대에도 여전히 유효한 듯하다. 최근 K-푸드가 문화 콘텐츠의 영향으로 글로벌 시장에서 급성장하면서 한식에 대한 자부심과 애착 또한 높아지고 있다. 〈서진이네〉와 〈어서와 한국은 처음이지〉 등의 예능 프로그램을 통해 한식을 접한 외국인들의 반응이 주목을 끌거나 유튜브 등의 채널을 통해 한국을 방문한 외국인들의 한국 체험 리뷰 영상이 화제를 모으고, 외국인의 한식 신제품 리뷰나 먹방 등 다양한 형태의 콘텐츠가 자발적으로 생산되는 등 한식의 글로벌 영향력은 버프(Buff: 강화 효과, 특정 능력치나 효과를 상승시키는 효과)를 통해서 꾸준한 바이럴을 만들어내고 있다.

2023년 한식진흥원에서 실시한 '해외 한식 소비자 조사'에 따르면, 지난 5년간 한식에 대한 외국인들의 만족도는 90% 이상을 유지하고 있으며, 미국과 유럽의 각 여론 조사 매체에서 글로벌 식품 트렌드 키워드로 나란히 한식을 꼽기도 했다. 이에 농림수산식품부는 오는 2027년까지 세계 한식 산업 규모를 300조원 수준으로 성장시키겠다는 '한식 산업 글로벌 경쟁력 강화 전략'을 발표하기도 했다. 이러한 한식의 인기가 잠깐의 유행이 아닌 일식, 중식같이 보다 대중적인 포지션으로 자리 잡기 위해서는 지금부터가 더욱 중요하다. 보다 전략적으로 접근한 브랜딩과 마케팅이 수반되어야 하며, 지속 가능한 성장을 위해 맛의 본질을 가다듬고 한식의 새로움이 사그라들 때 친숙하면서 중독적인 맛으로 꾸준히 현지의 일상에 자연스럽게 스며들 수 있도록 각각 현지에 맞는 현지화 전략이 필요하다.

이를 위해서는 한식의 특성과 전통 아래 현세대에 맞는 진화가 동시에 이루어져야 한다. 이를 '한식의 뉴 헤리티지' 구축이라 표현할 수 있겠다. 여기서 뉴 헤리티지란 전통적인 한식의 고유한 유산, 즉 한식의 헤리티지(Heritage)가 가진 뿌리와 근원적인 특성은 유지하되, 새로운 식재료나 방법의 도입을 통해 세계인의 입맛과 문화에 맞춘 창의적이고 혁신적인 변화를 이끌어내는 것을 의미한다.

1. 전통과 혁신의 조화, 한식의 뉴 헤리티지

국내 외식 시장에서 50% 이상을 차지하는 업종인 한식당은 외식 산업의 발전과 함께 진화해오며 다양성과 한식만의 독특한 문화를 만들어내며 지금과 같은 한식 열풍을 이끌어낸 근간이다. 과거에는 일상의 식사를 해결하는 내식과 이벤트의 영역에 가까운 외식의 차이가 분명했다. 하지만 시대의 흐름과 함께 내식의 비중이 줄고 일상에서 외식 비중은 날로 커짐에 따라 오늘의 한식은 보다 다채로운 형태로 분화하고 있다. 전통 그대로의 한식, 사라져가는 요소를 발굴해 시대에 맞게 복원한 한식, 전통의 조리법에 새로운 기법을 도입한 한식, 과거에는 없던 현대의 식재료를 접목한 한식 등 외식업에서 이뤄지는 다채로운 시도는 한식의 잠재력을 끌어올렸다. 김치, 비빔밥, 불고기 등 몇몇 요리 정도로만 대표되던 한식의 다각적인 요소가 부각되고, 다양한 식재료와 조리법, 특유의 식문화에 이르기까지 한식의 콘텐츠가 풍부해지면서 글로벌 한식 열풍의 지속성을 위한 밑거름이 되었다.

한국 스타일의 카페 문화나 한국식으로 재해석된 베이커리, 디저트가 역으로 글로벌 현지 시장으로 진출하는 등 한국에 들어와 '한국화'된 외식 모델과 외식 메뉴가 인기를 얻는 사례도 늘어나고 있다. 한식뿐만 아니라 한국의 외식 시장 자체가 트렌디한 시장으로 주목받게 된 것은 한식을 비롯한 다양한 문화권의 음식을 요즘의 언어로 다듬고 브랜딩과 마케팅 기법을 활용하는 능력이 탁월한 외식업 전문가들의 활약이 보태진 결과다. 또한 지금 세대는 음식을 받아들일 때 식재료의 조화와 맛의 밸런스 같은 맛의 본질과 콘셉트, 브랜딩 요소 등 다양한 경험적 요소에 집중하고 문화적 포용력이 넓다는 특징이 있다. 그래서 과거에는 미국에 가면 "OO햄버거를 꼭 먹어야 한다"거나 "프랑스에 가면 OO빵집을 가야 한다"거나 하는 공식이 있었지만 지금은 특정 나라의 음식을 경험하는 것보다 현시점에 가장 트렌디한 것, 같은 알고리즘을 공유하는 사람들이 생산하는 최신 정보를 실시간을 받아들이고 이를 통해 도출된 장소와 대상을 소비하기에 더욱 시대적이고 가변적이다.

최근 국내 외식 신에서 주목받고 있는 한식은 전통과 식재료 대해서는 보다 심도 깊게 탐구하면서도 이를 표현하는 방식은 시대적이고 가변적인 소비자 특성에 맞게 현대의 감각을 따른다는 특징을 보인다. 한식 자체가 바뀌었다기보다 표현하는 방식이

보다 다양하고 현대화되었다고 볼 수 있다. 세월의 흐름에 따라 식문화와 식탁 위의 식재료가 바뀌어왔듯 이를 제공하는 요리사와 향유하는 소비자의 세대 특성이 달라진 점이 새로운 세대의 한식 문화가 펼쳐지게 된 가장 큰 이유라 하겠다.

과거에 비해 해외 경험을 한 셰프가 많아지면서 전 세계적인 음식 트렌드의 접목이나 글로벌화의 영향도 많이 받고 있다. 그래서 한식을 하더라도 다양하고 새로운 조리 기법을 도입해 전 세계인이 공감할 수 있는 맛을 만들어내고, 이는 한국 음식이 더 넓은 시장에서 경쟁력을 갖춰 세계인의 입맛에 맞는 요리로 성장하는 데 중요한 역할을 하고 있다. 덧붙여 더 이상 전통만을 고수하기보다는 전통에 기반한 새로운 해석과 창조를 통해 자신만의 독창적인 요리를 선보이는 것이 경쟁력이 되었고, 이러한 요리들은 고급 레스토랑과 대중적인 공간을 아우르는 공감을 이끌어내며 전통을 재해석하는 새로운 한식의 모습을 보여주고 있다.

2023년 <뉴욕 타임스>의 음식비평가 피터 웰스는 "한국의 셰프들이 뉴욕의 가장 유명한 고급 레스토랑을 석권하며 수십 년 동안 이어진 프랑스 요리의 패권을 끝냈다"라며 '한국 레스토랑이 뉴욕 파인다이닝을 재창조한 방법'이라는 특집 기사에 한 면 전체를 할애했다. 그동안 미식 신을 주도해온 전통적인 유럽 음식은 전통과 세월이 주는 무게감, 방대한 스토리가 있지만 다소 지루해졌을지도 모른다. 그런 가운데 요즘의 한식은 세계 미식사에 역동적이고 한 번도 경험해보지 못한 신대륙을 발견한 듯한 신선함과 설렘을 세계의 식탁에 선사하고 있다.

한식, 맑은 국물에 빠지다

최근 한식 중에서도 가장 주목받는 아이템 중 하나인 '돼지곰탕'은 기존의 한식 국밥과는 확실하게 차별화된 요소가 있다. 탕기에 투명하고 담백한 맑은 국물, 그리고 뽀얗게 삶은 얇은 수육을 얹어 내는 것이 대표적인 비주얼이다. 이 돼지곰탕의 국물은 뽀얀 사골곰탕이나 소고기를 고아낸 맑은 국물의 나주곰탕식, 또는 소위 서울식 곰탕이라 부르는 '하동관' 스타일 곰탕과도 다르고 부산, 경남 지역에서 흔히 먹는 돼지국밥과도 다르다. 기존에 있었을 법한 메뉴지만 의외로 외식에서 하나의 장르로서 분화

맑은 돼지곰탕 유행을 선도한 옥동식(사진_업체 제공)

된 적은 없었다.

돼지곰탕의 유행을 선도한 '옥동식'은 2017년 서울 마포구 서교동에서 바 형태의 테이블을 놓고 셰프가 혼자 운영하는 작은 가게로 시작했다. 식사로는 오로지 돼지곰탕 한 가지만을 판매하고 사이드로는 김치만두와 잔술이 있다. 육향이 짙고 감칠맛이 있어 국물 요리에 강점이 있는 버크셔K(국내산 순종 흑돼지) 품종의 대중화도 돼지곰탕 유행을 주도한 핵심 축이다. 돼지고기 전지, 후지를 골고루 사용해 담백한 맛을 뽑아내는데 주로 족발이나 볶음, 찌개 등에 사용되던 부위를 주연으로 끌어올려 활용 범위를 넓혔다는 것도 의미가 있다.

어찌 보면 모험이었을지 모르는 생소한 메뉴였지만 젊은 1인 고객이 많은 홍대 상권에서 이 맑은 돼지곰탕은 담백한 맛과 소곰탕 대비 저렴한 가격으로 금세 대중에게 스며들었다. 그러다 2018년 <미쉐린 가이드> 빕 그루망에 등재된 것이 각종 언론을 통해 조명되며 옥동식 돼지곰탕의 미식적 가치가 대중에게 각인되는 계기가 됐다. 그 후 도전적인 뉴욕에 진출한 데 이어 <뉴욕 타임스> 올해의 음식으로 선정되는 쾌거를 이루며 현지의 인기와 관심이 높아졌고, 말 그대로 '예약하기 어려운 식당'이 됐다. <뉴욕 타임스> 같은 메이저 언론에 소속된 미식평론가의 평가는 미국 시장 내에서 <미쉐린 가이드> 이상의 영향력이 있다는 면에서 매우 고무적인 일이다. 옥동식은 2024년 프랑스 파리에서 팝업 스토어를 열며 유럽 시장 진출을 앞두고 있다.

글로벌 트렌드의 중심이라 할 수 있는 세계적 도시에서 모방이 어렵고 대중성이 떨어지는 파인다이닝 분야가 아니라 너무나 친숙한 '곰탕'이 주목받으면서 그 영향으로 국내 외식 신에서도 돼지곰탕에 대한 연구와 전파 속도가 급물살을 탔다. 국내에서 유행하는 아이템이나 외식 브랜드가 해외에 진출하기도 하지만 해외에서 유행한 '한식 아이템'이 국내시장에 역으로 영향을 끼치는 것은 그만큼 정보의 속도가 빠르고 국경 없이 트렌드를 받아들이는 현재 소비 풍토가 드러나는 지점이다.

옥동식과 마찬가지로 2017년 오픈한 서울 종로구 '광화문국밥'도 흑돼지 엉덩이살과 듀록 돼지 어깨살로만 맛을 내는 서울의 대표적인 맑은 돼지국밥집이다. '글 쓰는 요리사' 박찬일 셰프가 운영하는 곳으로 맑은 국물에 푸짐한 고기 고명과 부추를 얹어 내며 군더더기 없이 담백한 국물은 호불호 없는 맛을 낸다. 요즘의 소비자들이 '세련된 국물'이라고 여기는 지점과 정확히 맞닿아 있는 국물로 우수 품종의 돼지고기를 사용한 맑은 돼지국밥을 일찍이 선보이며 좋은 길잡이가 됐다.

비교적 최근에 생긴 돼지곰탕(국밥)집들은 앞서 소개한 식당들과 궤를 같이한다. 서울 종로구 북촌의 '안암'은 앞서 얘기한 대로 한식의 뿌리에 현대의 식재료 터치를 가미한 대표적인 사례다. 뽀얀 국물에 토렴한 쌀밥을 담아 제공하는 돼지국밥을 전문으로 선보이며 스페인산 듀록 돼지의 등갈비에 통목살을 얇게 저민 고기 고명을 얹어 낸다. 독특한 점은 청양고추와 케일(혹은 비름나물)로 만든 초록색 기름을 국

가게만의 모던한 터치를 가미한
북촌 안암의 돼지국밥(사진_업체 제공)

물에 얹어 단조롭지 않은 풍미를 내며 취향에 따라 고수를 얹어 즐길 수 있도록 했다는 것. 이미 많은 사람이 쌀국수의 담백한 국물과 고수의 조화에 익숙한 만큼 잘 어울리는 궁합이다. 사이드로 나오는 제육도 프렌치 요리에서 유래한 수비드 조리법을 활용해 만든 것이며 곁들이로는 라임을 함께 제공한다.

서울 성동구 성수동에 자리한 맑은 돼지곰탕 전문점 '돼지곰탕하우'는 토렴식 온반 스타일의 곰탕을 내며 문경 약돌돼지를 맑게 우려내고, 이곳만의 특제 오일을 더해 맛의 깊이를 더했다. 고명으로 쪽파와 톳을 더했으며 쫀득한 식감이 일품이다. 일명 '쫄대기살'이라 불리는 돼지고기 사태 수육과 함께 즐겨도 좋다. 깊게 우린 육수의 강점을 살린 냉면도 인기가 좋으며, 한국 전통 탁주에 레몬 리큐어를 더한 레몬 탁주까지 메뉴 구성이 탄탄하다.

서울 종로구 익선동에 자리한 '송암온반'은 상호에서 알 수 있듯 맑고 따뜻한 돼지고기 육수에 밥을 말아 고기 고명을 얹어 내는 온반을 전문으로 선보이는 곳이다. 육회 물회, 평양식 밀면, 전통주 등 외국인 관광객이 많은 상권에서 전통의 맛을 현대적인

감각으로 재해석한 한식을 선보인다.

서울 용산구 용산역 인근의 '백랑'은 프렌치 비스트로 '메종루블랑'을 운영하는 셰프가 차린 국밥 전문점이다. 쫄깃한 식감의 제주 흑돼지 난축맛돈을 사용하는데 프렌치 셰프답게 수비드 조리법을 응용해 고기를 조리한다. 뼈와 고기를 블렌딩한 맑은 육수에 뒷다리살을 올린 국밥을 기본으로, 앞다리살 수육과 항정살 수육을 고명으로 더해 차별화를 두었다.

서울 성동구 성수동 '돈골약방'은 백수오, 음양곽, 야관문, 복분자 등 네 가지 한약재를 국내산 한돈과 함께 푹 우린 육수를 베이스로 한 맑은 돼지곰탕을 선보이는 곳으로 향긋한 미나리와 야들야들 윤기가 도는 푸짐한 양의 수육 고명이 특색 있다.

2024년 <미쉐린 가이드 부산>이 첫 공개되면서 부산의 대표 향토 음식인 돼지국밥 전문점 중 어떤 곳이 선정되는지에 귀추가 주목된 바 있다. 주인공은 부산 남구 용호동의 '합천국밥집'이었는데, 일반적으로 알고 있는 부산 돼지국밥보다 한층 맑은 국물이 특징이다. 따로국밥을 주문하면 친근한 쟁반에 공깃밥과 김치, 양념 부추, 새우젓이 나오며 특유의 고기 토렴 노하우로 돼지고기의 잡내를 없애고 풍미를 살려 호불호가 적다.

맑은 돼지곰탕의 인기와 더불어 본디 맑은 육수가 특징인 닭곰탕과 맑은 한우곰탕도 재발견 또는 재탄생되고 있다. 서울 성동구 성수동의 '계월'은 이름처럼 닭을 주재료로 맑은 곰탕을 선보이는 곳이다. 달빛이 비치는 맑고 잔잔한 호수의 느낌과 밝고 투명한 달빛의 느낌을 닭곰탕의 한 그릇에 담아낸다는 의미. 기름을 걷어낸 맑은 육수에 저온 조리하며 부드러운 닭가슴살 고명과 얼갈이배추를 얹어 낸다. 깔끔하고 현대적인 분위기의 매장과 담음새가 감각적이다.

서울 마포구 합정역 인근 '연가정'은 닭과 멸치로 오랜 시간 우려낸 진하고 맑은 육수를 베이스로 곰탕과 칼국수 등을 선보이는 곳이다. 전통 한식을 현대식으로 연구해 정성스러운 한 그릇 요리로 재탄생시키는 공간. 인근의 '합정옥'은 맑은 육수 곰탕 하면 떠올리는 대표적인 한우곰탕집이다. 시아버지께서 손수 끓여 드시던 맛을 기본으로 가정에서 정성스럽게 끓인 곰탕 맛을 낸다. 국내산 암소의 양지와 사골로 낸 국물에 큼지막한 고기와 내포가 가득 들어 있다.

모던 한식 파인다이닝의 선구자로 불리는 '정식당' 임성식 셰프도 최근 서울 강남구 신사동에 '곰탕랩'을 열었다. 우족, 사골, 우두, 꼬리, 스지(힘줄)를 10시간 이상 직접 우려내어 만든 곰탕랩의 시그니처 메뉴 콜라겐사골곰탕과 고기곰탕, 얼큰한 양곰탕, 그리고 육향 가득한 평양냉면까지 한식 국물 요리의 진수를 선사한다.

서울 관악구 신림동 '미안'은 베트남 대표 음식인 쌀국수를 주력으로 하지만 육수의 근원은 한식에 두는 곳이다. 건강을 고려한 적당한 염도와 차돌양지의 적절한 지방감, 단백질에서 나오는 풍미를 담은 육수를 베이스로 스지(힘줄), 깐양(소 위)의 쫄깃함을 살린 고명의 밸런스를 경험할 수 있다. 쌀국수와 온반을 대표 메뉴로 선보이며 한식의 정갈함을 담은 담음새와 한산소곡주, 안동소주 등 전통주와의 어울림을 제안한다.

이처럼 외식업계에서 접근성이 높고 코스트도 안정적이라 대중화된 외식 모델로 자리 잡은 것이 곰탕이다. 특히 맑은 한우곰탕은 서울식 곰탕, 혹은 나주식 곰탕을 내걸고 있는 노포들도 많고 한우 전문점 등 고깃집에서 점심 메뉴로 선보이는 경우도 많다. 하지만 최근에는 이런 '아재들의 성지' 느낌이 아니라 젊은 층에게 어필하는 공간으로 인식되는 점이 주목할 만하다. 장인 정신을 담은 육수를 비롯해 고명, 담음새, 조리법, 공간 등을 차별화해 전통의 장르에 현대적 감각을 더함으로써 곰탕의 새로운 장르를 열어가고 있다.

현재 외식업 시장 상황이 녹록지 않은 것도 곰탕이 활성화된 요인으로 작용했다. 각종 비용 상승 여파로 최근 생기는 곰탕집은 바 형태의 작은 식당에서 셰프 1~2인이 운

정식당 임정식 셰프가 선보인 곰탕랩(사진_업체 제공)

관악구 미안은 베트남 쌀국수와 곰탕을 결합한 한국식 쌀국수 및 온반을 선보인다

영하는 형태가 비교적 많은데, 이는 영업을 위한 공간과 인력을 최소화할 수 있고 그만큼 리스크를 줄일 수 있기 때문이다. 주문은 바 너머로 직접 하거나 키오스크를 이용한다. 영업 전에 육수를 마련해놓으면 바로 제공이 가능한 만큼 회전율이 빠르다는 것도 장점이다. 또한 고기 등 주재료를 공유해 수육, 전골, 무침 등의 저녁 안주 메뉴로 호환 가능해 운영 효율을 높일 수 있다는 점, 배달 및 포장 메뉴의 범용성이 높고 브랜드나 셰프의 유명세에 따라 간편식(HMR) 제품으로의 전환이 용이하다는 점도 육수 베이스의 외식 모델이 현재 외식 시장에서 빠르게 늘어나고 있는 이유라 할 수 있다. 이러한 흐름에 따라 향후 보다 다양한 형태의 곰탕 메뉴와 브랜드의 등장도 기대해볼 수 있을 것 같다.

평양냉면 전통파 vs. 신흥 강자

따뜻한 맑은 육수 이전에 '차가운 맑은 육수'는 한발 먼저 '미식가들의 음식'이라는 타이틀을 얻었다. 그 주인공은 언제나 화제와 논쟁의 중심에 있는 '평양냉면'이다. 평양냉면은 일반 냉면과 달리 국물이 담백하고 거친 면발이 특징인 음식으로 호불호를 불러일으키는 독특한 국물 맛은 대중적이기보다는 오히려 '마니악'한 면이 있다. 그 덕분에 미식가의 음식이라는 프레임을 갖고 있는 것과 함께 언제나 갑론을박의 중심에 서 있기도 한 음식이다. 마니아들은 평양냉면을 맛있게 느끼는 사람은 미식가고, 흡사 '걸레 빤 물 같다'는 표현을 하며 어려워하는 이들을 '맛알못(맛을 잘 모르는 사람)' 취급을 하기도 한다. 개인 입맛일 뿐인 냉면 취향으로 중수, 하수를 가르기도 하고, 유명 냉면집의 순위를 매기기도 하며, 마치 무협지처럼 '문파'를 구별해 먹으면서 이를 선호하는 경향을 과격하게 드러내기도 한다. 물론 '유난스러운' 선호가 있다면 극단적인 불호도 따른다. 평양냉면이 누구나 먹어도 무난한 맛이었다면 아마도 이만큼의 화제성을 지닌 음식이 되지는 못했을 것이다.

그냥 냉면이 아닌, 평양냉면 자체가 시끌벅적한 논쟁의 음식이다 보니 해마다 오르는 냉면값도 여름맞이 주요 이슈다. 2024년은 고물가의 영향으로 전체 외식 물가가 상승함에 따라 대부분의 냉면집도 가격 인상을 피할 수 없었다. 국제 곡물 가격이 상승하면서 상대적으로 저렴한 축에 속했던 면류 음식값이 전체적으로 인상되는 현상을 빗대어 '년플레이션'(면+인플레이션)이라는 신조어도 등장했다. 서울 주요 냉면집 기준으로 한 그릇에 1만5000원이 기본이 된 가격은 원재료 가격과 운영비 상승에 따른 필연적 현상이라 주장하지만, 일부에서는 과도한 상징성을 덧붙여 부풀려진 가격이라는 비판도 따른다.

가격 상승은 논란을 불러일으키지만, 동시에 음식의 가치를 높이는 요소로 작용해 더 많은 사람이 찾는 현상으로 나타나기도 했다. 서울 평양냉면의 역사가 된 종로, 중구 등 유명 냉면집 앞은 가격 부담을 감수하면서도 세월의 맛과 분위기를 좇아 찾아온 손님들로 영업 전부터 긴 줄이 늘어선다. 이 공간들은 단순히 '냉면 한 그릇'을 파는 기능적 의미를 넘어 여름을 상징하는 서울 올드 타운의 풍경으로 자리하고 있다. 미디어의 영향력도 크다. TV 프로그램이나 소셜 미디어를 통해 몇몇 평양냉면집이 유명인들의 '맛집'으로 소개되면서 더 많은 대중에게 알려진 것. 음식 문화가 단순한 식사를 넘어 경험 소비의 도구로 변화하면서 사람들은 고유의 문화적 가치가 있는 음식을 체험하고자 줄을 서는 것을 불사하게 되었다.

여러 화제의 요인이 있지만 평양냉면 자체는 단순한 생김새에 비해 이를 구성하는 육수, 면, 고명의 디테일에 따라 매우 큰 차이를 나타내기에 표준화가 어렵고 같은 가게라도 만드는 사람에 따라 맛이 달라지기에 모방이 어렵다. 이에 따라 손님들도 오래된 노하우와 면장(麵匠, 면의 장인)이 있는 전통의 노포들을 꾸준히 찾게 되는 것이다. 누구나 알고 있는 대표적인 평양냉면 노포로는 '우래옥', '평양면옥', '필동면옥', '을지면옥', '을밀대' 그리고 한우 명가에서 파생된 '봉피양' 등을 꼽는다. 그중에서도 우래옥파와 의정부파, 장충동파로 구분하는 '평냉집'의 갈래가 있고, 창업자의 자녀들에 의해 파생된 매장, 유명 노포에서 근무하던 직원이 독립해 차린 가게 등이 유명 냉면집의 계보를 이어가기도 한다. 이제 각 브랜드의 스토리나 매장별

'평냉 맛집' 하면 가장 먼저 거론되는 우래옥의 평양냉면

미묘한 차이 등은 냉면 마니아라면 기본 소양처럼 읊고 다니는 이야기가 됐다.
평양냉면이 수년간 업계 화제의 중심에서 깊이를 요하는 하나의 확고한 한식 장르가 되면서 외식업계에서 평양냉면의 맛과 면에 대한 대중적인 기준의 '표준화'가 이루어진 데다 수요가 높은 만큼 활발한 연구가 진행되었고, 새로운 셰프들에 의해 새롭게 재해석됨에 따라 최근에는 기존 노포뿐만 아니라 신흥 평양냉면 강자들도 속속 등장하고 있다. 이들은 노포와 같은 역사는 없지만 전문적 지식을 바탕으로 구축한 깊이와 퀄리티를 갖춘 메뉴, 친절한 서비스와 위생적인 환경, 독특한 공간과 독창적인 브랜딩 등 다양한 요소에 현대의 감수성과 감각을 녹여내면서 평양냉면 트렌드의 새로운 갈래를 만들어냈다.

서령의 평양냉면(사진_업체 제공)

서울 중구 숭례문 인근에 2024년 문을 연 '서령'은 오픈과 동시에 줄 서는 맛집으로 등극했다. 그도 그럴 것이 가게만 신인이지 지역에서 이미 정평이 난 20년 베테랑이 문을 연 냉면집이기 때문. 주인장은 강원도 홍천에서 유명한 '장원막국수' 창업자로 이후 강화도로 이주해 평양냉면 전문점을 열었다. 메밀 100% 순면 자체에 강점이 뚜렷해 평양냉면뿐 아니라 들기름 순면 등의 메뉴와 수육도 유명하다.

서울 강남구 삼성동 본점과 서초동에 2호점을 낸 '김인복의 광평'은 메밀의 본고장 제주 광평마을의 이름을 땄는데 이름에서처럼 제주 메밀과 식문화를 기반으로 평양냉면과 숯불구이를 선보인다. 면에는 일반 메밀과 제주 쓴 메밀을 블렌딩해 특유의 식감을 내며 메밀면에 들기름과 간장, 다시마 식초를 곁들여 먹는 '비비작작 골동냉면'도 특색 있다.

서울 강남구 신사동 '면서울'은 <미쉐린 가이드 서울>에서 1스타를 획득한 '윤서울' 김도윤 셰프가 오래도록 연구한 분야인 면을 기반으로 캐주얼 면 요리를 선보이는 곳이다. 통밀과 녹두, 백태만으로 뽑은 면은 그 자체로도 구수한 풍미를 내며 시원하고 깔끔한 국물의 밀냉면(한우찬면)을 비롯해 생들기름면, 고사리면 등 재료 본연의 특성에 집중할 수 있는 메뉴를 선보인다.

서울 영등포구 당산동 '서도냉면'은 불개 로고에서부터 젊은 감각이 묻어나는 신생 평양냉면집이다. 평안도에서 오신 할아버지와 명절날 함께 먹던 차가운 냉국수를 추억하며 만든 평양의 옛 지명 '서도'만의 냉면을 선보이는데 소고기를 진하게 우려낸 감칠맛 나는 육수와 메밀면에 무김치와 오이 고명을 곁들여 낸다.

서울 광진구 구의동 '진구정'은 자양동의 인기 와인 바 '고래바'의 대표가 문을 연 곳으로 주류에 강점이 있는 주인장이 낸 가게답게 냉면과 함께 다양한 주류의 페어링을 즐길 수 있는 곳이다. 삼겹살, 항정살, 양지 차돌, 목살로 구성된 수육에 명태회무침과 와사비를 함께 내는 것이 특색 있다. 'MZ 평냉집'으로 SNS상에서 이름난 곳이다.

서울 강남구 청담동의 신생 냉면집 '평양냉면 진청수 청담점'은 한국전쟁 당시 이북에서 넘어온 할아버지의 손맛을 이어가겠다는 신념을 담은 곳이다. 국내산 소고기로 우려낸 진한 육향의 맑은 육수와 매장에서 메밀과 전분을 최적의 비율로 직접 제면해 즉석으로 뽑아낸 면을 자랑한다. 과거의 맛을 이어가는 만큼 가게의 외관도 노포의 투박함을 담아 구현했다.

경기도 성남시 분당의 평양냉면집 '율평'은 철원에서 맷돌 제분으로 평양냉면을 선보였던 '철평'이 분당으로 이전해 새롭게 문을 연 곳이다. 제주라는 지역적 특색을 브랜딩에 잘 녹여낸 곳으로 현무암 맷돌을 이용해 제분한 100% 제주산 메밀로 순메밀면을 뽑아내며, 1++등급 한우 암소로 우려낸 풍부한 육향의 육수가 강점이다. 고명으로는 부드럽게 삶은 아롱사태를 올려낸다.

성남시 분당구 율평의 맷돌 제분 평양냉면(사진_업체 제공)

부산 수영구의 '백일평냉'은 냉면에 대한 열정을 담아 여러 시행착오 끝에 2024년 새로운 모습으로 오픈한 곳으로 의정부식과 장충동식 냉면을 모두 받아들여 이곳만의 스타일로 재해석해 선보인다. 하루 50세트 한정 판매하는 이북만두와 찬 수육, 얼음 컵에 소주를 부어 잔으로 판매하는 '짜배기'를 곁들이는 것도 이곳의 특색이다.

한식 어디까지 가는 거예요?

최근 한식은 전 세계적인 주목을 받으며 더 넓은 미식의 무대로 나아가고 있다. 전통적인 한식의 강점인 건강하고 자연 친화적인 재료, 발효 음식의 깊은 맛이 세계인의 입맛을 사로잡고 있는 가운데, 국내 외식 시장에서도 한식의 새로운 도전과 변신이 활발하게 일어나고 있다. 전통 한식을 기반으로 하되 현대적 감각과 세계 각국의 요리를 접목한 새로운 장르가 펼쳐지면서 젊은 세대의 취향과 맞물려 인기를 얻고 있다. 이러한 변화는 전통에 얽매이지 않고 새로운 시도를 통해 한식의 범위를 확장하고, 한식이 단순한 '전통 음식'의 틀을 벗어나 전 세계 미식 트렌드에 대응하는 데 기여하고 있다.

'모던 한식' 또는 '퓨전 한식' 장르로 표현되는 요즘의 한식은 전통에만 묶여 있지 않고 전통적인 한식 재료와 요리법을 ▲**현대적인 조리 기술과 해외 조리법의 응용**을 통해 새롭게 선보이는 게 특징이다. 또한 ▲**시각적 접근을 통해 재해석한 플레이팅** 등 현대적 감각과 글로벌 요소를 접목해 새롭게 발전시키는 흐름을 보여준다. 예를 들어, 된장으로 만든 퓨레를 고급 레스토랑의 소스로 활용하거나 비빔밥을 고급 재료로 재구성하고, 전통 발효 음식이나 김치, 된장 등을 현대적인 방식으로 가공하거나 해외 요리 기법을 접목해 새로운 경험을 제공하는 식이다.

단순한 식사에서 나아가 새로운 미식 경험을 제공하는 데 중점을 두고 맛뿐만 아니라 ▲**분위기, 공간 디자인, 서비스와 연결되는 브랜딩**을 통해 고객에게 특별한 경험을 선사하는 데에도 노력을 기울인다. 이를 통해 한식의 고급화, 세계화가 자연스럽게 이루어지며 경쟁력을 갖추는 계기를 마련하고 있다. 이러한 요리들은 전통과 관습에 얽매이지 않고 개성을 중요시하며, 모험적이고 새로운 경험을 추구하는 젊은 층에게 어필하고 있다.

한식의 중요한 요소인 ▲**지역성과 제철 재료의 활용**은 모던 한식에서도 중요한 역할을 한다. 지역 특산물이나 계절에 맞는 신선한 재료를 활용해 음식을 구성하며, 지속가능성과 로컬 푸드에 대한 관심이 증가하면서 이러한 식당들은 친환경적이거나 유기농 재료를 사용하는 것을 강점으로 내세우기도 한다. 또한 한식 주점의 유행과도 맞물려 기존의 반찬과 국을 곁들인 상차림 대신 다양한 맛을 한 접시 또는 쟁반에 담아내는 ▲한 그릇 플레이팅이나 ▲전통주와의 다채로운 페어링을 선보이는 것도 특싱이다.

다만 가장 한식다운 밥상인 '백반집'은 그 개체수가 점차 줄고 있다. 한식은 기본적으로 손이 많이 가는 장르다. 일반적으로 탕이나 국, 다양한 반찬을 기본으로 제공해야 하기에 원재료 비용과 품이 많이 들어가는 구조다. 따라서 인건비나 임대료, 물가 상승 속에서 반찬 가짓수를 유지하거나 가격을 낮게 책정하는 것이 어려워지고 있다. 그럼에도 백반의 장점 중 하나인 '저렴한 가격'에 대한 인식을 바꾸는 것도 쉽지 않기에 많은 백반 식당이 수익성을 확보하기 어려워 하나둘 문을 닫게 되는 것이다. 게다가 외식 시장의 다양화로 인해 소비자들이 더욱 다양한 선택지를 가지게 되면서 한식 내에서도 백반 같은 전통적인 메뉴보다 좀 더 창의적이고 세련된 한식을 선호하는 경향이 강해졌다. 이러한 메뉴에 높은 비용을 기꺼이 지불하는 소비 현상에 늘어남에 따라 어쩌면 지금은 한식의 기본적인 상차림이 변화하는 과정을 지나고 있는 것인지도 모른다.

서울 강남구 청담동의 '어슬청담'은 퓨전 한식과 한국의 전통주를 즐길 수 있는 한식 다이닝이다. 해가 진 직후의 '조금 어둑어둑한 무렵'을 의미하는 '어슬녘'부터 즐기기 좋은 음식과 술을 내어준다는 콘셉트로 파인다이닝에 몸담았던 이영원 셰프가 이끄는 곳이다. 버터에 구운 고사리장아찌와 고추기름 아이올리를 올린 한우육회비빔밥, 직접 짠 고소한 들기름과 명태회를 비벼 먹는 차가운 명태회들기름파스타 등 한국의 제철 식재료를 활용해 한식에 새로운 터치를 더한 일품 메뉴를 선보이며 28종에 이르는 전통주와의 페어링도 이곳의 강점이다.

서울 동작구 이수역 인근에 자리한 '낯선한식붓다'는 이름처럼 조금은 낯선 한식을 선보이는 요리 주점이다. 곱창과 순대가 들어가는 매콤한 크림스튜, 모차렐라 치즈와 눈꽃 치즈를 듬뿍 올려낸 김치전, 우삼겹미나리전 등의 퓨전 한식 요리를, 막걸리를 비롯한 250여 가지 전통주와 함께 선보인다.

서울 성동구 왕십리에 자리한 '주052'는 다양한 전통주와 한국적인 멋을 지닌 도자기 그리고 음식이 어우러진 공간이다. 052는 셰프들의 고향인 울산의 지역 번호다. 한식을 기반으로 톡톡 튀는 아이디어가 빛나는 창의적인 음식을 선보이며, 직접 빚은 누룩 소금으로 간을 한 052누룩육회와 들기름 국수에 장어구이를 함께 내는 장어구이비빔국수 등이 시그니처다. 이 밖에 다양한 제철 식재료를 접목해 시즌 메뉴로 선보이며 이와 어우러지는 전통주 페어링이 일품이다.

서울 송파구 송리단길에 자리한 '메밀집'은 메밀을 주재료로 다양한 음식을 선보이는 퓨전 한식집이다. 비빔 소스와 간장 소스 두 가지 맛을 동시에 경험할 수 있는 특제막국수, 수비드 수육과 트러플 향이 가득한 트러플감자전, 봄을 느낄 수 있는 어린잎과 안심, 토마토가 올라간 스프링감자전, 뜨끈한 육수 맛이 일품인 만두전골 등 기본 한식 레시피에 조리법이나 재료 등의 변주를 준 메뉴들을 선보인다.

주052의 장어구이비빔국수 (사진 업체 제공)

서울 마포구 합정역의 '칼국수바 지리'는 지리산 식재료로 만든 칼국수와 부침개, 그리고 우리 술을 즐길 수 있는 매장으로 대부분의 식재료를 지리산에서 직접 공수해 사용하고 있다. 이곳에서는 지리산 버크셔K 흑돼지를 칼국수 육수와 직접 매장에서 빚어내는 손만두, 돼지고기부침개(육전)의 주재료로 사용한다. 그리고 지리산 토종 밀가루 품종인 앉은뱅이밀, 금강밀, 조경밀을 지리산 생수로 직접 반죽해 숙성시킨 후 자가 제면해 칼국수면과 만두피로 활용한다. 이처럼 우리 식재료의 활용과 가치 창출에 집중한 공간이다.

사계절이 뚜렷한 한국의 지리와 기후적 특징을 밥상에 접목한 서울 성동구 성수동 '다반'은 '항상 있는 차와 밥'이라는 뜻의 상호 아래 어릴 적 할머니가 해주셨던 반상을 춘하추동 테마로 선보이는 퓨전 한식당이다. 봄에는 냉이와 쑥갓, 미나리, 고사리 등 나물 위주로 반찬을 구성하고 보리숭어와 자연산 대광어 등 제철 해산물에 힘을 실어 포항회덮밥한상과 제주돔베고기한상 등을 선보인다. 여름에는 닭곰탕, 초계국수, 곤드레주먹밥, 백김치 등 여름철 보양식으로 즐겨 먹는 닭을 이용한 반상을, 가을에는 풍요로운 한식 밥상의 상징인 '갈비'를 주제로 돼지등갈비와 닭갈비를 조금 더 현대식으로 풀어낸 반상을, 겨울에는 뜨끈한 서울식 사골곰탕과 열빙어튀김을 곁들인 반상을 선보인다.

같은 성수동에 자리한 한식낭 '데이릿'은 마케터와 디자이너, 셰프로 이뤄진 공동대표가 합심해 상품성과 비주얼을 모두 갖춘 퓨전 한식을 선보이는 곳이다. 1++ 등급 육회와 함께 깻잎이 들어간 묵은지마키와 수제 깨 믹스를 곁들인 묵은지육회마키, 쫄깃한 도삭면과 함께 채소와 족발을 매콤달콤하게 볶아낸 직화족발누들, 김치 베이스에 순두부와 감태를 올린 수제비 누들인 감태김치순제비 등 국경을 넘나드는 조리법과 재료를 한식과 접목한 특색 있는 요리로 인기를 얻고 있다.

퓨전 한식 전문점 데이릿의
묵은지육회마키와 떡찜(사진_업체 제공)

지속 가능한 콘셉추얼 고깃집

지난 <2024 대한민국을 이끄는 외식 트렌드>에서는 한식 외식의 대표 주자 '고깃집' 중 두각을 나타내고 있는 업장들을 중심으로 트렌드와 특성에 대해 자세하게 다룬 바 있다. 고깃집은 여전히 국내 외식 시장, 특히 한식에서 가장 중요한 포지션을 차지하는 분야다. 어려운 경제 상황 속에서 현재 고깃집 외식 시장은 무한 리필 고깃집 같은 대량 공급과 낮은 가격을 경쟁 요소로 내세우는 저가형 모델 그리고 '독보적인 콘셉트와 품질'을 앞세운 고급형 모델로 양극화된 트렌드가 나타나고 있다.

최근 몇 년간 다양한 콘셉트의 고깃집 브랜드가 탄생하며 그중 크게 인기를 얻은 모델을 중심으로 카피캣 매장들도 많이 생겨났는데 지나치게 콘셉트에만 집중한 나머지 내실이 부족해 살아남지 못하는 경우도 늘고 있는 상황이다. 콘셉트만 있고 차별화되지 못한 브랜드는 화려한 인테리어와 독특한 메뉴 구성을 통해 일시적인 관심을 끌 수는 있지만 오래 지속되기는 어렵다. 맛과 서비스 품질 등 기본적인 내실이 부족한 경우 소비자들이 화제성에 한 번 경험한 후 재방문하지 않는 문제를 초래하며 지속 가능성이 떨어지기 쉽기 때문이다. 이에 경쟁이 치열한 시장에서 살아남기 위해서는 단순한 콘셉트를 넘어서 내실 있는 고깃집 브랜드를 구축하는 것이 필수적이며 품질 중심의 차별화, 고객 경험의 차별화, 온라인 마케팅 활성화, 지속 가능한 브랜드 가치 성립 등을 조밀하게 기획, 실행하는 것이 중요하다.

좋은 재료가 좋은 음식을 만드는 것은 불변의 진리다. 고깃집의 기본 가치 역시 고기의 품질에 있다. 지속 가능한 브랜드를 만들어가기 위해서 중심을 잡아줄 수 있는 ▲**프리미엄 원육**을 핵심 전략으로 내세운 고깃집은 불변의 대세다. 따라서 소비자들이 반복해서 찾는 고깃집이 되기 위해서는 고기 품질에 대한 신뢰를 쌓는 것이 가장 중요하다. 이를 위해서는 신뢰성 있는 공급망을 통해 고기의 원산지, 사육 과정, 도축 및 유통 과정을 투명하게 공개해 신뢰를 얻는 것이 좋다. 특정 부위나 숙성법을 차별화 포인트로 삼아 마니아층을 겨냥한 고급 메뉴를 개발하는 것도 효과적이다. 이를 통해 프리미엄의 이미지를 구축할 수 있다. 지금 같은 불황기에는 품질은 높지만 상대적으로 저렴하게 즐길 수 있는 돼지고기 메뉴가 시장에서 유리한 측면이 있다. 제공 방식이나 육종을 차별화하거나 특화 부위를 내세우는 등 다양한 시도가 이어지고 있는데 중요한 것은 품질 측면에서의 타협은 하지 않아야 한다는 것이 핵심이다.

#직화 장인

서울 중구 황학동에 본점을 둔 '직화장인'은 충청도 일대의 고산지대에서 사육한 180일령 미만의 암퇘지만을 엄선해 특허 받은 특수 제작 훈연 화로로 구운 고기를 제공하는 돼지구이 전문점이다. 원육의 높은 품질을 자랑하며 참치의 배꼽살이나 등살과 모양새가 비슷한 부위를 '돈마구로'라는 네이밍으로 상품화해 시그니처 메뉴로 선보이고 있다. 또한 육류를 즐기는 소비자의 입맛이 보다 세분화, 전문화되어가고 있는 만큼 수급이 안정적인 목살이나 삼겹살 같은 대중적인 부위를 자신들만의 정육 방법으로 세분화해 판매하는 것도 중요한 차별화 요소로 작용하고 있다. 고객이 매장에서 느끼는 경험의 차별화를 위해 부위별로 전문적인 그릴링

직화장인의 시그니처 메뉴 돈마구로살
(사진_업체 제공)

서비스를 하고, 갈치속젓볶음밥 같은 사이드 메뉴 등을 선보이며 인기를 얻고 있다.

#뭉텅

서울 은평구 녹번동에 본점을 두고 현재 많은 지역으로 진출한 '뭉텅'은 경북 안동 농가에서 직거래를 통해 속 지방 3cm 이상 되는 고기를 다이렉트로 제공받아 두툼하게 썰어 제공하는 곳이다. '뭉텅주먹구이'라는 이름에 걸맞은 이 두껍고 육즙 가득한 100% 국내산 돼지구이가 이곳의 시그니처다. 원물의 맛을 극대화하기 위해 특수 제작 주물 불판만을 고집하며 사이드 메뉴에 사용하는 식재료

뭉텅의 시그니처 메뉴 뭉텅주먹구이
(사진_업체 제공)

도 까다롭게 선별한다. 영상 2℃에서 6개월 숙성한 전라도 묵은지, 양조간장 100%와 양조식초 100%만을 쓰는 절임 반찬, 직접 갈아 만든 새우소금, 특제 태양초 고추장과 갈치속젓으로 만든 갈치속젓뚝배기조림 등 믿을 수 있는 식재료를 사용한다는 것을 강조한다. 특색 있는 웨이팅 관리로도 유명한데 웨이팅 고객에게는 기다리는 시간이 30분 이상이면 볶음밥, 1시간 이상이면 삼겹살 1인분을 서비스하고, 3시간 이상이면 사장님이 직접 디너쇼를 선보인다고 하며 위트 있게 고객 만족도를 높이고 이탈을 막는 전략을 펼치고 있다.

▲**고객 경험의 차별화**도 고기집 운영에 필수다. 맛이나 가격뿐만 아니라 고객이 매장에서 느끼는 전반적인 경험(서비스, 분위기, 청결 등)이 브랜드 충성도를 높이는 데 중요하게 작용하면서 교육받은 직원들의 전문적인 서비스는 고객 만족도를 높이는 필수적인 요소가 되고 있다. 고기 원물의 품질이 좋아야 하는 것은 물론 그와 어울리는 사이드 메뉴나 소스 개발도 중요하다. 고객이 고기와 함께 새로운 맛을 경험할 수 있는 부가적인 요소가 고깃집을 더욱 차별화된 장소로 만들 수 있기 때문이다. 전통 한식의 비법이나 로컬 식재료를 활용해 고기와 식사의 스토리가 이어지도록 하는 것도 메뉴의 완성도를 높일 수 있는 방법이다. 독창적인 소스, 프리미엄 반찬, 고기와 매칭이 잘 되는 와인이나 주류의 리스트업, 인테리어 등의 요소를 디테일하게 구축할수록

보다 입체적인 고객 경험을 제공할 수 있다.

한편 식당 운영 효율을 극대화할 수 있는 방안도 함께 모색하는 것이 필요하다. 식당 운영의 모든 제반 비용이 상승함에 따라 매출 발생 구조가 갈수록 열악해지고 있는 상황 속에서 섣불리 가격을 인상하거나 음식의 양을 줄이는 등의 시도는 오히려 위험 요소로 작용할 수 있다. 그럴수록 고객에게 영향을 최소화하면서 낭비되는 부분은 없는지, 회전율이나 영업 시간 조정 등을 통해 매출 효율을 높일 수 있는 방법은 없는지 정확하게 파악하고 적용하는 것이 중요하다. 고깃집은 그릴링을 위한 인력 배치가 필수적인 경우가 많아 매출 구조에서 불리한 부분이 많은데 셀프 구이 시스템이나 자동화 시스템 도입 등 이를 상쇄할 수 있는 전략을 고려해볼 수 있다. 신규 창업자의 경우 소규모 영업 모델을 고려해 리스크를 최소화하는 것도 현재의 추세다.

용리단길에 오픈한 전라도식 돼지구이 전문점 남도돼지촌(사진_업체 제공)

한식 나물과 고기의 조합을 선보이는 성수동 보다

#남도돼지촌

서울 용산구 용리단길에 2024년 오픈한 '남도돼지촌'은 충실한 로컬 콘셉트를 중심으로 밀도 있는 기획력과 디테일이 돋보이는 브랜드다. 삼각지의 핫플레이스 '쌤쌤쌤', '테디뵈르 하우스' 대표와 '열정도고깃집' 대표의 합작품으로 전라도식 돼지구이를 콘셉트로 내걸고 다양한 부위를 한 번에 맛볼 수 있는 남도돼지모둠 메뉴를 선보인다. 정육 식당 콘셉트의 내부 인테리어로 원물에 대한 기대감을 끌어올리며 남도식 김치와 곁들이, 전남 고흥 특산물 유자하이볼, 남도식 애호박찌개, 순창고추장육회, 전라남도 쌀로 지은 공깃밥 등 사소한 부분에도 콘셉트의 일관성을 유지하며 오픈과 동시에 핫 플레이스가 됐다.

#보다

서울 성동구 성수동의 '보다(Boda)'는 한식 기반의 고기 정찬을 선보이는 색다른 콘셉트의 식당이다. 정찬 코스의 경우 소고기, 돼지고기, 양고기 중 두 종류를 선택히면 신선한 쌈채소와 다양한 나물, 그리고 양념고추장과 쌈장이 정갈한 담음새로 한 접시에 제공된다. 특히 나물과 고기의 조합을 제안하는 것이 특색 있으며, 매장 중앙에서 바비큐 식당 콘셉트로 마치 공연을 관람하듯 고기를 훈연하고 그릴링하는 모습을 지켜볼 수 있어 경험적인 즐거움을 더한다.

#적토발효구이

서울 용산구 용산역 인근의 '적토발효구이'는 한식의 '발효'를 구이에 접목해 최상급으로 선별한 삼겹살과 목살을 옹기에 발효시켜 제공하는 특별한 고깃집이다. 시그니처 메뉴인 '젓삼겹'은 적토로 빚은 옹기에서 젓갈과 특제 소스를 절여 발효시킨 새로운 패러다임의 삼겹살로 젓, 육, 향의 삼박자가 어우러져 기존 삼겹살에선 느낄 수 없는 독특한 풍미를 자랑한다. 사이드 메뉴도 특색 있는데 발효된 젓갈을 사용한 젓밥, 발효된 장을 사용해 깊은 맛을 내는 토장찌개 등 차별화된 경험을 제공한다.

#개나리회관

서울 강남구 신사동에 본점을 둔 '개나리회관'은 1++(no.9) 등급의 최상품 한우만을 취급하는 한우 전문점이다. 최고급 한우를 취급하는 전문점이지만 다양한 부위를 1인 코스로 가성비 있게 선보이며 만족도를 높였다. 이곳의 시그니처는 '투뿔해물코스'로 최상급 숙성 한우 4개 부위와 신선한 해산물 5종을 함께 즐길 수 있도록 구성해 한우와 제철 해산물의 신선한 조합을 경험할 수 있다.

#석암생소금구이

서울 마곡, 용산 등에 위치한 '석암생소금구이'는 크고 넓은 돌을 의미하는 석암이라는 이름에 걸맞게 바위와 돌을 메뉴나 인테리어 등 전체 콘셉트에 녹여낸 돼지고기 전문점으로 산청숯불가든을 성공리에 정착시킨 세광그린푸드에서 선보인 브랜드다.

언뜻 보면 쪼개진 돌판처럼 생긴 자체 제작 돌주물판이 특색 있으며 고기를 주문하면 김치를 넉넉하게 내주는 것이 특징이다. 시그니처인 돌주물판을 활용해 고기는 물론 석암볶음밥, 돌판짜파게티 등 사이드 메뉴를 전개하는 점도 특색 있다.

#은비갈비

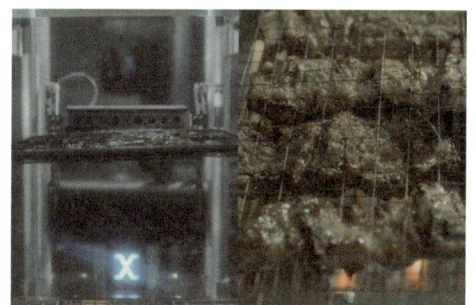

AI 로봇 그릴러가 초벌한 고기를 제공하는 은비갈비
(사진_업체 제공)

서울 강남구 신사동에 최근 문을 연 '은비갈비'는 '자동화로 줄인 코스트를 손님에게'를 모토로 돼지갈비를 선보이는 곳이다. 초벌하여 제공하면 손님이 자리에서 추가로 그릴링하여 먹는 고깃집들은 많은데, 이곳의 특징은 돼지갈비 초벌을 '로봇'이 한다는 점이다. 고열의 환경에서 고된 초벌 과정을 거치는 인력 배치에서 자유로운 만큼 운영자 입장에서 인력 관리에 따른 어려움이 감소된다. 로봇이 실시간 감지 기능을 통해 시간과 굽기 정도를 조절해 오차가 적고 70% 정도 익혀 제공되니 고객이 취향에 따라 그릴링할 수 있는 자유도 보장한다는 점에서 주목할 만한 시스템이다.

▲초기 온라인 마케팅을 통해 브랜드를 알리는 초석을 다지는 것 역시 고깃집 외식시장에서 매우 중요하다. 가수 성시경의 유튜브 채널 '먹을텐데'나 방송인 풍자의 '또간집' 등의 영향력 있는 소셜 미디어를 통한 홍보는 모객의 치트 키(상황을 빠르고 쉽게 진행할 수 있도록 사용하는 도구 혹은 방법)로 통한다. 최근 공중파 TV 매체는 오히려 온라인에서 한참 소비되어 유명세를 쌓은 다음 한발 느리게 소개되는 경우가 많다. 이처럼 요즘의 유명세는 온라인에서부터 파생된다. 이에 많은 소비자가 정보를 얻고 공유하는 온라인을 통해 광고를 하는 것이 그만큼 중요해졌다.
초기 온라인 마케팅의 중요성이 강조되면서 최근에는 유명 인플루언서나 푸디(Foodie: 식도락가)들을 초청해 프리 오프닝 파티 등을 개최하거나 오픈과 동시에 소셜 미디어를 통해 대대적인 홍보를 진행하며 브랜드 이름을 각인시키는 사례가 많다.

그런 여력이 없더라도 소셜 미디어를 통한 온라인 마케팅은 필수다. 이는 잠재 고객들의 선택을 돕는 온라인 간판이나 다름없는 역할을 하기 때문이며, 요즘의 소비자들은 이를 통해 메뉴와 분위기, 매장만의 차별점을 미리 학습하고 방문하는 특성을 지니고 있기 때문이다. 소셜 미디어는 소비자들이 다양한 정보를 가장 빠르고 편하게 얻는 채널인 만큼 '왜 우리 식당에 와야 하는지' 정성껏 설명해 잠재 고객을 꾸준히 확보하는 것을 게을리해서는 안 된다.

#국보회관

경기도 수원의 한우 전문점 '국보회관'은 공중파 및 종편 등 굵직한 TV 매체에 5회 이상 출연하면서 보다 폭넓은 고객층을 확보할 수 있었는데 그 과정에서 단 한 번도 홍보료를 내고 매체에 출연한 적이 없다고 강조한다. 이곳은 브랜드 자체 온라인 채널을 통해 가게가 추구하는 콘셉트, 이와 결을 같이 하는 독특한 분위기 그리고 고기를 케이크처럼 쌓아 제공하는 '한우케이크' 등의 시각적 즐

국보회관의 한우 케이크(사진_업체 제공)

거움을 주는 메뉴를 지속적으로 소개하고 있다. 또한 안정적인 직장 생활을 뒤로하고 고깃집을 차린 뒤 겪은 우여곡절과 극복 스토리 등을 알리며 고객과의 유대를 쌓아갔으며, 이러한 요소들이 맞물려 고객은 물론 다양한 매체의 흥미를 유발할 수 있었다. 이런 것이 축적되면서 자연스럽게 다양한 미디어에서 먼저 연락해올 수 있었다는 것이 업체의 설명이다. 여기서 강조되는 것은 온라인 채널이 가져온 '새로운 기회'다.

이처럼 온라인 마케팅은 식당의 메뉴 홍보뿐만 아니라 역사나 철학, 차별점을 녹인 스토리텔링을 통해 고객들과 감성적인 연결을 강화할 수 있다. 여력이 된다면 인플루언서를 통해 초기부터 브랜드를 알리거나 온라인 리뷰 등을 직접 활용하는 방법이 여전히 효과적이다. 이때 자신의 식당과 결이 잘 맞는 대상을 섭외하는 것도 중요한데, 작은 업장이라면 홍보업체에 맡기기보다 상권에 맞는 온라인 매체와 대상을 직접 선별하는 것이 장기적으로 효과적이다. 이때 앞서 언급한 내실을 충실히 다졌다면 홍보 효과를 극대화할 수 있을 것이다.

#대디스바베큐

교외 입지의 장점을 살려 캠핑 콘셉트로 꾸민 대디스바베큐
(사진_업체 제공)

경기도 양평군 옥천면에 자리한 바비큐 전문점 '대디스바베큐'는 가파른 산꼭대기에 위치해 외식업을 하기에 입지가 매우 불리한 곳이었다. 하지만 이곳의 대표는 이를 극복하기 위해 다양한 강의를 따라다니며 온라인 마케팅을 공부하고 직접 여러 방식의 온라인 마케팅을 시도해 매장에서 가장 효율성 있는 온라인 마케팅 시스템을 구축했다. 온라인 속 접점이 가게의 '간판'이라는 생각으로 네이버플레이스, 블로그, 인스타그램 등 모든 채널을 소홀함 없이 운영하고, 하루에 일정 시간은 반드시 온라인 고객 관리에 투자했다. 이 과정 속에서 가게의 강점들을 강조하고, 쿠폰 발행이나 이벤트를 진행하며 고객과의 소통을 늘려갔다. 또한 자체적으로 지역 인플루언서를 발굴해 초청하는 마케팅도 지속적으로 시도하다 보니 옥석을 가리는 안목과 양질의 콘텐츠를 만드는 노하우가 생겼다. 가게가 안정화된 후에도 꾸준히 온라인 채널을 관리한 결과 현재 매년 30% 이상의 매출 성장을 달성하며 양평의 명소로 자리 잡았다.

▲**지속 가능한 브랜드 가치에 대한 고려**도 장기적으로는 고깃집 브랜드 강화에 필요하다. 고기 외식은 육류 소비를 기반으로 하는데, 육류의 근간이 되는 축산업은 탄소 배출, 물 소비, 토지 사용 등 환경에 큰 영향을 미치는 산업이기 때문에 전통적으로 지속 가능성 측면에서 비판의 대상이 되어왔다. 최근 소비자들의 관심이 친환경적이고 지속 가능한 식문화로 이동함에 따라 이에 대한 윤리적 고려도 향후 소비자들의 중요한 결정 요인이 될 것으로 보인다.

'동물 복지 인증'을 받은 농장에서 사육한 육류를 사용하거나 '지속 가능한 방식으로 생산된 사료'를 사용하는 농장에서 나온 고기를 이용하는 것은 고깃집의 윤리적 이미지와 환경적 책임감을 높일 수 있다. 메뉴에 각 고기의 '탄소 발자국'을 명시함으로써 고객들이 자신의 선택이 환경에 미치는 영향을 인식하도록 하여 친환경적인 선택을 유도할 수도 있다. 여기에는 '조리 시스템의 친환경화'도 포함되는데 에너지와 물을 질약할 수 있는 조리 기구와 장비를 사용함으로써 운영 과정에서 발생하는 에너지 소비를 줄일 수 있으며, 음식물 쓰레기를 줄이기 위한 정책을 도입해 음식의 남은 부분을 활용한 새로운 메뉴 개발이나 잉여 식재료를 기부하는 방식으로 지속 가능성을 추구할 수 있다. 비닐이나 플라스틱 사용을 줄이는 '친환경 포장재'를 도입하는 것도 고객들에게 신뢰감을 주고 지속 가능성을 강조하는 좋은 방법이 될 수 있다.

일례로 최근 국내에서 전 생애 오직 풀만 먹여 소를 기르는 전남 장흥의 '풀로만목장'이 화제가 되기도 했다. 한우의 고장으로 잘 알려진 장흥에 자리하는 이곳은 풀 사료 전문가인 조영현·이은경 부부가 '사람은 사람답게, 소는 소답게'라는 모토로 운영하는 목장이다. 본디 풀을 주식으로 삼는 소에게 최상급 유기농 라이그라스(Rygrass)와 알팔파(Alfalfa) 목초, 그리고 귀한 신안 토판 천일염과 비타민·미네랄 믹스에 지하 120m 암반수를 먹여 한우를 키운다. 이곳에서는 최고의 환경에서 편안하게 자란 소를 통해 '전 생애 100% 그래스페드(Grass-fed)' 한우를 생산한다. 귀한 식재료를 생산하는 생산자가 존재하려면 이를 소비하는 공동 생산자인 소비자가 있어야 한다. 풀로만목장의 한우는 생산량이 한정적이며 그만큼 고가지만 동물 복지와 영양적, 미식적 측면에서의 가치를 발 빠르게 알아본 업계의 반응이 이어지며 입소문만으로 완판되는 등 확실한 시장의 수요를 확인하고 있다.

#월화고기

서울 영등포구 문래동에 자리한 '월화고기'는 자연을 담은 동물복지 농장에서 자란 건강한 무항생제 프리미엄 돼지고기를 메뉴의 핵심 가치로 전달하고 있다. 친환경 동물복지인증 농가에서 항생제를 투여하지 않고 자연적으로 키운 친환경 돈육을 선보인다. 의미 있는 가치를 담은 메뉴의 스토리는 여러 매체의 관심을 받기도 했다. 전라북도 무주에서 직접 운영하는 직영 농장으로부터 공수받은 제철 식재료를 활용한 '무주표고삼합' 등의 특색 있는

동물복지 농장에서 자란 돼지고기를 선보이는 월화고기(사진_업체 제공)

메뉴와 함께 로컬의 매력을 전파하는 등 외식업의 건강한 발전을 위한 긍정적인 가치를 전달하고 있다.

앞으로 육류 소비의 친환경적 방향성에 대한 시장의 요구는 그 의미와 영향력이 더욱 확대될 전망이다. 이와 더불어 단순한 지속 가능성 외에 '건강 추구' 관점의 접근도 새로운 기회 창출의 방법이 될 수 있다. 육류 분야에 전문성이 있는 업체라면 외식 트렌드의 주요 키워드로 폭발적인 성장을 거듭하고 있는 헬시 푸드 시장에서 가장 주목하고 있는 영양소인 '단백질'에 포커스를 맞추는 것도 의미가 있을 듯하다. 육류를 활용해 건강소고기샐러드, 불고기현미쌈밥 정식, 키토닭갈비덮밥 등 '건강한 단백질 메뉴'를 접목한다면 건강 식단의 최대 과제인 '맛'을 충분히 충족시키면서도 타 고깃집과의 차별화 요소로 작용할 수 있을 것이며, 점심 메뉴 또는 세컨드 브랜드로서 확장할 수 있는 기회가 될 수도 있을 것이다.

비건에서 찾는 한식의 가능성

한식은 근본적으로 식물성 재료를 많이 사용하며, 고기 없이도 다양한 풍미를 낼 수 있는 음식들이 많다. 대표적인 예로 나물, 김치, 두부 요리, 콩으로 만든 장류 등을 들 수 있는데 고추장과 된장 등 발효된 장류는 감칠맛을 내어 육류 없이도 깊은 맛을 낼 수 있는 요소가 된다. 바다의 자원인 해초류를 다양하게 활용하는 것도 한식의 특징이다. 한식의 한 갈래인 불교 사찰 음식 분야 역시 자연 그대로의 방식으로 육류를 대체할 수 있는 다양한 조리법을 제공한다.

이러한 배경을 지닌 한식 '비건(Vegan)' 요리의 강점은 식물성 재료를 기초로 만든 발효 음식과 자연 재료를 이용해 풍부한 맛을 낼 수 있다는 점이다. 한식 식문화는 곡물을 주식으로 반찬 문화가 발달해 있어, 다양한 '비건 반찬'을 통해 다채롭고 균형 잡힌 상차림을 완성할 수 있다. 이러한 전통은 한식이 본질적으로 비건 요리와 친화적인 요소를 가지고 있음을 보여준다.

2023년 미국 마트에서 벌어진 한국식 '냉동 김밥' 열풍도 저렴한 가격 대비 훌륭한 맛뿐만 아니라 유부, 단무지, 당근, 시금치 등 채소를 사용해 만든 김밥이 비건 인구가 많은 미국 시장에서 새로움을 주는 비건 음식이라는 점도 주효했다. 미국 마트 체인 '트레이더스조(Trader Joe's)'에서 냉동 김밥 품절 사태를 낳으며 크게 주목받은 식품 기업 '올곧'은 서양인들의 높은 관심을 얻고 있는 불교 문화와 사찰 음식의 특징을 담아 대한불교조계종 19교구 지리산 대화엄사와 손을 잡고 미국과 유럽에 '템플김밥'을 수출해 한국 사찰 음식의 매력을 알리고 있다.

그러나 비건 요리가 외식 신에서 트렌드로 주목받고 활성화되기 시작한 초창기에는, 한식보다는 양식, 베이커리, 디저트 등 서양식 비건 메뉴들이 주류를 이루는 경향이 있었다. 주로 외국인이 많이 거주하는 서울 이태원 등지에서 파스타, 샐러드, 베이커리 등 일부 양식 요리를 비건 음식으로 소개했고, 그 과정에서 한식의 비건 요리가 제대로 조명되지 못하는 아쉬움이 있었다. 한식 비건 식당이 존재하긴 했지만 주로 사찰 음식점이거나 고급 한식당에서 외국인 접대 용도의 비건 코스를 선보이는 식이었고, 일상 한식 분야에서 100% 비건 한식을 찾아보기는 다소 어려운 게 사실이었다. 앞서 설명한 대로 식물 기반의 장을 토대로 채소 및 곡물 요리가 발달한 한식은 비건 요리에 최적화된 식문화지만 일상 외식 분야 속 비건 한식 업종이 빠르게 발달되지 못한 데에는 서양에 비해 비건 인구가 적다는 수요의 문제가 컸다.

하지만 지금도 국내 비건 인구는 꾸준히 증가하고 있으며, 비건 식단은 윤리적 선택을 넘어서 건강과 지속 가능성을 고려한 생활 방식으로 자리 잡고 있다. 또한 완전한 비건은 아니더라도, 건강 지향 또는 지속 가능성을 고려한 신념에 따라 부분적으로 비건 음식을 소비하는 '플렉시테리언(Flexitarian)'이 보편적인 건강 중시 및 윤리적 소비 트렌드와 맞물려 식품·외식 분야에서 존재감이 꾸준히 커지고 있다.

식품업계는 비건 한식 시장의 양적 성장과 대중화를, 외식업계는 다양성과 참신함을 더하는 역할을 담당한다. 특히 식품업계는 특정 식단을 마트나 쇼핑몰을 통해 일상적으로 친숙하게 만드는 중요한 역할을 담당하고 있다. 비건 특화 브랜드를 론칭하거나 비건 식품을 출시하면서 자사 안테나 숍을 통해 대중에게 친숙하게 다가가는 전략을 취하기도 하고, 레토르트 간편식·소스류·밀키트·냉동식품 등 다양한 제품군을 갖춰 '냉장고 한편의 비건화'를 위한 시도를 이어가기도 한다. 비건 식품의 수출 비중이 큰 미국 등 해외시장을 겨냥해 비건 한식 제품군을 확대하기도 한다.

일상 외식 분야에서 비건 옵션 도입 등을 통한 다양한 선택지로 한식의 다채로운 매력을 선보일 수 있는 비건 메뉴의 개발도 활발히 이루어지고 있다. 이들 외식업체는 기존 한식 메뉴를 비건화하거나 고유의 발효 요소와 채소 중심의 조리법에 현대적인 감각을 덧씌워 독창적이고 새로운 메뉴를 발굴해내며 한식 비건 요리의 다양성에 기여하고 있다.

전 한식을 코스로 선보이는 비건 레스토랑
점점점점점점의 편두부 요리(사진 업체 제공)

서울 마포구 상암동 '점점점점점점'은 퓨전 한식을 코스로 선보이는 비건 레스토랑이다. 메뉴는 계절마다 변경되며 매장은 폐알루미늄을 압축한 큐브를 활용한 인테리어로 친환경을 실천하는 브랜드의 지향점을 나타내고 있다. 두부치즈샐러드, 다시마 숙성 감자와 새싹채소를 곁들인 크림감자, 송화버섯과 유자 고추 양념을 곁들인 연근튀김, 토마토두부말이밥, 청양고추장아찌 볶음면 등 한식을 기본으로 계절 메뉴를 활용한 색다른 요리가 시즌에 따라 변경된다.

강원도 춘천시 죽림동과 서울 남대문, 서교동 등에서도 운영 중인 '어쩌다농부'는 어쩌다 농사를 짓게 된 젊은 농부들이 만든 한식당이다. 모든 메뉴가 비건은 아니지만 부분 비건 메뉴를 선보이고 있으며, 브랜드의 철학과 음식의 결이 잘 어우러진다. 주인장이 직접 농사를 짓기도 하지만 전국에 있는 특이하고 매력적인 농산물이 소비자를 만나지 못하고 버려지는 것을 안타깝게 여겨 팔리지 못한 농산물을 요리로 재탄생시키기도 한다. 소비자와의 또 다른 연결 고리를 만들기 위해 "땅에서부터 시작하는 요리"라는 캐치프레이즈를 걸고 다양한 요리를 선보인다. 우리 콩을 삶아 맷돌로 갈아 만든 두부와 텃밭 채소를 비벼 먹는 맷돌두부튀김텃밭, 오랜 시간 끓인 양파를 베이스로 시금치를 넣어 조리한 카레에 맷돌 두부를 튀겨 얹어낸 시금치카레, 강원도에서 자주 먹는 곤드레·고사리·시래기와 버섯 그리고 들기름으로 완성한 농부네나물파스타 등 건강한 농산물에 한식의 요소를 자연스럽게 녹여낸다.

부산 중구 중앙동의 '오붓한'은 계절과 로컬의 향취를 담은 요리를 만드는 비건 전문

식당이다. 대표 메뉴는 부산의 특색을 담은 톳밥반상과 제철나물반상으로 계절에 따라 재료를 달리하면서 솥밥과 비빔장, 국, 비건 김치, 나물, 두부조림 등 한식 차림을 반상으로 낸다. 저녁은 카페로 운영하는 동시에 비건 와인과 이에 어울리는 파스타 및 간단한 메뉴를 선보이는 공간으로 분위기가 반전되는데, 이때에도 모든 메뉴는 비건으로 구성한다.

서울 중구 신당동의 '고사리익스프레스'는 채식의 캐주얼화를 위한 식품을 연구하는 '배드캐럿'의 첫 외식 브랜드로, 채식 누들 요리와 반주를 곁들이는 콘셉트의 공간이다. 상호처럼 고사리를 활용한 소스, 오일을 기반으로 한 요리를 선보이며 모든 메뉴는 채소로 이루어져 있다. 고사리 페이스트와 삶은 고사리·무·표고버섯·병아리콩을 올린 고사리클래식국수, 고사리 오일 소스와 표고버섯·감자퓌레를 곁들인 고사리누들떡볶이 등이 대표 메뉴다.

한식의 새로운 기회, 브랜드 반찬 가게

한식에서 '반찬 문화'는 다양한 맛과 재료의 조화를 통한 미식 경험을 제공하며, 균형 잡힌 영양과 건강한 식사를 가능하게 하는 차별화된 경쟁력이자 독보적인 식문화다. 어떤 한식당을 가더라도 반찬은 '당연히' 리필이 되는 대상으로 여겨지고 이를 한국의 '정'이라고 외지인들에게 표현한다. 하지만 변해가는 시대와 높은 물가 앞에서 우리 외식 밥상 위 반찬은 줄여야 할 대상이 됐다.

다품종 소량 생산이 필요해 인건비와 운영비 부담이 크지만 가격 인상에는 한계가 있어 운영 효율이 낮은 백반집은 점차 사라지고 있는 반면, 테이크아웃 중심의 반찬가게는 유망 업종으로 떠오르고 있다. 한정식 전문점도 식당 운영과 반찬 판매를 겸하는 곳이 많고, 아예 업종을 전환하는 사례도 있다. 반찬 가게는 대량생산이 가능하며 테이크아웃 중심으로 운영되기에 상시 영업할 수 있고 효율성도 높다. 또한 1인 가구 및 맞벌이 가구가 증가하고, 고물가로 인한 외식비 부담이 증가하는 상황에서 간편하게 집에서 먹을 수 있는 반찬에 대한 수요는 갈수록 증가하고 있다. 이런 이유로 반찬 가게는 현대인의 라이프스타일에 부합하는 업종으로 자리 잡고 있다.

반찬 가게는 매장 크기나 인테리어에 대한 부담이 적어 초기 투자 비용이 낮은 까닭에 주목받는 소자본 창업 아이템이기도 하다. 배달이나 포장 판매가 주를 이루기 때문에 홀 영업을 중점으로 하는 식당에 비해 임대료와 인건비를 절감할 수 있으며, 구독 서비스나 온라인 판매 등 서비스의 확장 폭도 넓다. 유통 체인의 발달로 당일 생산, 당일 배송이 가능해지면서 신선한 반찬을 짧은 주기로 공급받는 편리함을 경험한 소비자의 충성도가 높다는 특성에 근거해 안정적인 수요를 기대할 수 있다는 점도 큰 장점이다.

반찬 전문점에 대한 수요가 증가하면서 업계 경쟁도 치열해졌다. '손맛 좋은 반찬 전문점'을 비롯해 좋은 식재료를 토대로 믿고 먹을 수 있는 위생적인 시스템을 갖춘 '프리미엄 반찬' 시장도 열렸다. 이에 대표적인 유통 채널인 백화점업계도 구매력 있는 고객들을 대상으로 반찬 판매 확대에 나서며 고객 편의성을 높인 구독 서비스를 선보이고 있다.

신세계백화점은 2022년 12월부터 '시화당' 반찬 구독 서비스를 시작했는데, 2024년 매출이 전년 대비 30% 증가한 것으로 나타났다. 시화당 반찬 정기 구독 가격은 신세계백화점 강남점 기준 월 1회 4만8000원 수준인데 일품요리 1종과 국 및 찌개 2종, 밑반찬 3종으로 구성되어 있으며, 성인 2명과 어린이 1명이 한 끼 식사를 할 수 있는 분량이다. 월 구매 횟수가 많을수록 비용을 더욱 절감할 수 있도록 했다.

현대백화점은 압구정 본점 등 15개 점포에서 '현대식품관 반찬 정기배송 서비스'를 운영 중이다. 지난 2020년 8월 서비스를 첫 론칭한 이후 운영 매장 수를 10개에서 15개까지 확대했다. 이러한 추세에 따라 최근 외식과 집밥의 경계에서 일정한 품질과 편리한 접근성, 원가 경쟁력, 브랜드 철학을 앞세운 반찬 전문 프랜차이즈 업체의 몸집이 커지며 눈에 띄는 '브랜드 반찬 가게'들이 속속 등장하고 있다.

셰프가 만드는 반찬 가게를 표방하며 다양한 반찬과 로컬 생산물을 선보이는 도시곳간 (사진_업체 제공)

'도시곳간'은 전국 50개 이상의 매장에서 250가지의 반찬과 로컬 전통주, 농축수산 신선식품 등을 구매할 수 있는 편집숍이다. 각지에 2024년 9월 기준 서울을 비롯해 전국에 40개 넘는 지점이 있다. 이곳은 미국 CIA 요리학교 출신의 민요한 대표가 운영하는 곳으로 초기에는 '셰프가 만드는 반찬'으로 고객들에게 다가갔다. 하지만 보다 장기적인 사업 전략을 구축해 단지 반찬 가게로 포지셔닝하기보다 도시 소비자가 시골 생산자를 만날 수 있는 연결 고리이자 매일, 매주, 매월 방문 시 새로움이 있는 먹거리를 선보이는 전략으로 리포지셔닝해 매일 밥상을 고민하는 주부들의 마음을 사로잡았다. 지역별 특성에 맞게 매장에서 직접 조리한 반찬을 판매하는 것을 원칙으로 삼고 있어 고객의 신뢰도가 높고 지역 특산물, 베이커리, 떡, 과일, 커피, 전통주 등 믿고 먹을 수 있는 양질의 제품을 셀렉트해서 판매한다. 도시곳간은 지역 농가와 상생을 추구해 탄탄한 멤버십을 확보하며 시스템과 규모를 강화해나갈 전망이다. 꾸준히 성장성을 증명하며 최근 누적 투자 유치 금액 62억원을 달성하기도 했다.

'슈퍼키친'은 '우리 동네 반찬가게'라는 콘셉트로 "누구나 자기만의 키친처럼 편하게 오갈 수 있는 반찬 가게가 없을까?"라는 고민에서 출발한 브랜드다. 이곳은 센트럴 키친의 위생적인 환경에서 매일 새벽 들어온 식재료와 표준화된 레시피를 통해 생산해 각 지점에 판매하는 기업형 반찬 가게로 전국 도심 속 주거 밀집 지역에 다수 포진하며 확장해가고 있다. 이곳의 강점은 HACCP 인증 시설의 품질 실험실을 따로 두고 있는 곳에서 생산하는 만큼 철저한 위생을 보장한다는 것. 또 원재료와 영양 성분, 유통기한 등을 법적 기준에 맞춰 정확히 명기하기에 고객들의 신뢰도가 높다. 규모의 경제를 통한 저렴한 원가 확보도 소비자에게 매력적인 요소다. 조림과 절임, 각종 나물과 마른반찬까지, 흔히 밑반찬이라 부르는 상품들은 가격 고민 없이 가볍게 고를 수 있는 '슈퍼 세이브 존'을 운영한다. 운영자 입장에서도 유리한 점이 있다. 위생, 조리, 메뉴 개발 등 까다로운 문제에서 자유롭고 소규모 매장과 판매사원 1인 정도면 충분해 최소의 인력 투입으로 운영이 가능하며 편의점 같은 24시간 매장이나 운영 무인 매장 등의 점포도 선보이기에 다점포 운영도 가능하다.

'수담식품관'은 서울 강남구 삼성동에서 한식을 선도해온 수담한정식에서 운영하는 반찬 가게 형태의 매장으로 당일 제조, 당일 판매, 계절 채소 사용을 원칙으로 세우고 있다. 좋은 재료에서 좋은 맛이 나온다는 한식의 기본 정신을 바탕으로 유명 한식당의 노하우를 담아낸 차별화된 맛과 퀄리티를 경쟁력으로 내세운다. 계절의 변화, 목적과 용도에 따라 다양하게 선택할 수 있는 요리와 반찬, 밀키트 등을 선보인다.

서울 강남구 도곡동의 '미자언니네'는 감각적인 현대 한식을 선보이는 선미자 요리연구가의 일상 요리 브랜드로 까다로운 주부들의 마음을 사로잡으며 온라인 쇼핑몰 '마켓컬리'에도 입점해 다양한 제품을 선보이고 있다. 반찬과 도시락, 일품 한식과 이바지 음식, 떡까지 다양한 종류의 한식을 아우른다. 강남 한티역 인근의 오프라인 그로서란트 매장에서는 반찬 판매뿐 아니라 플리마켓 행사를 통해 로컬 브랜드의 다양한 상품을 판매하는 등 지역 주민들이 단순히 반찬만 구매하러 오는 것이 아닌 다양한 경험을 제공하는 데도 심혈을 기울이고 있다.

한식에 국한하지 않은 다양한 반찬을 선보이는 마마리마켓(사진_업체 제공)

'마마리마켓'은 넷플릭스 프로그램 <흑백요리사: 요리 계급 전쟁>의 '반찬 셰프'로 이름을 알린 송하슬람 셰프의 반찬 가게 겸 레스토랑이다. 송 셰프는 스페인 바스크의 미쉐린 레스토랑 '수베로아', 마드리드 '라팔로마' 등에서 경험을 쌓고 한국으로 돌아와 '무명식당'과 미쉐린 레스토랑 '밍글스' 등에서 경력을 쌓았다. 송 셰프는 누구나 쉽게 접할 수 있는 반찬 가게를 열었지만 익숙한 식재료의 재해석, 반찬이라고 해서 한식 조리에 국한하지 않는 넓은 범주의 반찬을 선보이며 기존 반찬 가게가 갖고 있는 틀을 깼다. 제철 식재료를 바탕으로 한 반찬을 핵심 상품으로 내세우면서 1층은 델리 숍 & 베이커리 '마마리마켓'으로, 2층은 반찬 펍 & 레스토랑 '마마리펍'으로 운영하고 있으며 1층에서 구매한 반찬과 음식을 2층에서 술과 함께 즐길 수 있다.

반찬 브랜드 및 전문점의 운영은 성장성만큼 리스크도 분명히 존재한다. 우선 주요 타깃이 맛과 품질에 까다로운 주부를 대상으로 하는 만큼 매장에서 직접 조리하는 브랜드나 가게의 경우 맛의 퀄리티를 일정 수준 이상 유지하지 않으면 이탈이 일어나기 쉽다. 여러 반찬 가게가 있는 시장 골목에도 사장님의 손맛이 특출 난 곳은 고객들에 의해 금세 티가 나는 것처럼 말이다. 또한 매일 신선한 음식을 제공해야 하기에 재고 관리가 까다롭고 테이크아웃이나 배달 위주의 업종이기 때문에 유통과정에서의 위생 관리도 쉽지가 않다. 문제 발생 시 전체 브랜드 이미지 손상으로 즉시 연결될 수 있다는 점도 커다란 리스크 요소다.

최근 다양한 플랫폼을 통한 경쟁이 심화되면서 일상 반복 구매 음식 시장은 더욱 치열해지고 있다. 공급자는 차별화된 음식을 제공하는 것이 쉽지 않고, 소비자들은 품목의 다양성, 가격 경쟁력을 중요하게 생각하는 동시에 구매 편의성에서 유리한 플랫폼을 선택할 가능성이 높다. 지역 단골 고객을 주 타깃으로 삼고 있는 소규모 업체라면 지역 고객의 입맛과 선호에 맞춘 로컬 특화 메뉴를 개발하거나 신선하고 수제 느낌이 나는 반찬을 제공하는 데 집중하는 게 필요하다. 이를 통해 상품의 경쟁력을 높이고 고품질의 재료 사용, 차별화된 맛, 건강한 조리법 등을 강조해 가격보다 가치를 중시하는 고객층을 공략하는 전략을 취하는 것이 유리할 것이다. 또한 단골 또는 특정 식단이 필요한 고객의 니즈를 반영한 주문 제작 서비스나 특별 레시피 제공, 고객의 피드백을 적극적으로 반영해 메뉴를 개선하거나 새로운 메뉴를 개발하는 등의 유연한 운영 방식을 취하는 것도 도움이 될 것이다. 지역사회와의 유대감을 높일 수 있는 마케팅 활동을 통해 충성도를 확보하는 전략으로 차별화를 꾀할 수도 있을 것이다.

2. K-외식, 글로벌 시장에서 한식의 미래를 열다

K-팝, K-드라마 같은 한류 콘텐츠와 문화 산업의 글로벌 인기로 인해 K-푸드에 대한 관심이 높아진 상황에서 국내 외식 브랜드 역시 문화적 연계성을 바탕으로 해외시장에 적극적으로 진출해 역대급 호응을 얻고 있다. 글로벌 소비자에게 한식은 건강식 트렌드에 맞는 다양한 발효 음식과 신선한 재료를 사용하는 음식으로서 긍정적인 이미지를 갖고 있었다. 그런데 최근에는 이러한 이미지를 갖고 있는 기존의 전통 음식뿐만 아니라 한국식 치킨, 한국식 햄버거, 한국식 카페, 한국식 베이커리 등 국내에서 현지화된 다양한 음식과 외식 브랜드가 K-푸드 열풍과 함께 해외시장에서 경쟁력을 입증하며 영향력을 넓혀가고 있다.

진격의 불닭볶음면을 필두로 K-식품 기업 수출도 '파란불'

K-외식 브랜드의 활발한 글로벌 시장 진출 이면에는 국내 대표 식품 기업들의 신성장 동력 마련을 위한 글로벌 시장으로의 꾸준한 영토 확장 노력이 있었다. 또한 코로나19로 인한 팬데믹 시기는 간편하고 맛있게 먹을 수 있는 국내의 우수한 가공식품과 건강기능식품이 품질을 인정받는 좋은 기회가 되었고, 이들 제품의 수출은 K-식품 열풍의 물꼬를 텄다. 산업통상자원부 자료에 따르면 2024년 상반기 K-푸드 수출이 김, 라면, 쌀 가공식품 등의 호조에 힘입어 전년 동기 대비 4.87% 증가한 56억3700만 달러로 역대 최대치를 기록했다. 기존 주요 수출국인 미, 중, 일을 넘어 유럽과 동남아시아, 중남미 등으로의 시장 확장이 큰 영향을 미친 것으로 보인다.

또한 농림축산식품부 발표에 따르면 스마트팜, 농기자재, 펫 푸드 등 농식품과 전·후방 산업을 포함한 K-푸드 플러스(K-Food+) 수출 누적액(잠정)이 2024년 상반기 전년 대비 5.2% 증가한 62억1000만 달러를 달성한 것으로 나타났다. 식품업계는 이러한 K-푸드의 글로벌 성장 흐름에 발맞춰 해외 진출에 경영의 초점을 맞추고 있다. 국내 주요 식품 기업들의 해외 진출 배경은 내수 시장이 포화에 이르고 고령화 사회에 진입하면서 큰 변화와 성장을 기대하기 어려운 시장 상황 때문이라고 분석된다.

K-푸드 열풍의 주역은 단연 '라면'이다. 2024년 1~10월 라면 수출액은 10억2000만 달러(1조4000억 원)로, 작년 동기보다 30.0% 증가해 역대 최대를 기록하며 승승장구하고 있다. K-라면 열풍의 주역 중 하나는 속칭 '불닭반도체'라고도 불리는 삼양식품의 '불닭볶음면'이다. 실제로 삼양식품 해외 매출의 80%가량이 불닭 시리즈에서 나오고 있는데, 한국인에게도 매운 이 라면의 글로벌 시장 공략은 BTS 등 글로벌 아티스트와 유튜버들이 불닭볶음면을 먹는 모습이 노출되면서 가속도가 붙었다. 하지만 "얼마나 맵길래?"라는 호기심을 일으키는 것만으로는 지금과 같은 꾸준한 성장을 이루지 못했을 것이다. 그 이면에는 꾸준한 소스 개발과 '까르보, 치즈, 로제, 커리' 등 꾸준한 베리에이션을 선보이며 불닭 소스를 즐기면서도 '덜 맵고 맛있게' 즐길 수 있는 옵션으로 진입 장벽을 낮춘 시도가 주효했다.

불닭볶음면의 대표 제품 중 하나인 '까르보불닭볶음면'은 미국 시장에서 한때 품귀 현상이 벌어질 만큼 화제의 중심에 있었다. 미국 유명 가수 카디비(Cardi B)는 자신의 틱톡에 까르보불닭볶음면을 먹는 영상을 업로드한 후 조회수가 한달 새 3200만 회를 기록하기도 했으며, 까르보불닭볶음면 한 박스를 생일 선물로 받고 기쁨의 눈물을 흘린 소녀의 유튜브 영상이 현지에서 퍼지며 궁금증을 증폭시키기도 했다. 이 제품은 현지에서 이

틱톡에서 화제를 모은 미국 유명 래퍼 카디비의 불닭볶음면 먹방

러한 이슈 몰이를 하며 글로벌 흥행을 이어가고 있다. <뉴욕 타임스>는 "까르보불닭볶음면을 산다고? 행운을 빈다"라는 제목의 기사를 게재하며 이 제품의 열풍을 조명하기도 했다.

경쟁 라면 회사인 농심 역시 일찍이 해외 현지 공장을 설립해 한국 라면의 해외시장 공략을 선도해왔으며 국내에 수출 전용 공장을 증축하면서 해외 공략에 보다 박차를 가하고 있다. 농심은 높은 수출 실적을 보이고 있는 '짜파게티', '너구리' 등 주요 제품군을 중심으로 글로벌 마케팅을 계속적으로 강화해나가고 있다.

라면뿐 아니라 '김치'류의 수출 증가세도 두드러진다. 비건 김치, 양배추·케일·당근을 사용한 김치, 맵지 않은 마일드 김치 등 현지 입맛에 맞는 다양한 제품군의 출시로 김치 수요가 상승하고 있는 미국과 유럽 시장을 공략하고 있다. 김치류 수출은 사상 첫 2억 달러 돌파를 목전에 두고 있으며 전년 대비 45% 이상 늘어난 것으로 조사됐다. '김' 역시 건강한 식재료로서의 포지션과 김밥의 인기에 힘입어 K-푸드 수출의 한 축을 담당하고 있다.

그 밖에도 믹스 커피, 소주, 제과, 아이스크림, 즉석밥 등 다양한 국내 식품 기업의 제품들이 동남아와 미국 시장을 넘어 유럽 시장 진출까지 속도를 내고 있다. 이들은 디테일한 현지화 전략과 건강 트렌드, 지속 가능성에 초점을 맞춘 마케팅을 통해 '제2의 불닭볶음면'을 만들기 위해 글로벌 시장 공략에 적극적으로 나서고 있다. 글로벌 시장에 성공적으로 진출한 국내 식품 기업들은 한식의 대중화와 K-외식 브랜드의 해외 확장을 촉진하고 있으며, 이는 해외 소비자들에게 한국 음식과 문화에 대한 관심을 높이고, 한식의 국제적 인지도 강화에 기여하고 있다.

글로벌 미식업계 파고드는 K-외식 브랜드

한국 외식 기업의 해외시장 진출은 최근 빠르게 확대되고 있으며, 다양한 국가에서 현지화 전략과 차별화된 메뉴를 통해 글로벌 경쟁력을 강화하고 있다. 특히 K-푸드에 대한 높은 관심은 한식뿐만 아니라 다양한 토종 외식 브랜드들의 새로운 성장 기회로 작용하고 있다. 이에 국내 외식 기업들은 가맹 사업을 통해 내수 시장 점유율 확대에 주력해온 과거의 방식에서 벗어나 글로벌 영토 확장에 박차를 가하기 시작했다. 또한 햄버거, 치킨, 베이커리 등 한식에 국한하지 않은 다양한 업종의 '토종 외식 브랜드'가 글로벌 시장에서 활약하고 있다는 점도 특징이다. 토종 외식 브랜드의 상품, 브랜딩, 시스템 등이 글로벌 외식 시장에서 확장성, 대중성 있는 기업형 외식 브랜드로 인정받았다는 의미다. 또한 해외 진출 시 직영점을 통한 직접 진출뿐만 아니라 현지 기업에 브랜드 사용 권한 및 매장 개설, 사업 운영권을 부여하고 로열티를 받는 '마스터 프랜차이즈(이하 MF) 방식'의 확장을 통해 비교적 소규모 외식 브랜드도 맛과 공간의 차별성과 캐릭터, 스토리텔링 등 브랜딩이 탄탄한 K-외식 브랜드 특유의 경쟁력을 토대로 활발하게 진출하는 상황이다.

국내 대표 치킨 외식 기업 '제네시스BBQ' 그룹은 현재 프랜차이즈 외식의 종주국이라 할 수 있는 미국 50개 주 중 29개 주에 진출했다. 캐나다, 파나마, 코스타리카, 필리핀, 일본, 피지 등 57개국에서 매장을 운영하고 있다. BBQ의 해외시장 판매액은 2023년 전년 대비 66% 증가하는 등 사상 최대 실적을 달성했으며 특히 K-푸드가 인기를 끌고 있는 미국 시장 내 판매액은 전년 동기 대비 90% 급증했다. 현지 다수 언론에서는 BBQ의 '황금올리브치킨', '시크릿양념치킨' 등의 메뉴를 한국의 대표 음식으로 소개하기도 했다. 'bhc치킨'은 대표 치킨 메뉴와 한식을 결합한 차별화 전략으로 동남아 시장을 공략하고 있다. 실제 태국에서는 '뿌링클치킨 스킨'(닭껍질), '뿌링클치킨 조인

bhc치킨의 캐나다 1호점. 향후 5년 내 북미 시장 300개 매장 개설을 목표로 한다(사진_업체 제공)

트'(닭연골) 등 특수 부위를 활용한 특별 메뉴를 판매 중이다. 또 현지 고객들의 높은 관심도와 외국인 관광객이 많은 지역적 특성을 고려해 떡볶이, 김치볶음밥 등 다양한 한식 메뉴도 판매한다.

토종 햄버거 브랜드인 '맘스터치'는 2022년 태국, 2023년 몽골에 MF로 진출한 이후 현재 각각 6개와 7개 매장을 운

시부야 맘스터치에 생긴 긴 대기줄(사진_맘스터치)

영 중이다. 특히 몽골은 현지 기업과 MF 계약을 맺고 몽골 시장에 진출했다. 몽골은 인구 60% 이상이 35세 미만으로 성장 잠재력이 큰 곳이다. 1인당 GDP가 한국의 15% 수준이지만 몽골 내 맘스터치는 젊은 층의 양적 수요를 바탕으로 매장별 월평균 매출이 국내 수준을 넘어섰다. 이 외에도 맘스터치는 동남아시아 여러 국가로 진출 중이며 최근에는 내수 외식 브랜드 강국인 일본 시장에도 진출해 좋은 성과를 얻고 있다. 맘스터치는 2024년 4월 일본 맥도날드가 39년간 자리했던 도쿄 최대 번화가인 도쿄 시부야에 해외 직영 1호점을 정식 오픈했다. 개점 이후 두 달간 14만 명이 다녀갔고, 매출이 1억3200만 엔(약 11억5000만원)에 달했다. 일본 내 맥도날드와 KFC의 매장별 월평균 매출보다 3~5배 높은 수준이다.

로봇이 굽는 피자로 '1인 피자' 브랜드를 표방하는 토종 푸드테크 피자 기업 '고피자'는 글로벌 피자 프랜차이즈 기업으로 성장해 국내보다는 해외시장에서 입지를 더욱 공고히 하고 있다. 현재 인도를 포함해 싱가포르, 태국, 인도네시아 등 7개국에 진출해 450여 개의 매장을 운영하고 있다. 고피자는 테크 기반 기업답게 첨단 기술을 활용해 준비 시간을 단축하기 위해 특허 받은 오븐인 '고븐(Goven)'부터 로보틱스 기술이 결합된 '고봇 스테이션(Gobot Station)', 알고리즘을 통한 품질 고도화를 구현하는 'AI 스마트 토핑 테이블' 등 푸드테크 기술을 성공적으로 접목하며 피자 프랜차이즈계의 혁신을 일궈내고 있다. 또한 인도 뱅갈루루 켐피고우다국제공항, 싱가포르 창이국제공항, 김포국제공항에 이어 피자 프랜차이즈 브랜드 최초로 인천국제공항에 입점하는 등 국내외 대표적인 국제공항 4곳에 입점하며 글로벌 입지를 보다 넓혀가고 있다.

국내 대표 베이커리 프랜차이즈 '파리바게트'는 다양성과 독창성이 돋보이는 K-베이커리를 글로벌 시장에 알리고 있는 대표 주자로 최근 빵의 종주국으로 꼽히는 프랑스 파리에서 철저한 현지화를 통해 성공적으로 시장에 안착했다. 파리바게뜨는 북미 지역에서도 180여 개의 매장을 운영하고 있는데, 90% 이상이 가맹점이며 2024년 상반기에만 20여 개 가맹점이 새로 문을 열고 83개의 신규 계약이 체결되는 등 현지 가맹사업이 빠르게 성장하고 있다. 현재 파리바게뜨는 전 세계 11개국에서 550여 개 매장을 운영 중이다.

해외시장에서 한국식 베이커리가 인기를 끄는 요인은 독창성과 품질 그리고 세련된 감각의 결합에 있다. 한국 베이커리는 전통적인 서구식 빵과 달리 다양한 식재료와 풍미를 접목해 독특한 맛을 제공하며, 건강을 중시하는 트렌드에 맞춰 상대적으로 덜 달고 담백한 맛을 선호하는 소비자들에게 어필한다. 또한 세련된 디자인과 패키징, 차별화된 고객 서비스 역시 한국 베이커리의 강점으로 작용해, 해외 소비자들에게 새로운 미식 경험을 선사하고 있다. 특히 최근 국내에서는 대기업 프랜차이즈 빵집으로부터 동네 상권을 보호하기 위해 체결된 '제과점업 상생 협약' 연장이 확정되며 신규 출점이 제한되면서 해외시장 공략에 보다 박차를 가하고 있는 것으로 나타났다.

최근 트렌드 분석 기관 민텔(Mintel)의 보고서에서는 미국과 유럽 등 서구권의 푸드 트렌드 가운데 주목할 키워드로 한국 음식의 '스위시(Sweet+Spicy)'한 풍미를 꼽았으며, 미국 홀푸드마켓과 영국의 슈퍼마켓 체인 웨이트로즈(Waitrose)도 '매운맛'을 주목할 키워드로 발표했다. 미국 식음료업계도 이러한 추세를 반영하고 있는데 미국 햄버거 브랜드 '쉐이크쉑버거'는 '고추장소스버거'를 출시하는가 하면 '코카콜라'는 3년 만에 새로운 맛으로 매운맛 콜라를 선보였고, '스타벅스'는 2024년 4월 음료에 매콤한 칠리 파우더를 첨가한 신메뉴를 내놓았다.

이처럼 외국 현지인들은 외식 상품을 통해 '매운맛'의 적응 단계를 거치고 있다. 특히 발효의 산미와 달콤함 등이 융합된 복합적인 맛을 지닌 한국 특유의 매운맛을 즐기는 이들이 점차 늘고 있다. 매운맛에 익숙하지 않은 서구 문화권에서는 이런 한국의 매운맛이 강렬한 존재감 때문에 호불호가 강한 영역이었지만 소비 문화를 주도하는 젊은 세대들의 문화적 다양성을 기반으로 보다 과감하게 확산되고 있다. 이제는 한국의 매운맛뿐 아니라 다양한 문화권의 매운맛을 고루 향유하는 현상까지 나타나고 있다. 이러한 매운맛 트렌드는 국내 소스 수출 시장이 성장에도 기여하고 있다. 삼양사의 '불닭소스'를 비롯해 쌈장, 고추장 등 전통 발효장에 대한 관심도 높아지는 가운데 김치 시즈닝, 고추장 등 전통 장류뿐 아니라 떡볶이 소스, K-BBQ 소스 등 세계인의 입맛을 '한국의 스위시'로 길들이고 있다. 특히 고추장을 잘 모르는 외국인들의 눈높이에 맞춰 농도를 조절하거나 '고추장마요' 등 현지인의 입맛에 맞는 별도의 제품을 개발하기도 하고 보틀 형태가 아닌 튜브 형태로 출시하기도 하는 등 현지화를 통해 접근 문턱을 낮추는 노력이 이어지고 있다. 서구권에서 매운맛 적응 단계를 완전히 거친 뒤 트렌드가 자리 잡아 대중화 단계에 이르면 지금보다 시장이 크게 확장될 가능성이 크다. 특히 매운맛은 중독성이 있는 만큼 이를 한식의 핵심 키워드로 삼아 외식 시장을 공략한다면 향후 더욱 큰 성과를 기대할 수 있을 것이다.

국민 간식 '떡볶이'도 최근 매운맛 열풍과 함께 글로벌 시장 진출에서 두각을 나타내고 있다. 떡 자체의 낯선 식감 때문에 서구권 공략이 쉽지 않은 분야였지만 최근 K-콘텐츠와 틱톡 등을 중심으로 한국 먹방의 대표 콘텐츠인 매운 떡볶이 먹방 등이 유행하면서 떡볶이에 대한 관심과 인식이 달라진 것. 2024년 열린 파리올림픽에서도 한국 문화 홍보를 위해 마련된 '코리아 하우스' 내 CJ제일제당의 비비고 떡볶이 부스에 긴 줄이 늘어서고 500인분의 떡볶이, 만두, 주먹밥이 평균 4시간 만에 품절되는 등 현지의 인기를 증명했다. 떡볶이 제품의 수출량도 늘었다. CJ제일제당에 따르면 2024년 2분기 '비비고상온떡볶이'의 매출은 1분기와 견줘 2.5배 늘었다. 수출국도 기존 29개국에서 41개국으로 늘어났다. 무한 리필 즉석 떡볶이 프랜차이즈인 '두끼'는 미국·호주·베트남·필리핀·대만·태국 등 해외에 무려 170곳의 매장을 열었으며, 2023년에는 해외 매출이 1200억원을 넘는 등 꾸준한 성장을 이어가고 있다.

최근 '바샤커피', '랄프스커피', '푸글렌' 등 해외 유명 카페 브랜드가 잇따라 한국 시장에 진출하는 한편 토종 카페 브랜드의 해외 진출 역시 활발하다. 매장 수나 매출 등에서 '스타벅스'나 '투썸플레이스' 등 경쟁 브랜드의 공고한 입지와 저가 브랜드의 공세에 다소 입지가 위축된 국내의 '할리스커피'와 '이디야커피' 등은 해외시장으로 눈을 돌렸다. 2024년 봄 할리스커피는 일본 오사카에 난바 마루이점을 오픈했는데 오사카 한정 메뉴인 약과크림라테 등 한국식 디저트나 재료를 활용한 메뉴들이 좋은 반응을 얻고 있으며 쾌적한 좌석, 충전기 제공 등 한국 카페 특유의 공간 인프라를 제공하며 젊은 층에게 어필하고 있다.

이디야커피 해외 가맹 1호점 괌 마이크로네시아몰(사진_이디야커피)

이디야커피는 2023년 12월 해외 가맹 1호점인 괌 마이크로네시아몰점을 개점했으며 아메리카노 같은 스테디 메뉴 외에 달고나라테와 꿀호떡, 흑임자팥붕어빵 등 한국식 메뉴가 매출 상위를 기록하며 현지에서 인기를 끌고 있다. 이디야는 해외 매장 출점을 통해 오프라인 경험치를 증대하고, 지점을 점차 늘려가며 브랜드 인지도를 쌓아 RTD 음료 수출 등도 확대하려는 전략을 펼치고 있다.

빙수 전문점 '설빙'은 MF 형태로 호주, 일본 등 6개 국가에서 총 12개의 글로벌 매장을 운영하며 사업 확대에 박차를 가하는 가운데 미국, 동남아시아로 시장을 넓히고 있다. 2019년 부산 중구 남포동을 시작으로 전국 250개 이상의 점포를 보유한 '블루샥'은 2024년 인도네시아에 첫 번째 MF 매장을 오픈했다.

2024년 카페업계의 큰 화젯거리 중 하나가 바로 '컴포즈커피'의 매각 건인데 2024년 7월, 컴포즈커피의 지분 100%를 필리핀 외식 프랜차이즈 '졸리비푸드(Jollibee Food)'가 약 4700억원에 사들인 것. 졸리비는 2019년 '커피빈' 미국 본사를 인수했을 만큼 글로벌 커피 프랜차이즈업계의 큰 손으로 통하며 이번 매각을 통해 컴포즈커피의 동남아 시장 확장이 기대되고 있다.

이처럼 K-외식 브랜드의 활발한 해외시장 진출은 한국 음식과 문화를 보다 다채롭게 세계에 알리며 글로벌 인지도를 높이는 계기가 될 것으로 기대된다. 해외시장에 진출하는 기업들은 새로운 시장에서의 경제적 기회 창출을 통한 성장의 기회라는 긍정적인 전망을 보여주고 있다.

한식 열풍 이어가는 글로벌 외식 공간들

지난 <2024 대한민국을 이끄는 외식트렌드>에서는 해외에서의 한식당 열풍에 대해 다루며 뉴욕 맨해튼의 '아토믹스', '리세', '핸썸라이스', '꽃', '오이지미' 등 현지에서 활약하고 있는 여러 한식당을 소개했다. 세계적으로 좋은 평가를 받으며 화제의 중심에 섰던 한식당은 반짝 인기에 그치지 않고 보다 다채로운 매력을 전파하는 확산의 단계에 들어섰다. 미국 <뉴욕 타임스>가 '2024년 뉴욕 최고의 레스토랑 100곳'을 선정했는데 그중 한식당은 7곳이 선정되었다. 맨해튼에 위치한 아토믹스는 전체 4위로 한식당 중 최고 순위를 차지했고, '제주누들바'는 16위, '아토보이'는 30위, '돼지곰탕집옥동식'은 40위, '윤해운대갈비'는 52위, '오이지미'는 77위 그리고 '마포코리안BBQ'는 91위를 기록했다. 이뿐만 아니라 최근 <미쉐린 가이드 뉴욕>에서 한식 기반의 파인다이닝 '정식 뉴욕(Jungsik New York)'이 3스타를 받으며 미국에서 미쉐린 3스타를 받은 첫 한식당에 이름을 올렸다. 이는 한식이 일시적 유행을 넘어 주류 식문화의 반열에 올랐다는 분명한 신호로 풀이된다. 이들 외식 공간은 대중문화를 통해 전파된 한류의 인기와 창의성을 닮은 미식 경험을 제공하며 한식의 영향력을 높여가고 있다. 이 외에도 보다 넓은 범주의 글로벌 한식당들이 잇따라 오픈하거나 발굴되면서 이러한 기류가 꾸준히 이어지고 있다.

미국 뉴욕 맨해튼에 오픈한 '동남사거리 원조기사식당'은 말 그대로 한국인에게 가장 친숙한 한식백반을 내는 곳이다. 외관 역시 한국에서 흔히 볼 수 있는 모습의 식당이지만 뉴욕 도심 한복판에 자리하니 오히려 이색적인 느낌을 준다. 한국인에게 기사 식당이란 편안하고 저렴하게 한식을 먹을 수 있는 곳이자 기동력이 있는 기사님들이 많이 가는 식당이기에 '찐 맛집'이라는 인식이 있다. 기사 식당에 대한 이 같은 한국인의 정서를 담은 음식을 선보이는 곳으로 1980년대 스타일을 표

미국 뉴욕 맨해튼에 오픈한 동남사거리 원조 기사 식당(사진 업체 제공)

방하며 친숙한 은쟁반에 제육볶음, 비빔밥, 불고기, 오징어볶음 등 지금 당장 국내 백반집에 가면 디폴트로 있을 만한 메뉴들과 김치, 계란말이, 감자조림 등 밑반찬을 함께 제공한다. 전혀 현지화하지 않은 메뉴로 승부하는 데다 가격은 뉴욕 물가가 반영되어 한화로 약 4만원대에 이르러 해당 메뉴를 국내에서 사 먹었을 때를 생각하면 매우 높은 가격을 형성하고 있다. 그럼에도 1~2시간가량의 웨이팅이 생기는 등 현지인, 특히 젊은 세대에게 큰 호응을 얻고 있다.

한강에 가면 볼 수 있는 '자동 라면 조리기'를 두고 다양한 한국 라면을 셀프로 끓여 먹을 수 있는 뉴욕의 '라면 편의점'도 한국 라면의 높은 인기에 힘입어 화제를 모았다. 각종 라면을 즐기며 엠파이어 스테이트 빌딩과 헤럴드 광장을 조망할 수 있어 현지인들과 관광객들에게 인기다. 미국 로스앤젤레스의 한인타운에 위치한 즉석 조리 라면 가게인 '슬럽 & 십(Slurp & Sip)'은 현지의 한인들보다는 다양한 문화권의 방문객들이 찾는 명소가 됐다. 인기 있는 한국 라면 수십 종을 비치해 취향 껏 골라 즉석 조리기를 통해 끓여 먹도록 했으며, 유행하는 꿀 조합을 참고해 자유롭게 첨가할 수 있는 다양한 토핑도 제공하고 있다. 이들 라면집이 큰 인기를 얻는 것은 소셜 미디어나 K-콘텐츠를 통해 한국의 라면을 접하고 호기심이 커진 이들이 많아진 덕이다. SNS에서 화제를 모은 라면 레시피를 구현해보거나 불닭볶음면 체험 챌린지 등을 통해 한국 라면을 즐기는 것 자체가 이들 사이에서 핫한 콘텐츠가 됐다.

뉴욕 한식의 인기와 더불어 국내 유명 셰프들의 진출도 이어지고 있는데 맨해튼의 한식 파인다이닝 '안토(Anto)'에서는 <미쉐린 가이드 서울>의 1스타 레스토랑 '묘미'의 헤드 셰프로 있었던 김정묵 셰프를 영입했다. <미쉐린 가이드 서울>의 2스타 한식 파인다이닝 '주옥'의 신창호 셰프도 국내 매장을 접고 2024년 9월 뉴욕 맨해튼에서 '주옥(Joo Ok)'으로 새로운 시작을 알렸다. 국내에서 '노티드' 등을 히트시킨 GFFG의 한식 브랜드 '호족반'도 뉴욕 1호점을 오픈해 NY양념갈비, 들기름막국수 등의 메뉴를 선보여 인기를 얻고 있으며 2025년 LA 오픈도 준비 중에 있다.

과거 뉴욕 맨해튼의 한식당은 주로 코리아타운인 32번가에 밀집되어 있었다. 하지만 지금의 한식당은 보다 광범위한 지역으로 퍼지고 있는데 이는 한식이 대중적으로 확산되고 있다는 신호라 할 수 있다. 이 같은 추세에 따라 맨해튼의 주요 부동산 업자들은 트렌디한 이미지 확보를 위해 고급 한식당 영입에 나서고 있다.

록펠러센터에 입점한 '나로(Naro)'는 아토믹스 대표 부부가 세 번째 레스토랑으로 캐주얼한 한식을 선보이는 곳이다. '주아(Jua)'의 김호영 셰프는 2023년 두 번째 레스토랑 '무노(Moono)'를 열었는데 녹두전, 순대, 평양냉면, 양곰탕, 보쌈 등 한식 단품 메뉴를 즐길 수 있는 곳으로, 주아에 비해 보다 캐주얼한 콘셉트를 취했다. 또한 한식의 뿌리라 할 수 있는 발효 재료의 조달을 위해 직접 메주를 띄워 장을 담그고 김치와 참기름 등도 직접 생산한다.

코리안 스테이크하우스 '꽃(Cote)'의 사이먼 킴 셰프는 뉴욕의 명물 중 하나인 플랫아이언 빌딩 인근에 한국식 프라이드치킨 전문점 '꼬꼬닭(Coqodaq)'을 오픈했는데 한국식 치킨과 샴페인의 페어링을 제안하며 600여 종의 와인 리스트 중 무려 400개의 샴페인 라인업을 선보였다. 꼬꼬닭은 2024년 메이저 테니스 대회인 US오픈의 참여 레스토랑으로 합류해 해외 각종 셀러브리티들의

사이먼 킴 셰프의 뉴욕 한국식 치킨 전문점 꼬꼬닭(사진_업체 제공)

손에 꼬꼬닭 상자가 들려 있는 모습이 포착되며 빠르게 대중의 반응을 이끌어냈다. 노량진의 명물 컵밥을 미국 전역에 알리고 있는 '유타컵밥(Cupbop)'은 푸드 트럭에서 시작해 연 매출 600억원의 신화를 써내려가는 기업이 됐다. 이곳의 송정훈 대표는 빠르고 맛있으면서도 한국의 정, 흥, 덤을 느낄 수 있는 서비스를 적용해 진짜 한국 사람들이 일상 속에서 먹고 즐기는 한식을 알리는 데 기여하고 있다.

한식진흥원은 2023년 8월부터 10월까지 두 달간 뉴욕, 상하이, 자카르타 등 해외 주요 18개 도시에 거주 중인 현지인 9000명(20~59세)을 대상으로 실시한 '해외 한식 소비자 조사' 결과를 발표했다. 최근 1년 내 한식당에 방문한 경험이 있는 외국인은 64.6%로 응답자의 절반을 훌쩍 넘었으며 동북아시아, 미주권에 비해 유럽은 비교적 낮은 수치를 보였지만 한식이 낯설던 유럽에서도 차츰 한식에 대한 관심도가 높아지고 있는 것으로 나타났다.

해외에 한식이 널리 퍼지는 상황에 발맞춰 해외에서의 한식 품질 향상과 소비자 보호

를 위해 농림축산식품부와 한식진흥원은 '해외 우수 한식당 지정 사업'을 펼치고 있다. 이는 한식당이 활발하게 글로벌 시장으로 진출하는 만큼 한식 문화와 맛을 제대로 알리고, 위생과 서비스 등 내실을 탄탄히 다지며, 긍정적인 경험을 제공해 한식이 안정적으로 현지 시장에 정착하도록 하기 위함이다.

런던 퓨전 한식 다이닝 솔잎의 막걸리셔벗(사진_업체 제공)

2024년 새롭게 지정된 해외 우수 한식당은 파리의 한국식 구이 전문점 '삼식(Sam Chic)'과 비빔밥·제육볶음·김치찌개 등 다양한 한식을 선보이는 '지음(Jium)', 런던의 퓨전 한식 다이닝 '솔잎(Sollip)'이다. 런던에는 그 밖에도 다양한 한식당이 선전하고 있는데 그중 대표적인 것이 한국식 핫도그로 유명한 소호 지역의 '분식(Bunsik)'으로, 항상 긴 줄이 늘어서는 인기 음식점이다.

파리의 음식점 '모주(Mojju)'는 한식의 맛에 반한 티보 솜바르디에(Thibault Sombardier) 셰프가 운영하는 한식 비스트로다. 두부와 양념장·백김치·한식 바비큐·채소비빔밥 등을 선보이며, 전통 한옥 스타일의 인테리어로 한국적인 아름다움을 알리고 있다. 역시 파리에 자리한 린다 리(Linda Lee) 셰프의 '마리마리(Marimari)'도 현지에서 김밥과 떡볶이, 치킨, 계란빵 등의 메뉴를 선보이며 성업 중이다. 샹젤리제 근처의 조용한 거리에 위치한 우아한 5성급 호텔 '샤토 데 플뢰르(Hôtel Château des Fleurs)' 내부에 있는 레스토랑 'OMA'는 박지혜 셰프를 영입해 프랑스와 한국의 맛을 맛있게 융합한 요리를 소개하며 호평을 받고 있다.

한식의 정체성, 발효

한국 고유의 '장(醬) 담그기' 문화가 마침내 유네스코 인류무형문화유산에 등재됐다. 콩을 발효해 된장이나 간장을 만드는 '장'은 한국 음식의 맛과 정체성을 결정하는 중요한 요소로 한국 식생활의 근간을 이루는 식품이다. 한식에 대한 전 세계적 관심이 높아지면서 국내외로 한식의 DNA와도 같은 발효에 대한 연구와 이를 활용한 외식 공간들의 다양한 활동 역시 활발하게 이루어지고 있다.

건강에 대한 관심이 높아짐과 동시에 '발효 트렌드'에 대해 몇 해 전부터 꾸준한 예측이 있었는데 여러 식품 기업들은 한국 전통 장, 김치, 술 등 발효 식품의 해외시장 공략에 적극적으로 나서고 있다. 관세청 무역 통계에 따르면 2023년 고추장 수출액은 역대 최대인 6192만 달러를 기록했다. 전년 대비 17.8% 성장한 수치로, 2020년 처음으로 5000만 달러를 넘어선 이후 3년 새 다시 6000만 달러선으로 한 계단 올라섰다. 김치는 2024년 상반기 총 수출액 8200만 달러를 기록해 역대 최고치를 보이며 해외시장에 한식의 발효를 알리는 주전 멤버로 활약 중이다.

<미쉐린 가이드 서울>에서 2스타를 받은 레스토랑이자 2024년 한국 최초로 영국 윌리엄 리드 비즈니스 미디어에서 발표하는 세계적 권위의 미식 평가 행사인 '월드 50 베스트 레스토랑(W50B)'에 오른 '밍글스'의 강민구 셰프는 저서인 <Jang: The Soul of Korean Cooking>을 출간해 한식의 근본인 장을 보다 정확하게 이해하고 활용할 수 있는 방법을 제시하기도 했다.

한식의 음식 유산을 이어가고 있는 대한민국 식품 명인이자 370년 전통 종가의 발효 장맛을 이어가고 있는 기순도 명인은 '기순도 발효학교'를 개교하며 메주 만들기를 시작으로 다양한 발효장 제조 및 발효와 관련된 교육 활동을 활발히 펼치고 있다. 또한 양진재 종가의 내림 음식을 경험할 수 있는 '기순도 명인의 발효밥상 체험' 등을 통해 장 제조와 음식 활용에 대한 이해도를 높이는 노력과 함께 전통장의 맥을 이어가고 있다. 기순도 명인의 전통 장은 이제 해외 유명 미쉐린 레스토랑에서도 많이 활용되고 있다. 발효 음식으로 이름난 세계적 레스토랑인 덴마크 코펜하겐의 '노마(Noma)', 월드 베스트 50에 선정된 유명 레스토랑인 페루 리마의 '센트럴

기순도 발효학교에서 선보인 발효 밥상

(Central)', 2024년 월드 50 베스트 레스토랑'에서 1위 레스토랑으로 선정된 스페인 바르셀로나 '디스프루타르(Disfrutar)' 등의 셰프들이 2024년에도 명인의 활동지인 담양에 직접 다녀가며 한식의 뿌리인 전통 장과 발효에 대한 탐구를 이어갔다.

식품 및 외식업계 전반의 이와 같은 노력은 전통 한식 발효의 가치를 재발견하고 현대적으로 계승함으로써, 한국 고유의 맛과 건강한 식문화를 세계에 알리는 중요한 역할을 하고 있다. 이를 통해 한식의 글로벌 경쟁력을 강화하고, 한국 발효 식품이 국제 시장에서 지속 가능한 성장 동력을 얻을 수 있을 것으로 기대된다.

CHAPTER 7

2025 카페 & 디저트 트렌드

1. 커스터마이제이션 256
2. 바삭한 두바이초콜릿, 쫄깃한 스웨덴 캔디?… '식감 디저트' 259
3. '퍼포먼스 디저트', 숏폼 시대를 사로잡다 264
4. 과일에 홀릭하다… 과일릭 273
5. 성장의 밀푀유 쌓는 '네임드' 파티세리 278
6. 초고속 트렌드 이끄는 유통형 빵집 281
7. 다이어트 & 디저트 공존시대… '저당 디저트' 290
8. Trick or 'Re-treat'!… 디저트 업사이클링 293
9. '앞으로의 커피'… 1명의 소비자, n개의 취향 296
10. '식사빵', 달라진 식문화를 말하다 304

introduction

2025 카페 & 디저트 트렌드

외식 업종 중에서 가장 빠르게 트렌드가 오고 가는 것이 카페 및 디저트업계다. 빠르게 변화하는 시대 속에서 끊임없이 새로운 것들을 갈망하는 소비자들과, 과거와는 비교도 되지 않는 경험치 및 정보를 토대로 새로운 이야깃거리를 생산하는 플레이어들에 의해 외식업계는 날이 갈수록 활기를 더하고 있다. 지난 <2024 대한민국을 이끄는 외식트렌드>에서는 주목할 디저트 트렌드로, 저가 커피 전문점의 성장, 고카페인과 디카페인 시장이 동반 성장하는 카페인 양극화, 제로 음료 열풍, 홈 카페 시장의 성장, 베이커리 카페 트렌드와 특징, 추러스·약과·버터·탕후루 등 인기 아이템과 쇼츠로 유명해진 무빙 디저트, 건강 디저트, 술과 함께 즐기는 페어링 디저트에 대해 짚어보았다. 그 가운데 베이글이나 소금빵, 비건 디저트와 베이커리 카페 등이 여전히 트렌드를 유지하고 깊이를 더해가는 반면 탕후루나 약과처럼 화제성이 시들고 있는 아이템들도 나타났다. 지난 책에서 강조한 바와 같이 국내 카페 & 디저트업계에서 살아남기 위해서는 가변성에 대응하는 판단력과 빠르게 제품에 트렌드를 반영하는 '기술력의 확보'가 필수라 하겠다.

불경기 속에서 치솟는 원재료비에 따른 가격 상승에도 불구하고 여전히 디저트는 불황 속 호황을 이끄는 '스몰 럭셔리'의 상징이며, 대형 유통업계가 주도하는 온·오프라인 접점을 중심으로 존재감을 더욱 키워가고 있다. 불황의 여파로 밥은 집에서 먹더라도 대신 맛있는 베이커리나 디저트를 먹으며 작은 사치를 추구하기도 하지만 한편에서는 저가 커피 브랜드나 마트표 베이커리 등 가성비 좋은 제품의 인기가 높아지는 양면적인 현상이 동시에 나타나고 있다. 예를 들어 일상 속에서는 저가 커피를 먹고, 식사빵으로 끼니를 채우다가도 종종 나를 위한 사치로 유명 파티시에의 디저트 오마카세에 가거나 아이스크림에 좋아하는 토핑을 잔뜩 올려 플렉스를 하는 등 카페와 디저트의 역할이 '일상용'과 '비일상용'으로 동반 소비되고 있는 것이다.

이번 <2025 대한민국을 이끄는 외식트렌드>의 '2025 카페 & 디저트 트렌드'에서는 다양성을 더해가는 카페와 디저트업계의 트렌드를 분석해 ▲커스터마이제이션 ▲식감 디저트 ▲퍼포먼스 디저트 ▲과일릭 ▲네임드 파티세리 ▲유통형 빵집 ▲저당 디저트 ▲디저트 업사이클링 ▲앞으로의 커피 ▲식사빵까지 10개의 키워드로 소개하고자 한다.

1. 커스터마이제이션

커스터마이제이션(Customization)은 '맞춤형'이라는 뜻으로, 개인의 취향이나 필요에 따라 제품이나 서비스를 특별히 제작하거나 변경하는 것을 의미한다. 최근 디저트 시장에서는 이러한 커스텀 트렌드가 뜨겁게 달아오르고 있다. 소셜 미디어의 발달로 개성 넘치는 디저트를 만들어 공유하는 것이 유행하면서 많은 사람이 자신의 취향에 맞춰 직접 조합한 디저트를 SNS로 선보이는 것에서 이러한 트렌드를 바로 읽을 수 있다. 많은 사람이 자신의 개성을 표현하거나 실제 카페에 근무하는 직원이 추천하는 조합, 또는 유명인들이 만들어낸 조합을 따라해보며 공감대를 형성하는 것을 하나의 놀이처럼 즐기고 있다.

또한 젊은 세대를 중심으로 개성과 차별화를 중시하는 가치관이 확산되면서, 대량생산되는 기성품보다는 나만의 특별한 것을 찾는 소비 트렌드가 강화된 것도 커스텀 디저트의 인기를 뒷받침하는 요인이다. 이러한 트렌드는 디저트를 단순한 기호식품이 아닌, 특별한 경험을 제공하는 하나의 문화 콘텐츠로 만들고 있다.

키오스크나 스마트폰을 활용한 '비대면 주문'의 보편화는 이러한 추세를 더욱 가속화한 요인 중 하나다. 직원에게 직접 주문하는 방식보다 심적 부담 없이 자신의 취향을 반영할 수 있기 때문이다. 복잡하고 까다로운 주문으로 인해 직원에게 번거로움을 주거나 주문에 지나치게 많은 시간이 소요되어 다른 고객에게 피해를 끼치는 일, 복잡한 주문 탓에 주문이 잘못 전달되어 원하는 대로 제조되지 못할 수도 있는 일 등 대면 주문 시 생길 수 있는 개인 맞춤형 오더의 부담을 줄일 수 있는 것이다.

비대면 주문을 통해 고객들은 메뉴 제조 시 반영할 수 있는 다양한 옵션을 새롭게 알게 되기도 한다. 비대면 주문 시스템을 통해 주문하다 보면 다양한 옵션들이 직관적인 인터페이스를 통해 제공되며 소비자들이 쉽게 선택할 수 있도록 돕기에 보다 편리하게 선택할 수 있다. 특히 스마트폰 앱 주문의 경우 과거 구매 데이터나 선호도를 기반으로 개인에게 맞춤형 메뉴를 추천해주는 기능이나 나만의 메뉴를 미리 저장해놓고 원스톱으로 주문할 수 있는 서비스를 제공하기 때문에 자신에게 맞는 새로운 메뉴를 쉽게 발견하고 더욱 만족스러운 경험을 할 수 있다.

스타벅스는 자사 주문 앱에서 제공하는 사이렌 오더 서비스를 업계에서 선도적으로 도입했고, 그 후 대부분의 프랜차이즈 카페 브랜드에서 이 같은 주문 시스템을 도입했다. 이러한 시스템은 취향에 맞는 맞춤형 메뉴 주문을 원활하게 할 뿐 아니라 원두 품종이나 우유의 종류, 커피 농도 뿐 아니라 음료의 온도와 설탕의 종류, 카페인과 지방의 고저, 시럽과 거품의 양, 토핑 등 다양한 옵션을 제공한다. 이러한 서비스가 활발하게 이용되면서 다채로운 꿀 조합 레시피나 메뉴판에는 없는 '히든 메뉴'를 주문하는 방법이 유행으로 번지기도 했다.

드라이브 스루 매장이 많은 미국에서는 주문 스피커에 대고 외우기도 힘들 만큼 복잡한 주문을 하고 스타벅스 파트너가 이를 덤덤하게 받은 후 음료를 제대로 만들어 내주는 과정이나 다양한 옵션의 조합이 적힌 기나긴 영수증을 인증하는 등의 숏폼 영상을 만드는 것이 하나의 놀이처럼 여겨지기도 한다. 이처럼 미국, 유럽 등 여러 문화권의 사람들이 살고 있는 지역일수록 자신의 취향에 맞게 음료를 커스텀하는 것이 보편화되어 있는데 이러한 문화가 온라인을 통해 차츰 국내에도 전파되고 있다.

실제로 국내 카페 시장에서도 소비자들의 취향이 몇 년 전에 비해 매우 세분화됐는데 이제 웬만한 카페에서는 원두의 보디감을 선택하거나 우유, 시럽 등의 옵션을 고르는 선택지가 꽤 보편화됐다. 스타벅스뿐 아니라 대부분의 국내 기업형 카페는 자사 앱이나 키오스크를 통한 주문 시스템을 갖추고 있는데, 이 같은 주문 환경이 빠르게 확산할 수 있었던 것은 고객 입장에서 직원에게 직접 말하지 않고 커스터마이징 음료를 주문할 수 있어 부담이 적다는 게 큰 이유라고 할 수 있다. 카페 브랜드마다 다양한 커스텀 레시피가 SNS를 통해 공유되는 현상이 이어지며 커스텀은 카페를 이용하는 젊은 세대의 새로운 문화로 여겨지고 있다.

커피 프랜차이즈 '빽다방'은 아이스티에 에스프레소 샷을 추가한 음료인 '아샷추'를 정식 메뉴로서 최초로 선보인 곳이다. 이 메뉴는 현재 아메리카노 다음으로 많은 판매량을 올리는 대표 메뉴가 됐다. 커스텀 메뉴가 정식 메뉴가 된 케이스인 것. 아이스티의 달콤함과 에스프레소 샷의 쌉싸름함이 조화롭게 어우러지는 독특한 풍미를 선사해 온라인에서 해당 레시피가 유행하게 됐고, 그에 따라 주문하는 고객들이 많아지자 정식 메뉴로 출시한 것이다. 최근에는 빽다방뿐 아니라 대부분의 카페에서 아샷추 메뉴를 선보이고 있으며 한국 카페의 특징적인 메뉴가 됐다. 빽다방은 그 밖에도 아이스크림 메뉴에 타피오카 펄을 추가한 '아펄추', 아이스티에 망고 과육 토핑을 추가한 '아망추' 등 다양한 조합과 옵션을 선보이며 커스터마이징의 즐거움을 더하고 있다.

최근 가장 핫한 디저트로 떠오른 요거트 아이스크림의 인기를 이끈 브랜드, '요거트 아이스크림의 정석' 일명 '요아정'의 인기 비결 역시 10여 종의 과일을 비롯해 초코셸, 벌집 꿀, 치즈 큐브, 초코팝 등 30여 종의 토핑과 시럽류를 마음대로 조합해 먹을 수 있는 커스텀의 힘에 있다. 요거트 아이스크림 자체가 새로운 아이템도 아니고 기존에도 이미 요거트 아이스크림 전문점이 있었는데, 새삼스럽게 다시 전성기를 맞이한 까닭은 무엇일까? 다양한 조합을 통해 전혀 다른 종류의 아이스크림을 만들어낼 수 있고, 이를 SNS를 통해 공유하며 자신의 취향을 과시할 수 있는 것이 현재의 소비 트렌드에 부합한다는 것이 가장 큰 요인으로 분석된다.

이처럼 자신의 취향을 드러낼 수 있는 요아정 주문은 유튜버나 연예인들에게도 좋은 콘텐츠로 작용했다. 그들이 취향에 따라 주문하고 즐기는 영상들이 온라인에서 공유되면서 더욱 붐업 되는 효과를 낳았고, 많은 사람이 자신이 좋아하는 인플루언서나 연예인의 취향을 따라 주문하면서 공감대를 형성하는 소비 현상이 이어졌다. 일례로 들 수 있는 것이 아이돌 그룹 라이즈의 성찬이 유행시킨 이른바 '5억 레시피'다. 아이스크림에 골드 망고, 샤인 머스켓, 벌집 꿀, 딸기 팝팝 등 6가지 토핑을 추가하면 1인 아이스크림 가격이 2만원대를 훌쩍 넘기게 되는데, 비싸도 포기할 수 없어 자꾸 시켜 먹게 된다고. 디저트를 즐기는 '스몰 럭셔리' 소비 심리를 관통한 대표적인 요아정 레시피라 할 수 있다.

나만의 조합으로 토핑을 추가할 수 있는 커스터마이징 디저트로 인기를 얻고 있는 요아정(사진 업체 제공)

요아정의 인기에 힘입어 유사 요거트 아이스크림 전문점도 늘어났다. 이들 점포는 주로 배달 전문점의 형태로 출점하며 대세에 편승해 틈새시장을 공략하고 있다.

2. 바삭한 두바이초콜릿, 쫄깃한 스웨덴캔디?… '식감 디저트'

최근 디저트 신에서 '식감' 요소가 선택의 중요한 기준으로 떠오르면서 독특한 식감을 가진 디저트들이 인기를 끌고 있다. 바삭함 또는 쫄깃함 등 특유의 질감을 지닌 디저트는 씹는 즐거움은 물론 청각적, 시각적 효과가 있어서 디저트를 즐기는 소비자들에게 단순히 맛을 넘어 다양한 감각을 만족시키는 새로운 경험을 선사한다. 숏폼이나 ASMR(자율감각 쾌락 반응, 특정한 자극에 반응해 나타나는 심리적인 안정감이나 쾌감을 의미. 먹방을 통해서는 주로 음식 먹는 소리, 만드는 소리 등을 통해 듣는 즐거움을 선사하는 영상으로 소개되고 있다) 영상 등 온라인 콘텐츠를 통해 빠르게 유행이 확산됐으며, 감각적인 즐거움에 더해 개인의 경험을 강조하는 소비 추세에 매력적인 소재가 되고 있다.

새로운 식감의 추구는 프랑스, 일본 같은 기존 디저트 강국이 아닌 조금은 낯선 지역의 디저트가 주목받는 현상으로도 이어지고 있다. 이러한 현상에는 정형화된 맛과 비주얼에 대한 피로감을 느끼는 소비자들의 독특하고 '새로운 차원의 경험'에 대한 니즈가 투영되어 있다. 일반적으로 유튜브나 틱톡 같은 온라인 플랫폼을 통해 전파되기에 사실상 국경의 제약이 없으며, 화제가 되는 디저트는 보통 1차원적인 감각을 자극하는 요소들을 갖고 있어 '언어나 문화의 장벽이 무의미'해지기 때문에 보다 다양한 문화권의 콘텐츠를 소비할 수 있게 되는 것이다.

식감 디저트 트렌드의 최대 수혜자이자 2024년 디저트 신을 가장 뜨겁게 달군 것은 '두바이초콜릿'이다. 두바이초콜릿은 실제 아랍에미리트(UAE) 두바이에 위치한 '픽스 디저트 쇼콜라티에'라는 업체에서 만든 초콜릿이 원조다. 초콜릿 속에 튀르키예산 '카다이프'라는 가는 실 모양의 면을 튀겨 넣어 바삭한 식감을 내고, 피스타치오 크림을 가득 채운 것이 특징인 디저트다. 이 초콜릿이 폭발적인 인기를 얻은 데에는 유

두바이초콜릿 유행의 시작점이 된 두바이의 픽스 디저트 쇼콜라티에(사진 업체 제공)

튜브, 틱톡 등을 통한 온라인 바이럴이 결정적인 역할을 했다.

아랍에미리트의 유명 인플루언서인 마리아 베하라가 두바이초콜릿을 먹는 영상을 자신의 틱톡 계정에 올리면서 전 세계적으로 입소문이 퍼지기 시작했고, 화려한 비주얼과 바삭한 식감이 특징인 이 초콜릿은 순식간에 많은 사람의 관심을 끌게 됐다. 영상 속에서 두바이초콜릿을 쪼개는 모습과 피스타치오 크림이 흘러나오는 장면은 보는 이들의 식욕을 자극하면서 '먹어보고 싶다'는 욕구를 불러일으켰고, 이후 두바이초콜릿을 먹는 영상을 찍는 것이 젊은 세대 사이에서 유행처럼 번졌다. 픽스 디저트 쇼콜라티에의 원조 두바이초콜릿은 품귀 현상을 일으키며 리셀 마켓에서 높은 가격에 거래되기도 했다.

국내에서는 디저트 크리에이터 '전언니'가 두바이초콜릿의 유행에 물꼬를 텄다. 이어서 여러 크리에이터에 의해 직접 만들고 시식하는 영상들이 양산되며 디저트업계를 온통 두바이초콜릿으로 물들였다. 원조 제품의 국내 수입이 늦어지면서 국내 여러 유통사에서 유사한 두바이초콜릿 제품들을 수입하거나 제조해 출시했으며, 어떤 편의점에 가도 두바이초콜릿 관련 제품들을 맛볼 수 있게 됐다. 또한 트렌드의 속도가 빠른 만큼 접목 속도도 빠른 국내 디저트 시장에서는 두바이초콜릿을 응용한 다양한 디저트를 연이어 선보였다. 현시점 한국은 '세상에서 가장 다양한 두바이초콜릿 디저트 보유국'이라 해도 과언이 아니다.

서울 마포구 합정동의 '올더어글리쿠키 & 트레몽'은 두툼한 쿠키 속에 카다이프와 수제 피스타치오 페이스트를 듬뿍 넣고 겉은 초콜릿으로 감싼 디저트를 선보였다. 쪼개는 순간 터져나오는 비주얼이 압권이며 GS25 편의점에서 양산형 제품으로 출시되기도 했다. 약과쿠키 유행을 선도한 서울 강남구 압구정 로데오거리의 '이웃집통통이' 역시 트렌드에 대한 빠른 대응력을 무기로 두바이초콜릿과 두바이초콜릿푸딩, 두바이초콜릿쫀득빵, 두바이초콜릿케이크 등 다양한 버전의 두바이초콜릿 디저트를 선보였다. 이웃집통통이의 두바이초콜릿쿠키는 편의점 CU에서 양산형 제품으로도 출시됐다.

서울 송파구 송리단길의 카페 '테미즈'는 중동 디저트를 수제로 만드는 곳이다. 피스타치오 100%로 직접 갈아 만든 피스타치오 버터와 바삭한 카다이프를 채운 수제 두바이초콜릿, 피스타치오 크림을 올린 바클라바 등 전문성이 느껴지는 두바이초콜릿을 경험할 수 있는 곳으로, 한정적인 제공 수량에 수요를 감당하지 못해 번호표를 발급할 정도로 인기를 얻었다.

두바이초콜릿의 인기는 식품 및 외식업계에서 피스타치오와 바삭한 식감을 활용한 디저트의 흐름으로 이어졌다. 시즌별로 새로운 맛을 선보이는 제과업계에서는 피스타치오 맛을 활용한 다양한 제품을 출시하며 판매대를 온통 초록으로 물들였다. 대표 편의점 3사에서는 두바이초콜릿을 이용한 마카롱, 아이스크림, 컵케이크 등 다양한 라인업을 경쟁적으로 선보였고, 이는 외식업계도 마찬가지다. SPC그룹이 운영하는 베스킨라빈스는 신제품 '두바이스타일 초코퉁퉁'을 시즌 한정 판매했다. 고소한 피스타치오아이스크림과 진한 풍미의 초콜릿아이스크림, 크런치볼, 피스타치오 분태를 조합해 만든 제품으로 두바이초콜릿 특유의 바삭한 식감이 특징이다.

던킨도너츠에서 출시한 두바이스타일 초콜릿도넛
(사진 업체 제공)

던킨도너츠에서는 피스타치오 크림과 카다이프가 씹히는 '두바이스타일 초콜릿도넛'을 선보였다. 티(Tea) 음료 전문 브랜드 공차코리아는 공차스무디에 고급 초콜릿 코팅을 더해 '와그작' 하고 부숴 먹는 재미를 주는 '초코바른 피스타치오스무디'를 출시했는데 마치 두바이초콜릿을 음료로 즐기는 듯한 기분을 선사한다. 일반 디저트, 베이커리 및 카페에서도 두바이초콜릿 응용 상품과 피스타치오 플레이버 디저트는 쉽게 찾아볼 수 있는 아이템이 됐다. 이 같은 두바이초콜릿 열풍과 피스타치오 디저트의 높은 인기에 따라 피스타치오 원물 가격이 천정부지로 오르기도 했다.

바삭한 식감의 두바이초콜릿과는 반대로 일명 '스웨덴캔디' 혹은 '스웨덴젤리'로 불리는 디저트는 다양한 색감과 맛이 틱톡 크리에이터들에 의해 소개되면서 인기를 얻게 됐다. 마시멜로와 젤리의 중간쯤 되는 듯한 쫄깃하면서도 부드러운 식감이 특징이다. 독특한 형태의 맛과 질감의 디저트 제품을 만드는 스웨덴의 디저트 브랜드 '법스(Bubs)'에서 판매하는 제품이 유행의 시초가 됐는데, 그래서 국내에서는 이러한 질감의 디저트를 스웨덴캔디로 부르게 됐다. 이 디저트 자제가 인플루언서늘에 의해 소개된 만큼 유행 또한 SNS를 통해 전개됐다. 원조 제품은 정식 수입되지 않고 해외 직구를 통해 웃돈을 주고 구매해야 했기에 더욱 특별하게 느껴지고, 구하기 어려울수록 더욱 갖고 싶은 마음이 생기는 심리가 작동한 것이 화제성을 부추긴 요인이다.

유통업계에서는 발빠르게 이 현상을 캐치해 유사한 제품을 출시하고 있다. 비슷한 사례로 이란의 전통 간식인 '라바삭(Lavashak)'이 있다. 과일을 얇게 펴서 말려 쫄깃한 식감을 즐기는 디저트인데 사용하는 과일에 따라 맛과 비주얼이 다르게 나타난다. 마치 가죽 같은 독특한 텍스쳐와 과일에서 나온 총천연색의 조합이 시각적으로도 즐거움을 선사하는 디저트로 이 또한 온라인 먹방 콘텐츠로 인기를 얻은 케이스다. 현대백화점은 최근 더현대서울 지하 1층 식품관에서 크리에이터 '전언니가게'의 라바삭 팝업 스토어를 유통업계 최초로 진행하기도 했다. 그밖에도 동결 건조 젤리, 혹은 기존 젤리를 얼려 먹거나 녹였다가 굳혀 먹는 것이 SNS에서 유행하는 등 젤리를 활용한 '다양한 식감의 추구'가 꾸준히 이어지고 있다.

스웨덴 디저트 브랜드 법스의 스웨덴캔디
(사진_업체 제공)

특유의 폭신하고 쫀득한 식감의 마시멜로를 크래커 사이에 끼워 먹는 간식인 '스모어(S'more)'를 응용한 디저트도 식감 디저트 트렌드에서 빼놓을 수 없는 다크호스다. 스모어의 녹아내리는 마시멜로와 바삭한 크래커, 달콤한 초콜릿이 조화를 이루는 비주얼은 온라인 콘텐츠에서 매우 매력적으로 비춰졌으며 이를 반영해 스모어초콜릿을 만드는 김해의 디저트 전문점 '니나니나'는 백화점에서 팝업 스토어를 열면서 오리지널 스모어초콜릿을 비롯해

니나니나의 스모어초콜릿 (사진_업체 제공)

황치즈, 솔티 캐러멜, 로투스 등 다양한 맛의 스모어초콜릿을 선보이며 1020 소비자들의 호응을 이끌어냈다. 이곳에서는 평소 빠르게 바뀌는 디저트업계의 유행을 캐치하기 위해 SNS를 통해 흐름을 파악한다고 설명한다.

이처럼 디저트의 유행은 유튜브나 틱톡 같은 온라인 플랫폼과 그곳에서 활동하는 크리에이터에 의해 빠르게 떠오르는 만큼 소모 역시 빠르다. 소비자들은 늘 새로운 것에 열광하다 쉽게 흥미를 잃는 현상이 반복되고 있다. 과거 식품 제조업계에서는 한 가지를 대량생산 제품으로 내놓으려면 공장 설비를 변경해야 하는 등 오랜 시간과 자원이 투입되어야 했기에 단기 트렌드를 반영하기 어려운 측면이 있었다. 하지만 최근에는 시즌마다 새로운 맛과 패키지의 한정 제품이 쏟아져 나오고, 트렌드를 빠르게 반영한 제품들이 쏟아져 나오고 있다. 또한 과거에는 단일 품종을 대량생산하며 안정적인 수익을 추구하는 방식이 주류였지만, 현재는 생산 기술이 고도화되어 다품종, 소량생산을 하는 경우가 많다.

많은 식품 기업이 그때그때 새로운 제품을 신속하게 생산라인에 적용해 시장에 출시하고 있는데, 이는 소비자의 다양한 니즈를 충족시키기 위해 기업들 역시 빠르게 변화하는 시장에 맞춰 유연하게 대응하는 것이 중요한 생존 요건이라고 판단하기 때문이다. 이에 따라 업계는 빠르게 변하는 유행의 속도에 맞춰 끊임없이 새로운 트렌드를 반영한 제품들을 만들어내고 있다. 하지만 반대로 부작용도 따른다. 지나치게 변화무쌍한 시장의 흐름과 치열한 경쟁은 자칫 디저트 자체에 대한 피로감을 높일 수 있다. 또 제품의 퀄리티보다는 빠른 속도에만 집중해 낮은 품질의 디저트를 내놓을 수 있고, 소비자가 이를 경험하게 되면 오히려 향후의 제품에 대한 불신으로 이어질 우려도 크다.

트렌드에 민감한 젊은 세대를 공략하고 새로운 흐름을 이끌어내기 위해선 이들에게 어필할 수 있는 콘텐츠가 속도와 파급력 면에서 절대적인 요건이 됐다. 하지만 모든 콘텐츠가 유행으로 연결되지는 않는 데다 이를 미리 예측하는 것 또한 매우 어렵고 생명력이 짧은 것도 사실이다. 이러한 온라인 플랫폼, 특히 유튜브와 틱톡을 중심으로 디저트 유행이 빠르게 확산되는 현상은 외식업계에 새로운 기회와 함께 다양한 과제를 전달한다. 흐름에 따른 유연한 변화와 대응력도 필요하지만 화제성에 의해 유입된 고객들을 록인(Lock-in)하고 반복적으로 찾게 만드는 본질적인 가치가 결국 뒷받침되어야 한다. 따라서 외식업계에서는 단기적인 유행보다는 기본적인 품질과 서비스 향상에 힘써야 하며 지나치게 유행을 좇기보다는 자사만의 독특한 콘셉트와 스토리를 개발해 차별화를 통해 대체 불가한 아이덴티티를 마련하는 것이 지속 가능한 성장과 질적 성장의 방향임을 염두에 두어야 하겠다.

3. '퍼포먼스 디저트', 숏폼 시대를 사로잡다

최근의 디저트는 단순히 입을 즐겁게 하고 배를 채우는 목적이 아니라 오감을 만족시키는 퍼포먼스의 장이 됐다. 붕어빵 굽는 향기가 가득한 골목길, 기계에서 따끈따끈하게 구워져 선명한 단면을 드러내는 황금빛 와플 등 즉석에서 만들어지는 간식은 따끈한 온기와 함께 오감을 자극한다. 먹기 위한 것인지 보기 위한 것인지 구별이 안 되는 미니어처 디저트의 아기자기한 모습과 클래식한 레시피에 현대적인 감각과 참신한 아이디어를 더해 새롭게 표현한 디저트는 시각적인 즐거움과 특별한 경험, 그리고 콘텐츠에 대한 영감을 제공한다.

이처럼 다양한 감각을 자극하면서 무대의 주인공 역할을 하는 '퍼포먼스 디저트'는 고객 앞에서 직접 만들어내는 과정을 통해 신선함과 특별함을 더한다. 또한 감각적 만족, 다양한 체험, 개인화 등 다양한 가치를 제공하며 일상을 더욱 풍요롭게 만드는 역할을 한다. 디저트는 맛도 중요하지만 시각 효과가 크게 부각되는 메뉴다. 특히 퍼포먼스 디저트는 영상 콘텐츠의 중심에 있는 숏폼에 최적화된 분야로서 날로 진화하고 있으며, 트렌드에 민감한 젊은 세대를 중심으로 자연스럽게 전파되고 있다.

즉석에서 펼쳐지는 길거리 간식 퍼포먼스

국내를 대표하는 퍼포먼스 디저트는 흔히 '길거리 간식'으로 불리는 즉석 디저트라고 할 수 있다. 따뜻하게 갓 구워내는 간식은 촉촉한 식감과 풍부한 향으로 미각을 사로잡고, 즉석에서 만드는 과정을 보는 것은 마치 작은 공연을 보는 듯한 즐거움을 선사하며 따뜻함과 정성이 담긴 음식이라는 인상을 심어준다. 또한 누군가에게는 특정한 시대와 공간을 떠올리게 하는 향수를 자극하기도 한다. 대표적인 것이 붕어빵이나 호떡 등으로, 한국 간식 문화를 대표하는 아이콘으로서 자리매김했다.

최근 한식이 세계적으로 주목받으면서 한국을 방문한 관광객들 사이에서는 'K-길거리 간식' 체험이 필수 코스가 됐다. 한국 드라마나 예능에서 자연스럽게 한국에서만 즐길 수 있는 길거리 간식에 노출되면서 호기심을 자극한 덕이다. 하지만 그동안 거리 정비 사업으로 많은 노점이 정리되고 원재료 및 운영 비용의 상승에 따라 점포 유지가 어려워지면서 길거리 간식을 판매하는 곳도 상당수 줄었다.

길거리 간식 노점이 귀해지면서 동네마다 붕어빵 판매소의 위치를 알려주는 앱이 등장하는가 하면, SNS를 통해 정보를 공유하고 그중 저렴하거나 맛이 특출 난 점포는 입소문이 나 일부러 다른 지역에서 방문하는 현상이 벌어지기도 했다. 붕어빵의 인기가 높아지면서 전문 디저트 숍과 카페에서도 정식 디저트로 소금빵 붕어빵, 플레이팅 붕어빵 등 고급화한 붕어빵을 선보이기 시작했으며 집에서 간단히 즐길 수 있는 가정용 냉동 붕어빵 제품도 다양하게 출시됐다. 또한 편의점이 빠르게 트렌드를 반영하는 디저트 성지로 거듭남에 따라 기존에는 편의점 겨울 간식 하면 호빵이었지만 최근에는 찬 바람이 불기 시작하는 계절이 오면 매장에서 붕어빵과 군고구마, 심지어 꼬치 어묵 판매를 개시하며 편의점이 노점의 역할을 대신하고 있다.

지글지글 끓는 철판 위에 말랑한 반죽을 떼어놓고 달콤한 설탕과 씨앗을 넣은 다음 마지막으로 납작하게 눌러 익힌 뒤 종이컵에 꽂아 건네주는 한국식 호떡도 이 같은 길거리 간식의 대명사다. 또한 남대문시장의 명물인 당면을 넣은 야채호떡집은 사시사철 관광객들의 줄을 세우는 K-간식 명소로 통한다. 편의점 CU는 즉석 조리 상품 '쫀득씨앗호떡'을 출시하기도 했다. 쫀득한 호떡에 호박씨, 해바라기씨, 호두, 검은깨 네 가지 견과류와 시나몬 가루가 들어가 달콤 고소한 맛과 식감을 업그레이드한 제품이다. K-푸드 열풍이 거센 미국 뉴욕에서는 남대

미국 뉴욕 거리에 남대문시장의 터줏대감 호떡 가게 팝업 스토어가 열렸다(사진 채널A)

문시장에서 30년간 호떡을 만들어온 주인장을 현지로 초청한 호떡 팝업 스토어가 열리기도 했다.

이처럼 즉석의 묘미, 추억, 문화적 상징성 등 다양한 가치를 지니고 있는 길거리 간식은 어떤 공간과 형태로든 우리의 먹거리 문화에 사라지지 않고 존재할 아이템이나. 최근에는 오감을 자극하는 퍼포먼스적 매력을 지닌 먹거리로서 온라인 콘텐츠를 통해 더욱 특별한 서사와 매력이 부각되고 있다. 외식업계에서는 즉석 제조 과정의 생동감을 살리면서 다양한 식감과 맛을 조합해 응용한 신메뉴를 선보이기도 하고, 고급화 전략이나 다른 분야와의 컬래버레이션을 통해 시너지를 창출하기도 하며 새로운 가능성을 만들어내고 있다.

한편 이제는 해외, 특히 미국이나 일본 같은 비교적 식문화가 익숙한 지역뿐만 아니라 동남아, 중동, 동유럽 등 익숙하지 않은 지역의 디저트나 즉석 길거리 간식들이 국내 소비자들의 관심을 얻고 있다는 점이 주목할 만하다. 요즘의 젊은 세대는 해외여행을 통해 다양한 문화를 경험하고 싶어 하는 열망이 매우 높은데, 이러한 열망이 단순히 여행에 그치지 않고 일상생활 속에서도 해외 문화를 접하고 싶어 하는 다양한 방식으로 나타나고 있다. 익숙한 맛보다는 새로운 맛과 식감을 찾는 젊은 세대는 이국적인 길거리 간식을 통해 색다른 미식의 경험을 추구하고, 즉석에서 디저트를 조리하는 영상 콘텐츠 등을 통해 효과적으로 이를 전파한다. 길거리 음식은 현지의 감성을 그대로 담고 있으며 실제 현지인의 생활과도 밀접하게 연결되어 있는 만큼 해외여행 중 맛본 음식을 SNS에 공유하고, 다른 사람들과 함께 즐기는 문화가 확산되면서 해외 길거리 간식에 대한 관심이 더욱 높아진 것으로 분석된다.

최근 인기를 얻은 즉석 크레페, 추러스, 도넛 등도 같은 맥락에서 디저트 신에 커다란 존재감을 과시했다. 보다 색다른 즉석 디저트들도 등장했다. 태국 길거리 음식의 대표 주자인 '로띠'도 그중 하나다. 태국 여행을 다녀온 이들이 현지 로띠 가게에서 촬영한 수

태국식 로띠를 전문으로 선보이는 져니로띠(사진_업체 제공)

많은 영상이 공유되면서 많은 사람의 궁금증을 자아냈다. 주문 즉시 반죽을 펴고 구워내는 과정을 직접 볼 수 있고 얇게 펴낸 반죽을 넓은 철판 위에 구워 다양한 토핑과 함께 즐기는 로띠는 겉은 바삭하고 속은 쫄깃한 독특한 식감과 달콤하고 고소한 맛을 자랑한다. 무엇보다 로띠는 국내 소비자들에게 매우 신선한 아이템이다. 특히 태국 치앙마이 한 달 살기가 20대 사이에서 가성비 여행으로 인기를 얻고 있는데 치앙마이에서 4년 연속으로 <미쉐린 가이드> 빕그루망에 선정된 로띠 노점은 필수 방문 코스로 통한다. 해당 로띠 전문점은 단돈 1000원으로 <미쉐린 가이드>에서 인증한 미식을 즐길 수 있는 곳으로 입소문이 나기도 했다.

서울 중구 동대문 역사문화공원역 인근에 오픈한 '져니로띠'는 주인장이 직접 태국 전역을 돌며 100개 이상의 로띠를 먹어보고 현지에서 로띠를 배워와 선보이는 로띠 전문점이다. 이곳의 로띠는 한국인의 입맛에 보다 잘 맞도록 바삭한 식감을 추구하고 있으며 플레인로띠부터 바나나로띠, 계란로띠 등 다양한 로띠를 음료와 함께 판매하고 있다.

동유럽, 특히 체코를 대표하는 길거리 간식인 '트르들로'는 긴 막대에 반죽을 감아 굽는 독특한 모양새로 유명하며 국내에서는 '굴뚝빵'이라는 이름이 더 친숙하다. 능숙한 손놀림으로 반죽을 길게 늘인 후 막대에 촘촘히 감아 올려 독특한 모양을 만들어내고, 막대에 꽂힌 반죽이 황금빛으로 변해가는 모습은 체코의 길거리에 있는 굴뚝빵 전문점에서 흔히 볼 수 있는 풍경으로 이방인들에게는 즐거운 볼거리다. 굴뚝빵은 겉은 바삭하고 속은 촉촉하며, 시나몬 설탕을 묻혀 달콤한 맛을 더한 것이 일반적인데 최근 국내에서도 선보이는 곳이 점차 늘어나고 있다. 특히 막대로 인해 가운데에 구멍이 뚫린 형태라 이 속을 아이스크림으로 채우는 등 각종 필링, 토핑 재료들을 응용해 변주함으로써 한국식 '다양성'을 뽐내고 있다.

굴뚝빵을 매장에서 직접 구워내는
침니맨션(사진 업체제공)

서울 마포구 합정역 인근 굴뚝빵 전문점 '침니맨션'은 '주신당', '장프리고', '메일룸' 등 서울 신당동에서 독특한 콘셉트의 외식 브랜드를 선보여온 TDTD에서 새롭게 문을 연 공간이다. 다양한 종류의 굴뚝빵을 매장에서 구워내는데, 특히 가장 기본이 되는 시그니처 굴뚝빵 '침니페퍼'는 주문과 동시에 구워 제공한다. 그 밖에도 굴뚝빵에 수제 아이스크림을 채운 침니아이스크림, 화이트 초코와 피스타치오를 곁들인 베이비파스나, 각종 크림을 채운 디저트형 굴뚝빵은 물론 베이컨이나 달걀, 미트 소스 등을 넣은 식사형 굴뚝빵까지 다양한 굴뚝빵 메뉴를 경험할 수 있다.

서울 관악구 봉천동 샤로수길에 자리한 '카페폴' 역시 다양한 굴뚝빵을 판매하는 앤티크 분위기의 카페다. 플레인 굴뚝빵과 시나몬, 초코 모카, 코코넛, 크림치즈 등의 베리에이션으로 선보이며 굴뚝빵에 큼직한 소시지를 넣어 핫도그처럼 만든 '굴또그'도 특색 있는 메뉴다.

서울 종로구 통의동의 '침니펍'은 맥주, 하이볼 등과 함께 굴뚝빵을 곁들일 수 있는 펍으로 경복궁의 고즈넉한 담벼락 풍경을 바라보며 체코 맥주와 굴뚝빵의 조합을 즐기기 위해 찾는 이들이 많다. 굴뚝빵은 소형 매장에서도 설비만 있다면 충분히 생산 가능하고 여러 메뉴로 응용할 수 있으며 수제의 가치를 담을 수 있다는 점에서 국내에서는 카페 메뉴로 다양하게 접목되는 추세다.

그 밖에도 튀르키예 디저트인 '카이막', 그리고 피스타치오 디저트의 인기와 함께 즉석으로 튀겨내는 '바클라바', 카다이프 면을 둥글게 튀겨 달콤한 시럽을 뿌려 먹는 '퀴네페'도 숏폼 플랫폼에서 즉석 제조 과정의 퍼포먼스적 요소와 바삭한 식감 등이 국내 소비자들의 취향에 잘 맞아 좋은 반응을 이끌어내고 있는 아이템이다.

나야, 크루아상… 클래식 디저트의 뉴폼(New Form)

클래식 디저트와 베이커리 아이템을 현대적인 감각으로 재해석해 새로운 형태와 질감, 컬러 베리에이션 등을 통해 새로운 유행 아이템으로 재탄생시키는 현상은 단순한 응용을 넘어 퍼포먼스 디저트 트렌드의 핵심이라 할 수 있다. 현장감 있는 특별한 행위를 통해 표현하는 차별성뿐 아니라 익숙한 맛과 형태에 더한 독창적인 비주얼 및 새로운 식감, 맛의 조합 역시 소비자에게 놀라움과 즐거움을 선사하는 퍼포먼스 요소로 작용한다.

소금빵과 베이글 열풍 속에서도 꾸준히 사랑받는 클래식한 빵, '크루아상'은 베이커리의 수준을 가늠하는 척도이기도 하다. 크루아상은 디저트 및 베이커리 분야에서 가장 많은 변형을 보여주고 있는 아이템이기도 하다. 반죽을 와플처럼 누른 크로플, 과자처럼 바삭하게 구운 크룽지를 지나 2024년 초반에는 크루아상에 쿠키 반죽을 올려 구워낸 '크루키'가 등장했다. 본래 형태와 특징을 과감하게 변형시키는 것이 K-베이커리의 특징이지만 사실 크루키는 프랑스 파리에 있는 블랑제리 '메종 루바르(Maison Louvard)'에서 처음 만든 것으로 알려졌다. 유명세를 얻게 된 계기는 역시 틱톡 덕분이다. 한 인플루언서가 직접 크루키 베이킹을 시도하는 영상이 공유되며 SNS에서 높은 관심을 끌었고, 국내의 디저트업계에서도 크루키 굽는 영상을 통해 매장을 홍보하는 사례가 늘어나며 크루키 유행에 편승하게 됐다.

서울 압구정동 마이페이보릿 쿠키테리아의 크루키
(사진 업체 제공)

서울 강남구 신사동에 자리한 '마이페이보릿 쿠키테리아'는 크루키를 초창기에 국내 디저트 신에 선보인 부산 광안리의 '마이페이보릿쿠키'에서 오픈한 곳이다. 이름처럼 쿠키 전문점으로 쫀쫀하고 꾸덕한 쿠키도(Dough)를 크루아상에 접목한 크루키 맛집으로도 유명하다. 오리지널 초콜릿크루키, 말차 화이트초콜릿크루키, 그리고 두바이초콜릿크루키도 선보였다.

서울 용산구 이태원동의 '해피퍼피하우스'는 동물 모양의 디저트와 빵을 구워 선보이는 카페다. 종류가 많은 것은 아니지만 크루아상 위에 얹은 쿠키 반죽을 강아지 모양으로 표현해 '퍼피크루키'로 불린다. '고양이스모어'와 '코숏버터쿠키' 등 깜찍한 동물 비주얼 디저트로 차별화에 성공했다. 그 밖에도 딸기스모어, 얼그레이레몬 등 다양한 플레이버와 멜론 크림이 들어간 메로나크루키 등을 선보인 서울 송파구의 '하프파운드', 쌀가루로 구운 크루키를 선보이는 서울 영등포구 당산동의 '쿠수키' 등은 가게마다 강점을 살린 차별화된 크루키를 선보이는 곳으로 꼽힌다.

초승달 모양을 벗어나 크루아상 특유의 결과 풍부한 버터의 풍미는 살리되 새롭고 특색 있는 형태로 변형하고 필링이나 토핑으로 차별화된 맛을 선사하기도 한다. 서울 관악구 낙성대 인근의 '푀유파티세리'는 리본크루아상의 원조 격인 곳이다(2024년 10월 영업 종료). 잔잔한 결 모양의 페이스트리를 정교하게 리본 모양으로 정형해 크림을 채운 리본크루아상을 비롯해 다양한 비엔누아즈리를 선보인다. 딸기와 말차 등 재료에 띠리 리본에 포인트 컬러를 더한 리본크루아상의 비주얼은 SNS를 통해 공유되며 유명세를 탔으며 비주얼만큼 완성도 높은 퀄리티를 자랑한다.

서울 송파구 송리단길에 위치한 '레브두'는 일본 도쿄제과학교를 나와 '피에르에르메 저팬', '몽상클레르' 등을 거쳐 '디저티스트'를 오픈했던 방준호 파티시에의 디저트 숍이다. 이곳에서는 결을 살린 초승달 모양의 비엔누아즈리에 크림을 가득 채운 '만겹크루아상'을 시그니처로 선보인다. 바삭한 식감과 바닐라 크림의 조화로움 그리고 정갈한 비주얼의 크루아상은 미리 예약해 한정 수량만 구매할 수 있을 만큼 인기를 끌었고, 각종 베이커리에서 '미투 디저트'들이 생기는 등 영향력을 입증했다. 그 밖에도 플레이팅디저트, 파르페, 프티가토 등 다양한 디저트를 함께 소개하고 있다. 주기적으로 해외 셰프를 초청한 세미나도 진행하는 등 다양한 활동을 통해 복합 문화 공간의 역할도 겸하고 있다.

레브두의 만겹크루아상(사진 업체 제공)

서울 강남구 신사동 가로수길에 자리한 '누데이크(Nudake)'의 세 번째 플래그십 스토어는 '더크로아상(The Croissant)'이라는 이름과 함께 크루아상을 재해석한 다채로운 메뉴를 선보인다. 기발한 상상력을 투영한 디저트를 선보여온 브랜드인 만큼 메뉴뿐 아니라 매장 곳곳에 직접 방문하고 싶은 욕구를 자극하는 다양한 볼거리를 마련했다. 눈길을 사로잡는 대형 크루아상 오브제를 비롯해 곳곳에 크루아상 디테일을 장식했다. 맛있는 크루아상을 한 입 베어 물었을 때의 충만한 행복을 투영

누데이크 신사점 내부(사진 업체 제공)

한 공간 연출을 통해 브랜드 특유의 예술적 감각을 전달한다. 메뉴 또한 특색 있다. 크루아상을 일본 오니기리(주먹밥) 형태로 재해석한 '오니와상'이 대표 메뉴로, 명란오니와상, 김치오니와상 등 바삭한 크루아상에 다양한 필링을 더한 오니와상 시리즈를 선보인다. 이 외에도 스틱 형태의 크로스틱, 그리고 조각 피자 형태의 크루아상인 크로피자 등 어느 하나 색다르지 않은 것이 없다.

귀염 뽀짝 '하찮은' 매력, 마이크로케이크

최근 지름 5cm 남짓한 크기의 일명 '마이크로케이크'가 SNS를 뜨겁게 달구었다. 마이크로케이크는 말 그대로 아주 작은 크기의 케이크를 뜻한다. 일반적인 홀 케이크 형태를 그대로 갖추고 있지만 손바닥 위에 올려놓을 수 있을 정도로 크기가 매우 작은 것이 특징이다. 작지만 모양과 맛은 원래의 케이크와 비교해 손색이 없어야 하기에 제작 시 정교한 스킬을 요한다. 작은 크기 안에 다양한 디자인과 색감을 담아내 미니멀하면서도 강렬한 비주얼을 연출해 그 자체로 퍼포먼스적 요소가 된다.

마이크로케이크를 선물받은 이들은 크기의 갭을 실감할 수 있도록 일반 케이크 박스 속에 담긴 마이크로케이크를 꺼내거나 혹은 손바닥 위에 마이크로케이크를 올린 사진과 영상을 촬영하며 이를 SNS를 통해 공유하는 등 놀이의 요소로 활용하거나 추억을 기록하는 행위를 한다. 일반 케이크에 비해 가격적인 부담도 적고, 모임에 실제 크기의 케이크를 사갈 경우 나눠 먹는 장소가 마땅치 않거나 한 판을 모두 먹기 부담스러운 데다 냉장고에 보관하기도 녹록지 않을 수 있는데 이럴 때도 마이크로케이크는 유용해서 많은 사람이 찾고 있다. 작고, 싸고, 재미있는 마이크로케이크는 케이크가 지닌 '상징성'과 '역할'에 충실한 디저트라 하겠다.

한 입 크기의 마이크로케이크는 수제 디저트 숍에서 주문 제작으로 판매하는 것이 대부분인데 가격은 보통 7000~1만원선으로 크기에 비해 비싸다는 평이 많다. 재료가 현저히 적게 사용되는 점은 사실이나 이런 가격에는 일반 케이크 못지않은 디테일을 작은 케이크에 세밀하게 표현해야 하는 노력이 반영되어 있어 합당하다고 할 수 있다. 레터링이나 컬러 선택 등 원하는 대로 커스터마이징하는 재미가 있으며 색다른 케이크를 통해 즐겁게 시간을 보낼 수 있기에 사람들은 기꺼이 값을 지불한다. 가격에 상관없이 '그저 재미있으면 그만'이라 여기는 이들노 상낭수나.

이런 초미니 상품을 소비하는 현상 이면에는 귀엽고 아기자기한 대상을 통해 소소한 행복김과 안정감을 느끼고자 히는 심리적 요인도 작용한다. 최근 젊은 세대 사이에서 유행한 '가차(Gacha: 동전을 넣고 레버를 돌리면 캡슐 속에 담긴 작은 상품을 얻는 뽑기 기계, 또는 행위) 파우치'도 비슷한 맥락의 소비 대상이다. 작은 피규어나 액세서리 등을 랜덤으로 뽑아서 보관할 수 있는 파우치인데, 주로 투명한 재질로 만들어 안에 들어 있는 귀여운 소품들을 한눈에 볼 수 있다는 것이 특징이다.

가차 파우치에 들어가는 소품들은 자신이 좋아하는 대상을 축소한 마이크로 소품으로 구성해 취향을 드러내는 도구로 사용되는데, 일반 피규어나 액세서리의 크기를 최소화해 다양한 형태로 제작해 수집욕을 자극한다. 작은 크기지만 디테일을 살려 제작된 소품들은 완성도 높은 작품을 소유한 듯한 뿌듯함을 전달한다. 나아가 불확실하고 성취가 힘든 현실 속에서 작은 소품을 수집하고 완성해가는 과정과 작은 목표를 이루는 행위를 통해 성취감을 느낄 수 있다. '작고 하찮음' 속에서 심리적 안정감을 찾는 현대인들의 소비 심리를 간접적으로 드러내는 것이라 할 수 있다.

서울 마포구 합정동의 '플레플레'는 앙금떡케이크 전문점으로 원하는 디자인으로 케이크를 주문 제작해주는데 시그니처인 작약케이크를 마이크로사이즈로도 만들어 판매한다. 실제 크기 케이크 못지않은 완성도 높은 디테일을 자랑하는 한 입 사이즈의 마이크로플라워케이크는 사이즈에 맞는 전용 케이크 상자에 담겨 제공된다. 서울 성동구 성수동의 '9월1일'은 초미니 롤케이크를 만드는 케이크 숍으로 크기는 작지만 맞춤형 레터링과 무드에 맞는 생화 장식으로 화려함을 더했다. 이 앙증맞은 롤케이크 디자인은 특허 출원을 하기도 했다.

패션 브랜드 젠틀몬스터에서 운영하는 F&B 브랜드 '누데이크'도 손톱만 한 크기의 초소형 크루아상 '마이크로와상'을 선보인 바 있으며 출시 당시 마치 피규어 장식처럼 진열한

플레플레의 마이크로케이크 (사진_업체 제공)

작은 크루아상이 SNS에서 화제가 됐다. 그 밖에도 베이커리 브랜드 '르빵'에서는 한 입 크기의 '미니퀸아망'을 선보였는데 일반 퀸아망의 가장 바삭한 끝부분만 먹는 듯한 식감으로 오히려 미니사이즈가 더 많은 인기를 끌었다. 스타벅스에서는 초소형 사이즈의 '쁘띠까눌레'를 개당 1000원 선으로 선보이며 케이크를 먹기엔 부담스러운 손님들의 고민을 덜어주었고, 경기도 수원시의 소금빵 전문점 '솔트팩토리'에서는 아기 주먹만 한 '미니소금빵'을 선보이며 '작고 소중한' 디저트 대열에 합류했다.

4. 과일에 홀릭하다… 과일릭

과거에는 계절마다 맛있게 먹을 수 있는 상징적인 제철 과일이 정해져 있었으나 지구온난화로 인한 기후변화가 과일 재배 환경을 바꿔놓으면서 지역의 과일 생산 지도가 새롭게 그려지고 있다. 제주도에서만 재배되던 감귤이 점차 북상해 경남 지역에서도 재배되고, 이상 기온이나 냉해 등으로 사과 생산량이 감소하면서 사과를 비롯한 다른 과일 가격까지 연쇄적으로 상승하는 '애플레이션(Apple+Inflation)'이 일어나기도 한다. 기후변화의 심각성을 실감하게 되는 이러한 일들로 인해 농가와 소비자의 부담이 갈수록 높아지고 있다.

수입 과일 역시 산지의 작황 부진과 환율 상승으로 수급 상황이 과거에 비해 좋지 않은 상황이지만 국내 과일에 비해 상대적으로 안정적인 공급이 가능하고 대체 수입 국가 발굴이 활발하게 이루어지며 국내 과일의 빈 자리를 메우고 있다. 다만 국내 과일 산지의 변화와 수급 불안정에 따른 시장 축소가 지속되며 우리가 그동안 자연의 산물을 통해 느껴온 계절의 변화와 '제철'의 의미는 완전히 달라지고 있다.

익숙한 제철 과일을 마음껏 즐기는 즐거움은 덜해졌을지 몰라도 다양성과 깊이는 더해졌다. 농업 기술의 발달과 품종 개량으로 프리미엄 과일이나 이색적인 맛을 내는 신품종 과일이 도입되고, 농가 직거래 활성화 및 온라인 판매, 항공 운송을 통해 해외 신선 과일에 대한 접근성도 높아졌다. 또한 유통 변화를 계기로 새롭고 다양한 품종의 과일을 쉽게 즐기게 되면서 같은 과일이라 해도 당도, 식감, 형태, 맛의 특성 등에 따라 품종을 따져가며 깊이 있게 즐기는 소비자들이 늘어나고 있다.

최근 과일에 '홀릭(중독)'했다는 뜻의 '과일릭'이라는 신조어가 생겨날 만큼 과일을 활용한 디저트가 큰 인기를 얻고 있다. 거시적 환경의 변화에 따라 과일에 부여하는 소비자들의 심리석 가치가 높아진 것이 큰 요인으로 작용한 것이라 볼 수 있다. 여기에 디저트가 갖고 있는 '스몰 럭셔리'의 경험 요소가 맞물리면서 풍부한 제철 과일을 사용한 디저트는 일상 속에서 즐길 수 있는 '감당 가능한 사치'이자 소소한 행복으로 여겨지게 됐다.

보다 수준 높고 깊이 있는 디저트를 선보이는 셰프가 많아지면서 디저트 분야는 날로 높은 퀄리티와 다양성을 확보하게 됐다. 그리고 카페 공화국이라고 할 만큼 많은 카페와 디저트 숍을 통해 소비자들의 눈높이 또한 높아짐에 따라 디저트 문화 전반이 성숙기에 접어들었다. 갈수록 치열하고 역동적인 환경에 놓이게 된 것이다. 변화무쌍한 국내 외식 시장에서도 가장 빠른 속도로 트렌드가 바뀌는 디저트 신에서는 제품의 차별화와 빠른 트렌드 반영이 경쟁력으로 작용한다. 이런 상황 속에서 '과일'은 시기에 따라 새로운 맛과 총천연색의 비주얼로 계절감과 새로움을 지속적으로 전달할 수 있는 효과적인 매개체로서 디저트 신의 중심에 서게 됐다.

현재 대한민국에서 가장 뜨거운 과일 디저트는 대전의 상징, '성심당'의 시루 시리즈다. 성심당은 본점 인근에 베이커리보다는 케이크와 구움과자 등 디저트를 집중적으로 선보이는 '성심당케익부띠끄'를 통해 다양한 디저트를 선보이고 있다. 그중 시루 시리즈는 과일을 층층이 듬뿍 올려 높게 만든 생크림케이크로, 계절이 바뀔 때마다 망고, 딸기, 무화과 등 새로운 과일을 접목해 변화를 주고 있다. 시루 시리즈의 인기 요인은 아낌없이 사용한 과일의 양과 타 업체 대비 저렴한 가격이다. 여름철에 판매했던 망고시루케이크의 경우 케이크 하나에 고당도 무지개 망고가 무려 3개씩 사용된다. 워낙 높은 인기 덕분에 조기 품절되는 사태가 발생하며 이 케이크를 사기 위해 오픈 런을 감행한 고객들로 영업 전부터

오픈 런 사태를 낳은 성심당의 망고시루케이크
(사진_업체 제공)

긴 줄이 늘어서는 것은 일상이다. 성심당 자체가 단순한 유통구조를 통해 확보한 마진을 재료에 투자해 가성비 있게 판매하는 철학을 지켜가고 있는 데다 지역사회 공헌도가 높은 기업 이미지를 갖고 있고, 대전 지역에서만 구매할 수 있다는 한정성 등이 맞물리면서 향토 기업으로는 이례적으로 트렌드에 끌려 다니는 것이 아닌 흐름을 주도하는 브랜드가 됐다.

과일케이크와 빙수로 이름을 알린 서울 성동구 성수동의 '라프레플루트'는 다양한 과일을 쉽고 간편하게 접할 수 있는 프리미엄 과일 가게 콘셉트를 취한다. 냉동 과일이나 과일 시럽을 쓰지 않고 오로지 생과일만을 사용해 디저트를 만들기에 계절마다 새로운 디저트를 경험할 수 있다. 층층이 과일로 가득 찬 단면을 자랑하는 과일케이크와 주문 즉시 손질해 제공하는 과일빙수가 대표 메뉴다. 여름철에 판매하는 애플망고빙수는 신라호텔에 납품되는 제주 애플망고 농장의 애플망고를 사용해 최상급 품질과 풍부한 양을 자랑하지만 가격은 절반에 불과해 화제가 됐다.

시즌 과일케이크를 선보이는 시즈니크
(사진_업체 제공)

'시즈니크'는 신세계백화점 강남점 스위트 파크 개관과 함께 선보인 제철 생과일케이크 브랜드다. '과일로 재밌는 경험과 유니크한 순간을 제공하자'는 철학 아래 가장 맛이 좋은 시기의 과일을 엄선해 신선하게 제공한다는 원칙을 지킨다. 시즌 과일 두 가지를 선정해 선보이는 디저트 농장을 콘셉트로 하는데, 특히 생과일을 케이크 위에 와르르 쏟아낸 듯한 비주얼의 '농장와르르' 시리즈가 시그니처다. 전남 함평군에 본점을 둔 딸기케이크 전문점 '키친205'는 사계절 내내 생딸기를 사용한 디저트를 선보인다. 이를 위해 겨울엔 함평 딸기농장에서 그날 새벽에 작업한 신선한 딸기를 사용하고 여름에는 무주에 있는 고랭지 딸기 농장에서 직접 운반해 사용한다. 대표 메뉴인 딸기밭케이크를 비롯해 딸기파르페, 딸기타르트 등을 선보인다.

케이크뿐 아니라 음료 분야에서도 아이스티에 망고 과육을 추가하는 '아망추'가 유행하는가 하면 여름철에는 '수박주스'가 폭발적인 인기를 끌며 대부분의 프랜차이즈 카페에서 시즌 메뉴로 내놓았다. '투썸플레이스'에선 수박주스가 5~7월 음료 판매량 순위 1위로 올라섰으며, '메가MGC커피'의 수박주스도 2024년 여름 시즌에만 총 300만 잔이 판매될 정도로 메가 히트를 쳤다. 틱톡커 에이미 플라이가 업로드한 수박화채 먹방 영상을 시삭으로 많은 틱톡커가 화채 먹방을 시작하며 수박화채 만들기가 유행하기도 했다. 이러한 추세에 맞춰 업계에서는 다양한 수박화채 응용 메뉴를 출시했고, 2024년에는 이례적인 폭염이 기승을 부렸던 만큼 무더위에 고생하는 노동자나 취약 계층을 위한 수박화채 나눔 이벤트가 여러 지자체에서 열리기도 했다.

'SPC배스킨라빈스'는 청량한 수박 맛의 '레드 & 그린수박소르베'와 깔끔한 우유 풍미가 매력적인 밀크 소다 맛 셔벗, 달콤한 파인애플 다이스로 각기 다른 맛을 한 번에 즐길 수 있는 '수박히어로'를 출시했는데 수박화채의 시원하고 청량한 느낌을 아이스크림으로 재현했다는 설명이다. '디저트39'는 리유저블 용기에 논산 수박과 망고, 펄, 토핑을 담은 '1인용 수박화채'를 출시하기도 했다.

브라질 아마존 열대우림에서 자라는 아사이베리를 주재료로 만든 디저트 '아사이볼'도 몇 년 전 잠시 떠올랐다가 거의 자취를 감추었는데, 건강에 대한 관심이 증가하고 과일릭 트렌드가 불면서 재유행하고 있다. 주재료인 아사이베리는 강력한 항산화 작용을 하는 것으로 알려져 있으며, 아사이볼은 보통 얼린 상태로 갈아 스무디처럼 만들고 그 위에 다양한 과일, 견과류, 그래놀라 등을 토핑해 먹는다. 과일 본연의 맛과 다양한 토핑을 내 취향대로 커스터마이징해 먹을 수 있다는 점이 현재 디저트 트렌드에 부합하며 다시금 부상하고 있다. 최근 세계 1위 아사이 브랜드로 전 세계 700여 개의 매장을 운영하고 있는 아사이볼 전문 브랜드 '오크베리'가 한국에 진출해 화제를 일으키며 아사이볼의 재유행을 이끌고 있다.

과일 디저트의 인기 이면에는 말 그대로 과일을 '귀한 존재'로 여기는 인식도 있지만 한 종류의 과일을 다양한 품종으로 깊이 있게 즐기는 소비 트렌드도 자리한다. 이에 부합해 농업 역시 오직 생산량에 집중하기보다 다양성과 경험적 가치를 부여할 수 있는 고부가가치 산업으로 변화하고 있다. 마켓컬리에서 천중도, 금강수밀, 백봉, 아카스키, 적월도, 마도카 등 총 여섯 가지 백도 품종을 담은 '복숭아샘플러'를 출시하는가 하면, 롯데마트는 홍옥, 양광, 홍로, 아리수, 시나노 골드, 시나노 스위트 6종의 사과를 담은 혼합 사과 상품을 출시하기도 했다. 이들은 모두 같은 과일이라 해도 각 품종마다 후숙 기간과 맛, 향기, 당도, 식감 등에서 조금씩 차이가 있다. 과일 하나를 먹더라도 색다른 경험을 추구하고 자신의 취향 찾기에 진심인 소비자들의 심리를 반영한 상품 구성이라 할 수 있다.

'귤메달'은 제주 서귀포 기반의 감귤 농장에서 창업 3년 만에 연 매출 30억원을 기록하며 크게 성장한 감귤 브랜드다. 소비자의 취향을 따라가지 못하고 있는 브랜딩되지 않은 감귤, 100원 경쟁을 반복하는 제주 감귤 농장의 고질적인 문제 등을 인식하고 감귤을 비롯한 한라봉, 황금향, 카라향, 청귤 등 다양한 시트러스 계열 과일 각각의 특징을 살린 착즙 주스와 네 가지 귤을 담은 '귤 취향 분석 샘플러 키트'를 출시해 큰 호응을 얻었다. 감귤류 과일의 품종별 특징을 인식하며 즐기도록 방향을 전환한 것이 주효했다.

테이스팅 노트에 따라 다양한 시트러스 과일의 매력을 알리는 귤메달의 착즙 주스(사진_업체 제공)

제주 내에도 품종 개량을 통해 과거에 비해 다양한 감귤류 과일이 나오고 있지만 종류만 늘어날 뿐 사실 명확하게 이름과 특징을 매칭해 취향에 따라 즐길 수 있도록 소비자들에게 알리고자 하는 시도는 부족했던 것이 사실이다. 귤메달은 커피나 와인에 다양한 테이스팅 노트가 있듯 맛의 특징에 따라 먹거리를 깊이 있게 즐기는 식문화가 이미 자리 잡은 만큼 감귤에도 자신의 취향을 찾도록 하는 '테이스팅 노트'를 접목하며 현재의 소비자들이 원하는, 정곡을 찌르는 마케팅으로 감귤 산업의 패러다임을 바꿔나가는 브랜드로 성장하고 있다.

최근 디저트업계에서 인기 있는 과일 디저트들은 단순히 맛이나 향만 흉내 낸 것이 아니라 진짜 생과일의 존재감이 드러난다는 특징이 있다. 앞서 언급한 대로 전국의 과일 지도가 재편되고 있는 시기와 기술 혁신의 시기를 동시에 지나며 계절 과일이 전하는 자연 그대로의 맛은 소비자에게 보다 큰 가치로 다가갈 것이다. 디저트는 이러한 과일을 더욱 풍요롭게 즐기는 매개체이자 계절의 변화를 알리는 달콤한 즐거움으로 꾸준히 자리할 것이다.

5. 성장의 밀푀유 쌓는 '네임드' 파티세리

최근 유명 파티시에의 이름을 내건 디저트 숍이 늘어나면서, 디저트는 명실상부 미식 경험의 중요한 한 축으로 자리매김하고 있다. <미쉐린 가이드> 스타 셰프나 <흑백요리사> 같은 요리 프로그램을 통해 유명세를 얻은 셰프들이 운영하는 하이엔드 레스토랑처럼, 디저트 숍 역시 소위 '네임드 파티시에(Named Pâtissier)'의 이름을 걸고 흉내 내기 어려운 기술과 독창적인 디테일을 담은 메뉴, 차별화된 공간을 선보이며 국내 디저트 신의 수준을 한 단계 끌어올리고 있다. '이름 난' 또는 '유명한'을 의미하는 '네임드'라는 말 그대로 파티시에의 이름 자체를 브랜드로 여기며 그들의 디저트를 향유하는 문화가 보편화되고 있다. 이러한 현상은 더욱 다양하고 고급스러운 디저트 경험을 전달하며 제과업계의 전반적인 성장을 이끌고 있다.

파리 현지에서 줄 서는 맛집인 밀레앙과 대표 메뉴 플랑 (사진 업체 제공)

한국인 서용상 셰프가 프랑스 파리에서 운영 중인 베이커리 '밀레앙(Mille & Un)'은 현지에서도 아침부터 줄을 서는 맛집으로 유명하다. 2024년 문을 연 한국 매장에서는 이곳의 대표 메뉴인 '플랑(Flan)'을 전문으로 선보이는데 프랑스에서 해마다 열리는 플랑 그랑프리에서 본고장의 셰프들을 제치고 우승한 바로 그 플랑이다.

서울 한남동에 자리한 조은정 셰프의 '허니비서울'은 디저트 숍, 아카데미, 베이킹 도구 판매점을 겸하는 디저트를 위한 복합 공간이다. 프리미엄 디저트 신에서 트렌드를 이끌어온 주역으로, 허니비 파티세리 마스터 클래스는 국내를 비롯해 해외에서까지 파티시에를 꿈꾸는 수강생들이 찾는 곳이기도 하다. 해외 셰프 초청 마스터 클래스를 열기도 하는데 지난 2024년 7월에는 프랑스 리츠파리호텔의 페이스트리 셰프이자 '르 콩투아' 파티세리를 운영 중인 세계적인 셰프 프랑수아 페레를 초청해 마스터 클래스를 열기도 했다.

저스틴 리 셰프의 '제이엘디저트바'는 디저트를 파인다이닝에서 코스 메뉴를 즐기듯 경험할 수 있도록 바와 결합된 플레이팅 디저트 코스로서 선보인 곳으로 디저트 마니아라면 반드시 경험해봐야 할 공간으로 꼽힌다. 그리고 '우나스(UNAS)'의 이은아 셰프는 실제 음식과 똑같이 생긴 '오이스터밀푀유', 크리스마스 시즌 예약 대란을 낳는 '산타의 오두막 케이크', SNS에서 감각적인 예술가들의 파티에 빠지지 않는 '달항아리케이크' 등 창의력과 상상력이 가득한 디저트를 만든다.

이 외에도 미쉐린 2스타 레스토랑 '밍글스'의 페이스트리 셰프를 거친 후 하이엔드 프렌치 디저트 카페 '핀즈(Finz)'를 운영하고 있는 김범주 셰프, 마찬가지로 미쉐린 2스타 레스토랑 '정식당'을 거쳐 한국 식재료에 프렌치 조리법을 가미한 디저트로 자신의 이름을 딴 디저트 숍 '재인(Jaein)'을 운영 중인 이재인 셰프, 뉴욕 정식당 출신으로 '늙은호박 피낭시에'나 '볶음된장 캐러멜샌드쿠키' 등 독특한 식재료의 창의적 해석을 선보이는 디저트 숍 '파티세리아모니'의 손연화 셰프 등이 많은 주목을 받고 있다. 정교한 기술과 창의력을 통해 예술의 영역을 넘나드는 이들은 국내 디저트 신의 수준을 높이는 주역들이다.

국내 소비자들의 디저트 눈높이가 높아짐에 따라 만드는 셰프들 역시 주목의 대상으로, 국내를 넘어 해외 유명 셰프에 대한 관심도도 높아졌다. 업계에서는 이를 캐치해 해외 유명 셰프와 다양한 협업도 펼치고 있다. 벨기에 왕실에서 공식 지정한 세계적인 쇼콜라티에 피에르 마르콜리니도 2024년 한국에 진출했다. 1995년 세계 페이스트리 챔피언 대회와 2020 월드 페이스트리 스타즈에서 우승한 바 있는 피에르 마르콜리니는 10곳 이상의 농장과 협업해 소싱한 카카오 열매를 직접 가공해 농장에서 생산, 매장까지 모든 과정을 관리하는 빈투바(Bean-to-Bar) 초콜릿을 만든다.

서울 중구 롯데호텔서울은 일본 유명 스타 파티시에 요로이즈카 도시히코와 함께 '토시 요로이즈카' 팝업 스토어를 열었다 일본과 유럽에서 35년 이상의 경력을 쌓은 요로이즈카 셰프는 파리제빵박람회에서 우승한 이력이 있으며, <미쉐린 가이드> 벨기에의 3스타 레스토랑의 셰프를 거쳤다. '토시 요로이즈카 도쿄'의 디저트는 국내 소비자들에게 도쿄 긴자에 가면 반드시 먹어봐야 할 디저트로 통한다. 서울 팝업 스토어 행사에서는 제철 과일인 망고로 만든 달콤한 '망고타르트'와 초콜릿 스펀지, 오렌지 콩피, 국산 백도를 듬뿍 얹은 '복숭아타르트' 등을 선보였다.

서울 광화문 포시즌스호텔서울은 세계적인 파티시에 피에르 장 퀴노네로를 초청해 시그니처 디저트를 선보이는 기회를 마련했다. 셰프는 2023년 <미쉐린 가이드>에서 패션 디저트상을 수상하고 세계적인 미식 가이드북 <라 리스트(La Liste)>로부터 올해의 페이스트리 셰프로 선정되며 디저트의 본고장 프랑스 제과계에서 새로운 세대의 대표 주자로 꼽힌다. 설탕의 양을 최소화하면서도 과일, 꿀 등 자연의 단맛을 활용해 풍부한 풍미를 자랑하는 페이스트리를 선보이는 것으로 유명하며 제철 식재료, 다채로운 식감, 현대적인 디자인 등에 중점을 두고 자신만의 색깔이 분명한 디저트를 선보인다. 포시즌스호텔서울 행사에서는 시그너처인 '헤이즐넛 & 바닐라 파리브레스트'는 물론, 포시즌스호텔서울 페이스트리 총괄 셰프 지미 불레이와 협업한 딸기빙수를 선보였다.

서울 장충동 신라호텔서울에서는 까다로운 뉴요커도 긴 줄을 서는 디저트 숍 '리제(Lysée)'의 오너 셰프 이은지와 협업해 뉴욕에 가지 않아도 셰프의 디저트를 맛볼 수 있는 특별한 기회를

신라호텔서울은 뉴욕 리제의 이은지 셰프와 협업하여 디저트를 선보였다

마련했다. 이은지 셰프는 한국의 기와 무늬를 살려 한국의 식재료인 볶은 메밀, 대추크림, 현미 무스 등을 사용한 디저트를 선보이며 <라 리스트>에서 올해의 제과상을 수상하기도 했다. 호텔신라 페이스트리 부티크에서 열린 팝업 스토어에서는 셰프의 시그니처 디저트인 기와 수막새 문양의 '현미무스케이크'를 선보였다.

프랑스 레스토랑 가이드 <고 에 미요(Gault & Millau)>에서 한국인 최초, 여성 셰프 최초로 2024년 올해의 제과사(La Pâtissière de l'Année)로 선정된 김나래 셰프. 서울, 괌, 베트남 소재 특급 호텔의 레스토랑을 두루 거친 뒤 2018년 프랑스에 자리를 잡고 현재 프랑스 파크하얏트파리 방돔의 페이스트리를 책임지고 있다. <뉴욕 타임스>가 발표한 '페이스트리의 예술을 재정의하는 한인 셰프들'이라는 제목의 기획 기사에서

김나래 셰프를 언급하기도 했다. 한국의 정서가 자연스럽게 녹아 있는 프렌치 디저트를 선보이며 최근 파크하얏트서울의 '더라운지'에서 열린 '프렌치 구떼' 이벤트를 통해 달콤한 오후의 미식을 선사했다.

이 같은 해외 네임드 파티시에들과의 협업은 단순한 이벤트를 넘어 국내 디저트 시장의 수준을 한 단계 끌어올리는 계기가 되고 있으며, 다양한 문화적 교류와 새로운 트렌드를 선도하는 역할을 한다. 이들은 각국의 특성과 미식 문화를 반영한 독창적인 디저트를 선보이면서 국내 소비자들에게 새로운 경험을 제공한다. 네임드 파티시에와의 협업은 기술과 노하우를 공유하고, 새로운 레시피와 기법을 개발하는 데에도 기여해 국내 디저트 시장의 다양성과 경쟁력을 높이는 질적 성장을 위한 투자라고 할 수 있다. 소비자들 또한 더욱 다양하고 새로운 시각의 디저트를 접하며 경험치를 쌓고 디저트 시장을 대하는 눈높이와 미식 수준을 끌어올리는 계기가 되고 있다.

6. 초고속 트렌드 이끄는 유통형 빵집

5, 4, 3, 2, 1, 0… 접속 대기 인원 1만 명 그리고 솔드아웃. 2024년 가을, 전국에서 가장 핫한 오픈 런 디저트 가게는 CU 편의점이었다. 그 이유인 즉, 넷플릭스 인기 프로그램 <흑백요리사>의 우승자인 나폴리 맛피아 권성준 셰프가 프로그램에서 편의점 재료를 활용해 만든 '밤티라미수케이크' 제품을 컬래버레이션을 통해 선보였기 때문이다. 발매 초기 많은 소비자의 관심이 집중될 것을 예측하고 CU 편의점 앱을 통해 먼저 예약 판매 방식을 취했으나 오픈 시간에 맞춰 수만 명이 접속해 구매 창 접속 자체가 쉽지 않았다. 사전 예약 첫날 오픈하자마자 2만 개가 완판됐으며, 대기 인원을 뚫고 접속한 후에는 '솔드 아웃' 화면을 마주하기 일쑤였다. 물론 시간이 지나 매장에 깔리게 되면 결국 쉽게 구매할 수 있게 될 거라는 걸 누구나 알지만 치열한 경쟁률을 뚫고 획득하는 지금과 맛은 같을지라도 화제성은 다를 것을 알기에 하루라도 빨리 예약 구매에 성공하고 싶은 소비자들이 몰려 사전 예약 기간 내내 '1초 컷'이라는 말이 생길 정도로 큰 화제를 낳았다. 프로그램의 인기에 힘입어 관련 식당들의 예약 전쟁도

이와 다르지 않다. 많게는 1인당 수십만원대의 식당들도 풀 부킹을 자랑하며 화제성을 입증했다. CU에서 출시한 1개 4900원짜리 티라미수 디저트는 높은 접근성만큼 경쟁이 더 치열할 수밖에 없다.

유통업계, 특히 편의점은 최근 소비자들에게 '디저트 맛집'으로 통한다. 디저트의 경우 다른 업종에 비해 유행 속도가 빠르고, 경험적 요소가 구매 요인으로 작용하는 비중이 크다. 그만큼 트렌드 대응에 빠르고

편의점 CU는 <흑백요리사> 편의점 미션에서 소개된 밤티라미수를 출시해 인기를 얻었다(사진 업체 제공)

젊은 층의 접근성이 높은 편의점 판매대는 어느새 대한민국에서 가장 빠른 디저트 트렌드의 전시장이 됐다. 경기 불황 및 고물가 여파에 따라 커피나 디저트 등의 식후 소비를 줄이려는 추세가 나타난 것 또한 상대적으로 가성비가 좋은 편의점 디저트에 대한 관심이 높아지는 데 영향을 미치기도 했다.

디저트 트렌드 격전지, 편의점

최근 GS25 편의점에서는 디저트업계의 대세로 떠오른 프랜차이즈 브랜드 요아정과 IP 제휴를 맺고 '요아정허니요거트초코볼파르페'와 '딸기초코쉘요거트바' 등 컬래버레이션 제품을 출시했다. 파르페 제품은 토핑과 함께 떠먹는 원조 요아정 아이스크림과 가장 유사한 형태를 유통형 상품으로 출시한 것이며 출시 가격은 3500원. 마음먹고 토핑을 추가하다 보면 2만원이 훌쩍 넘는 요아정 아이스크림에 비하면 저렴한 가격대의 '가성비 요아정'으로 통하면서 출시 일주일 만에 판매 20만 개를 돌파하며 아이스크림 판매 1위 상품인 '월드콘' 매출을 제치고 GS25 아이스크림 분류 중 1위에 오르기도 했다. 요거트 아이스크림의 인기에 따라 CU는 요아정의 인기 토핑 조합을 연상시키는 요거트 아이스크림에 꿀자몽잼, 그래놀라, 대왕초코볼을 토핑으로 올린 '요거트아이스크림파르페'를 출시하며 대세에 합류하기도 했다.

유통업계, 특히 제품 교체 속도가 가장 빠른 편의점업계에서 화제를 모으는 외식 공간과 협업해 단기 이슈를 끌어 모을 수 있는 제품을 출시하는 것은 이제 소비자에게

매우 익숙해졌다. 과거에는 제품에 예약하기 힘든 식당 이름만 붙어 있어도 해당 공간을 간접경험하고자 제품을 구매하는 소비자들에 의해 쉽게 이슈 몰이를 할 수 있었다. 하지만 이러한 협업 제품도 너무 반복적으로 출시되면서 소비자들에게 신선함이 덜해진 데다 그동안 이러한 제품에 만족한 경우도 있지만 반대로 기대치에 미치지 못한 경험들도 쌓이게 되면서 단순히 이름값만으로는 고객들의 흥미를 유발하기 힘들어졌다.

실제로 유통형으로 출시된 맛집의 음식, 또는 디저트는 대량생산 및 유통이라는 과정 속에서 나올 수 있는 제품 퀄리티의 한계와 대중성을 감안해야 하기에 어떤 브랜드와 협업을 하더라도 크게 차별화된 제품을 출시하기 어렵고 그만큼 임팩트를 주기 어렵다는 측면이 있다. 대표적인 예가 유명 카페 이름이 걸린 냉장 커피 제품들이다. 편의점마다 출시되고 있지만, 오히려 브랜드의 개성은 줄어들고 기존 제품들과 유사한 맛에서 벗어나지 못했다는 평가와 가격 경쟁력이 떨어지는 사례가 반복되며 브랜드 이름이 붙어 있는 것 외에는 큰 차별점을 주지 못하는 등 협업 효과에 한계점을 드러내기도 했다. 이러한 협업 제품들을 호기심에 구매해보고, 그 경험이 학습된 소비자들은 호기심이 갈수록 줄어들기 마련이다. 그리고 반복 구매 품목의 경우 소비자들은 결국 익숙하게 구매하던 상품으로 돌아간다는 특징이 있다.

편의점업계의 경쟁이 치열해짐에 따라 '트렌드의 초고속화'를 부추긴다는 우려도 있다. 경쟁적으로 유행 상품을 출시하여 소비자들로 하여금 빠른 피로도를 느끼도록 하고 트렌드의 생명력을 단축시킨다는 것. 업계의 트렌드가 점점 빠르게 변화함에 따라 상품 출시 및 판매 주기도 짧아지고 있어 지속적으로 새로운 상품을 출시하는 것이 경쟁력으로 작용하고 있다. 이러한 경쟁 심화에 따라 '첫 출시'를 통한 시장 선점이 중요해지면서 오로지 빠르게 출시하는 것에 집중하다 보니 종종 기대에 미치지 못하는 상품들이 나오고, 이로 인해 협업 제품에 대한 신뢰도 자체가 떨어지기도 한다. 장기적으로는 갈수록 높아지는 고객들의 눈높이에 맞는 퀄리티의 보장에 집중할 필요가 있다. 협업 제품의 경우 해당 브랜드의 아이덴티티가 활용되었을 때 의미가 분명하고 시너지를 낼 수 있는 결과물을 도출하는 것이 중요하다.

편의점 CU는 트렌드에 맞는 제품 발굴 및 단독 판매, 잠재력 높은 중소기업과의 협업을 통해 명실 상부 편의점업계에서 믿고 먹는 디저트 맛집으로 통한다. 대표적으로 저당 아이스크림 브랜드 '라라스윗'의 아이스크림을 편의점업계에서 독점 판매했는데, 이 제품은 2024년 상반기 아이스크림 단품 매출 1위와 판매량 1위를 유지하며 핵심 상품으로 자리매김했다. 건강한 간식에 대한 지속적인 소비자의 관심을 발 빠르게 읽어내고, 맛있는 디저트를 포기할 필요가 없는 저당 아이스크림으로서 상품성을 입증한 라라스윗을 도입한 것은 매출 신장과 경쟁력으로 연결됐다.

CU의 스테디셀러가 된 '연세우유크림빵'은 편의점 빵 최대 히트작으로 꾸준히 트렌드에 맞게 플레이버를 추가하는 방식으로 선보이고 있다. 또한 자체 프리미엄 PB 베이커리 라인 '베이크하우스405'를 출시하며 '편의점 빵 명가'의 입지를 공고히 하고 있다. 베이크하우스405는 제과·제빵 명장의 노하우를 전수받아 제조한 빵으로 양산빵이 낼 수 있는 최고의 맛을 구현하는 것을 목표로 제품을 기획했다. 대기업이 아닌 중소기업과 협업해 유통 마진을 줄이는 식으로 맛과 가격 경쟁력을 동시에 확보했다는 평을 얻고 있다. 또한 이슈 상품인 <흑백요리사>의 '밤 티라미수'를 비롯해 구독자 2억6900만 명을 보유한 세계 1위 유튜버 '미스터 비스트'의 '피스터블(Feastables)초콜릿'을 국내 최초로 유통하면서 발 빠른 행보를 보이고 있다.

세븐일레븐은 글로벌 세븐일레븐 네트워크를 활용한 해외 현지 인기 상품을 직접 소싱해 선보이는 전략으로 차별화하고 있다. 먼저 디저트 강국이자 국내 여행객들의 필수 방문 코스로 통하는 일본 세븐일레븐의 다양한 제품들이 포문을 열었다. 일본 PB 쿠키 제품인 '랑그드샤화이트초코'와 '랑그드샤초코'는 출시되자마자 국내 과자 판매량을 넘어서며 전체 과자 중 판매량 각각 1, 2위를 차지했으며, '후와토로리치생초콜릿'은 출시 열흘 만에 10만 개 판매를 돌파하며 인기를 끌었다.

그 밖에도 세븐일레븐은 일본 인기 베이커리 브랜드 도쿄브레드의 '도쿄브레드메이플빵'과 '도쿄브레드커피빵', 일본 카스텔라 전문 기업 스위트팩토리의 '소프트카스테라' 대용량 제품 등을 선보였다. 이렇게 국내 편의점보다 퀄리티 면에서 한수 위라고 평가받는 일본 편의점 디저트를 일본에 직접 방문하지 않고도 가까운 세븐일레븐에서 즐길 수 있도록 하며 좋은 반응을 이끌어내고 있다. 세븐일레븐은 일본을 시작으로 이제는 다양한 국가의 제품을 확장해가고 있다. 프랑스 국민 브랜드 파스키에의 인기 상품 '파스키에팡올레', 대만 여행 필수 쇼핑 리스트에 꼽히는 '대파크래커'와 대만 인기 먹거리 버블티를 RTD(Ready to Drink) 캔으로 상품화한 '보바캣버블티' 등을 선보이며 해외 디저트 맛집으로 거듭나고 있다.

마트로 빵지 순례? 마트 빵집이 달라졌어요

높은 가성비를 자랑하는 코스트코의 베이커리 제품
(사진_업체 제공)

"마트에 들어가는 순간 풍겨오는 빵 냄새에 저도 모르게 카트에 담고 있었어요."

최근 고물가에 마트 델리 수요가 급증하는 추세에 따라 '마트표 베이커리' 역시 맛과 가성비를 모두 만족시키며 소비자들에게 똑똑한 빵집으로 포지셔닝하고 있다. 즉석, 신선 식품에 해당하는 베이커리 제품은 아직 온라인보다는 직접 눈으로 보고 사려는 경향이 강한 품목이기 때문이다.

창고형 대형 마트 '코스트코'는 경쟁사와 비교해 높은 원가율 대비 무차입 경영과 상대적으로 낮은 수준의 판관비 지출을 통해 판매 비용을 낮춰, 가격 대비 높은 제품 만족도를 자랑하며 마트업계에 경쟁력을 갖춘 PB 상품 구성의 중요성을 증명한 기업이다. 내부에서 직접 생산하는 즉석 식품 역시 킬러 제품군 중 하나다. 자체 베이커리를 통해 크루아상, 베이글 등 기본 식사빵부터 디저트류까지 전문 베이커리 못지않게 다채로운 종류의 대용량 베이커리 제품을 직접 생산·판매하면서 마트 방문객들의 필수 '쟁여템(냉장고에 대량으로 보관해놓는 아이템)'으로 통한다.

일상 식사의 간소화 추세에 따라 빵을 주식으로 삼는 이들이 급증하는 등 식생활이 변화하면서 베이커리 시장은 지속 성장하고 있다. 하지만 최근 수입 식재료가 많은 베이커리류의 원재룟값 폭등으로 인한 베이커리 가격 상승으로 소비자의 부담이 가중됐다. 따라서 대량생산 및 판매로 가격 경쟁력을 확보한 마트 베이커리가 가성비 제품으로 주목받고 있는데, 이 배경에는 자체적으로 당일 구운 신선한 빵을 선보이는 것을 점포의 핵심 역량으로 내세우고 품질과 서비스를 강화한 것이 한몫을 한다.

여기에는 온라인으로 유통 주도권이 넘어가자 오프라인에서 전달할 수 있는 '즉석'

의 가치를 통해 온라인과 차별화된 상품을 판매해 고객을 유인하기 위한 전략이 내포되어 있다. 온라인에서 유통되는 냉동빵이 결코 '갓 구운 빵'의 맛을 뛰어넘을 수 없을 것이다. 그리고 주식으로 소비되는 식사빵은 반복 구매가 이루어지는 제품인 만큼 낮은 단가의 아이템을 통해 오프라인으로 고객을 끌어들인 후 추가 매출을 발생시킬 수 있다. 게다가 프리미엄 수제 식빵과 베이글 등을 현장에서 직접 굽는 퍼포먼스를 보여주면서 신선한 이미지와 빵 굽는 냄새 등으로 유인하는 것은 소비자를 흡수하고 객단가를 상승시키는 매력적인 요소가 된다.

이마트는 자체 신선 베이커리 브랜드 '블랑제리'와 'E베이커리'를 운영하고 있다. 이마트의 대표적인 브랜드인 블랑제리에서는 7980원에 10개의 빵을 골라 담는 셀프 코너를 운영하며, '경제적케이크'나 '경제적햄버거' 같은 시기에 맞는 이벤트 제품을 판매해 호응을 얻었다. 또한 2000원대 식빵을 비롯해 대용량 번들 구매 빵을 1만원 이하에 판매하고 번들 구매를 할수록 단가가 낮아지도록 가격을 구성해 70종이 넘는 다양한 빵과 함께 극강의 가성비를 앞세우고 있다.

이마트 서울 용산점의 경우 대형 빵으로 구성된 '로프 존(Loaf Zone)', 고급스러운 포장에 담아 살 수 있는 '번들 존(Bundle Zone)', 오븐에서 갓 나온 빵을 즉석에서 만나볼 수 있는 '라이브 존(Live Zone)' 등 제품별 특성을 맞춘 세 가지 베이커리 존을 구성하고 있다. 판매 형식의 다양화를 통해 마트에 방문하는 다양한 고객들의 니즈에 맞는 서비스를 제공하는 것. 또한 유명 디저트 IP와 손잡고 전용 메뉴를 출시하기도 하고, 지역 상생의 의미를 담아 최근 경남 남해군과 함께 '남해마늘 촉촉치아바타', '남해마늘 치즈베이볼'과 '남해마늘 크라상러스크' 등 지역 특산물의 판로 확대를 위한 베이커리 제품을 선보이기도 했으며, 신세계 푸드의 대안육 브랜드 '베러미트(Better Meat)'를 활용한 베이커리 제품을 소개하기도 했다.

최근 대형 마트 베이커리가 주목받는 배경에는 단순히 저렴한 가격 추구에만 집중한 것이 아니라 트렌드를 빠르게 반영하고 제품 퀄리티를 로드숍 수준으로 높여가면서 고객의 입맛에 맞춰나간 점이 주효했다. 이마트의 델리 코너에 구성된 디저트류 매출은 2024년 1~9월 기준 전년 동기 대비 106% 껑충 뛰었다. 같은 기간 델리 코너에서 파는 김밥, 샐러드 등 간편 식사류 전체 매출이 15% 증가한 것과 비교하면 인기가 압도적으로 높은 것을 알 수 있다. 창고형 마트인 이마트 트레이더스 역시 자체 베이커리 존을 운영하고 있는데 인기 제품인 '빅우유 카스텔라크림빵', '소시지사라다빵', '빅크루아상', '몽블랑데니쉬' 등은 개당 1000원대 단가로 대용량 베이커리 대부분이 1만원 이하의 가격이 형성되어 있다. 고물가가 지속되는 상황 속에서 대용량 제품에 대한 수요가 늘어나면서 즉석 베이커리 매출은 2024년 1~4월 기준 전년 동기 대비 10%대로 상승했다.

합리적인 가격과 우수한 품질, 신선함을 앞세운 홈플러스의 베이커리 브랜드 '몽블랑제'는 대형 마트 베이커리 브랜딩의 성공 사례로 꼽힌다. 몽블랑제는 2024년 1~4월 매출이 전년 대비 20% 증가했다. 신선하고 품질 좋은 빵 생산을 위해 경기 안성시에 베이커리 직영 공장을 두고 생지를 제조하며 당일 배송해 매장에서 직접 빵을 굽는다. 이러한 시스템을 통해 빠르면서도 신선하며 균일한 품질의 베이커리 제공이 가능해지면서 '생크림폭탄빵' 4종을 비롯해 '알프스소금빵', '몽스도넛' 등 우수한 품질을 바탕으로 메가 히트 상품들을 선보였다. 식사빵 트렌드에 맞춰 식물성 식빵을 새롭게 출시해, 출시 20여 일 만에 약 20만 개를 판매하기도 했다. 베이커리 품목의 수요가 늘어남에 따라 리뉴얼 점포의 경우 몽블랑제 코너 위치를 식품 매장 입구 전면에 재배치하며 보다 공격적인 행보를 보이고 있다.

롯데마트는 '지역의 빵지 순례지가 되는 베이커리'를 목표로 자체 베이커리 '풍미소'을 운영하고 있으며 창고형 할인 매장에서 시작해 일반 대형 마트 지점까지 점차 확장해가는 과정이다. 베이커리 전문 직원이 매일 아침 6시부터 신선한 빵을 구워내며, 당일 상품은 당일 소진을 원칙으로 운영한다. 인기 제품인 '담양딸기트라이플'은 딸기를 많이 올린 트라이플로 입소문이 나며 한 달에 점포당 1000개씩 팔리는 시그니처 상품으로 자리 잡았다. 이 외에도 '4쪽마늘빵', 피자보다 더 큰 '맘모스빵', 프랑스산 밀가루와 전통의 2중 발효법으로 만든 '전통 프렌치바게트' 등을 판매하고 있으며, 기업의 소싱 채널을 기반으로 재료의 경쟁력을 확보해 전문 베이커리 로드 숍 못지않은 품질의 베이커리를 선보여 마트 빵에 대한 편견을 바꾸는 데 일조하고 있다. 또한 최근 롯데마트가 진출해 있는 베트남 현지 웨스트레이크에도 풍미소 1호점을 오픈한 것을 필두로 현지 매장 확장을 통해 K-베이커리의 외연 확대에 집중하고 있다.

줄 안 서고 즐긴다, 온라인 베이커리

온라인 베이커리 시장은 유명 빵집과의 IP 제휴를 통해 '줄 서야 맛볼 수 있는 맛집의 빵을 집에서 편안하게 즐길 수 있도록 한다'는 전략을 적극 활용하고 있다. 현장에서 즉식으로 구워낸 빵과 동일한 맛은 아니더라도 유명한 빵집의 빵을 편안하게 구매하고 맛볼 수 있다는 점에서 경험과 편의성 두 가지 가치를 모두 충족한 점이 주요 구매 요인으로 작용한다.

마켓컬리는 유명 빵집과 제휴해 다양한 브랜드의 빵을 선보이고 있는데, 여러 베이커리의 빵을 한 번에 구매할 수 있다는 점이 가장 큰 장점이다. 예를 들어 '밀도'의 식빵을 사면서 '포비베이글'의 베이글과 리치몬드과자점의 '레몬케이크'를 동시에 구매할 수 있는 것은 마켓컬리가 유일하다. 핫한 브랜드와의 협업도 활발하게 진행하고 있다. 최근 서울 용산구 한남동의 핫 플레이스인 '트러플베이커리'와 협업해 시그니처 제품인 '티슈브레드'를 출시해 완판 행렬을 이어가고 있으며, 오픈 런 베이커리의 대명사로 오직 오프라인 매장 비즈니스에 주력해 온 '런던베이글뮤지엄'과 협업해 선보인 최초의 온라인 제품은 '온라인 오픈 런'을 해야만 구매할 수 있을 만큼 치열한 경쟁을 보여주었다.

마켓컬리는 온라인 최초로 런던베이글 뮤지엄을 판매했다(사진_업체 제공)

유명 베이커리의 제품을 온라인으로 판매할 때는 변질을 막기 위해 유통형 제품을 별도로 제작해 판매할 필요가 있다. 인기 제품을 온라인 유통형으로 변형할 경우 자칫 퀄리티가 떨어져 이미지가 훼손되면 안 되기 때문에 브랜드 보호 차원에서 온라인 진출에 신중할 수밖에 없다. 마켓컬리가 유명 베이커리와의 협업에서 우위를 선점할 수 있었던 비결은 샛별 배송과 풀 콜드 체인을 통해 비냉동 베이커리 제품의 유통 안전성을 확보한 덕분이다. 베이커리 브랜드의 입장에서는 제품 퀄리티를 유지한 상태에서 온라인으로 판로를 확장할 수 있는 데다 마켓컬리의 자체 온라인 기획전 등을 통해 마케팅 채널로 활용할 수 있다는 점에서 타 플랫폼 대비 선호도가 높다. 이러한 이유로 협업을 통해 플랫폼 독점 제품을 개발해 선보이는 등 양자 간 경쟁력을 강화해

가고 있다. 마켓컬리는 식사빵부터 곁들이 메뉴까지 한데 모은 '빵킷 리스트' 기획전, 매주 새로운 빵 맛 탐험을 추천하는 '주간 빵집 투어', SNS 인기 빵과 지역 대표 베이커리 제품을 모은 '인기빵.ZIP' 등 자사의 경쟁력인 다양한 베이커리 IP를 활용한 기획전을 통해 온라인 베이커리의 트렌드를 선도하는 채널로서 역할을 공고히 하고 있다.

대표적인 온라인 플랫폼 쿠팡은 신선 식품을 새벽 배송으로 받아볼 수 있는 로켓프레시를 통해 전국 유명 베이커리 제품을 지속적으로 확대해 선보이고 있다. 대표 브랜드로 '노티드', '타르틴', '베키아에누보', '메종엠오' 등이 있으며 부산의 30년 전통 베이커리 '학원전'의 베이커리 제품을 최초로 입점시키며 각 브랜드 인기 제품에 대한 새벽, 당일 배송을 제공한다. 이에 고객들은 유명 베이커리 제품을 사기 위해 먼 거리를 이동하거나 긴 줄을 서야 하는 수고를 덜 수 있게 됐다.

'땡굴마켓'은 '찾아가는 맛집'으로, 유명 맛집 음식을 가정에서 즐길 수 있도록 연결고리가 되어주는 온라인 플랫폼이다. 업체에서 직접 발송하는 업체 배송과 새벽 배송, 당일 배송, 택배 배송 등으로 입점 업체의 상황과 제품에 맞게 분류되어 있어 입점 브랜드의 부담이 적고 무엇보다 다른 곳에 없는 맛집의 음식을 입점시킨 고유의 업체 리스트가 강점이다. 시장과 온라인을 연결하는 신선 식품 배송에도 노하우를 쌓은 만큼 갓 구운 베이커리의 상품군도 다채롭게 구성했다. 서울 대학로의 소금빵 맛집 '솔트24', 을지로의 도넛 맛집 '빠우', 노원구 공릉동에서 시작한 '미라주양과점', 맛있는 빵집이 많아 '빵도동'으로 불리는 동작구 상도동의 '시간을 들이다', 일산을 대표하는 빵집 '후앙베이커리' 등 땡굴마켓의 입점 브랜드를 살펴보면 단순히 유명한 브랜드가 아닌 '동네의 찐 맛집' 발굴에 진심이라는 것을 알 수 있다.

패션 플랫폼으로 알려진 '에이블리'는 플랫폼을 이용하는 주 고객층인 MZ세대의 눈높이에 맞춰 2030세대의 관심도가 높은 베이커리, 디저트 브랜드와 협업을 진행하고 있다. 패션을 넘어 식품, 라이프스타일 제품의 소비를 통해 자신의 취향을 드러낼 수 있는 종합

패션 플랫폼 에이블리는 온라인을 통해 디저트 팝업 이벤트를 열었다(사진_업체 제공)

커머스로서 범주를 넓혀나가고 있는 것. 일례로 유명 디저트 브랜드가 협력해 진행한 컬래버레이션 기획전 '릴레이 베이커리 팝업 스토어'를 통해 이용자들이 오프라인을 넘어 온라인으로도 빵지 순례를 즐길 수 있도록 했다. 참여 업체인 '코코로카라'의 '베스트 푸딩, 티케이크 18종 골라 담기' 상품은 행사 기간 동안 에이블리 패션, 뷰티, 라이프 전 카테고리 랭킹 1위를 기록했으며, '코코로나인'은 팝업 스토어 오픈 1시간 만에 3일치 준비 물량 완판 성과를 달성했다. '인기 상품 골라 담기' 제품은 프로모션 기간 동안 에이블리 푸드 인기 랭킹 1위를 차지했다. 그 밖에도 부산 인기 디저트 숍 '오븐의온도', 비건 디저트로 유명한 '쭈롱베이커리'와 '찌니빵공장' 등 다양한 브랜드가 팝업 스토어에 참여했다.

에이블리는 셀러의 온라인 마켓 창업에 진입 장벽을 낮춰 다양성을 확보하고, 소비자에게는 AI 기술을 활용한 1:1 개인화 추천 서비스를 통해 소비자 취향에 맞는 제품을 연결해주는 등의 차별화를 통해 성장한 플랫폼이다. 이를 토대로 식품 분야로 영역을 확장해나감에 따라 플랫폼의 특성에 맞게 다채로운 '마이크로 셀러'를 확보해 새로운 기회를 창출하고 있다. 이처럼 온라인 유통업계 역시 고객 유입의 효과적인 도구이자 트렌디한 이미지 구축을 위해 F&B 아이템을 적극 활용하고 있음을 확인할 수 있다. 이러한 시도가 거듭됨에 따라 각 플랫폼별 제품 카테고리를 차별화한다면 온라인 커머스 시대에 걸맞은 새로운 트렌드를 발굴해낼 수 있을 것으로 기대된다.

7. 다이어트 & 디저트 공존 시대… '저당 디저트'

최근 한국방송광고진흥공사(코바코)에 따르면 전국 만 25세부터 49세까지 성인 1000명을 대상으로 식문화 트렌드를 조사한 결과 저당 식품이나 혈당 관리에 '관심 있다'고 대답한 응답자 비중이 가장 높은 연령대는 20대인 것으로 나타났다. 최근 젊은 층을 중심으로 '혈당 다이어트' 키워드가 급부상하고 관련 식품 시장이 급속도로 성장하고 있다. 이들은 근본적인 식생활 속 혈당 관리를 통해 만성질환을 예방하고, 인슐린 저항성을 높여 살이 덜 찌는 생활 습관과 체질을 갖춤으로써 건강하고 지속 가능한 다이어트를 하는 것을 목표로 삼는다.

과거 유행했던 극단적인 식단 조절 다이어트는 단기적인 효과는 기대할 수 있지만 지속성을 갖기 힘들고 요요 현상 같은 부작용이 따랐다. 하지만 혈당 다이어트는 이와는 접근 방식이 다르다. 먹더라도 혈당이 급격히 오르지 않는 순서대로 먹거나 당이 적게 포함된 제품을 선택해서 먹는 식이다. 이러한 방식이 유행하면서 시장의 니즈에 따라 결코 공존할 수 없었던 디저트와 다이어트가 결국 한 배를 탔다. 당류와 칼로리를 낮췄지만 맛은 일반 디저트와 흡사한 저당 디저트가 각 식품업계에서 쏟아져 나오면서 저당 디저트는 하나의 주요한 카테고리로 자리 잡게 됐다.

카페 음료 베이스를 만드는 B2B 전문 업체에서도 '저당'에 집중한 제품을 선보이고 있으며, 이러한 흐름은 2024년 11월에 열린 '2024 서울 카페쇼'에서도 확인됐다. 카페 음료 및 원·부재료를 생산하는 대부분의 식품업체는 '제로'와 '저당' 제품군을 전면에 내세워 홍보에 박차를 가했다. 헤이즐넛, 바닐라, 캐러멜 등 커피용 저당 시럽은 물론 제로 티 베이스와 저당 밀크티, 제로 에이드 등의 저당 음료 베이스, 아이스크림이나 케이크류에 이르기까지 칼로리나 당 걱정 없이 즐길 수 있는 저당 제품의 각축전이 벌어졌다.

저당 아이스크림으로 저당 디저트 대표 브랜드가 된 라라스윗의 저당 롤케이크 (사진_업체 제공)

디저트 트렌드의 최전선에 있는 편의점에도 다양한 저당 디저트 라인업을 구축했다. 저당 아이스크림으로 유명한 식품 기업 라라스윗은 저당 롤케이크·저당 크림소금빵·저당 라테 등 다양한 제품군을 확대했고, 푸드테크 스타트업 '널담'은 고단백 저당 베이글·저당 초코볼·저당 스콘 등 다양한 고단백 및 저당 제품을 선보이고 있다.

식물성 비건 아이스크림을 지향하는 '서스테이블'의 순 식물성 아이스크림 '나이스케키'의 '솔티드캐러멜 & 초코플레이크 아이스크림'은 기존 캐러멜 아이스크림 대비 포화지방과 칼로리가 각각 0%, 50%가량 낮고 콜레스테롤이 없는 것이 특징이다. 견과류가 주원료인 기존의 비건 아이스크림은 특유의 향과 맛 때문에 호불호가 분명한데,

서스테이블은 이를 보완하는 레시피 개발에 주력했으며 재료 수급 과정에서도 탄소 발자국과 푸드 마일리지를 줄이고 잉여 농산물을 활용하는 푸드 업사이클링을 실천하고 있다. 비건을 지향하는 소비자는 상대적으로 동물 복지와 환경문제에 대한 인식이 높기에 생산과정에서도 이를 고려한 것이다.

유제품 또는 달걀을 사용하지 않거나 글루텐프리 디저트를 선보이는 전문점은 주로 '건강 디저트'로 포지셔닝해 맛이나 식감 면에서 다소 부족하다는 인식이 있었다. 하지만 이제는 식품업계뿐만 아니라 전문 디저트 및 베이커리 카페에서 꾸준히 진화를 거듭해오며 미식적인 요소를 포기하지 않고도 건강하게 즐길 수 있는, '선택하지 않을 이유가 없는' 디저트로 진화했다.

가장 대중적인 니즈가 메뉴에 반영되는 프랜차이즈 카페도 저당 제품군을 리스트업 하고 있다. 시럽이나 탄산음료가 포함된 음료에도 저당 옵션을 필수로 추가하고 있으며 디저트 역시 음료와 함께 섭취해도 부담이 적은 저당 디저트 메뉴를 판매하고 있는데, 추가 매출에 효과적이라는 설명이다. 국내 대표적인 카페 프랜차이즈 메가MGC커피는 저당 트렌드에 따라 당류 걱정 없이 즐길 수 있는 '저당 우유생크림케이크'와 '저당 초코생크림케이크' 2종을 출시했다. 개당 당류 5g 미만으로 출시해 모두 저당에 해당되는 제품이다. 음료 역시 저당 음료 '제로복숭아아이스티', 저당 시럽을 사용한 '라이트바닐라아몬드라떼'를 출시하며 저당 메뉴를 강화하고 있으며 제로 사이다나 시럽을 스테비아로 변경할 수 있는 옵션을 추가했다.

빽다방은 대표 메뉴인 원조 커피를 제로로 선보이고, '더 벤티'는 메뉴에 당이 상대적으로 적게 포함된 메뉴를 바로 알아볼 수 있도록 메뉴에 '저당' 표기를 도입했다. SPC그룹 비알코리아 던킨이 신규 프리미엄 콘셉트 매장으로 오픈한 강남 도산대로 '던킨 원더스 청담' 매장에서는 원더넛, 32레이어즈, 퍼프 도넛 등 세 가지 카테고리의 프리미엄 도넛을 판매하는데 그중 퍼프 도넛은 저당 트렌드에 발맞춰 잼과 필링에 들어가는 설탕 함량

저당 트렌드에 따라 떠오르는 저당 요거트 아이스크림 브랜드 요거트월드(사진_업체 제공)

을 80~90%까지 줄인 제품군이다. 디저트 카페 프랜차이즈 '요거트월드'는 당 함량을 80% 감소시킨 '저당 요거트아이스크림'을 출시했다. 당 함량이 부담스러웠던 소비자들의 니즈를 파악해 출시한 제품으로, 대체당을 사용해 100g당 당 함량을 80% 감소시킨 4.4g 수준으로 맞췄다. 요거트 아이스크림의 재유행과 함께 저당이라는 키워드가 더해지며 소비자들에게 매력적인 요소로 작용하고 있다.

8. Trick or 'Re-treat'!… 디저트 업사이클링

앞선 파트 3의 '최적화 외식'에서 살펴본 외식의 맥락에서 윤리적 최적화를 위한 푸드 업사이클링 사례는 카페 및 디저트 분야에서도 명확한 트렌드로 자리매김하고 있다. 단순히 미식의 의미를 넘어 지속 가능한 가치를 추구하는 소비자들의 요구가 증가하면서 업사이클링은 더 이상 선택이 아닌 필수가 되고 있기 때문이다. 이에 카페와 디저트업계는 버려지는 빵이나 못난이 과일을 활용한 제품 개발, 식품 찌꺼기를 활용한 디저트나 화장품 제작, 그리고 포장재를 재활용하거나 친환경 소재로 대체하는 등의 다양한 방식으로 업사이클링을 실천하고 있다.

제과업계에서는 초콜릿 원료로 사용된 후 버려지는 카카오 열매 부산물을 활용한 업사이클링 연구가 활발히 이루어지고 있다. 국내에서는 한솔제지와 롯데제과가 공동으로 친환경 종이 포장재 '카카오 판지'를 개발했는데 이는 초콜릿 원료로 사용된 후 버려지는 카카오 열매 부산물을 분말 형태로 가공한 후 재생 펄프와 혼합해 만든 친환경 종이다. 이렇게 개발된 소재는 대표 초콜릿 제품인 '가나'를 비롯한 80여 종의 제품에 쓰이던 플라스틱 용기를 대체하는 데 사용된다.

그 밖에도 초콜릿을 대량으로 생산하는 많은 기업이 초콜릿 포장재의 혁신을 시도하고 있다. 초코바 '스니커즈'와 '밀키웨이' 등의 제품을 생산하는 세계 1위 초콜릿 기업 '마즈(Mars)'의 사례가 대표적이다. 호주 마즈는 전 세계 최초로 종이 기반의 포장재를 선보였으며, 마즈는 '지속 가능한 포장(Sustainable Packaging)' 정책 추진과 함께 2025년까지 모든 상품의 포장재를 재사용 또는 퇴비화가 가능하도록 바꾸겠다는 목표를 시사하기도 했다. 이탈리아의 대표적인 초콜릿 기업 '페레로'도 재활용, 재사용, 퇴비화가 가능한 포장재를 섬신석으로 도입해 2025년에는 친환경 포장재 사용률 100% 달성을 목표로 하고 있다.

사탕수수 또한 많은 폐기물을 배출하는 작물로 이를 폐기하는 과정에서 다량의 온실가스와 대기오염을 발생시키는 주범으로 지목되고 있다. 다행히도 다양한 분야에서 업사이클링 시도가 일어나고 있다. 사탕수수 부산물을 활용한 친환경 포장재와 용기, 식기 등이 식품 외식업계에서 적극 활용되고 있으며 카페에서는 리유저블 컵의 소재로 주로 쓰인다.

사탕수수 부산물의 새로운 쓰임을 제시하고 있는 영국 케임브리지대 출신 생화학자 톰 시몬스가 설립한 푸드테크 기업 '서플랜트(The Supplant Company)'는 농업 부산물을 업사이클링해 과자와 초콜릿 그리고 파스타로 재탄생시킨 기업이다. 서플랜트는 업사이클링 재료가 실제 식품 및 외식 분야에서 활용될 수 있도록 미국에서 가장 많은 미쉐린 스타를 획득한 요리사 토머스 켈러(Thomas Keller)와 협업해 밀

푸드테크 기업 서플랜트는 농업 부산물을 업사이클링해 과자와 초콜릿, 파스타 등을 만든다(사진_업체 제공)

짚, 사탕수숫대, 귀리 껍질 등 농작물에 포함된 섬유질을 분해해 만든 대체 설탕 '섬유질 설탕(Sugars from Fiber)'을 개발했다. 이 제품은 일반 설탕과 유사한 물리적 특성을 갖고 있어 요리와 제과·제빵 분야에서 사용하는 데 부족함이 없다. 토머스 켈러 셰프는 미국 나파밸리에 있는 자신의 레스토랑 '프렌치 런드리(French Laundry)'에서 만드는 쿠키, 초콜릿, 아이스크림 등에 이 제품을 활용하며, 섬유질에서 추출한 설탕을 재료로 사용해 지구에 더 나은 방식으로 음식을 제공하는 것은 결국 사람을 위한 노력임을 강조했다. 서플랜트는 섬유질 설탕을 사용한 초콜릿, 과자, 쿠키 등 다양한 제품을 개발하고 온라인 유통을 통해 상용화하고 있다. 최근에는 밀과 밀짚을 모두 사용해 만든 '낟알 & 줄기 밀가루(Grain & Stalk Flour)'로 만든 파스타를 개발해 농업 부산물의 새로운 쓰임에 기여하고 있다.

디저트와 베이커리업계에 사용되는 유제품 역시 혁신을 거듭하고 있다. 최근 미국의 스타트업 기업 '세이버(Savor)'는 우유 없이 수소와 이산화탄소를 활용한 버터를 개발하는 데 성공했다. 공기에 포함된 이산화탄소에 열을 가해 이산화탄소의 탄소를 수소, 산소와 연결시켜 지방산을 만든 다음 이 지방산을 이용해 버터를 만드는 원리다. 이렇게 제작된 버터는 젖소에서 우유를 짜서 만들어내는 공정보다 탄소 배출량을 획기적으로 줄일 수 있다. 현재 상용화를 위한 승인 단계에 있어 이르면 2025년에는 실제 소비자들도 이 버터를 경험해볼 수 있을 전망이다.

푸드테크 기업 솔레인의 실험실 단백질로 만든 젤라토 (사진_업체 제공)

핀란드의 푸드테크 스타트업 '솔라푸드'에서는 미생물을 통해 생산한 단백질 솔레인(Solein)을 활용한 베이커리와 디저트를 선보였다. 특정 미생물을 일정한 조건에 놓고 이산화탄소 등을 공급하면 단백질을 배출하는 것을 이용해 만든 '공기 단백질'이라 불리는 실험실 출신의 식재료를 실제 먹거리에 접목한 것. 싱가포르에서 제품 판매가 허용되어 현지 매장에 등장할 전망이다. 솔라푸드는 싱가포르에 있는 이탈리아 레스토랑과 함께 '솔레인초콜릿젤라토'를 제작하기도 했다. 솔레인젤라토는 일반 아이스크림에 비해 공기 함유량이 낮아 오히려 더 쫀쫀하고 향이 좋다는 평이다.

최근 국내에서는 국민 1인당 연간 쌀 소비량이 30년 만에 48% 줄어든 것으로 나타나면서 정부 차원의 쌀 소비 촉진을 위한 다양한 노력이 벌어지고 있다. 제과·제빵 업계는 쌀 소비 감소에 따른 공급 과잉을 개선하고 버려지는 쌀을 재가공해 현대의 식문화에 맞는 식재료로 업그레이드시켜 수입에 의존하고 있는 밀가루를 대체할 '가루 쌀(분질미)'의 활용 촉진에 주목하고 있다. 가루 쌀은 기존 쌀에 비해 가공이 쉽도록 개발한 품종이다. 정부가 수입 밀가루와의 가격 차이를 일부 보전해주고 있어 식품 및 외식업계에서 이를 활용한 제품을 속속 선보이고 있다.

성심당과 런던베이글뮤지엄은 가루 쌀 빵인 '초코미마들렌'과 '단팥쌀베이글'을 판매 중이고, SPC삼립은 가루 쌀을 활용한 와플 등 신제품을 출시했다. 전북 군산시 수

송동에 있는 '홍윤베이커리'는 이성당, 영국빵집과 함께 군산을 대표하는 베이커리로 우리 땅에서 농사 지은 재료들에 남다른 애착을 가진 대표가 가루 쌀로 만든 빵을 약 40여 종 가까이 선보인다. 다만 가루 쌀 상용화의 가장 큰 걸림돌로 꼽히는 것이 공급 가격인데 수입산 밀가루에 비해 2~3배가량 비싼 측면이 있어 식품 및 외식업체에서 장기적으로 사용하는 데 사실상 큰 메리트는 없다. 아직 시장 초기 단계라 여러 어려움이 존재하는 만큼 믿고 먹을 수 있는 가루 쌀 제품 개발과 소비자들의 인식 증대, 그리고 외식을 통한 긍정적인 경험 등이 수반되어야 하겠다.

9. '앞으로의 커피'… 1명의 소비자, n개의 취향

국내 카페업계는 저가 브랜드와 고가 브랜드의 양극화가 뚜렷하게 나타나고 있다. 지난 <2024 대한민국을 이끄는 외식트렌드>에서는 저가 커피 전문점의 성장에 대해 다루었는데, 고물가 및 불황의 여파가 지속되는 상황 속에서 접근성이 좋은 저가 커피 전문점이 성장세를 이어가면서 가격 경쟁력이 있는 만큼 높은 재구매율을 보이며 승승장구하고 있다. 저가 커피 전문점의 저렴한 가격과 시즌에 맞는 빠른 트렌드의 반영, 그리고 한국인들의 유별난 '아이스' 음료 선호가 주요 요인으로 꼽힌다. 커피를 아이스로 즐길 경우 따뜻하게 마실 때보다 원두 품질이나 디테일한 향미가 전달하는 영향이 크지 않기 때문에 아이스 커피는 저가 커피 제조에 유리한 면이 있다.

대표적인 저가 커피숍을 기준으로 아이스 음료를 주문할 경우 2000원 안팎의 가격으로 700ml 이상의 대용량의 컵에 제공되기에 가격 대비 만족도가 월등하다. 애플리케이션 통계 분석 플랫폼 아이지에이웍스 모바일인덱스가 발표한 '저가 커피 전문점 소비 인덱스' 리포트에 따르면 메가MGC커피, 컴포즈커피, 빽다방, 더벤티, 매머드커피랩 등

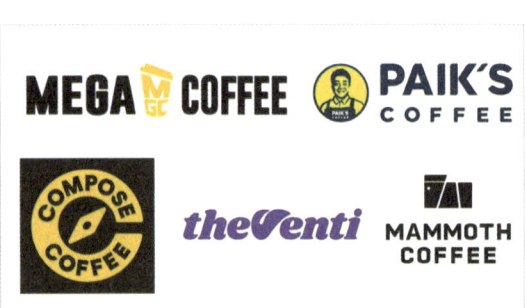

불경기가 장기화되며 저가 커피 브랜드가 성장세를 이어가고 있다

저가 커피 브랜드 5곳의 카드 결제 금액은 2021년 9월 748억원에서 2024년 9월 1462억원으로 2배가량 늘어난 것으로 나타났다. 특히 국내 저가 커피 프랜차이즈 가운데 점유율 43%를 기록하고 있는 메가MGC커피의 결제 횟수는 업계 1위인 스타벅스를 뛰어넘었을 정도다. 다만 음료 판매 가격에 차이가 있는 만큼 결제 금액은 스타벅스가 우위에 있는데, 주목할 점은 그 격차가 점점 줄고 있다는 것이다.

저가 커피 전문점이 치열한 경쟁을 통해 성장하는 동안 스타벅스는 오히려 꾸준히 가격 상승을 단행해왔다. 이로 인해 미국과 중국 시장 내에서도 인플레이션 여파로 매출 부진을 겪고 있으며 현지 저가 커피 전문점의 상승세와 대조되는 분위기는 국내와 크게 다르지 않은 것으로 보인다. 국내시장에서도 스타벅스 코리아의 영업이익률은 지지부진한 양상을 보이며, 강력한 전환점이 될 '한방'을 마련하지 않는 이상 향후 전망이 그리 밝지 않은 상황이다. 그 이유는 저가 커피 브랜드와 포지셔닝이 다르다고 하더라도 커피를 즐기는 공간의 차별화나 브랜드가 강조해온 가치들이 국내 카페 브랜드의 상향 평준화로 인해 현시점의 소비자들을 더 이상 설득하지 못하고 있기 때문이다. 또한 지나치게 잦은 프로모션으로 인한 피로감, 지속적인 음료값 인상, MD 상품의 난립, 잦은 컬래버레이션 등으로 기존에 갖고 있던 스타벅스만의 브랜드 오리지낼러티가 사라지고, 충성 고객이 줄어들면서 국내 타 경쟁 브랜드와 차별성을 잃어가고 있다는 분석이다.

#주중엔 저가 커피, 주말엔 스페셜티 커피… 복합적 소비 행태

국내의 카페 문화는 오로지 저가 커피 전문점으로 대표하기에는 매우 깊이 있는 영역에 도달해 있다. 가장 빠른 트렌드 반응 속도를 지닌 시장 특성과 맞물려 스페셜티 커피 시장을 비롯해 다양한 빵과 음료를 즐길 수 있는 베이커리 카페, 특색 있는 공간 경험을 제공하는 대형 카페, 커피 오마카세 등이 일상 깊숙한 곳에 자리하며 다채로운 카페 문화를 꽃피우고 있다. 그런 가운데 앞선 파트 2의 '먹는 김에 세계일주'에서 언급한 바와 같이 최근 프리미엄 스페셜티 커피 브랜드를 비롯한 세계 유명 카페 체인들의 한국 시장 진출이 가속화되고 있다.

크게 보면 저가 커피와 스페셜티 커피로 명백한 양극화 현상이 나타나는 것을 확인할 수 있지만 개인의 취향이 반드시 양극화되었다고 할 수는 없다. 일상 영역의 카페와 미식 영역의 카페를 구분해 양극단을 '모두' 즐기는 문화가 도래했다고 할 수 있다. 일상적으로는 저가 커피를 마시지만 주말에는 바리스타가 섬세하게 한 잔의 커피를 내리는 스페셜티 커피 전문점에 가거나 교외의 대형 커피숍을 방문해 휴식과 함께 커피와 디저트를 즐기는 등 개인의 카페 소비 행태가 매우 복합적인 형태로 발현되고 있는 것이다. 따라서 각 브랜드는 가격대를 떠나 다변화된 소비자의 니즈에 맞춰 유연하게 대응하고, 차별화된 가치를 제공하는 것이 중요하다고 하겠다.

와인의 테루아르 같은 개념을 도입해 원두 산지의 지정학적 요인과 기후가 생두에 특별한 향미를 부여하는 것을 강조해 스페셜티 커피 바람을 몰고 온 것이 커피 산업 속 제3의 물결이라면 최근에는 Origin(원두의 기원), Direct Contact(직접 거래), Story Consumption(이야기 소비)를 통한 '제4의 물결'을 예고하고 있다. 실제로 어떤 농장에서 어떻게 재배된 원두인지, 농부는 누구인지 등과 같은 정보에 대한 관심도는 점점 높아지고 있으며 업계를 넘어 소비자들 역시 로스터리, 브랜드 중심 소비에서 '생산 농장', 즉 원두의 뿌리에 대해 탐구하며 커피를 즐기는 경향이 앞으로 보다 보편화 될 전망이다.

이러한 흐름은 생산 농장에서 직접 브랜딩 및 로스팅, 유통하는 직거래 커피의 시대를 열게 될 것이며, 이는 소비자들이 커피를 선택할 때 보다 다양한 국가와 열매 품종 등 세밀한 판단 기준이 생길 것을 의미한다. 또한 커피 산지의 열악한 노동 환경에 대한 정당한 보상을 가능하게 하는 직접적이고도 공정한 거래를 추구하며, 로스팅 과정이나 추출 방법 등 커피에 대한 다양한 정보를 제공하면서 소비자와의 소통을 통해 개인 맞춤형 커피를 제공하는 것을 추구할 것이며, 이는 향후 커피 산업의 주요 흐름이자 공급자의 경쟁력이 될 것으로 보인다. 이러한 흐름에 따라 소규모 업체 역시 생산자와 직접 거래를 통해 원산지와 생산자가 분명하고 브랜드만의 특색을 부여하는 사례가 늘어나면서 소비자들은 보다 다양한 범주의 커피를 마주하고 있다.

향후 국내 카페 시장은 더욱 다양하고 흥미로운 음료로 가득 찰 것으로 예상된다. 글로벌 트렌드와 개인의 취향이 결합되면서 기존의 커피 중심에서 벗어나 차, 과일, 식물성 우유 등 다양한 재료를 활용한 이색적인 음료들이 등장할 것으로 예측된다.

특히 지속 가능성과 건강을 중시하는 소비 트렌드가 반영되어 유기농 재료, 또는 탄소 중립의 가치를 담은 새로운 커피와 차, 저칼로리 및 비건 옵션을 제공하는 음료, 디카페인 음료들이 지속적으로 인기를 얻을 것으로 전망된다. 또한 개인 맞춤형 음료에 대한 수요가 증가하면서 나만의 레시피를 만들 수 있는 커스터마이징 서비스가 확대될 것이며 이와 함께 첨단 기술과 접목해 음료를 체험하고 구매하는 새로운 방식도 등장할 것으로 기대된다.

커피로 즐기는 문화의 다양성

이제 커피는 이제 하나의 음료를 넘어 삶의 다양한 풍미를 담아내는 매개체가 되었다. 에티오피아 커피의 싱그러운 과일 향부터 수마트라 커피의 깊고 풍부한 맛까지, 커피 한잔 속에 담긴 다양한 이야기는 우리의 일상을 더욱 풍요롭게 만들어준다. 소비자들은 이러한 변화를 통해 커피를 마시는 순간을 특별한 순간으로 만들고, 자신만의 취향을 발견하는 즐거움을 느낀다. 커피 산업은 이러한 변화에 발맞춰, 다양한 개성을 가진 소비자들의 니즈를 충족시키기 위해 끊임없는 노력을 거듭하고 있다.

온라인 네트워크의 발달은 단순한 정보 교류뿐만 아니라 전 세계적인 문화 및 트렌드 확산에 지대한 영향을 미치고 있으며, 커피 산업에서도 이와 같은 현상이 나타나고 있다. 소셜 미디어를 통해 전 세계 각국의 카페 음료 신메뉴와 인기 메뉴 등이 실시간으로 공유되고, 이는 소비자들이 다양한 음료를 접하고 새로운 경험을 추구하는 데 큰 영향을 미치고 있다. 온라인 커뮤니티의 발달은 커피 애호가들이 자신의 취향을 공유하고 새로운 음료에 대한 정보를 교환하며 활발하게 소통하는 장이 되어줄 뿐 아니라 개인의 취향을 반영한 맞춤형 음료 개발을 촉진하고 다양한 커피 문화를 형성하는 데 기여한다. 이에 전 세계 각국의 다양한 문화가 반영된 다양성과 개성을 갖춘 음료가 끊임없이 등장하고 있으며, 활발하고 빠른 교류만큼 트렌드의 주기가 짧아져 새로운 음료가 빠르게 유행하고 사라지는 현상이 반복되고 있다.

이러한 흐름에 따라 국내시장에서 생소한 문화권의 커피와 제공 방식은 소비자들에게 새로운 경험과 차별화된 미식을 전달할 수 있는 잠재력을 지닌다고 할 수 있다.

각 나라의 문화와 역사가 녹아 있는 다양한 커피 음료는 현대적인 트렌드와는 또 다른 매력을 선사한다. 국내는 주로 서구권의 커피 문화가 발달되어 있는 만큼 새로운 문화권의 전통적인 커피 음료들을 현대적인 감각으로 재해석해 새로운 메뉴를 개발하는 것도 좋은 방법이 될 것이다. 예를 들어 독특한 제조 방식과 문화적인

튀르키예식 커피를 선보이는 샌드커피논탄토(사진_업체 제공)

배경이 매력적인 '튀르키예 커피'는 곱게 간 커피 가루를 물과 함께 끓여 잔에 따라 마시는 방식으로 커피 찌꺼기가 잔 바닥에 가라앉는 것이 특징인데, 설탕을 넣어 단맛을 내기도 하고, 카드를 읽거나 점을 치는 도구로도 사용되기에 다양한 콘텐츠로 연결될 수 있다.

커피의 원산지로만 알려진 '에티오피아 커피' 문화도 독특하다. 숯불에 달군 제베나라는 특수한 주전자에 커피를 넣고 끓여 풍부한 향을 즐기는 게 기본이다. 커피의 기원에 대한 관심이 높아짐에 따라 생산국의 독특한 문화를 경험할 수 있도록 에티오피아 전통 방식으로 커피를 추출하는 체험 프로그램을 운영하거나 추출 과정 자체를 퍼포먼스 포인트로 활용하고, 같은 생산 국가에서도 다양하게 세분화된 원두의 특징을 경험해보게 하는 식으로 접근한다면 새로운 경험과 다채로운 맛, 지식 탐구의 니즈가 있는 소비자에게 긍정적으로 어필할 수 있을 것이다.

북유럽의 커피 문화에 대한 국내 소비자들의 관심도 높다. 라이프스타일과 디자인, 그리고 그 안에 담긴 가치에 대한 동경이 복합적으로 작용한 결과다. 일상을 영위하는 카페 역시 이러한 문화적 경험을 원하는 대표적인 공간이라 할 수 있다. 바쁜 일상 속에서 작은 여유를 찾고 싶어 하는 현대인에게 북유럽의 여유로운 라이프스타일은 매력적인 대안이 될 것이다. 환경보호와 지속 가능한 삶을 중요하게 생각하는 문화적 태도, 예를 들어 공정 무역 원두를 사용하고, 친환경적인 포장재를 이용하며, 자연친화적인 재료와 정직한 맛을 추구하는 것 등은 현시점의 소비 지향점에도 맞닿아 있다.

국내 커피 시장은 다양한 문화와 트렌드를 융합하며 다양화되고 있으며, 소비자들의

기대치 또한 높아지고 있다. 이를 충족시키기 위해 업계는 혁신을 거듭하며 새로운 경험과 가치를 제공해가고 있다. 커피를 통해 다양한 문화를 접하며 세계를 이해하고, 서로를 존중하며, 더 나아가 인류의 공통된 가치를 공유할 수 있는 문화적 매개체로서의 역할을 기대해봐도 좋겠다.

커피의 새로운 동반자

커피 및 음료에 사용되는 재료에도 새로움과 다양성이 요구되고 있다. 커피는 더 이상 단순한 기호식품이 아니다. 다양한 문화와 트렌드를 반영하며 끊임없이 진화하고 있으며 새로운 조합, 생산방식, 재료를 활용한 커피들이 등장하면서 커피 산업은 더욱 다채롭고 역동적인 모습을 보여주고 있다.

#숯

최근 국내에 진출한 일본 후쿠오카 대표 로컬 카페 '노커피 서울(No Coffee Seoul)'은 'No Coffee, No Life'를 슬로건으로 내세운 브랜드답게 다채로운 메뉴가 돋보이는 브랜드다. 시그니처 메뉴인 블랙라테는 고소한 라테에 대나무 참숯의 쌉쌀함이 더해져 일반 커피에선 느낄 수 없던 스모키한 맛을 경험할 수 있다. 숯 커피 자체의 특이한 풍미뿐 아니라 새카만 컬러의 음료 비주얼 또한 즐거움을 주는 요소다.

경남 진주의 '파베리브라더스'에서는 전기를 이용한 로스팅이 아닌 비장탄 숯불 로스팅을 통해 만드는 숯 커피를 선보인다. 직화로 생두를 태워 로스팅한 원두로 추출한 수제 숯불 커피는 풍부한 향과 함께 맑은 에너지인 숯과 닮은 깨끗하고 청아한 맛을 낸다. 수제 숯 커피는 하루 단 10잔만 한정 판매하고 있다.

노커피 서울의 블랙 라떼(사진_업체제공)

#카르다몸

특유의 풍미를 지닌 카르다몸도 주목받는 커피 재료다. 중동과 남아시아 요리에 자주 사용되는 향신료인 카르다몸은 커피에 꽃이 만발한 풍미를 더하는 이국적이고 독특한 첨가물이다. 커피에 복잡한 아로마를 더해 새로운 풍미를 경험하고자 하는 사람들에게 훌륭한 선택지가 되어준다. 아랍식 커피에서는 카르다몸을 원두와 혼합해 브루잉하거나 밀크 베이스 음료의 킥으로 사용하기도 한다.

서촌 나흐바의 카르다몸번(사진_업체 제공)

유럽이나 일본, 미국 이외에 아랍식 커피 문화는 아직 국내에서는 생소한데 최근 두바이초콜릿이나 대추야자 같은 디저트가 인기를 끌면서 아랍 문화 특유의 이국적 감성에 대한 관심이 매우 높아짐에 따라 커피 분야에서도 아랍식 커피를 대표하는 향신료인 카르다몸이 커피의 새로운 플레이버로 주목받고 있다. 현재 글로벌 커피 브랜드인 블루보틀의 미국 및 일본 지점에서는 이미 블랙카르다몸라테를 정식 메뉴로 선보이고 있다. 국내에서는 커피에 앞서 '카르다몸번'이 먼저 주목받고 있는데, 선두 주자는 서촌에 있는 아담한 커피 하우스 '나흐바'로 국내엔 낯선 북유럽식 카르다몸번을 유행시킨 곳이다. 쫀득한 식감과 풍부한 과실 향이 특징이며, 나흐바 외에도 최근 발빠른 베이커리 여러 곳에서 카르다몸번을 선보이기 시작하는 모양새다.

#티(Tea)+α

건강한 이미지와 특유의 향미를 지닌 '티'도 커피의 새로운 동반자가 됐다. 아이스티의 달콤함과 향긋함에 커피의 쌉쌀한 매력을 더한 '아샷추'의 유행에서도 확인되듯이 커피에 어울리는 티를 발굴해 접목하는 것도 새로운 트렌드를 만드는 기회로 작용할 수 있다. 스타벅스 인기 음료 자몽허니블랙티에 샷을 추가하는 '자샷추', 레모네이드에 커피 샷을 추가한 '레샷추', 밀크티에 에스프레소를 추가한 '밀샷추' 등 아이스티를 조합한 응용 버전이 꾸준히 생산되고 있다. 커피 고유의 쌉쌀함과 향긋한 과일향, 꽃향기의 조화가 이루어내는 독특한 풍미를 즐기는 다양한 시도는 앞으로도 계속 이어질 것으로 보인다. 더불어 아이스티 업계에서도 '저당' 키워드는 필수다.

#탄소 저감

더하는 커피가 아닌, 덜어내는 커피를 추구하는 '내일의 커피'는 탄소 저감 커피를 선보이는 업체로, 탄소 중립 인증 농장에서 재배해 원두가 자라는 단계부터 자원 소비를 최소화하고 환경에 미치는 영향을 고려해 생산한 원두를 공급받아 커피를 만든다. 또한 생두 생산에서부터 소비되는 전체 과정에서 발생되는 탄소 배출량을 저감시키며 대량 선박 운송, 100% 재생에너지 로스팅, 친환경 패키지 등 세심한 부분까지 신경을 써서 제품을 생산하며 지정한 날짜에 따라 원두를 받아볼 수 있는 원두 구독 서비스를 제공하고 있다.

#빈리스 커피(Beanless Coffee)

미국에서는 커피 생산량 감소에 집중한 대체 커피 시장이 성장하고 있다. 커피의 향과 맛을 내지만 커피 빈 없이 허브나 버섯 등을 주원료로 만든 음료다. 대표적인 대체 커피 생산 기업인 '아토모(Atomo)'는 대추씨, 치커리 뿌리, 수박씨 등을 주재료로 사용한 빈리스 커피로 에스프레소를 비롯해 RTD 커피 제품을 선보이고 있으며, 커피 체인 '블루스톤 레인'은 뉴욕 및 샌프란시스코에 위치한 전 지점에서 빈리스 커피를 판매하고 있다.

버섯커피로 알려진 '라이즈(Ryze)'는 카페인이 함유되지 않은 대체 커피다. 스타트업 기업 '머드워터(MUD/WTR)'에서 인도산 차이, 카카오, 노루궁뎅이버섯, 영지버섯 등을 활용한 대체 커피 가루를 출시했는데 한국에서 한약재로 사용되는 재료들을 커피에 접목했다는 점이 흥미롭다. 국내시장은 약재나 식재료를 말리거나 발효시키는 등 자연물을 활용한 음료가 보다 발달되어 있다. 그만큼 현재 주목받고 있는 대체 커피 시장에 접목할 수 있는 잠재력을 지니고 있다고 볼 수 있다. 우리 주변의 식재료에 관심을 기울여본다면 새로운 시장 개척의 기회를 발견할지도 모른다.

10. '식사빵', 달라진 식문화를 말하다

한국인의 빵 사랑이 그칠 줄을 모른다. 과거에는 빵이 간식이나 디저트의 느낌이 강했지만 요즘에는 밥을 대신하는 주식의 하나로 자리 잡고 있다. 시장조사 기관 유로모니터는 식빵, 베이글 등 식사빵에 해당하는 플레인 빵의 2025년 시장 규모는 8645억원까지 커질 것으로 예측하고 있다. 이는 식습관의 변화로 인한 자연스러운 현상이다. 우선 바쁜 현대인이 간편하게 한 끼를 해결할 수 있는 스내킹 문화가 지속되면서 식사 대용으로 식사빵을 선택하는 경우가 많아졌다. '혼밥' 문화가 보편화되면서 혼자 먹기에도 부담 없고 다양한 맛과 종류를 즐길 수 있는 식사빵에 대한 수요가 늘어난 것도 영향을 미쳤다. 또한 고물가 시대 속에서 '런치플레이션(점심값+인플레이션)'으로 인한 점심값 부담 증가는 상대적으로 저렴하고 간편하게 해결할 수 있는 식사빵 시장 확대에 영향을 끼쳤다. 커피와 함께 빵을 즐길 수 있는 '베이커리 카페'의 인기가 높아지고 베이글 전문점, 소금빵 전문점 등 다양한 베이커리 브랜드들이 차별화된 제품을 출시하면서 경쟁은 갈수록 심화되고 있다. 소비자들은 더욱 다양한 맛과 종류의 식사빵을 선택할 수 있게 되었으며, 이는 시장의 성장을 더욱 가속화하고 있다.

국내 식사빵 분야에서 몇 년간 이어진 베이글과 소금빵의 위세는 여전히 거세다. 같은 아이템이라 하더라도 반죽 기법이나 식재료 조합, 식감 등을 달리해 다양성을 더하고 있으며, 식사빵과 곁들이기 좋은 스프레드 제품 역시 다채롭게 진화하고 있다. 국내 베이커리 프랜차이즈 업계 1위인 파리바게뜨에서 발표한 판매량 톱(Top) 10 품목에는 클래식 아이템인 식빵, 크루아상, 소시지빵을 비롯해 플레인 베이글과 발효버터 소금빵 등 단팥빵을 제외하면 모두 식사빵이 순위에 올라 있다. 또한 최근 프레첼(Pretzel) 카테고리를 추가하며 식사빵 라인업이 보다 강화되고 있다. 파리바게뜨와 함께 베이커리업계의 양대 산맥인 뚜레쥬르는 최근 인기가 높아진 베이글 판매량이 2024년 1~7월 기준으로 전년 동기 대비 58% 상승했으며, 통밀빵은 19%, 식빵은 11% 증가했다.

식사빵의 수요 증가는 대형 마트와 온라인 등 다양한 경로에서도 나타난다. 신세계푸드에 따르면 2024년 상반기 이마트 내 E-베이커리와 블랑제리 베이커리 매장에서 판매하는 식사빵류의 매출은 전년 동기 대비 11% 늘어난 것으로 조사됐으며 온라인 장보기 플랫폼 마켓컬리에서도 소스나 토핑 등을 곁들이기 좋은 기본 식사빵류의 판매가 품목별로 10% 이상 증가한 것으로 나타나고 있다. 구매를 한 뒤 가정에서 먹는 식사빵은 주로 속 재료가 없는 기본 빵 제품이 주류를 차지하고 있지만 외식 영역에서 음료와 함께 즐기는 카페의 경우 다양한 식재료와 조합한 식사빵이 한 끼 식사를 대체하고 있다.

좌석이 없는 매장 형태로 음료 판매에 주력하는 저가 커피 전문점도 식사빵 라인업을 강화하고 있다. 고객 입장에서 일반 커피 전문점에서 빵과 커피를 동시에 먹게 되면 1만원이 훌쩍 넘어 부담스럽지만 저가 커피 전문점의 경우 상대적으로 저렴한 가격으로 음료와 빵을 모두 즐길 수 있다는 점에서 경제적이라는 설명이다.

빽다방은 베이커리 카페 형태의 매장을 별도로 출점하면서 베이커리 상품 개발에 많은 역량을 쏟고 있다. 부동의 인기 제품인 '사라다빵'을 비롯해 땅콩마요샌드, 고메버터소금빵, 빽그램핫도그 등 한 끼 식사로 충분한 식사빵들을 함께 선보이고 있다. 사라다빵의 가격은 3900원이며 커피와 함께 세트로 즐겨도 5000원대다.

메가MGC커피는 카페에서 식사를 해결하는 소비자가 늘어남에 따라 식사빵은 물론 떡볶이 등 다양한 메뉴를 선보인다.(사진_업체 제공)

메가MGC커피는 에그베이컨샌드위치, 뜯어 먹는 식빵, 핫불고기 & 바비큐브리토 등 따뜻하게 제공되는 다양한 베이커리 메뉴를 라인업했으며, 모두 3000원대에 판매하고 있다. 카페에서 간단한 식사를 함께 해결하는 소비자가 늘어남에 따라 메가커피는 떡볶이를 신메뉴로 내놓기도 했다. 더벤티는 다양한 토핑이 듬뿍 들어가 든든한 한 끼를 해결할 수 있는 포카치아를 선보였다. 이탈리아 전통 빵 포카치아 위에 불고기, 페페로니, 체다 치즈, 모차렐라 치즈 등 다양한 토핑을 더해 한 끼 식사를 대신하기에 충분하다.

이디야커피도 플레인 베이글과 샐러드빵 등을 선보이며 식사빵 라인업 확장에 본격적으로 나섰다. 베이글의 흥행이 꾸준히 이어지자 플레인 베이글의 중량을 기존 대비

10% 늘려 고객들이 보다 든든하게 즐길 수 있도록 리뉴얼했으며 함께 곁들이는 플레인 크림치즈 포션도 기존보다 40% 증량했다. 카페에서 가볍게 식사를 즐기는 소비자를 겨냥해 부드러운 식감을 강조한 에그샐러드빵, 마카로니샐러드빵도 새롭게 출시했다. 저가 커피 전문점의 경우 커피 판매 마진이 높지 않기 때문에 음료 이외에 객단가를 높일 수 있는 부가 메뉴들의 구성을 통해 경쟁력을 확보하기 위한 전략이기도 하다.

저가 카페 프랜차이즈의 가격에 훌륭한 스페셜티 등급의 생두로 내린 커피를 선보이며 품질의 차별화를 통해 확장해가는 브랜드 '스몰굿커피'는 국내 대표 육가공 전문 샤퀴트리 '세스크멘슬'의 수제 소시지 '데브라지너'를 소금버터 브레드에 접목해 만든 소시지빵을 선보이며 식사빵에도 힘을 싣고 있다. 저가 브랜드는 아니지만 캐나다의 국민 커피 브랜드 '팀홀튼(Tim Hortons)'은 주로 오피스나 대학가 입지에 자리한 만큼 식사 고객 유치를 위해 자사의 도넛과 시그니처 멜트샌드위치를 광고 전면에 내세우고 있다. 국내 커피 시장이 상향 평준화되면서 커피로 차별성을 내세우기 어렵기 때문이기도 하다.

성수동의 핫도그번 전문점 밀스(사진 업체 제공)

트렌디한 상권 속에서 베이커리 전문점도 식사빵을 전문으로 다루는 새로운 공간들이 주목받고 있다. 서울 성동구 성수동에 위치한 '밀스(Mils)'는 식사 대용으로 만든 사워도 브레드와 키친에서 직접 만든 소시지, 햄을 이용한 토스트, 샌드위치, 핫도그번을 선보이는 곳이다. 이곳은 미쉐린 3스타 레스토랑 '모수' 출신의 정영훈 셰프가 운영하는 곳으로 더욱 화제가 됐다. 밀스에서는 익숙한 소시지빵을 감각적으로 풀어내 다양한 플레이버로 선보인다. 돼지고기와 각종 향신료를 사용해 매콤한 맛이 특징인 '데브라지너 소시지번'을 비롯해 일본 나폴리탄 스파게티번을 밀스답게 풀어낸 소시지번, 베트남 샌드위치인 반미의 특색을 소시지번으로 녹여 만든 반밀스번 등 각각의 핫도그번에 사용되는 식재료의 조합을 달리해 요리처럼 풀어내 셰프의 터치를 느낄 수 있다.

성수동에 위치한 '스탠다드 브레드'는 쫄깃한 생식빵에 버터를 넣어 소금빵을 식빵화한 '솔티드버터 생식빵'을 대표 메뉴로 선보이는 베이커리 전문점이다. 생식빵 종류를 주력으로 선보이며 티슈식빵, 브리오슈식빵 등 다양한 질감의 식빵과 하드 계열의 식사빵, 그리고 빵과 어울리는 16가지의 잼 및 스프레드를 판매한다.

서울 강남구 압구정 로데오거리의 베이커리 전문점 '투아투아'는 남프랑스 시골집에 방문한 것 같은 온기 가득한 공간에서 가장 기본인 천연 발효종 빵과 샌드위치, 양파 수프, 수제 버터와 잼 등 유럽 할머니의 요리 노트에 있을 법한 음식들을 선보인다. 특히 이곳은 프랑스 보르도의 한 천연 발효종 빵집의 기본기 충실한 빵이 준 묵직한 울림에서 영감을 받은 바게트, 캉파뉴, 푸가스, 에피, 바토네 같은 구성의 식사빵이 중심을 잡고 있다.

웰니스 시장의 성장세가 뚜렷한 가운데 최근 건강한 식단이 주요 트렌드로 자리매김하면서 시장에 경쟁력 있는 건강한 식사빵 제품이 베이커리 업체의 식사빵 판매 성장을 주도하고 있다. 정제 탄수화물인 빵의 주재료인 밀가루를 통곡물 등으로 대체하는 글루텐프리 빵이나 천연 발효종을 사용한 빵 등이 대표적인 건강한 식사빵 카테고리를 차지하고 있다. 더불어 건강에 대한 높은 관심과 고령화 사회 진입 등으로 빵을 섭취하는 노인 인구가 증가함에 따라 이를 겨냥해 소화가 어려운 밀가루빵 대신 건강한 곡물과 천연 발효종을 사용해 소화 및 혈당 조절에 유리한 식사빵이나 유당 불내증을 대비한 비건 식사빵 등의 라인업이 강화되고 있다.

SPC삼립은 건강빵 라인업 강화를 위해 영양 강화 프리미엄 베이커리 브랜드 '브레드31'과 건강빵 베이커리 브랜드 '프로젝트:H'를 론칭하며 웰니스 포트폴리오 확대에 나섰다. 브레드31은 치아 시드, 햄프 시드, 귀리(오트), 현미 등의 31가지 곡물과 씨앗을 넣어 고단백, 고식이성섬유, 저당 등 건강적인 측면을 강화한 것이 특징이다. 프로젝트:H는 단백질은 높이고 당류는 낮추면서도 빵의 풍미를 살려 맛과 건강의 밸런스를 맞춘 고단백·

SPC삼립의 건강빵 브랜드 프로젝트:H (사진_업체 제공)

저당 베이커리다. 두 브랜드 모두 건강한 식문화에 대한 소비자 니즈가 높아짐에 따라 출시됐다. 뚜레쥬르는 고단백 현미식빵과 '고단백 하루선과 곡물 브레드' 등을 선보이며 단백질이 풍부한 제품군을 확장했다.

순식물성 건강 베이커리 브랜드 '정미소(正米所)'는 건강과 우리 쌀 소비 촉진을 주요 가치로 삼고, 저당 트렌드에 따라 '햇쌀빵 저당 단팥빵'을 출시했는데, 무설탕 통팥앙금과 식물성 대두 단백을 첨가한 고단백 저당 단팥빵으로 당류가 단 2g만 포함되어 일반 단팥빵 대비 당류를 10분의 1로 줄인 것이 특징이다. 정미소는 쌀과 인기 아이템인 베이글을 접목한 쌀 베이글 3종도 선보였다. 가마솥 탕종법을 사용해 쫄깃함을 더한 우리 쌀 베이글로 소화에 부담이 적고, 저당과 고단백을 강조한 제품이다.

그 밖에도 알레르기를 일으킬 수 있는 달걀, 우유, 버터, 꿀, 흰설탕, 방부제 및 각종 첨가물을 사용하지 않고 건강한 빵을 만들어 안심하고 믿고 먹을 수 있는 빵을 만드는 '우부래도', 자가 면역 질환이 있는 셰프와 영양사 출신의 셰프가 만나 땅이 주는 정직한 식물성 재료를 사용해 '느리고 순수하게 만드는 빵'을 모토로 건강한 빵을 만드는 '포포브래드' 등 다채로운 건강빵 베이커리들이 등장하고 있다. 이들은 체질에 상관없이 즐길 수 있고, 건강을 지키며, 맛도 포기할 필요 없는, 다채로운 식사빵 문화를 만들어가고 있다.

CHAPTER 8

2025 주류 & 바 트렌드

1. 카페처럼 편안하게 한잔, 캐주얼 위스키 바 — 315
2. 하이볼 트렌드, 외식에서 편의점으로 — 319
3. 1900원 맥주, 900원 닭날개튀김… 초저가 주점 — 322
4. 셀럽이 사랑한 술, 테킬라 라이즈 — 325
5. 취향을 찾는 플라이트 메뉴·탭(Tap) 바·보틀 숍까지… 잔술 트렌드 — 328
6. 싸구려 술 NO, 프리미엄 막걸리 시장 무르익다 — 332
7. 취하지 않는 신(新)주류 문화, 소버 라이프(Sober Life) — 335

2025 대한민국을 이끄는 외식트렌드

introduction

2025 주류 & 바 트렌드

<대한민국을 이끄는 외식트렌드>에서 그동안 소개한 국내 주류 트렌드를 몇 년간 되돌아보면 도출해볼 수 있는 가장 공통적인 키워드가 바로 '다양성 추구'일 것이다. 미식 문화가 발달하며 음식과의 페어링 문화가 정착했고, 코로나19 팬데믹을 거치면서 자연스럽게 직장 회식 문화가 축소됐으며, 반면 '홈술' 문화의 발달로 인해 와인, 위스키 등 고급 주류를 깊이 있게 즐기게 됐다. 또한 주세법이 개정되면서 다양한 수제 맥주 브랜드가 생겨났으며 하이볼 등 섞음주 유행과 더불어 건강 트렌드로 인해 저도주, 무알코올 시장이 확대됐다. 이에 국내 주류업계는 소주와 맥주의 의존도를 낮추고 폭넓은 제품을 출시하며 다양성을 추구하는 주류 소비 문화에 발맞추고 있다.

최근 국내 주류업계는 소비 침체와 맞물려 코로나19 시절 급격히 성장한 고가 와인 및 위스키 시장이 숨 고르기를 하고 있는 상황이다. 주류 시장의 양대 산맥인 소주와 맥주 시장 역시 회식 문화 축소와 저도주, 다양성 주류 선호 추세로 전체 수요가 줄어들고 있다. 또한 팬데믹이 끝난 이후에도 홈술의 존재감은 여전히 큰데, 이는 불경기로 인해 외식 자체의 수요가 줄어든 것도 원인으로 작용했지만 기본적으로 젊은 층을 중심으로 주류 소비 형태가 편안한 공간에서 자신이 원하는 주류를 적당히 즐기는 '개인화 추세'로 바뀌었기 때문이다.

기획재정부 자료에 따르면 2023년 주류 출고량은 코로나19 이전보다 5.8% 줄었다. 특히 희석식 소주와 맥주의 감소세가 뚜렷하다. 또한 2024년 상반기 1~7월 사이 주세 수입도 전년 대비 6.6% 축소됐으며 2025년에는 더욱 감소할 것으로 내다보고 있다. 또한 주류 소비량 자체가 줄어 경기가 회복된다고 해도 주류 소비 감소 추세는 크게 바뀌지 않을 것이라는 시각이 지배적이다.

주류업계에서는 이에 대응하기 위해 현재의 소비 추세를 반영해 다양한 선택지를 원하는 소비자들의 요구에 따라 주류 옵션 역시 세분화하고 있다. 소주와 맥주업계 역시 다양성에 포커스를 맞추는 추세다. 과거 마트 매대의 소주는 브랜드 정도로 나뉘어 있었다면 지금은 희석식 소주나 증류식 소주 등 제조 방식이 다른 소주는 기본이며 지역, 도수, 향, 맛, 칼로리, 패키지 등 다양한 옵션의 소주를 취향에 맞게 선택할 수 있도록 진열되어 있는 것을 볼 수 있다.

소주뿐 아니라 전통주, 사케, 고량주, 보드카 등 대체할 수 있는 다른 주류의 종류도 다양해졌다. 하이볼 열풍과 함께 간편하게 마시기 좋은 형태로 만든 RTD(Ready To Drink) 음료의 옵션도 셀 수 없이 많아져 소비자들이 소주를 선택할 수 있는 기회는 줄어들 수밖에 없게 됐다. 이와 같은 소비자들의 다양성 추구에 따라 초록병 소주의 국내 입지가 예전 같지 않지만 K-컬처의 글로벌 관심도가 높아지면서 한국 소주의 해외 판매량이 늘어난 점은 고무적이다.

관세청 무역통계에 따르면 2023년 소주 수출액은 전년 대비 8.7% 증가한 1억141만 달러로 10년 만에 처음 1억 달러를 넘어섰으며 2024년은 보다 증가할 것으로 전망된다. 해외에서는 입문용 소주로 출시한 과일 맛의 저도 소주의 인기를 주목해볼 만한데 특히 고유의 주류 문화가 강하지 않고 K-컬처의 영향력이 큰 동남아 시장을 중심으로 수출을 확대해가고 있다.

이러한 주류 소비 트렌드의 변화에 따라 외식업계도 이에 발 맞춰 다양한 주류 리스트와 매장만의 특색 있는 주류 판매 등을 통해 차별화를 시도하고 있으며 메뉴와의 페어링을 통해 미식 요소를 극대화해 이를 경쟁력으로 활용하고 있다.

1. 카페처럼 편안하게 한잔, 캐주얼 위스키 바

국내 위스키 시장은 양적 성장이 아닌 질적 성장의 단계에 돌입한 형국이다. 관세청에서 발표한 위스키 수입액은 2020년 1억3246만 달러에서 2022년 2억6684만 달러(약 3500억원)로 2배 가까이 커졌으나 2023년 2억5967만 달러(약 3460억원)로 줄었다. 2024년 상반기 1~7월 위스키류 수입액은 1억4317만 달러(약 1900억원)로 전년 동기 대비 10.2% 줄었다. 전체 수입액은 줄었으나 업계에서는 코로나19라는 특수한 상황 속에서 지나치게 폭증했던 수요가 조정을 보이는 것으로 보고 있다. 그리고 하이볼, 칵테일 등 위스키 베이스의 믹솔로지(Mix와 Technology를 합친 말, 술과 음료, 시럽 등 여러 재료를 섞어 만든 칵테일 또는 그러한 문화) 트렌드가 지속되고 있는 만큼 현재 주류 트렌드를 주도하는 2030세대가 품질과 고유의 맛이 강점인 위스키 시장에서 마니아층을 형성하며 이들을 통해 일정 수요를 유지할 것으로 전망된다.

2024년 신한카드 빅데이터 연구소의 자료에 따르면 2019년에 비해 2023년 위스키 전문점 이용 추이가 110% 증가한 것으로 나타났는데, 그 배경에는 20대의 이용 증가가 있다. 20대의 건당 이용액은 동기 대비 71.9% 증가해 전 연령층 가운데 가장 높은 증가율을 보였다. 이처럼 현재의 위스키 시장의 변화에는 젊은 세대의 소비 증가가 큰 영향을 미쳤으며, 이에 따라 주류 회사들이 내놓는 상품과 서비스의 타깃 역시 다양한 체험을 통해 자신만의 취향을 찾으려는 욕구가 강한 젊은 세대를 향하고 있다. 현재의 20대에게 브랜드 인지도를 쌓는다면 이들이 경제적 기반을 다지는 연령까지 이어지는 장기 고객의 확보가 가능해진다는 계산도 깔려 있다.

좋은 술을 집에서 즐기는 홈술 문화 정착과 하이볼 트렌드 역시 위스키 시장의 성장을 이끈 주요한 계기다. 집에서 직접 믹솔로지 음료를 제조하는 소비자가 많아졌으며 토닉워터나 레몬주스 등 칵테일 관련 재료 시장도 덩달아 성장했다. 특히 하이볼의 성장이 주목할 만한데, 하이볼의 기주로 주로 쓰이는 것이 위스키로, 위스키에 대한 소비자들의 접근 문턱을 낮춰주는 역할을 했다. 하이볼을 통해 위스키에 입문해 스며드는 비중도 적지 않은 만큼 꾸준한 잠재력이 있는 시장으로 보고 있다.

최근 다양한 글로벌 위스키 브랜드가 한국 시장 진출에 적극적인 행보를 보이고 있다. 한국 시장이 규모 자체는 크지 않지만 트렌디하고 소비자 취향이 고급스럽다는 이유에서다. 또한 유통업계에서는 대세인 하이볼 형태의 새로운 RTD 제품을 끊임없이 선보이고 있으며 그중 진짜 위스키를 넣은 RTD 칵테일 상품도 다양해지고 있다. 이마트 자회사인 신세계L&B는 독점 수입하는 '에반윌리엄스'를 원주로 사용한 하이볼 제품을 출시했으며, 롯데칠성음료는 100% 스카치위스키 원액을 베이스로 강한 위스키 향을 내세운 '스카치하이(Scotch High)' 제품을 출시했다. 골든블루에서는 타이완 싱글몰트위스키 '카발란클래식'을 베이스로 카발란 특유의 맑고 달콤하면서 열대과일의 과즙 풍미가 풍부한 '카발란하이볼 위스키소다'를 선보였고, 산토리 글로벌 스피리츠에서는 대표적인 버번위스키 제품인 '짐빔'을 원주로 '짐빔하이볼'을 출시했다. 시중에 유통되는 다수의 하이볼 RTD 제품은 위스키를 원주로 사용한 것이 아닌 주정과 오크칩 등으로 향만 가미한 경우가 많은데, 이들 제품은 진짜 위스키를 사용함으로써 차별화를 꾀하고 자연스럽게 자사의 위스키를 경험할 수 있도록 했다.

위스키 소비가 활발해지는 추세에 따라 외식업계와 식품업계는 다양한 위스키와 페어링하는 메뉴를 개발하거나 팝업 행사를 열고, 위스키 기반의 신제품을 출시하는 등 2030세대의 취향을 반영한 다양한 시도를 하고 있다. 이는 젊은 소비층의 미식 경험을 확장하고 주류와 음식을 결합한 새로운 소비 문화를 형성하는 데 중요한 의미를 갖는다.

'짐빔'은 2024년 6월 서울 성동구 성수동에서 '짐빔괴식당' 팝업 행사를 열어 4주간 마라, 안초비, 고수, 민트초코 같은 독특한 식재

버번위스키 브랜드 짐빔의 괴식 팝업 스토어 짐빔괴식당에서는 4명의 셰프와 4가지 테마의 메뉴를 선보였다(사진 업체 제공)

료를 활용한 이색 괴식 메뉴와 짐빔 하이볼을 제공하는 이벤트를 펼쳤다. '효뜨'의 남준영 셰프, '와일드플로어'의 산초 셰프, 메이크업 아티스트 박태윤, '오지나'를 운영 중인 오스틴 강 셰프가 각 주차별로 참여해 짐빔 하이볼과 어울리는 '괴식 메뉴'를 소개했다. 이 행사는 짐빔의 독특한 조합을 통해 새로운 장르를 만들어가고자 하는 도전 정신과 독특한 취향을 존중하는 미식 문화에 대한 메시지를 담아 진행했다.

신세계푸드의 버거 브랜드 '노브랜드버거'는 SSG랜더스필드점 전용 메뉴로 '에반윌리엄스 하이볼'을 선보인 이후 야구 경기가 있는 날 하루 평균 100잔 이상 판매하는 성과를 냈다. 치킨 프랜차이즈 KFC는 압구정로데오점에서 한정 메뉴로 에반윌리엄스와 협업해 완성한 '켄터키버번 하이볼 애플·파이어' 2종을 선보이며 이색적인 맛의 조화와 경험을 선사했다. 이러한 외식업계와의 협업은 위스키 브랜드로 하여금 소비자와의 친밀도를 높이는 전략으로 활용되고 있다.

외식업계에서도 소비 연령이 낮아진 만큼 위스키 바(Bar)의 무게감을 줄이려는 시도가 이어지고 있다. 다양한 경험을 추구하는 젊은 세대의 소비 특성에 발 맞춰 과거 진입 장벽이 높게 느껴졌던 위스키 바의 이미지를 일상 속에서 편안하게 즐길 수 있는 형태로 전환한 곳들이 다채롭게 등장해 외식업계 전반의 위스키 바가 젊고 캐주얼해졌음을 실감할 수 있다.

개나리위스키 한남점(사진_업체 제공)

서울 강남구 신사동, 용산구 한남동에 각각 자리하고 있는 '개나리위스키'는 카페처럼 누구나 편안하게 즐길 수 있는 캐주얼한 분위기를 추구하는 곳으로 딴딴면, 양꼬치탕수육, 어향가지 등 중식 요리와 위스키의 페어링을 경험할 수 있다. 메뉴와 분위기는 캐주얼하지만 주류 리스트는 싱글몰트, 버번, 테네시, 블렌디드, 아이리시, 재퍼니스 등 갈래별로 다채롭게 경험할 수 있으며 위스키 베이스의 하이볼과 칵테일도 다양하게 준비되어 있다. 한남점의 경우 남산 조경을 즐길 수 있는 루프톱이 있는 반전 매력을 지닌 이색적 공간이다.

서울 중구 명동의 위스키 바 '명동숙희'는 을지로의 위스키 바 '숙희'의 2호점으로, 근정전 콘셉트의 한국형 다이닝 바다. 한국식 자개장과 일월오봉도 등을 활용한 인테리어가 특색 있다. 이곳에서는 300종 이상의 몰트위스키와 블렌디드 위스키 등을 선보이며, 뚝배기에 제공되는 묵은지맥앤치즈, 갈치속젓 비스큐리소토 등 한식 베이스의 주안상 음식과 계절별로 변동되는 시그니처 칵테일을 즐길 수 있다.

서울 성동구 성수동의 바 '무근본'도 캐주얼을 넘어 이름대로 '근본 없는 콘셉트'로 20대 고객들을 사로잡았다. 매장 입구에는 어디선가 본 듯한 "위스키 신발보다 싼 곳"이라는 배너가 걸려 있어 눈길을 끈다. 그 말 그대로 아주 저렴한 가격에 위스키를 판매한다는 기본 콘셉트를 충실히 지키고 있다. 맛보지 않고도 당도, 도수, 과일, 컬러에 따라 칵테일을 고를 수 있는 메뉴판이 눈에 띄며, '유튜브 보고 연습 중인 것', '야 이거 뭔데 맛있냐' 등 도무지 무엇인지 알 수 없는 독특한 이름의 안주 메뉴들이 이곳을 찾은 젊은 고객들에게 위트로 다가간다.

서울 강동구 천호동의 '그루바'는 그루브 넘치는 LP 음악과 탁 트인 한강의 풍광, 인위적이지 않은 자연 그대로의 맛을 살린 음식과 술이 있는 공간이다. 한우암소스테이크, 생면파스타를 비롯해 다채로운 시그니처 칵테일과 위스키 라인업을 선보이며 직접 만드는 초콜릿과 위스키의 페어링이 일품이다.

'아이스크림과 위스키의 조합', 혹은 디저트와의 조합은 외식 신에서 핫한 트렌드 중 하나로, 이를 선보이는 공간도 다양해지고 있다. 이런 곳에서는 마치 카페에 방문하듯 부담 없이 위스키와 고도 리큐어를 경험할 수 있어 위스키가 젊은 세대에게 보다 친숙하게 다가가고 있음을 확인할 수 있다. 서울 마포구 망원동의 '크리머리(Kreamery)'는 버터 향이 진하고 묵직한 프렌치 스타일 아이스크림과 취향에 따라 선택한 아이스크림과 어울리는 리큐어를 샷으로 곁들일 수 있는 공간이다.

서울 성동구 성수동의 '쓰윗(Thweet)'은 아이스크림에 위스키를 넣어 특징을 살린 메뉴를 선보이는 '아이스크림 바'다. 발베니 더블우드 12년 위스키를 더한 솔티드 캐러멜젤라토, 메이커스 마크 버번위스키를 담은 바닐라젤라토, 조니워커 블랙과 느린마을 막걸리가 어우러진 막걸리 소르베 등 특색 있는 위스키 아이스크림을 경험할 수 있다.

서울 종로구 광장시장과 동대문 닭한마리 골목

성수동의 케익바는 시즌 디저트와 위스키의 조화를 경험할 수 있는 공간이다(사진_업체 제공)

사이에 위치한 '로젤라또'와 서울 마포구 연남동 '멜티드' 등도 젤라토와 위스키의 조합을 경험하기 좋은 공간이다. 서울 성수동 서울숲 인근에 자리한 '케익바'는 특색 있는 아시안 요리로 독보적인 인상을 심어준 '플레이버타운'에서 운영하는 곳으로 시즈널 케이크와 위스키의 페어링을 제안하는 곳이다.

2. 하이볼 트렌드, 외식에서 편의점으로

<2019 대한민국을 이끄는 외식트렌드>에서 비상하고 있는 하이볼 트렌드에 대해 소개한 이후 현재까지 주류 트렌드에서 하이볼은 점점 그 존재감을 키워왔다. 이제 식당의 필수 주류 카테고리 중 하나를 당연하게 차지하고, 마트나 편의점 한편을 당당하게 장악한 하이볼은, 초창기 외식업계에서부터 유행이 시작되어 꾸준히 대중화 수순을 밟아왔다. 코로나19 이후 주류 문화가 식당에서 집으로 옮겨오며 홈술 트렌드가 가속화되고 고급 위스키 시장이 열리면서 그동안 식당에서 음식들과 함께 페어링하며 서서히 익숙해진 하이볼이 우리 일상에 더욱 가까워졌다.

어느새 하이볼은 하이볼 전문 매장을 비롯해 주류를 다루는 대부분의 외식 업소에서 판매하게 됐다. 맥주나 소주, 와인 등 병 단위로 주문해야 하는 주류와는 달리 먹고 싶은 사람이 잔 단위로 주문할 수 있어 경제적 부담이 적은 데다 취하기보다 취향대로 한두 잔 곁들이는 것이 젊은 층의 주도로 자리 잡으며 하이볼은 음식점 주류 메뉴의 '뉴 노멀'이 됐다.

초창기 하이볼 열풍을 식당이 주도했다면 지금 하이볼 트렌드를 가장 잘 확인할 수 있는 공간은 '편의점'이라 해도 과언이 아니다. 최근 발표에 따르면 젊은 세대의 주류 주 구입처가 편의점으로 나타났는데 한국농수산식품유통공사의 주류 산업 정보 실태 조사에 따르면 주류 구입 장소로 편의점을 택한 MZ세대가 82.2%에 달했다. 실제로 편의점 CU가 연령대별 주류 매출 비중을 분석한 결과 2024년 상반기 2030세대의 매출 비중은 71.4%로 2023년 동기 66.3% 대비 5.1%포인트 상승했다. GS25의 2030세대 주류 매출 비중 역시 70%에 달한다. 그중에서도 눈에 띄는 것이 하이볼 제품으로,

요즘 편의점 주류 냉장고를 보면 거의 한 칸 전체가 RTD 하이볼일 정도로 종류가 다양해졌다. 편의점에서 RTD 주류 제품을 구입하는 소비자들은 뛰어난 접근성과 다양성을 장점으로 꼽는다. '4캔 1만원' 유행도 맥주에서 하이볼로 옮겨갔다. 여러 외국 맥주를 맛보는 즐거움을 다양한 플레이버의 하이볼이 대체하며 편의점업계에서도 좀 더 다채로운 하이볼을 구성한 기획 상품을 내놓고 있다.

2024년 가장 히트한 하이볼 제품 중 하나는 ▲생과일 하이볼이다. CU는 생과일 RTD 하이볼인 '생레몬하이볼'로 생과일 하이볼 유행을 주도하며 출시 약 5개월 만에 900만 개의 판매고를 올렸다. 이 같은 생과일 하이볼의 인기에 힘입어 CU의 2024년(1~8월) 하이볼의 전년 대비 매출 신장률은 무려 392.0%를 기록했다. 생과일 하이볼 유행에 힘입어 GS25와 세븐일레븐도 생레몬을 담은 하이볼 제품을 출시했다. 이러한 인기와 더불어 레몬을 담은 얼음 컵을 별도 상품으로 판매하며 높은 호응을 이끌어내기도 했다.

편의점 CU에서 출시한 생레몬하이볼은 생과일 RTD 하이볼의 인기를 견인한 히트작이다
(사진_업체 제공)

주류 제조 기업 부루구루와 걸 그룹 티아라 출신 배우 효민이 협업해 출시한 '효민사와'는 취향에 맞게 술과 음료를 섞어 마시는 트렌드에 맞춰 개발한 스틱형 파우치 레몬 농축액이다. 취향대로 농도 조절해 섞어 마실 수 있는 하이볼 진액으로 GS25에서 최초로 선보였다. 얼음과 탄산수만 있으면 원스텝으로 하이볼 제조가 가능하고 휴대가 간편해 캠핑 마니아나 여행객들에게도 호응이 높은 참신한 제품으로 평가받았다. 이처럼 편의점은 지속적으로 새로운 시도를 해가며 고객의 일상 속 편의를 보다 섬세하게 들여다보고 있다.

▲전통주 하이볼도 다채롭게 소개되고 있다. 전통주의 대중화를 위해 마시기 편한 RTD 제품으로 변형하고 도수를 낮춘 라이볼을 통해 접근성을 높이고자 한 시도인데, 전통주가 갖고 있는 프리미엄, 장인의 이미지와 전통주의 다양성을 토대로 다양한 컬래버레이션이 진행되고 있다. 여러 레스토랑에서도 전통주를 기주로 활용한 하이볼을 자신들만의 레시피로 선보이며 대중에게 전통주를 소개하는 매개체 역할을 자처

포시즌스 호텔 서울 오울(OUL)의 김치하이볼(사진_업체제공)

하고 있다. 이를 통해 전통주업체는 제품의 다양성 확보를 통한 수익성 증진, 그리고 대중 인지도를 확장하는 효과를 거둘 수 있다.

포시즌스호텔서울의 '오울(OUL)' 바는 한식 기반의 안주를 현대적으로 재해석해 주목받은 곳으로 소주를 활용한 김치하이볼, 정제 우유를 곁들인 식혜칵테일 등 전통주뿐만 아니라 한식 재료나 다양한 한식 요소를 결합해 창의적인 전통주 칵테일을 선보인다.

서울 영등포구 문래동의 '문래밤아'는 고흥유자하이볼, 도원결의 피치하이볼, 문경바람 애플하이볼 등 다양한 전통주 베이스의 하이볼을 합리적인 가격으로 선보인다.

기존 소주, 맥주, 전통주를 만드는 기업들도 자사의 정체성을 살린 하이볼 제품을 내놓는 것이 필수가 됐다. 국내 대표 수제 맥주업체 어메이징브루잉컴퍼니는 우리나라 3대 명주로 꼽히는 안동소주를 활용한 '안동하이볼'을 선보였다. 안동하이볼은 대한민국 3대 명주이자 대표적인 전통 증류식 소주로 손꼽히는 명품 안동소주가 함유된 고품격 하이볼이다.

농심은 국가무형유산 전통주인 문배주를 활용한 하이볼 '구디웨이브클럽 전통주하이볼 배맛'과 제주 감귤 증류주 미상을 활용한 '구디웨이브클럽 전통주하이볼 청귤맛'을 GS25 편의점을 통해 한정판으로 선보였으며, 롯데칠성음료는 2023년 순하리하이볼의 기존 2종(순하리레몬진 레귤러 4.5도, 순하리레몬진 스트롱 7도)에 칼로리를 낮춘 신제품 '순하리레몬진 제로나인 9도'를 추가했다. 이처럼 기존 하이볼 도수는 평균적으로 5도 내외로 보다 보편적인 취향을 만족시키기 위해 하이볼의 도수도 더욱 다양화될 것으로 보인다. '박재범 소주'로 유명한 원소주는 CU와 협업해 소주를 하이볼로 재탄생시킨 '원 하이볼' 2종(유자 향, 배 향)을 출시했다.

3. 1900원 맥주, 900원 닭날개튀김… 초저가 주점

최근 불경기가 장기화되면서 소비자들의 지갑이 얇아지고, 앞서 가성비 외식 모델 트렌드에 대해 다룬 바와 같이 주점업계에서도 불황으로 인한 변화를 목격할 수 있었다. 반드시 매일 먹어야 하는 식사에 비해 주점은 끼니보다는 여가의 영역이기에 외식비를 줄이는 소비자들이 가장 먼저 포기하는 업종이기도 하다. 최근 먹자골목을 한 바퀴만 돌아봐도 간판에 '1900원 맥주' 등 저렴한 가격을 내세운 '초저가 주점' 프랜차이즈들이 증가하는 것을 체감할 수 있다. 이러한 현상은 경기 침체 속에서도 외식을 포기하지 않으려는 소비자들의 요구에 맞춰, 외식업체들이 극한의 가성비를 통해 소비자들의 비용 부담을 덜어주면서도 주점업계의 불황을 타개하기 위한 대응책의 일환으로 풀이된다.

초저가 주점은 생맥주를 기본으로 외관만 보면 도쿄 시부야나 오사카 난바 뒷골목에 있을 법한 일본 현지 감성을 표방하는 곳이 대부분이다. 대표적인 초저가 주점 브랜드가 '생마차'인데, 2024년 8월 기준 전국 170호점을 돌파하며 점포 수를 빠르게 늘리고 있다. 생맥주는 300ml 한 잔 1900원, 대표 안주 메뉴인 닭날개튀김 테바나카는 한 조각 900원에 판매하고 있다. 다만 열 조각부터 주문이 가능하니 실제로는 9000원부터 시작이지만 고물가 시대에 충분한 가격 메리트가 있다. 본사와 가맹점 간 물류 마진 등을 최소화해 메뉴 가성비를 확보했다는 설명이다. 이러한 주점은 자동 생맥주 디스펜서를 도입하는 경우가 많은데 이렇게 하면 사람이 따를 때보다 품질 유지를 일관적으로 할 수 있고 로스율 관리도 수월해진다.

오사카 감성의 초저가 이자카야 브랜드 '쏘시지요' 역시 가맹 계약 시작 6개월 만에 150호점을 달성했다고 밝혔는데, 990원 닭날개튀김과 2900원 오사카쏘시지, 1900원 생맥주 등 초가성비 메뉴를 앞세우고 있다. 이 외에도 '문토리', '단토리' 등 이와 유사한 브랜드가 점점 늘어나고 있다.

초저가 이자카야 브랜드들은 콘셉트나 메뉴 구성, 가격 구성 등이 흡사해 소비자 입장에서 브랜드별 차별화 포인트를 찾기 어렵고 실제로 이용 고객들 역시 브랜드 이름으로 기억하기보다 특정 콘셉트의 주점으로만 인식하는 것이 대부분이라는 점이 브랜드 관점의 리스크다. 또한 가격 메리트 외에 메뉴의 퀄리티와 서비스 등의 만족도면에서는 오너 셰프가 직접 응대하는 요리 주점에 비해 충분하다고 할 수 없기 때문에 소비자들이 장기적으로 해당 브랜드를 매력적으로 느낄 요소가 부족한 것은 사실이다.

최근 홍대 메인 거리 한복판에 일본의 유명 요리 주점 프랜차이즈 '토리키조쿠'가 국내 1호 매장을 열었다. 이곳 홍대 본점에서는 모든 메뉴를 4900원 균일가로 선보이는 전략을 취하고 있다. 닭꼬치구이를 전문으로 선보이며 이외에도 다양한 꼬치류와 사이드 메뉴를 즐길 수 있다. 토리키조쿠는 일본 전역에 많은 매장을 보유하고 있고 저렴한 가격과 캐주얼한 분위기로 국내 젊은 층에게도 이미 인지도가 높은 브랜드다. 현지에 가까운 음식과 분위기를 통해 일본 여행 감성의 싱크로율을 높였고, 오픈 직후 웨이팅 행렬을 낳으며 국내시장에 성공적으로 안착했다. 초저가 일식 주점의 국내 인기에 따라 이와 같은 실제 일본 브랜드의 진출 가능성이 높아짐에 따라 관련 시장의 경쟁은 보다 치열해질 전망이다.

초저가 브랜드가 불황 속에서 빠른 확장을 이루고 있지만 장기적으로 지속 가능한 브랜드로 자리 잡기 위해서는 단순히 가격 경쟁에만 의존해서는 안 된다. 품질관리와 서비스 개선에 힘써야 하며 차별화된 고객 경험을 제공하는 전략이 필요하다. 이를 통해 가격 이상의 가치를 소비자에게 전달해야만 브랜드의 신뢰도를 높이고 장기적인 성장을 도모할 수 있을 것이다. 하지만 저가형 브랜드에서 퀄리티와 서비스 개선을 도모하는 것은 현실적인 한계가 있을 수 있다.

투자 여력이 되는 경우에는 프리미엄 라인을 신설하거나 플래그십 매장 운영을 통해 브랜드 정체성을 담아낸 고급화된 버전의 서비스 경험을 제공해 브랜드 가치를 공고히 하는 것이 필요하다. 그렇지 않은 경우라면 브랜드만의 독특한 이야기나 철학을 만들어 소비자에게 감성적으로 다가갈 수 있는 방법을 찾아야 할 것이다. 차별화된 브랜드 스토리를 구축하고, 브랜드를 각인시킬 수 있는 시그니처 메뉴를 개발하며, 디지털 플랫폼을 활용해 공감되는 콘텐츠를 제공하거나 참여를 유도해 젊은 소비자층과 소통을 강화하는 것이 좋다. 특정 커뮤니티나 지역과의 연계를 통해 지역 소비자들과 유대감을 형성하고 꾸준한 이벤트를 진행해 새로운 경험을 제공하는 것도 중요하다. 이 같은 전략을 활용한다면 단순히 가격만 저렴한 곳이 아닌 소비자가 신뢰하고 찾고 싶은 브랜드로 자리매김할 수 있을 것이다.

또 하나 중요한 것은 테이블 단가를 높일 수 있는 트렌드를 반영한 신메뉴 개발이 꾸준히 이뤄져야 한다는 것이다. 또 자동화 시스템을 통해 로스율을 관리하거나 물류에서 이점을 발휘할 수 있는 품목을 확보하는 것도 도움이 될 것이다. 무엇보다 소비자들에게 충분한 가치를 전달할 수 있는 킬러 메뉴를 갖추는 것이 중요하며, 운영 효율을 극대화하기 위해 낮과 밤의 분위기를 달리하는 전략도 고려해볼 수 있겠다.

영국의 체인 펍 '웨더스푼(Wetherspoons)'은 저가 주점으로 일반적인 레스토랑에 비해 10% 이상 저렴한 가격을 표방한다. 아침에는 조식을, 낮에는 가성비 좋은 식사와 커피를 제공하며, 저녁에는 합리적인 가격의 펍으로 운영해 현지인과 관광객들이 편안하게 이용할 수 있는 곳이다. 디지털 플랫폼을 활용한 간편 주문 시스템을 도입해 고객 편의성을 높이고 인건비도 절감하는 효과를 영리하게 가져왔다. 또한 저가 주점임에도 카페, 패밀리 레스토랑, 펍 어떤 용도의 공간이라 해도 납득할 수 있는 전통적인 영국 펍의 분위기를 연출해 공간 효율을 극대화했다는 점에서 참고할 만하다.

일본 이자카야 브랜드 '우오타미(Uotami)'는 저렴한 가격으로 신선한 해산물 요리를 즐길 수 있는 이자카야 체인이다. 합리적인 가격에 다양한 해산물 요리와 음료를 제공하며 해산물에 특화된 메뉴를 제공해 저가 주점임에도 불구하고 품질에 대한 신뢰를 형성하고 있다는 점이 특색 있다. 음료 무제한 제공(노미호다이) 같은 프로모션을 통해 고객을 유치하며 재방문을 유도하고 있다. 일본의 '킨노쿠라' 역시 유사한 이자카야 체인으로 '비싸 보이지만 실제로는 매우 저렴한' 반전 매력을 캐치프레이즈로 내세운다. 가격 이상의 공간 경험과 심리적 만족을 주는, 가격과 경험의 대비를 극대화한 마케팅을 펼친다.

스페인의 가성비 주점인 '타파스24'는 현지의 식문화를 강조하며 작은 포션의 음식을 통해 다양한 메뉴를 맛볼 수 있도록 하여 만족도를 높인 케이스다. 소규모 타파스 요리와 주류를 합리적인 가격에 제공하면서 비록 최고의 요리는 아닐지라도 현지 문화와 음식의 접근성을 높여 고객과의 정서적 연결을 강화한다. 저렴하고 다양한 선택지를 제공해 고객들의 취향을 반영할 수 있도록 했으며 자동화 시스템이나 셀프 서비스를 도입해 효율성을 높였다.

일본풍 초저가 주점이 폭발적으로 늘어나고 있다

일본의 '스시잔마이(Sushizanmai)'는 일본의 초저가 스시 체인이지만 브랜드의 스토리텔링만으로도 유명세를 얻었다. 창립자 기무라 기요시는 매년 새해 첫날에 열리는 도쿄 쓰키지 시장의 참치 경매에서 최고가의 참치를 낙찰받는 것으로 유명하다. 이 이벤트는 대중의 주목을 끌며 스시잔마이는 '고품질 참치를 저렴한 가격에 제공하는 곳'이라는 이미지를 구축했다. 이를 통해 단순한 초저가 체인 이상으로 고객들에게 신뢰와 인지도를 쌓을 수 있었다. 이처럼 저가를 표방하면서도 자신들만의 독특한 브랜딩이나 스토리텔링을 쌓고 이를 표현한다면 소비자에게 차별화된 가치를 전달할 수 있을 뿐만 아니라 브랜드 가치에서 우위를 점할 수 있는 키를 잡을 수 있을 것이다.

4. 셀럽이 사랑한 술, 테킬라 라이즈

몇 년간의 외식 트렌드를 돌이켜보면 '머물러 있지 않는 것' 자체가 트렌드라고 해도 과언이 아닐 정도로 수많은 아이템이 뜨고 지고를 반복하고 있다. 한때 열풍이 불었던 수제 맥주 시장은 침체기를 겪고 있고, 코로나19 시기에 폭발적으로 성장했던 내추럴 와인 시장이 어느새 잠잠해졌으며, 이제는 샴페인과 하이볼이 주류가 됐다.

각 시기마다 흐름을 미리 파악하고 시장이 형성되기 이전에 발빠르게 토대를 닦은 주역들이 있었던 것처럼 지금도 다음 대세를 선점하기 위한 시도들이 이어지고 있다. 그중 하나가 바로 멕시코의 전통 주류인 '테킬라(Tequila)'다. 테킬라는 아직 국내시장에서 다양성이 부족하고 소비자들에게도 낯설다. 국내에서 접해봤다면 비교적 저렴한 가격대의 테킬라이자 국내 점유율 80%에 육박하는 '호세쿠엘보(Jose Cuervo) 에스페샬 골드' 정도였을 것이다.

테킬라는 위스키에 비해 보다 합리적인 측면이 많은 주종이다. 우선 가격 접근성이 좋고 숙성 기간이 짧아 생산성이 높다. 또한 아직 국내에 소개된 브랜드가 다양하지 않아 개척되지 않은 합리적인 가격의 고품질 테킬라 종류가 무궁무진해 새로운 마니아층 형성의 기회가 열려 있다. 테킬라의 자연스러운 단맛과 산뜻한 풍미는 가볍고 신선한 술을 선호하는 최근 소비자들의 경향에도 적합하다는 평이다. 자극적인 한식과도 궁합이 좋다.

하이볼을 필두로 펼쳐진 믹솔로지 문화의 확산은 테킬라의 다양한 활용으로 이어질 수 있을 것으로 보인다. 마르가리타와 선라이즈 같은 칵테일은 이미 국내 소비자에게 인기를 얻고 있어 보다 대중적인 확산의 기회도 열려 있다. '샷으로 마시는 저렴한 술'이라는 이미지를 탈피한 프리미엄 제품의 시장 진출이 이어진다는 것도 과거와 다른 점이다. 불과 몇 년 전만 하더라도 국내에서는 테킬라를 등급별로 경험하거나 구매하기가 다소 어려웠으나 최근에는 블랑코, 레포사도, 아녜호 등 위스키처럼 숙성 기간과 풍미에 따라 구별해서 즐기는 문화가 정착되는 추세다.

최근의 제로 소주, 무알코올 맥주 같은 건강 중시 트렌드의 흐름에서도 테킬라는 소비자들에게 긍정적인 매력으로 작용하고 있다. 테킬라는 고도주 가운데 비교적 저칼로리 주류로 알려져 있기 때문이다. 테킬라의 재료인 블루 아가베에 포함된 아가베틴이라는 성분이 혈당 관리에 도움이 된다는 연구 결과가 있어 혈당 수치에 영향을 미치는 부담을 줄이고자 하는 소비자들에게도 좋은 선택지가 될 수 있다.

최근 외식업계에서 멕시코 음식의 인기가 높아진 점도 테킬라 시장의 잠재된 가능성 측면에서 주목할 만하다. 젊은 층이 많이 모이는 곳마다 유명세를 타고 있는 타코집들의 존재감이 매우 높은데, 이들을 통해 멕시코 음식과 함께 가장 잘 어울리는 페어링이라 할 수 있는 테킬라와 칵테일에 대한 경험치가 자연스럽게 높아질 수 있다. 한국의 외식 문화 속에서 테킬라는 전문점을 확대하고 더 많은 소비층을 공략할 수 있는 충분한 잠재력을 지니고 있다고 하겠다.

테킬라의 유행은 미국에서부터 시작되었다고 해도 과언이 아니다. 최근 국제 주류 연구기관 IWSR은 2021~2026년 테킬라 카테고리의 연평균 성장률을 7%로 전망했다. 미국 내 지표에서도 주류 시장이 전반적으로 축소되는 상황 속에도 테킬라가 유일하게 성장 추세를 보였고 프리미엄 테킬라 시장도 확장되고 있음을 확인할 수 있다. 조지 클루니, 드웨인 존슨, 켄들 제너 같은 유명 할리우드 스타들의 적극적인 테킬라 시장 진출 행보도 젊은 세대로 하여금 테킬라를 즐기는 문화를 선망하게 해 주류 시장의 세대 교체를 가속화시키는 트리거가 됐다.

세계적인 모델 켄들 제너의 테킬라 브랜드 818테킬라의 아시아 최초 팝업스토어가 더현대서울에서 열렸다(사진_더현대서울)

국내시장의 경우 관세청 수출입 무역통계에 따르면 2021년 299만 달러(한화 약 40억원)에 그쳤던 테킬라 수입액은 2022년 587만 달러(약 78억원)로 1년새 96% 뛰었다. 2023년에도 테킬라 수입액(648만 달러·약 86억원)은 전년 대비 10% 이상의 성장을 보였다.

이에 따라 최근 국내시장에 다양한 테킬라 브랜드가 소개되고 있다. 일례로 전통주 업체 국순당은 더욱 확장된 영역으로 진출해 기존의 이미지를 탈피한 행보를 보여주면서 미국 모델 겸 인플루언서 캔들 제너가 내놓은 '818테킬라'를 한국에 들여왔다. 818테킬라는 국내 진출과 함께 더현대서울에서 팝업 스토어를 열어 큰 화제를 모으기도 했으며, 이를 활용한 다양한 칵테일 레시피를 전파하며 접근성을 높였다. 국내 기존 주류업체들도 프리미엄 테킬라 판매에 시동을 걸고 있다. 하이트진로는 미국 주류 전문 잡지 <더 테이스팅 패널 매거진>에서 테킬라 브랜드 중 최초로 100점을 받은 최상급 테킬라 '코모스'를 수입해 국내시장에 선보였다.

프리미엄 테킬라 브랜드 '돈훌리오(Don Julio)'는 여러 팝업 행사를 통해 국내시장에서 인지도를 높여가고 있다. 종로의 이탤리언 레스토랑 '갈리나 데이지'와 함께 타코와 '돈훌리오1942' 테킬라를 즐기는 행사를 열었고, 세계적인 아트페어 프리즈의 글로벌 멤버십 프로그램인 '프리즈91(Frieze 91)'의 공식 제휴 파트너로 선정된 것을 기념하기 위해 한남동 앤트러사이트에서 진행한 '돈훌리오 포 아모르(Por Amor; For Love)' 팝업 행사에 참여해 브랜드 각인과 프리미엄 테킬라가 상징하는 이미지 구축을 위한 다양한 캠페인을 전개하기도 했다.

'호세쿠엘보(Jose Cuervo)'도 롯데백화점 잠실점에서 팝업 이벤트를 열었다. 이 팝업 행사장은 전 세계에서 가장 오래된 테킬라 증류소인 '라 로헤냐' 콘셉트로 구현해 한국에서 멕시코 문화, 특히 증류소의 분위기를 경험할 수 있도록 조성했다. 또한 을지로의 유명 타코 전문점 '올디스타코'와 협업해 'DIY 칵테일 세트'를 선보이는 등 소비자에게 색다른 경험을 제공하며 좀 더 친근하게 다가갈 수 있도록 노력하고 있다.

이처럼 다양한 수입 주류업체들이 테킬라 제품 라인업을 지속적으로 확장하고 있다. 외식업계에서 이러한 추세에 발맞춰 소비자들에게 미식과 결합한 다양한 기회를 제공한다면 빠르게 변화하는 트렌드와 고급 주류에 대한 수요를 충족시키면서 새로운 바람을 만들어낼 수 있을 것이다.

5. 취향을 찾는 플라이트 메뉴, 탭(Tap) 바, 보틀 숍까지… 잔술 트렌드

2024년 5월 기획재정부에서 '주류 면허 등에 관한 법률 시행령 개정안'을 통해 식당에서 '잔술 판매'를 공식적으로 허용했다. 주류의 재가공 및 조작 기준을 '내용물'에 한정하고, 병과 잔 등 '규격'은 포함하지 않기로 하면서 법망을 완화한 것이다. 하지만 병을 오픈하면 변질 우려가 높고 재사용 가능성도 있을 수 있다. 게다가 기본 가격이 비교적 저렴한 소주나 맥주의 잔술이 보편화되는 것에는 판매자도 소비자도 회의적이다. 또한 맥주는 생맥주라는 형태의 잔술이 이미 있고 위스키, 와인 등의 주류는 이미 잔술 판매가 보편화되어 있기에 시장 내에서 뚜렷한 변화를 체감하기는 어렵다. 하지만 젊은 층을 중심으로 가볍게 한잔만 하는 문화의 확산, 다양한 종류의 주류를 즐기고자 하는 소비 특성, 불경기로 인한 경제적 부담 증가 등의 요인이 맞물려 외식공간에서 소비자들이 잔술을 선택하는 충분한 이유가 될 수 있다는 점도 간과할 수 없는 사실이다.

고급 주류업체들은 잔술 판매를 통해 소비자들의 브랜드 경험치를 높일 수 있고, 외식업계에서는 새로운 레시피를 적용한 잔술로 가게의 차별성을 확보할 수 있으며, 고급 레스토랑에서는 코스 메뉴에 따라 어울리는 와인을 매칭하는 페어링 코스를 응용할 수 있다. 각 업장에 맞게 적절히 적용한다면 미식적인 가치와 객단가를 상승시키는 요소로 활용할 수 있을 것이다. 또한 병 단위 주문이 부담스러운 혼밥 고객들을 위한 서비스로도 이용 가능하다. 특히 혼밥 고객이 많고 술이 어울리는 국밥 전문점에서는 전통주 잔술을 판매하는 사례가 늘고 있다.

와인 페어링이 대중화된 것은 물론이고 위스키나 사케, 백주 등 다양한 주류를 비교 분석하며 깊이 있게 즐기는 문화가 이미 자리를 잡아가고 있는 게 현재의 주류 시장이다. 이에 맞춰 숙성도, 제조 방법에 따라 특성의 차이를 경험할 수 있는 고도주나 지역 특성과 재료의 다양성이 돋보이는 전통주를 취급하는 업장에서는 다양한 종류의 주류를 소량씩 한꺼번에 제공하는 샘플러, 혹은 '플라이트(Flight) 메뉴'를 선보이기도 한다. 이러한 주류 메뉴 구성은 다양한 주류를 전문적으로 취급하는 바에 국한되어 있었으나 이제는 일반 외식업체에서도 페어링을 통한 미식 효과의 극대화와 다양성 추구에 발맞춰 특화 요소로서 도입하면서 더욱 보편화되고 있다. 이 같은 참신한 메뉴 구성은 업장의 경쟁력으로 작용하며, 소비자는 자신의 취향을 발견할 수 있는 기회가 될 수 있다. 장기적인 관점에서는 소비자들의 경험치 향상이 시장의 확장으로 이어질 수 있다.

최근에는 특히 다양한 전통주 페어링 혹은 잔술을 제공하는 업장이 상당히 증가했다. 과거에는 전통주라고 하면 대중적인 막걸리, 소주 같은 것만 떠올렸지만, 요즘은 각 지역의 특산물을 활용한 프리미엄 막걸리, 증류주, 탁주 등의 다양한 전통주가 등장하면서 고급화와 다양화가 이루어진 덕이다. 이러한 전통주의 변화는 외식업계에서 새로운 경험을 제공하고, 전통주가 가진 다양한 향과 맛은 각 요리와의 페어링을 통해 전통주에 대한 소비자들의 인식을 개선하는 데 기여하고 있다. 외식업계에서 전통주 페어링 문화가 확산되고 있는 현상은 전통주의 가치를 재발견하고, 다양성을 확보하며, 현대적인 외식 문화와 융합하는 중요한 변화로 볼 수 있다. 이러한 추세는 외식업계에서 프리미엄 경험을 추구하는 브랜드와 맞물려 소비자들이 더 높은 가치를 향유하도록 돕는다.

한편 전통주는 지역의 특산물로 만들어지는 경우가 많아 지역 외식업체들이 이를 적극 활용함으로써 로컬 푸드와의 시너지를 낼 수 있다. 이는 단순히 음식과 술의 조합을 넘어 지역 특색을 반영한 미식 문화를 형성하고, 지역 브랜드의 가치를 높이는 데 기여할 수 있다.

서울 성동구 금호동의 '수울래'는 우리나라 전국 각지에서 빚어지는 향기롭고 아름다운 술들을 소개하는 곳이다. 된장 미트 라구소스를 올린 코리안 스타일 타코, 프렌치 소스를 곁들인 일품표고송이선 등 아이디어 넘치는 퓨전 한식 요리와 전통주의 새로운 활용을 제시하는 공간이다. 이곳에서는 특별한 전통주 페어링 서비스를 제공하는데, 음식을 주문하면 전통주 소믈리에로부터 1:1 맞춤 추천을 받을 수 있다. 매장 내에서 판매하는 모든 주류를 보관 중인 '소울 라이브러리'에서 선호하는 취향에 따라 선택할 수 있다.

서울 용산구의 '남산술클럽'은 전통주 소믈리에 부부가 직접 운영하는 전통주 펍으로 100여 개의 다양한 전통 술을 잔술로 음미할 수 있는 곳이다. 다양한 전통주를 접해보고 누구라도 자신에게 꼭 맞는 전통주를 하나쯤 발견하도록 돕기 위한 취지를 담았다. 서울 마포구의 '두루미'는 보쌈, 한우육회, 육전 등의 한식 안주와 전통주로 만든 다양한 하이볼 잔술을 선보이는 곳이다. 매실 증류주 '서울의 밤' 25도를 활용한 두루미하이볼과 오미자 증류주 '여우목21'을 사용한 여우하이볼 등이 대표 메뉴다.

서울 종로구 서촌의 '독도16도'는 한국의 술과 음식을 주안상 형태로 제공하는 곳으로 우리나라 땅에서 나고 자라는 재료로 만든 한식 요리를 계절에 맞는 코스로 선보인다. 제주옥돔을 활용한 전, '구본일 발효 3년 한식간장'으로 담근 전복장, 저온 압착 참기름을 곁들인 민어비빔밥 등이 그것이다. 또한 전국 팔도의 양조장에서 만들어지는 다양한 한국 술을 식사에 맞는 페어링 코스로 선보이며 식전주와 식후주 등 다양한 전통주의 곁들임을 제안한다.

다채로운 잔술의 경험을 제공하는 공간으로 '보틀 숍'을 빼놓을 수 없다. 여러 가지 주류의 시음을 거쳐 소비자가 취향에 맞는 술을 찾은 후 보틀 구매로 연결하는 판매 형태다. 또한 최근에는 주로 수제 맥주 전문점에서나 볼 수 있었던 '탭(Tap)'을 다양한 주류에 접목해 도입한 보틀 숍도 늘어나는 추세다. 셀프 푸어링

보틀 숍 보틀벙커에서는 테이스팅 탭을 통해 다양한 주류를 잔술로 즐길 수 있다(사진_업체 제공)

(Pouring: 따르기, 붓기)을 통해 고객들은 부담 없이 다양한 주류를 경험하고, 숍에서는 서비스 인력을 최소화할 수 있는 시스템이다.

서울역, 그리고 잠실 등에 지점이 있는 보틀 숍 '보틀벙커'는 이름처럼 다양한 주류를 병 단위로 판매하는 매장이다. 이곳에서는 테이스팅 탭 카드를 활용해 위스키, 사케, 와인을 취향에 맞게 자유롭게 즐길 수 있는 서비스를 제공한다. 한 잔에 900원인 가성비 높은 사케부터 1만7000원인 발렌타인 21년까지 다양한 가격대로 포진되어 있다. 와인의 경우 한 잔에 2000~4000원의 합리적인 가격으로 제공해 부담 없이 다양하게 맛볼 수 있다.

서울 내에 여러 지점을 보유한 '탭샵바'는 와인을 아메리카노처럼 일상에서 더욱 쉽고 편안하게 경험할 수 있게 하는 곳을 표방한다. 매장에서 구매한 1000종의 와인은 추가 비용 없이 편안하게 즐길 수 있으며, 테이스팅 탭을 통해 80가지의 와인을 글라스 단위로도 맛볼 수 있다. 또한 와인과 두루 어울리는 페어링 음식 22종도 함께 제공하는데 매일 통영에서 직송되는 프레시 오이스터가 대표 메뉴다.

'탭퍼블릭'과 '롱타임노씨', '넛츠비어' 등 탭 맥주 전문점도 다양성과 가성비를 무기로 보편적인 주류 모델이 됐다. 이들에게서 눈여겨볼 점은 맥주에 소주나 위스키 등의 샷을 추가하는 다양한 옵션을 제공한다는 것. 섞음주 트렌드에 발맞춰 소비자들의 취향에 맞게 즐길 수 있도록 했다는 점이 눈길을 끈다.

광장시장 호선생전의 K-술 탭 바(사진_업체 제공)

서울 종로구 광장시장의 한식 주점 '호선생전'은 시장의 정체성을 담은 다양한 안주와 함께 취향에 맞는 술을 즐길 수 있는 공간이다. 이곳에는 특별한 '보틀 술 장고'가 마련되어 있는데 전국 양조장에서 공수한 전통주 250여 가지를 갖추고 있다. 이 전통주들 가운데 '취향 사다리 카드'를 통해 자신에게 맞는 것을 선별해 맛볼 수 있다. 이는 술을 찾는 즐거움을 안겨줘 좋은 반응을 얻고 있다. '잔술 코너' 역시 운영해 지역을 대표하는 다양한 전통주를 시음해볼 수도 있다.

잔술 판매를 통해 고객들에게 다양한 경험과 선택의 여지를 제공하기도 하지만 음식에 특화된 공간의 경우 '콜키지프리(Corkage-free)' 정책을 고객 유인책으로 활용하기도 한다. 이는 불황기 속에서 경제적 부담을 줄이려는 소비자들의 경향이 반영된 결과이기도 하다. 불황기에는 외식비를 줄이려는 심리가 강해지는데, 외식 품목 가운데 가장 부담이 큰 것 중 하나가 주류 비용이다. 식당에서 구입해 마시는 것보다 소매점에서 합리적인 가격으로 구매한 주류를 식당에 가져가 추가 비용 없이 즐길 수 있다는 점은 커다란 메리트가 된다. 자신의 취향에 맞는 주류를 선택해 가져갈 수 있다는 것도 큰 장점이다. 과거에 비해 주류를 보다 깊이 있고 다채롭게 즐기는 소비자가 늘어난 만큼 식당이 제공하는 한정된 주류 메뉴에서 벗어나 자신이 좋아하는 와인이나 주류를 자유롭게 즐길 수 있다는 점에서 만족도를 높이는 요소가 된다.

사실 식당 입장에서는 영업 이윤이 축소되는 것인데 그럼에도 콜키지프리 정책을 시행하는 경우가 많다. 이는 고객 유치가 어려운 시기에 경쟁력을 강화하고 방문 빈도를 높이기 위한 것으로, 가족 모임이나 단체 손님 유치에도 유리하다. 주류 판매로 인한 이윤이 줄어들 수 있지만 기본적으로 고객 유치를 우선에 둔다면 식사 매출을 통해 이를 보전할 수 있고, 주류 매출에 대한 부담이 적어지면 오히려 다양한 음식을 주문하거나 추가적인 서비스(디저트, 사이드 메뉴)를 선택할 가능성이 높아진다. 이는 장기적인 고객 관계를 형성하고, 입소문을 통한 마케팅 효과를 만들어낼 수 있어 중요한 경쟁력이 된다는 점에서 많은 식당에서 불황기 타개 전략으로 도입하고 있다.

6. 싸구려 술 No, 프리미엄 막걸리 시장 무르익다

최근 전통주 분야에서 막걸리가 '싸구려 술'이라는 인식을 깨고 고급화를 통해 소비자에게 다가가면서 시장에서 주목받고 있다. 막걸리는 그동안 대표적인 서민들의 술로 저렴한 가격대가 형성되어 있었다. 저렴한 막걸리에 대한 기존 소비자 인식이 워낙 강하고 유통 자체에 어려움이 있기 때문에 전통주 분야에서도 증류주, 약주 등 고도주에 비해 다소 시장성이 낮게 평가됐다. 하지만 저평가된 탁주의 가치를 끌어올리기 위한 노력이 꾸준히 뒤따르고 고품질 재료, 양조 기술의 발전, 전통과 현대를 조화롭게 결합한 세련된 마케팅 전략 등이 이뤄지면서 이를 토대로 프리미엄 막걸리 시장이 비로소 열리게 되었다.

꾸준히 발전을 거듭해온 전통주 시장 속에서 소비자들은 다년간 다양한 전통주를 접하면서 경험치가 쌓여왔다. 그리고 현재 젊은 층을 중심으로 형성된 주류 소비 트렌드 자체도 가성비를 추구하지만 그렇다고 단순히 저렴하다는 이유로만 지갑을 열지는 않는 특성이 있다. 이에 프리미엄 막걸리는 품질에 대한 높은 기준을 충족하면서도 위스키나 증류주와 비교해 일반적으로 병당 1만~2만원대의 합리적인 가격을 형성하고 있기에 품질과 가격 면에서 적절한 위치에 포지셔닝한 것이 주효했다는 분석이다.

최근 주목받는 프리미엄 막걸리는 풍부한 쌀 함유량 등 재료가 차별화되어 있고, 막걸리 제조 과정에서 단맛을 내기 위해 첨가하는 아스파탐, 수크랄로스 등 인공 감미료를 일절 사용하지 않으며 오직 주재료인 쌀의 단맛을 극대화한 무감미료 제품인 경우가 많다는 것이 특징이다. 또한 일반적으로 6~8% 사이인 막걸리 도수를 좀 더 높인 제품들이 많으며, 기존의 단순한 맛에서 벗어나 다양한 맛과 향을 제공하고, 전통적인 제조 방식과 현대적 감각을 결합해 새로운 미각 경험을 선사한다. 실제로 다양한 컬래버레이션을 통해 색다른 풍미를 제공하는 제품들이 인기를 얻고 있다. 세련된 패키지 디자인과 마케팅 전략으로 기존 막걸리와 차별화하기도 한다. 투박한 플라스틱 병이 아닌 현대적인 유리병, 세련된 라벨 디자인 등을 통해 고급스러움을 강조해 센스 있는 선물이나 격식 있는 식사 테이블 위에서 활약하는 데 부족함이 없도록 하는 것이다. 이는 소비자로 하여금 막걸리라는 신분의 제약에서 자유로울 수 있도록 하는 중요한 장치다.

프리미엄 막걸리의 대표 주자는 전남 해남에서 만든 '해창막걸리'다. 특유의 단맛과 걸쭉한 질감에 해창 '6도·9도·12도' 등 제품 다양화를 통해 마니아층을 형성했다. 한 병에 11만원을 호가하는 '해창18도' 제품은 일명 '롤스로이스 막걸리'로 불린다.

'도심 속 개방형 양조장'으로 최근 MZ세대들이 '힙당동'이라고 부르는 신당동에 위치한 춘풍양조장의 '춘풍막걸리'는 인공지능(AI) 기술을 적용해 막걸리가 낼 수 있는 최상의 맛과 품질을 찾아낸 술이다. 특히 대표 제품인 '춘풍미주'는 술을 기반으로 하는 복합 문화 공간 플래그테일에서 진행한 제1회 '막걸리컨슈머리포트'에서 1위를 수상해 주목을 받았다. 화이트 와인을 마시듯 깔끔하고 맑은 윗술과 뽀얀 아랫술의 단계를 거치며 복합적인 풍미를 경험할 수 있는 술로 도수는 12%이며, 720ml병당 55000원에 판매되고 있다.

주당으로 알려진 가수 성시경이 자신의 이름을 걸고 출시한 '경탁주'는 품절 대란을 겪을 만큼 큰 화제를 모았다. 농업 스타트업 '제이1'과 협업해 레시피를 개발했고, 충남 당진에 있는 신평양조장에서 위탁 생산한다. 알코올 도수는 12%, 쌀 함유량은 46.23%이며 인공 감미료를 사용하지 않은 프리미엄 막걸리로 500ml 한 병당 2만 8000원에 판매한다. 물론 스타의 인지도에 의해 보다 빠르게 시장의 반응을 얻을

가수 성시경이 자신의 이름을 따 출시한 경탁주가 큰 화제를 모았다(사진_업체 제공)

수 있었다는 점도 부정할 수 없지만 제품 스토리부터 다양한 음용 방법, 원재료 정보, 고유 상품 번호까지 꼼꼼히 기재한 글을 동봉하는 세심한 패키지 구성이 프리미엄 막걸리에 대한 경험치를 높여주었다는 점에서 전통주업계에서 참고할 만한 긍정적인 사례가 됐다.

대구에 소재한 달성주조가 제조하는 '포그막'은 100% 대구 유가 찹쌀로 만들며 인공 첨가물은 물론 발효가 종료된 후 물을 조금도 타지 않은 묵직한 보디감의 막걸리다. 도수는 10%, 7%로 선보이고 있으며, 달콤한 디저트용 막걸리라는 틈새시장을 공략하며 국내를 비롯한 글로벌 진출에도 박차를 가하고 있다.

대표적인 유통 채널인 편의점 CU에서도 프리미엄 막걸리 시장의 가능성을 보고 신제품 '탁올'을 선보였다. 기존에 주로 선보인 초저가 막걸리 협업 제품과 달리 풍부한 쌀 함유량, 무감미료, 높은 도수가 특징인 고급 막걸리다. 쌀 함유량은 47.4%, 도수는 12%로 패키지에는 고급스러운 검은 바탕에 한글의 아름다움을 감각적으로 표현하는 송수일 작가의 캘리그라피 작품을 새겨 한국 전통주의 멋을 담아냈다.

이와 같은 프리미엄 막걸리 시장의 성장은 국내 전통주 시장의 다변화와 쌀 소비 촉진, 고부가가치화를 이끌고 있다는 점에서 중요한 의미를 갖는다. 이는 전통주가 단순히 과거의 유산에 머무르지 않고, 현대적 감각과 소비자 요구에 맞춘 혁신적인 변

화를 통해 글로벌 시장에서도 경쟁력을 가질 수 있음을 보여준다. 결국 이러한 흐름은 전통주의 문화적 가치를 재발견하고, 지속 가능한 산업 발전으로 이어질 수 있다는 중요한 시사점을 제시한다.

7. 취하지 않는 신(新)주류 문화, 소버 라이프

최근 2030세대를 중심으로 주류 자체를 멀리하는 것이 트렌드의 한 축이 됐다. 이를 두고 '소버 라이프(Sober Life)', '소버 큐리어스(Sober Curious)' 등의 현상으로 표현하기도 하는데, 여기서 소버란 '술 취하지 않은'이라는 뜻을 갖고 있다. 이는 술을 완전히 끊는 금주와는 차이가 있는 개념이다. 예전처럼 '부어라 마셔라' 하지 않고 자신의 주량과 취향에 맞게 적당한 음주를 즐기는 것을 의미하며, 젊은 세대의 이러한 라이프스타일은 이제 확고하게 자리를 잡고 있다.

이 같은 현상은 무알코올, 저칼로리 주류 시장의 급성장을 이끌어내고 있다. 외식업계에서는 무알코올 바까지 등장하고 있고 소셜 미디어에서는 '소버 라이프 챌린지' 같은 캠페인이 인기를 끌기도 했다. 이러한 현상은 단순히 술을 마시지 않는 것 이상의 의미를 지닌다. 소버 라이프는 건강과 웰빙을 최우선시하는 트렌드의 연장선에 있으며 정신적, 육체적 건강을 중시하는 현대인의 라이프스타일 변화를 보여준다. 이는 국내뿐만 아니라 전 세계적인 추세로 기존의 음주 문화와 주류 시장에도 새로운 변화와 기회를 시사한다. 무알코올, 저칼로리 제품의 다양화 같은 시장 확장이 기대되는 상황이다.

시장조사 기관 유로모니터에 따르면 국내 무알코올·논알코올 맥주 시장 규모는 지난 2021년 415억원에서 2023년 644억원으로 55.2% 성장했다. 또한 한국농수산식품유통공사의 보고서에 따르면, 2019년부터 2024년까지 전 세계 논알코올 음료 시장은 연평균 23%로 성장 중이다. 그동안 식당에 주류 제품을 공급하던 종합 주류 도매업자는 알코올 도수 1% 이상의 주류만 유통할 수 있었기 때문에 논알코올 주류는 편의점이나 마트에서만 판매할 수 있었는데, '주류면허법 시행령' 개정안에 따라 이제는 음식점에서도 판매가 가능해지면서 시장이 보다 넓어졌다.

이에 유통 및 외식업계는 보다 다양한 논알코올, 저알코올 제품을 내놓으며 시류에 응하고 있다. 오비맥주는 비알코올 맥주 '카스0.0(제로제로)' 병 제품을 출시했으며, 2024 파리올림픽에서 카스0.0가 논알코올 음료 최초로 공식 글로벌 파트너로 지정되기도 했다. 제주맥주는 오리지널 크래프트 맥주 양조법에 따라 제조해 맛을 포기하지 않은 논알코올 맥주 '제주누보'를 출시했다. 이 제품뿐만 아니라 이제 마트나 편의점에 가면 무알코올 맥주를 손쉽게 구매할 수 있으며 그 종류는 해마다 다양해지는 추세다. 편의점 CU는 논알코올 주류 플랫폼 '마켓노드'와 함께 논알코올 와인 9종과 맥주 4종을 선보이는 기획전을 열었으며, GS리테일은 '와인25플러스'를 통해 '진비나다' 논알코올 와인 2종을 출시해 논알코올 음료 시장에서 주목받고 있다.

알코올을 제거한 후 알코올의 풍미만 다시 복원하는 기술을 갖고 있는 무알코올 푸드테크 기업 '로렌츄컴퍼니'는 영국에서 열린 '2024 월드 드링크 어워즈' 무알코올 부문에서 1위, 세계 3대 와인 품평회로 불리는 '국제 와인 및 증류주 대회(IWSC)'에서 동상을 수상하고 투자 유치에 성공하며 논알코올 주류 시장에서 주목을 받았다. 식음료 분야에서 단순히 일반 음료와 차별점이 없는 제품이 아닌 술의 본질에는 충실하되 기술로서 현재의 소비 트렌드에 따른 시장을 개척해나간다는 점에서 의미 있는 성과를 거뒀다고 볼 수 있다.

일본 도쿄에는 맥주 기업 '아사히'에서 운영하는 무알코올 칵테일 바 '스마도리바'가 있다. 주류 회사에서 도쿄 번화가인 시부야 한복판에 무알코올 바를 열었다는 자체로도 화제가 됐다. 술을 마실 수 없는 사람과 술을 좋아하는 사람이 함께 즐길 수 있는 곳을 표방하며 100종 이상의 다양한 음료를 제공하고 0%, 0.5%, 3%의 무(無), 혹은 저도수 칵테일만을 판매한다.

이처럼 무알코올 주류를 전문으로 취급하지 않더라도 외식 업소나 주류 판매점에서도 무알코올 옵션을 갖추는 것

술을 마실 수 없는 사람도 즐길 수 있는
무알코올 칵테일 바인
도쿄 시부야의 스마도리바(사진_업체 제공)

이 필수가 되고 있다. 이에 많은 레스토랑과 바에서 알코올이 포함되지 않은 모크테일(Moctail: 비알코올 칵테일) 메뉴를 강화하고 있다. 이런 메뉴를 취급하는 바에서는 클래식 칵테일의 맛을 유지하면서도 무알코올 버전을 제공해, 음주를 하지 않는 고객에게도 즐거운 경험을 선사한다. 이와 함께 레스토랑에서도 다양한 재료를 사용해 맛과 시각적 만족감을 충족시키는 무알코올 칵테일을 선보이는 것이 트렌드로 자리 잡고 있다.

논알코올 시장이 커지면서 이를 전문으로 취급하는 온라인 쇼핑몰도 등장했다. 알코올이 포함된 일반 주류 제품은 온라인 판매에 제약이 있지만 논알코올 주류는 현행법상 음료로 구별되어 온라인 유통이 가능하기 때문이다. 논알코올 드링크 셀렉트 숍 '레프'는 시중에서 보기 힘든 논알코올 드링크를 발굴해 선보이는 온라인 쇼핑몰이다. 논알코올 드링크가 줄 수 있는 긍정적인 영향을 공유하기 위해 광고 회사의 크루들과 커피 페어링 코스의 마스터들이 협업해 론칭했다. 국내외 다양한 논알코올 제품을 리스트업한 후 조주기능사 라이선스를 보유한 크루들이 까다롭게 큐레이션한 새로운 장르의 제품을 소개한다. 수제 맥주 전문 브랜드 '어프리데이(Afreeday)'와 협업한 자체 논알코올 맥주를 비롯해 논알코올 위스키, 논알코올 증류주, 논알코올 와인 등 시중에서 보기 힘든 유니크하고 다양한 장르의 논알코올 드링크를 선보인다.

논알코올 온라인 편집숍 쏘버마켓(사진_업체 제공)

'쏘버마켓'은 전 세계 논알코올 음료를 직접 소싱해 운영하는 대규모의 논알코올 온라인 편집숍이다. 논알코올 주류 중에서도 저칼로리, 비건, 와인, 과실 등의 카테고리 구분을 통해 취향에 맞는 주류를 선택할 수 있도록 했으며, 다양한 논알코올 주류를 구비해놓았다. 취향에 맞는 주류를 찾고자 하는 고객에게 맞춰 한 캔씩 골라 담아 구매할 수 있는 서비스도 제공하고 있다. 업체가 밝힌 주 고객층은 건강과 다이어트에 민감하고 자기 관리에 적극적인 20대 중반에서 40대 초반 여성들로 점차 연령대가 넓어지는 추세라고 설명한다.

'마켓노드'는 논알코올 와인을 중점으로 다양한 논알코올 음료를 큐레이션하는 온라인 숍으로, 자기만의 소신을 가진 이들이 자유롭게 논알코올을 선택하는 물리적, 문화적 토대를 만들어가는 브랜드다. 다양한 국내외 논알코올 제품과 더불어 이를 일상 속에서 편안하게 누릴 수 있는 새로운 라이프스타일을 제안한다. 논알코올 주류가 왜 필요한지에 대한 보다 심도 있는 메시지를 전달하며 논알코올은 포기가 아닌 유용한 '기능'이라는 점을 강조한다. 마켓노드는 논알코올·무알코올 음료만 다루는 바(Bar)를 체험할 수 있는 '마켓노드 논-알코올 바' 팝업 행사를 진행하기도 했다. 이 행사에서는 맥주, 와인, 칵테일을 대체할 수 있는 20여 종의 논알코올·무알코올 음료 전시를 비롯해 모든 방문자에게 무료 시음을 제공했다. 마켓노드는 이와 같은 오프라인에서의 경험을 통해 논알코올 음료와 소비자의 접점을 만들어나가고 있다.

무알코올 주류 시장과 함께 제로 슈거, 저칼로리 역시 소버 라이프 소비자들의 주요한 관심거리다. 이에 따라 주류 회사들은 빠르게 변하는 소비자 트렌드에 발맞춰 다양한 제품을 선보이고 있다. 무알코올, 제로 슈거, 저칼로리를 강조한 주류 제품군을 출시하는 것과 동시에 소버 라이프와 웰빙을 중시하는 소비자들을 겨냥한 다양한 전략을 펼치고 있다.

무알코올 주류 시장의 확장과 함께 기존의 알코올 제품에서도 당분과 칼로리를 줄인 건강 지향 제품들이 주목받고 있다. 국내의 경우는 '소주'가 제로 슈거 트렌드를 대표하는 주종이다. 롯데칠성음료의 제로 슈거 소주 '새로'는 출시 이후 약 7개월 만에 누적 판매량 1억 병을 넘어섰다. 제로 슈거 소주의 높은 시장성에 따라 금복주에서도 '제로2(Zero2)', '시원블루', '진로제로슈거' 등의 제품을 출시하면서 대세에 합류했다.

저칼로리 제품 강화로 대표되는 주종은 맥주다. 라이트 맥주(Light Beer)는 기존의 일반 맥주에 비해 알코올 도수와 칼로리가 낮아, 칼로리 섭취를 줄이려는 소비자들 사이에서 꾸준한 인기를 얻고 있다. 대표적인 맥주 소비국인 미국에서는 라이트 맥주 시장이 전체 맥주 점유율의 50%를 넘는 등 대세임을 이미 입증했고, 국내에서도 존재감을 점차 키워가는 추세다. 최근에는 맥주 외에도 저칼로리 와인, 저칼로리 증류주 등 다양한 카테고리에서 칼로리를 줄인 제품이 출시되면서 전통적인 음주 문화에서도 건강을 고려하는 선택지가 늘어나고 있다.

이처럼 '취하지 않는' 새로운 주류 소비 추세에 따라 외식업계에서는 무알코올 옵션뿐만 아니라, 제로 슈거와 저칼로리 메뉴를 함께 제공해 건강을 중시하는 소비자들의 요구를 충족시키고 있다. 이는 단순한 음료 선택의 문제를 넘어 소비자 경험을 확장하고 포용적인 외식 문화를 형성하는 중요한 전략으로 자리 잡고 있다. 이를 통해 음주 여부에 상관없이 다양한 소비자를 만족시킴으로써 더 폭넓은 고객층을 확보하고 외식업의 경쟁력을 높이는 데 기여하고 있다.

CHAPTER 9

골목에서 놀다, 골목 상권

1. 한강로 따라 들어선 트렌디한 맛… **용리단길 골목**   344
2. 매일매일 새로운 팝업 원더랜드… **성수동 골목**   349
3. 자연과 빌딩 숲의 조화로운 공존… **서울숲-뚝섬 골목**   354
4. 한 집 걸러 젠지(GenZ) 핫플… **도산공원 골목**   360
5. 하이엔드 미식의 집결지… **청담동 골목**   366
6. 패션 쇼핑의 성지로 자리잡은 컬러풀한 맛… **이태원-한강진 골목**   371
7. 재개발 물결 속 새로운 시작… **을지로 3가 골목**   376
8. 작고 소중한 취향 가게들의 매력… **연남동 골목**   381
9. 호수 산책 후 만나는 맛길… **송리단길 골목**   386
10. 오래된 시장 골목에 스며든 힙… **신당동 골목**   390
11. 고고한 전통문화의 품위… **안국역-계동 골목**   394
12. 용산 기찻길 옆 '맛의 경적'… **땡땡거리**   398
13. 한옥 지붕 아래 공존하는 과거와 현재의 맛… **서촌 골목**   402
14. 돌담길 따라 들어선 야장 명소… **서순라길**   407
15. 원 앤드 온리 바이브 가득한 문화&미식 골목… **합정 합마르뜨 골목**   410

2025 대한민국을 이끄는 외식트렌드

introduction

골목에서 놀다,
골목 상권

〈대한민국을 이끄는 외식트렌드〉에서는 현재 외식 트렌드를 이끌어가고, 또 새롭게 만들어가는 골목 상권과 그 속의 이야기들을 다뤄왔다. 대로변, 역세권 중심의 외식 상권 시대를 지나 골목으로 이동한 식당들은 생기를 잃은 골목에 생명력을 불어넣기도 하고, 별다른 이야깃거리가 없던 곳에 생겨난 어떤 '특별한 가게' 하나 덕분에 동네 전체가 회자되면서 활기를 얻기도 한다.

'골목에서 놀다, 골목 상권' 챕터에서는 어려운 상황 속에서도 각자의 장소에서 특별한 이야기를 써나가며 주목받고 있는 서울의 트렌디한 골목 속 공간들을 소개한다. 새로운 트렌드가 끊임없이 피어나는 주요 외식 상권부터 규모는 작더라도 앞으로가 기대되는 골목 상권을 선정하고, 여전히 외식 상권으로서 중요한 입지에 있더라도 신선함이나 변화가 부족한 골목은 과감하게 제외하면서 매년 다이어리얼의 시각으로 엄선한 15개의 골목을 소개한다.

＊본문에 소개된 업장 정보는 실시간 정보와 다를 수 있습니다.

① 한강로 따라 들어선 트렌디한 맛… **용리단길 골목**

신용산역에서 삼각지역을 잇는 대로 뒷골목은 몇 년 새 서울 시내 외식 상권에서 가장 큰 변화의 파도가 일어난 곳이다. 일대가 재개발 직접 영향권 속에서 대규모 주상복합 주택과 아모레퍼시픽, LS용산타워, 하이브 등 대기업 사옥이 들어서면서 대로 뒷골목의 작은 주택들을 개조한 트렌디한 외식 공간들이 하나둘 생겨나기 시작했다. 그렇게 상권이 움트고 '용리단길'이라는 별칭을 얻은 지 몇 해의 시간이 지나며 일대는 현시점 가장 핫한 외식 상권이 됐다. 고정 유동 인구 증가로 평일 낮에는 인근 직장인들의 모습도 쉽게 찾아볼 수 있으며 MZ세대들의 취향을 저격한 핫 플레이스들을 일부러 찾아오는 수요도 많아 평일, 주말 할 것 없이 활기가 넘친다. 외식 암흑기였던 코로나19 시기에도 마치 순간 이동을 한 듯 이국적인 분위기의 식당들이 많아 여행의 갈증을 풀어주는 역할을 하며

기존에 있던 노포들과 어우러진 특유의 감성으로 오히려 상권 자체는 더욱 유명해졌다. 콘텐츠를 잘 활용한 스타 외식 브랜드를 배출하며 타 상권으로 진출하기도 하고 성수동, 도산공원 등 젊은 층이 선호하는 외식 상권에서 이름난 브랜드들이 용리단길에 터를 잡기도 하면서 오래된 거리의 변화에 속도를 높였다.

레스토랑

1. **북천** 골목 안 소박한 돈가스집. 두툼한 국내산 돼지에 직접 갈아 만든 빵가루 옷을 입혀 튀겨내며 수제 브라운소스를 함께 곁들여 낸다.

2. **먼치** 한옥의 골조를 그대로 살린 양식당. 뉴욕 CIA 출신 셰프가 선보이는 소박하지만 섬세한 요리들과 와인을 함께 즐기기 좋은 곳.

3. **능동미나리** 청도 화악산 자락의 한재미나리를 사용한 미나리수육전골, 미나리꼬리찜과 토렴해 나오는 한우곰탕의 진미를 느낄 수 있는 맛집이다.

4. **더백테라스** 해방촌에서 서울의 전경을 내려다보며 한우 패티 버거를 즐길 수 있는 집. 수제 버거로 이름난 '더백푸드트럭'의 버거 메뉴에 다채로운 술을 곁들일 수 있다.

5. **양인환대** 한국식 양고기 전문점. 화력 좋은 참숯으로 1년 미만의 호주산 램을 바에서 직접 구워준다.

6. **현선이네** 포장마차로 시작해 여러 지점을 두고 있는 분식집이 됐지만 본점 용산점의 인기는 여전하다.

7. **느루** 다양한 생면 파스타와 이탈리아 요리를 선보이는 곳. 건강한 식재료로 만든 정성 가득한 요리는 섬세한 담음새까지 갖췄다.

8. **쏭타이치앙마이** 태국 치앙마이 음식을 추구하는 태국 음식점. 현지 방식 그대로의 맛을 전달한다.

9. **효뜨** 남준영 셰프의 베트남 음식점. 다양한 베트남 현지의 국수와 와인을 함께 마리아주한 깊이 있는 요리를 경험할 수 있다.

10. **판코네** 자가 제면 생면 파스타와 우드 파이어로 구운 양고기스테이크가 시그니처인 이탤리언 다이닝.

11. **로스트인홍콩** 1990년대 홍콩 밤거리와 홍콩 현지의 맛, 분위기, 감성을 그대로 옮겨 구현한 중식당.

12. **포카치아델라스트라다** 쫀득하고 폭신한 이탈리아 정통 포카치아를 판매하는 공간. 다채로운 토핑의 포카치아가 진열된 광경은 이탈리아의 어느 거리를 떠올리게 한다.

13. **꺼거** 홍콩식, 광둥식 요리에서 영감을 받아 재해석한 캐주얼한 중식 요리를 선보이는 곳. 홍콩 현지 느낌의 인테리어가 인상적이다.

14. **물고기주택** 매일 새벽 도매시장에서 받아온 가장 크고 싱싱한 활어로 모듬회를 선보이는 곳.

15. **PPS** 수제 버거 전문점. 잘게 썰어 튀긴 포테이토와 치즈, 패티로 간결하게 구성한 프리타스버거가 인기.

16. **남도돼지촌** 전라도식 돼지구이를 선보이는 곳. 오겹살과 목살이 한 접시에 나오는 남도돼지한모듬이 대표 메뉴. 그밖에도 남도식 애호박찌개와 전라도식 김치, 남도쌀밥 등 모든 메뉴에 남도를 가득 담았다.

17. **쌤쌤쌤** 샌프란시스코에서의 경험을 녹여낸 셰프의 요리를 맛볼 수 있는 공간. 친숙하고 따뜻한 미국

식 요리에 가미된 다양한 문화의 터치가 인상적이다.

18. 알랭들롱 이지 프렌치 콘셉트의 레스토랑으로 다양한 스몰 디시와 메인 요리를 와인, 위스키, 코냑, 브랜디, 하이볼, 맥주 등 다양한 주류와 함께 페어링하기 좋다.

19. 도야집 40년 넘게 가정집이었던 공간을 개조해 선보인 돼지고기 전문점. 목살과 뼈오겹살 그리고 시그니처인 청어알호두쌈장과의 조합이 일품이다.

20. 버뮤다삼각지 하와이 해변의 감성으로 꾸민 멕시칸 요리 전문점. 한국식 소스를 활용해 누구나 거부감 없이 즐길 수 있도록 했다.

21. 타파코파 스페인의 정취를 느낄 수 있는 타파스 레스토랑. 스페인 문어 요리 풀포(Pulpo)와 다양한 핀초스를 맛볼 수 있으며 중세풍으로 꾸민 고풍스러운 인테리어가 인상적이다.

22. 천우목장 천국에서 내려온 소고기의 맛을 추구하는 소고기 전문점. 투뿔 한우 짝갈비를 매장에서 직접 정형하며 풍부한 육질과 깊은 맛이 어우러진 한우를 높은 가성비로 내어준다.

23. 삼각정 돼지 특수 부위 구이 전문점. 연탄구이로 먹는 모소리살이 유명하다.

24. 시옥 삼각지점 싱가포르 현지의 맛을 그대로 재현한 싱가포르 음식점. 칠리크랩뼈찜, 비프렌당, 시리얼프라운, 치킨사테, 싱가포르커리 등을 이국적인 분위기 속에서 즐길 수 있다.

25. 대원식당 대구뽈찜과 생선구이백반 전문점. 전날 소금에 절여 연탄불에 구워내는 고등어구이가 유명하다.

26. 작은수산시장(요리가있는집) 채성태 대표의 해산물 전문점. 대표 메뉴는 매일 새벽 수산시장에서 직접 공수한 해산물을 활용한 오마카세 코스로, 이를 찾는 오랜 단골들이 많다.

27. 원대구탕 1979년부터 40년 넘는 세월 동안 맛을 이어가고 있는 삼각지 대구탕골목의 터줏대감.

28. 평양집 양, 곱창, 차돌박이 등 소의 특수 부위를 전문적으로 취급하는 고깃집. 옛날 화로에 투박한 불판, 양철 테이블이 소박한 분위기를 자아낸다.

29. 몽탄 짚불구이 우대갈비 유행을 선도한 곳. 청어알, 양파김치 등의 곁들이는 물론 소스와 찬의 조화가 특색 있다.

30. 문배동육칼 투박하게 썬 대파를 듬뿍 썰어 넣은 진하고 칼칼한 육개장 국물에 두터운 칼국수면을 담가 즐기는 육개장칼국수의 원조 격인 곳.

31. 명화원 삼각지의 노포 중식당. 두툼하게 튀겨낸 찹쌀탕수육, 군만두와 맥주 한잔을 곁들이기 좋다.

카페 & 디저트

32. 무심헌 운남고수차를 생산하는 티 브랜드의 쇼룸 겸 판매점. 티 테이스팅도 예약제로 운영된다.

33. 낙하산커피 달콤한 밀크 슬러시에 에스프레소를 섞어 먹는 시그니처 라테를 맛볼 수 있는 곳.

34. 테디뵈르하우스 로맨틱한 파리의 느낌을 담은 인테리어와 테디베어가 심벌인 크루아상 전문점. 다양한 비엔누아즈리와 브런치 메뉴들을 맛볼 수 있다.

35. **인바이티드** 3층 단독주택을 리모델링해 색, 향, 소리를 주제로 다양한 로스터리의 맛과 감성을 소개하는 복합 문화 공간 겸 카페.
36. **도토리** 지브리 애니메이션 감성의 동화 같은 인테리어의 카페. 수제 그릭요거트와 그래놀라 전문점이며 도토리 모양의 빵도 인기 메뉴다.
37. **모센트** 삼각지역 인근 로스터리 카페. 커피 본연의 맛에 충실한 다양한 하우스 블렌드 원두로 내린 브루잉 커피는 물론 바리스타 고유의 레시피를 담은 시즈널 음료도 다양하게 선보인다.
38. **클럽지베이커리** 영국에서 경험한 진한 풍미의 달콤함을 담은 쿠키와 케이크를 맛볼 수 있는 공간.
39. **파차마마베이커리** 식사빵부터 파이, 디저트 등 다채로운 빵을 이즈니 버터와 프랑스산 밀가루, 엄선한 국산 농작물 등 고급 재료만을 사용해 만들어내는 곳. IT 스타트업 핸드허그에서 연 공간이다.
40. **밀도메인** 느리게 발효하는 사워 도(Dough)를 이용한 저온 숙성 빵을 맛볼 수 있는 베이커리.
41. **카키문** 에스프레소와 크리미한 밀크의 층이 나뉜 비주얼이 인상적인 다양한 라테를 맛볼 수 있는 카페.

주점

42. **몽상가** 홍콩과 이탈리아 등 다국적 스타일을 결합한 요리와 참나무 숯 화로구이를 즐길 수 있는 신개념 선술집.
43. **핸드앤몰트브루랩** 오비맥주의 기존 탭 룸과 차별화된 새로운 콘셉트의 크래프트 비어 & 컬처 펍. 다양한 수제 맥주와 페어링 푸드를 맛볼 수 있다.
44. **시실리** 산지 직송한 해산물로 다양한 요리를 선보이는 심야 포차. 포항막회, 반반짬뽕 등이 인기다.
45. **노커어퍼** 가볍게 잔술을 즐기는 스탠딩 바와 편안하게 보틀을 즐길 수 있는 공간이 공존하는 곳. 잔을 쌓아 와인을 통째로 따르는 스파클링 타워 서비스는 특별한 날 기분 내기 좋다.
46. **키보** 일본식 다치노미 선술집. 오직 스탠딩 바로 운영되며 작은 안주에 하이볼, 사케 등을 곁들이기 좋다.
47. **어항로** 숙성회 해산물 전문 주점. 숙성회 모둠을 주문하면 신선한 제철 사시미 3종과 한국식 미나리무침야채 및 초밥용 밥을 함께 제공하며 싱싱한 우니도 별미다.
48. **삼각지주식** 다채로운 한식 일품요리와 곁들이, 주류의 마리아주를 선보이는 공간. 보드라운 식감의 시그니처보쌈과 닭껍질교자 등이 인기다.
49. **h245** 어란, 라구파스타 등 양식과 한식, 일식 등 넓은 스펙트럼의 메뉴 및 와인을 곁들이기 좋은 곳.
50. **Nm** '정식당'과 '타르틴' 출신 셰프들이 의기투합해 선보이는 제철 식재료 안주와 그에 걸맞게 계절성 있는 셀렉션의 와인을 즐길 수 있는 공간.
51. **파브** 상호는 Favorite의 준말. 다양한 품종의 내추럴 와인과 함께 포만감 있는 식사 메뉴부터 가벼운 안주까지 폭넓게 선보인다.
52. **용산피보** 자연주의 와인을 알아가며 즐길 수 있는 공간으로 각 와인과 조화롭게 맛볼 수 있는 메뉴가 메인 디시부터 스몰 디시까지 다양하게 구성되어 있다.

② 매일매일 새로운 팝업 원더랜드… 성수동 골목

성수동 상권이 시작된 연무장길 골목의 외식 공간들은 공업소, 인쇄소, 가죽 공장 등 기존 공업단지의 원형을 담아낸 특유의 인더스트리얼 분위기를 살린 장소들이 매력적이다. 간판이나 표지판에 그다지 힘을 주지 않은 무심한 분위기가 그 속에 숨어 있는 공간에 대한 궁금증을 자아내는데, 직접 들어가봐야만 알 수 있는 경우가 대다수다. 도시재생의 상징적 동네이자 '한국의 브루클린'이라는 이름 아래 발전을 거듭해온 성수동 지역의 외식 상권은 성수역 인근 연무장길 골목 외에도 뚝섬역 인근 서울숲 골목이 대표적이며, 연무장길 아래 뚝도시장 인근 성덕정길

과 북성수 상권으로 뻗어 거대한 상권을 형성했다. 연무장길 메인 거리는 팝업 스토어의 성지가 되면서 거리의 풍경이 재편됐다. 거대한 상업 시설과 다양한 기업, 브랜드의 신사옥들이 속속 들어왔고, 거리에는 팝업 이벤트가 하루가 멀다 하고 열리며 유동 인구를 폭발적으로 증가시켰다. '팝업 문의', '팝업 전문 부동산'이라고 붙여놓은 공인중개소들은 현재 성수동 거리의 쓰임을 짐작케 한다. 국내를 찾은 외국인 관광객들에게도 성수동은 골목 전체가 유원지처럼 볼거리가 풍성한 원더랜드다. 음식, 뷰티, 패션, K-팝 등 성수동 골목 한바퀴만 돌면 현시점 대한민국의 가장 트렌디한 문화를 체험할 수 있다는 점은 누구도 이견이 없을 것이다. 다만 지나치게 오른 임대료와 젠트리피케이션 현상으로 자본력이 있는 외식 업소들이 아니면 살아남기 힘든 구조가 되어가면서 소규모 외식 공간들이 만들어내는 개성과 특색은 점차 잃어가고 있다는 점도 부정할 수 없다.

레스토랑

1. **매튜** '밍글스' 헤드 셰프 출신 이원석 셰프의 레스토랑. 캐주얼한 분위기에서 파인다이닝 수준의 요리와 함께 와인을 즐기기 좋다.

2. **마마리마켓** 1층은 송하슬람 셰프의 반찬 델리 숍으로 운영되며, 2층에는 델리 숍에서 구입한 음식을 곁들여 술을 마시거나 레스토랑 메뉴를 즐길 수 있는 '마마리펍'이 있다.

3. **바위파스타바 성수** 예약제로 운영되는 여덟 석 규모의 파스타 바. 제철 해산물 위주의 코스로 진행된다.

4. **바오서울** 대만의 대표 스트리트 푸드인 대만식 햄버거인 쫀득한 바오번을 선보이는 곳.

5. **오스테리아쟌니** 이탈리아 요리학교 알마 출신의 최재현 셰프가 선보이는 이탈리아 가정식 요리 전문점.

6. **살라댕템플** 배를 타고 입장하는 태국 신전 분위기의 독보적 인테리어로 주목받은 태국 음식점.

7. **마리오네** 아시아 나폴리 피자 장인 대회에서 월드 챔피언상을 탄 김주영 오너 셰프의 화덕피자 전문점.

8. **세스크멘슬** 독일식 소시지를 비롯한 육가공 전문점. 콜키지프리라 와인을 마시기에도 좋다.

9. **탐광** 바삭한 에비카츠와 부드러운 달걀을 덮밥으로 얹어내는 에비가츠동으로 유명한 맛집.

10. **소문난성수감자탕** 국내산 돼지뼈를 24시간 고아 시래기, 감자와 함께 끓여낸 전통 방식의 감자탕 맛으로 오랜 시간 사랑받아온 곳.

11. **문츠바베큐** 유튜버 문츠가 운영하는 바비큐 전문점. 훈연한 꽃갈빗살, 브리스킷, 풀드 포크 등을 선보인다.

12. **롸카두들 내쉬빌핫치킨 성수점** 버터, 라드, 흑설탕, 카옌 페퍼가 베이스인 핫소스와 두툼한 치킨 패티가 어우러진 버거 전문점.

13. **쿠나** 건강한 제철 식재료로 선보이는 이탤리언 베이스의 다이닝 & 와인 바. 직접 빚은 뇨키, 구운 문어와 당근퓨레 디시가 인기.

14. **르프리크** 캐주얼 버거 다이닝. 두툼한 치킨 패티를 끼운 내슈빌핫치킨버거가 시그니처.

15. **중앙감속기** 중식과 이탤리언을 접목한 퓨전 요리를 선보이는 곳. 셰프테이너이자 아이디어 넘치는 요리로 유명한 최현석 셰프의 공간이다.

16. **뚝도농원** 오리로스와 오겹살구이를 캐주얼하게 즐길 수 있는 곳. 장아찌, 감자밥 등 곁들이가 특색 있다.

17. **르베지왕** 신선한 재료로 요리한 샐러드볼과 카레를 선보이는 집. 비건 식재료도 구매할 수 있다.

18. **우동가조쿠** 본고장의 맛을 그대로 살린 사누키 우동을 비롯한 다양한 우동과 일식덮밥으로 간편한 식사를 하기에 좋은 공간.

19. **아타리** 10석 규모의 야키토리 전문점. 방문 시간에 따라 가짓수가 다른 야키토리 코스를 선보인다.

20. **원기옥** 특상 한우와 내장이 듬뿍 들어가 원기 회복에 도움을 주는 보양전골을 맛볼 수 있는 집.

21. **성수족발** 서울에서 오랜 역사의 족발 맛집으로 손꼽히는 곳. 적절하게 배어든 양념 덕에 별도의 소스가 필요 없을 정도.

22. **밀본** 수제화거리 뒤편 공장들 사이에 자리하는 칼국수, 만두 전문점. 매일 아침 직접 준비한 반죽으로 면과 만두를 만든다.

23. **리틀포레스트** 영화에서 영감받아 복잡한 도심을 벗어난 기분을 느낄 수 있도록 꾸몄다. 가공 제품을 쓰지 않고 건강한 제철 식재료를 사용해 직접 만드는 홈메이드 스타일 브런치를 선보인다.

24. **핑거팁스** 매일 아침 냉장 소고기를 갈아 패티를 만들고 방부제나 어떠한 화학 재료도 넣지 않으며 직접 버거 번과 사워 도 그리고 브리오슈를 만드는 정통 미국식 수제 버거 전문점.

주점

25. **나누리잡화점** 소설 <나미야 잡화점>을 모티프로 하여 영화 세트장처럼 재현한 가맥집.

26. **어메이징브루잉컴퍼니** 기계식 대량생산이 아닌 순수하게 수작업으로 만드는 정통 수제 맥주 양조장. 30여 종 이상의 새롭고 다양한 크래프트 맥주를 경험할 수 있다.

27. **스몰글라스** 디자인 쇼룸처럼 꾸민 모던한 내부와 예쁜 와인글라스, 인스타그래머블한 플레이팅과 메뉴로 눈과 입이 모두 즐거운 공간. 한국의 장인들이 만드는 다양한 잔들을 판매하기도 한다.

28. **리타르단도** 모던한 분위기의 칵테일 바. 다양한 시그니처 칵테일과 함께 다양한 범주의 플레이트 메뉴를 선보인다.

29. **윕성수** 북성수에 자리한 와인 바. 낮에는 브런치를 즐길 수 있으며 70종의 컨벤셔널 와인 및 내추럴 와인 리스트를 구비하고 있다.

카페 & 디저트

30. 프롤라 호주 시드니에서 온 바리스타가 선보이는 음료와 디저트가 있는 공간. 홈메이드 스타일의 에스프레소티라미수, 에스프레소, 트러플파르마샌드위치가 인기.

31. 아쿠아산타 성수카페 앤티크 분위기의 카페로 딸기와 생크림, 바닐라가 어우러진 프레지에가 인기.

32. 사델스 원하는 재료로 커스터마이징할 수 있는 소프트아이스크림 전문점. 글로벌 편집숍 키스(Kith) 매장에 자리한다.

33. 대림창고 성수동 시대의 포문을 연 창고형 갤러리 카페. 간단한 식사와 주류도 판매한다.

34. 할아버지공장 염색 공장과 자동차 공업사로 사용되던 공간을 개조한 창고형 카페. 느티나무 위에 마련된 트리하우스가 트레이드마크.

35. 브로벨커피 생두 구매와 로스팅을 직접 하는 스몰 로스터리 & 카페. 원두가 가진 특성을 가장 정직하게 추출해 본연의 맛을 전달하는 데 집중한다.

36. 씨장 뚝도시장 인근의 바게트 전문점. 샌드위치와 수프, 파스타 등의 가볍게 즐길 수 있는 다양한 메뉴도 구비해놓았다.

37. 밀스 사워 도 브레드와 키친에서 직접 만든 소시지, 햄을 이용한 토스트, 샌드위치, 핫도그번 등을 선보이는 베이커리 겸 브런치 카페

38. 한정선 다양한 제철 과일과 팥앙금, 찹쌀떡을 결합한 과일찹쌀떡 전문점.

39. 베통성수플래그십 소금빵으로 유명한 베이커리. 밀도 있는 반죽 중앙에 구멍을 낸 특유의 모양으로 정형한 소금빵을 다양한 베리에이션으로 선보인다.

40. 뵈르뵈르 프랑스산 프리미엄 버터를 사용해 만든 다양한 플레이버의 버터아이스크림 전문점.

41. 뺑드에코 천연 발효종인 르방, 유기농 밀가루 등 좋은 재료를 사용해 저온 숙성해 풍미 가득하고 건강한 빵을 만드는 곳.

42. 발렁스 에콜 르노트르 출신 셰프가 프렌치 스타일 타르트와 구움과자를 선보이는 파티세리. 피스타치오타르트와 바닐라통카 등이 많이 찾는 메뉴다.

43. 쎈느 편집숍과 디저트, 커피를 함께 즐길 수 있는 공간. 넓고 간결한 디자인의 건물을 배경으로 둔 테라스석이 인기.

44. 로우키 커피 맛에 집중한 성수동 감성의 카페. 매장 내에서 로스팅 원두와 감각적인 굿즈도 판매한다.

45. 뉴믹스커피 '가장 한국다운 커피란 무엇일까?'에서 출발해 새로운 믹스커피를 선보인 곳. 익숙하지만 더 부드럽고 덜 텁텁한 믹스커피를 한국 디자인 오란다와 함께 다양한 플레이버로 선보인다.

46. 기미사 커피와 차의 다양한 맛과 향을 경험할 수 있는 곳. 세 가지 타입의 커피를 맛볼 수 있는 코스 메뉴가 유명하다.

47. 코끼리베이글 화덕에 구워낸 베이글로 유명세를 탄 곳. 시간을 잘 맞추면 갓 구워내 김이 모락모락 나는 베이글을 맛볼 수 있다.

48. 어니언성수 1970년에 지어진 공간을 재생한 곳으로 성수동 감성의 시초를 대표하며 새로운 가치를 불어넣은 베이커리 카페.

49. 파티세리후르츠 과일을 주재료로 한 디저트를 선보이는 공간. 원재료가 갖고 있는 맛과 색감, 형태를 그대로 구현한 완성도 높은 디저트가 인기다.

③ 자연과 빌딩 숲의 조화로운 공존… 서울숲-뚝섬 골목

서울숲 인근 상권은 최근 몇 년새 초고가 주상복합 아파트와 대기업 사옥이 잇따라 입주하고 지식산업센터가 자리 잡으며 수요 자체가 팽창했다. 성수동 상권이 부흥하던 무렵 서울숲 인근 상권은 다소 낙후된 주택들을 개조한 작은 소품 숍과 갤러리 등 볼거리가 많은 아기자기한 거리 풍경을 자랑했다. 그런데 현재는 재건축, 리모델링을 통해 새롭게 들어선 신축 건물에 외식 브랜드가 골목에 합세하면서 전형적인 핫 플레이스의 모양새를 갖췄다. 골목 자체가 좁고 대부분의 공간은 규모가 큰 편이 아니지만 유동 인구는 많다 보니 주말이 되면 어느 가게 할 것 없이 북적이는 인파로 가득하다. 상권 부흥 초창기에는 젊은 오너 셰프들이 자유롭게 펼쳐내는 자신들의 세계관과 아이디어가 넘치는 미식 공간들이 자리 잡으며 일대가 특유의 개성을 지닌 골목으로 성장했다. 성수동을 기반으로 성장한 외식 브랜드의 상당수도 이 거리에서 탄생했다. 최근에는 타 상권에서 이름을 알린 외식 브랜드의 2, 3호점들이 이 상권으로 대거 진출하기도 하는데, 기업화된 브랜드가 거리를 채우면서 새로움을 줄 수 있는 개인 외식 공간의 진입 장벽이 높아지고 있어 서울숲 특유의 개성을 조금은 잃어가는 모양새다. 하지만 서울숲 산책로와 이어진 입지, SM사옥 덕분에 가족 나들이객과 K-팝 글로벌 팬 등 관광객 수요가 최근 몇 년 새 부쩍 늘어 가족 및 관광객 대상의 상권으로서 모양새를 가다듬는 추세다.

레스토랑

1. **제스티살룬** 성수동 서울숲 인근에 자리한 아메리칸 스타일 수제 버거 전문점. 특히 와사비새우버거가 방송을 통해 소개되며 웨이팅을 감수해야 하는 곳이 되었다.

2. **엘몰리노** 현지에서의 경험을 살린 셰프의 전통적이면서도 현대적인 멕시코 음식을 경험할 수 있는 타케리아.

3. **제제** '조선호텔', '레스케이프' 등을 거친 장종원 셰프의 중식당. 당일 만들어내는 딤섬과 직접 면을 뽑아 만드는 면 요리가 특히 훌륭하다.

4. **다로베** 이탈리아에서 주문 제작한 전통 화덕으로 구워낸 나폴리피자와 다채로운 이탤리언 요리, 와인을 즐길 수 있는 강우석 셰프의 공간.

5. **정선부뚜막** 코다리밥상, 등갈비밥상, 김치찜밥상 등 맛깔 난 한식 밥상과 곤드레밥을 즐길 수 있는 곳.

6. **밀카페우프** 수제 미트볼, 오믈렛 등 정성 가득한 홈메이드 브런치는 물론 케이크, 쿠키 등 식사와 디저트를 모두 즐길 수 있는 맛집.

7. **난포** 경상도 작은 바닷가 마을에서 외할머니가 손녀를 위해 만들어주시는 정겨운 음식을 테마로 한 한식당. 곰국, 회국수 등 간단한 식사를 비롯해 전통주와 어울리는 단품 메뉴들을 맛볼 수 있다.

8. **쵸리상경** 연어솥밥과 전복장솥밥 등 솥밥을 주력으로 선보이는 모던 한식당. 탁주와 곁들이면 좋은 안줏거리도 맛깔나다.

9. **퍼프피자** 빵 끝까지 바삭한 피자와 꾸덕꾸덕한 크림파스타, 와인부터 생맥주, 소주까지 다양한 주류와 함께 즐길 수 있는 아메리칸 스타일 피자 펍.

10. **플레이버타운** 호주 및 핀란드, 홍콩, 마카오 등 다양한 문화권의 경험을 녹여낸 중식 베이스 레스토랑. TK와 클레어 셰프 부부가 운영하고 있다.

11. **할머니의레시피** 할머니와 어머니의 익숙하고 편안한 손맛을 이어가는 가정식 밥집. 소의 숨뼈를 이용한 얼큰한 숨뼛국, 쌈밥 등의 메뉴들을 기본 찬

과 함께 정갈하게 제공한다.

12. **온량** 특급 호텔 출신 셰프들이 선보이는 작은 양식당. 국내산 토마호크를 튀겨낸 포크커틀릿이 시그니처 메뉴.

13. **소녀방앗간(서울숲시작점)** 산나물밥, 시골된장찌개, 장아찌불고기밥 등 할머니가 따다 준 청정 재료와 엄마가 알려준 담백한 요리법으로 지은 밥상을 선보이는 곳.

14. **대성갈비** 성수동 돼지갈비 골목의 터줏대감. 참숯에 구워 먹는 양념돼지갈비와 돼지고기가 듬뿍 들어간 김치찌개가 인기다.

15. **누룽지통닭구이** 국내산 닭을 당일 손질해 한정 수량만을 판매하는 곳. 가게 앞에 장작을 잔뜩 쌓아놓고 구워내며 은은한 훈연 향을 즐길 수 있다.

16. **팩피** 이종혁 오너 셰프의 이탤리언 컨템퍼러리 퀴진. 파스타 장르에 집중한 메뉴를 선보이며 오징어 리가토니와 고수스파게티 등 창작 요리가 신선하다.

17. **훼미리손칼국수보쌈** 1988년 오픈한 동네의 터줏대감. 보쌈과 손칼국수, 만두 등 친숙한 메뉴를 판매한다.

18. **송홍** 베트남 길거리 음식을 모티프로 한 음식점. 현지의 분위기가 물씬 나는 매장과 음식의 싱크로율이 높다.

19. **성수동간판없는집** 자작하고 칼칼한 국물에 싱싱한 닭발과 숙주를 수북하게 얹어내는 닭발집. 이름처럼 간판이 없지만 입소문을 통해 유명해진 곳.

20. **삽다리곱창** 성수동에서 곱창이 생각날 때 안성맞춤인 곳. 야채곱창, 땡초곱창 등이 대표 메뉴.

21. **누메로도스** 가정집을 개조해 아늑한 분위기를 풍기는 이탤리언 다이닝. 가지그라탱, 마스카르포네 피자 등이 대표 메뉴인 콜키지프리 식당이다. 인근에 '누메로트레스'를 추가로 오픈했다.

22. **소바마에** 맷돌로 갈아 만든 메밀가루를 손으로 직접 반죽해 뽑아낸 면과 100% 가쓰오부시로 우려낸 국물을 곁들인 소바를 선보이는 곳.

23. **데이릿** 묵은지육회마키, 직화족발누들 등 한식에 다양한 문화의 음식을 접목해 선보이는 곳.

24. **스시오오모토** 성수동에서 흔하지 않은 스시 오마카세집. 기본에 충실한 런치와 디너 스시 오마카세를 합리적인 가격으로 선보인다.

25. **빠오즈푸** 피가 얇고 속은 꽉 차 입속에서 풍부한 육즙이 터지는 중국 전통 만두인 빠오즈를 비롯해 지짐만두, 훈둔면 등을 맛볼 수 있는 곳.

26. **카린지린가네스낵바** 점심엔 일본 스타일 수제 카레와 돈가스 등을 판매하고, 저녁에는 스낵 바로 운영해 통조림을 활용한 가벼운 요리와 싱싱한 사와, 맥주를 제공한다.

27. **멘야코노하** 쌍문동에서 시작한 라멘집. 오리, 닭, 멸치 베이스의 맑은 수프에 세 가지 소금을 조합해 만든 시오라멘과 수제 완자 토핑의 돈코츠라멘 등을 맛볼 수 있다.

28. **소랑호젠** '따뜻한 요리와 느긋한 시간으로 사랑을 전하는 공간'을 콘셉트로 제주산 식재료를 다채롭게 활용한 이탈리아 요리를 선보인다.

29. **팜티진** 베트남 요리사가 현지에 가까운 맛을 선사하는 곳. 얼큰한 분보훼쌀국수가 유명하다.

주점

30. **성수스타우트** 선별된 포터 맥주와 스타우트 맥주를 중심으로 계절에 맞는 게스트 크래프트 비어를 제공하는 곳.

31. **내추럴성수** 다양한 내추럴 글라스 와인을 즐길 수 있는 공간. 한적한 분위기에서 온전히 와인을 즐기기에 좋다.

32. **코너룸** 장르에 구애받지 않은 다채롭고 특색 있는 요리를 선보이는 와인 바. 양어깨살크로킷, 매시트포테이토, 항정살스테이크 등이 대표 메뉴.

33. **모루타루** 흑돼지 돈마호크스테이크, 화이트라구떡볶이 등 포션이 큰 안주와 내추럴 와인, 전통주를 서비스하는 공간.

34. **와아** 수제 아이스크림과 와인 페어링을 선보이는 곳. 글라스 와인과 함께 시즌별로 어울리는 아이스크림을 직접 만들어 판매한다.

35. **유어네이키드치즈** 마트처럼 진열된 와인을 골라 치즈플래터와 함께 즐길 수 있는 곳. 간단한 안주 요리도 맛볼 수 있다.

36. **퀴바라** 상호는 "누구냐? 암호를 대시오"라는 프랑스 관용어로, 골목 끝자락에 비밀스럽게 숨어 있는 와인 바다. 프렌치 베이스의 탄탄한 내공이 담긴 음식과 와인을 즐길 수 있는 공간.

37. **위키드와이프** 와인 구독 서비스와 다채로운 팝업 이벤트를 통해 와인을 즐기는 다양한 방식을 제안하는 곳. 익숙한 음식과의 페어링을 통해 와인에 보다 친숙하게 접근할 수 있도록 한다.

카페 & 디저트

38. **묘사서울** 귀여운 모양의 모나카와 양갱을 즐길 수 있는 디저트 카페.

39. **라프레플루트** 오로지 생과일을 활용한 다양한 디저트를 선보이는 곳. 과일이 층층이 쌓인 케이크와 빙수 등의 비주얼이 먹음직스럽다.

40. **로와이드** 패션 브랜드 '유어네임히얼'에서 운영하는 베이커리 카페로 통통하고 짤막한 앙증맞은 비주얼에 부드러운 식감의 소금빵이 유명하다.

41. **웨이크앤베이크** '잠에서 깨어나 빵을 굽다'라는 의미로 반죽과 버터를 겹겹이 쌓는 수제 제조 방식을 고집해 바삭한 식감을 극대화한 타르트 전문 베이커리.

42. **체다앤올리** 서울숲을 바라보며 브런치와 카페 메뉴를 즐길 수 있는 곳. 야외 테라스석은 산책 나온 반려견을 동반한 고객들에게 소문난 휴식처다.

43. **센터커피** 최고 수준의 생두와 로스팅, 추출을 고집하며 지속 가능한 스페셜티 커피 문화 확산에 힘쓰고 있는 카페.

44. **퍼먼트** 매장에서 즉석으로 구워낸 호밀빵, 바게트, 프레첼 등 다양한 빵과 카페 음료를 맛볼 수 있는 곳.

45. **크림라벨** 시그니처인 딸기쇼트케이크와 함께 다양한 과일케이크를 선보이는 곳. 매장 밖의 커다란 리본이 상징이며 성수동에 뚝섬, 서울숲 2개의 지점이 있다.

46. **카페츠a** 달고나밀크티, 스콘의 유행을 선도한

곳. 한글과 알파벳을 혼합한 상호도 위트 있다.

47. 슈퍼말차성수 설탕, 인공 감미료 대신 100% 유기농 최상등급 말차와 천연 재료를 더한 프리미엄 블렌딩 말차를 선보이는 곳.

48. 오거트포레스트 수제 그릭요거트를 전문으로 선보이며 유행을 선도한 '오거트' 카페가 확장 이전해 새롭게 문 연 곳.

49. 케익바 스페셜리티 케이크, 디저트, 커피, 와인, 위스키를 한 번에 만날 수 있는 공간. '플레이버타운' 셰프가 운영하는 곳으로 호주식 오렌지피콜로라테, 딸기코코넛케이크가 인기다.

50. 성수베이킹스튜디오 프랑스 전통 바게트를 주력으로 판매하는 베이커리. 바게트를 활용한 잠봉뵈르샌드위치, 독일식 프레첼, 캄파뉴 등 묵직하고 전문적인 식사빵 라인업을 선보인다.

51. 서울앵무새 매장 외벽의 알록달록한 벽면이 포토 스폿으로 유명하다. 다양한 맛의 시나몬롤, 스콘 등의 디저트와 커피 및 음료 등을 즐길 수 있으며 앵무새 굿즈를 판매한다.

52. 프라이데이베이커리 프랑스 보르도의 전통 카눌레를 선보이는 곳. 고온에서 오래 구워 속은 커스터드처럼 부드럽고, 겉은 아름답게 캐러멜화된 바삭한 질감으로 다양한 식감을 선사한다.

53. 바이닐성수 테이블마다 놓인 턴테이블로 음악을 감상하며 커피 한잔의 여유를 즐길 수 있는 곳.

54. 블루보틀성수 '커피계의 애플'로 불리는 '블루보틀'의 국내 1호점. 블루보틀의 유일한 로스터리 매장으로 국내 블루보틀 카페의 원두를 공급한다.

55. 파티세리아모니 '정식당' 출신 파티시에가 한국적인 식재료를 응용해 선보이는 구움과자 브랜드.

56. 본노엘 유기농 밀가루로 매일 다양한 빵을 구워내는 건강 빵집. 정성 가득한 식빵이 언론에 소개되며 유명세를 탔다.

57. 브라우터 독일식 매듭 모양 빵인 프레첼, 책 모양 빵인 크림페이지 등 색다른 빵과 커피를 즐기며 일상과 예술을 넘나드는 경험을 만끽할 수 있는 공간.

58. 플디 르 코르동 블루 출신의 셰프들이 모여 계절마다 다양한 재료로 다이닝과 호텔식 디저트를 친근하고 재미있게 재해석하는 공간.

59. 로우커피스탠드 테이크아웃 전문 카페로 합리적인 가격과 특유의 분위기, 그리고 맛으로 주민들의 사랑을 받는 곳.

60. 호텔아우프글렛 성수점 크로플 열풍을 선도한 '아우프글렛'의 호텔 콘셉트 매장. 크루아상과 베이글을 결합한 베루아상이 시그니처다.

61. 오버도즈도넛앤커피 매일 새벽 직접 끓여 만드는 신선한 커스터드를 곁들인 수제 도넛 전문점.

62. 네모네 딸기, 망고 등 제철 과일을 풍성하게 활용한 네모조각케이크, 네모스콘, 과일빙수 등을 선보이는 카페.

63. 밀도 그날의 온도와 습도를 세심하게 고려해 매일 맛있는 식빵을 구워내는 식빵 전문점. 성수점이 본점이다.

64. 핀즈 '밍글스'에서 페이스트리 셰프로 이력을 쌓은 김범주 셰프가 한식 요소를 응용하거나 제철 재료를 활용해 식재료 본연의 맛을 살린 디저트 코스와 와인 페어링을 선보이는 곳.

④ 한 집 걸러 젠지(GenZ) 핫플… 도산공원 골목

도산공원 사거리, 도산대로 하면 수많은 대형 브랜드의 플래그십 스토어, 수입차 전문 매장, 고층 빌딩 등이 가장 먼저 떠오를 만큼 국내 고급 외식 문화의 상징과도 같은 곳이다. 또한 도산공원 주변 골목에는 한 집 건너 한 집이 유명 레스토랑일 정도로 고급 레스토랑이 몰려 있는 핵심 상권으로 통한다. 침체기에 있던 압구정 로데오 상권이 긴 숨 고르기를 끝내고 하이엔드 패션과 미식의 거리인 도산공원 상권과 연결되면서 로데오거리도 식음료 업종 중심으로 주요 업종이 전환되고 다양한 음식점들이 속속 생겨나면서 맛의 거리로 변모했다. 신분당선 압구정로데오역 개통 이후 지하철과의 접근성이 높아지면서 주변 오피스 건물들도 활기를 찾기 시작하며 자연스럽게 거주 수요가 형성된 덕분이기도 하다. 이와 같은 영향으로 기존에는 도산공원 인근의 레스토랑들이 하이엔드를 지향하는 스시집이나 파인다이닝이 주축

이었다면 최근에는 유행에 민감한 젊은 소비자들을 타깃으로 하는 상대적으로 캐주얼한 업종이 합세한 올라운드 상권으로 진화했다. 수프림, 팔라스, 스투시, 젠틀몬스터 등 젊은 세대가 열광하는 브랜드의 플래그십 스토어와 힙한 패션 브랜드가 골목 곳곳에 들어서면서 트렌디한 외식 브랜드가 이와 결을 같이 하고 있다. 팝업 스토어 및 인플루언서 마케팅이 대세로 떠오르며 관련 이벤트도 활발하게 진행돼 골목에 활기를 더하고 있다.

레스토랑

1. **다이닝마** 진귀한 식재료인 샥스핀을 중심으로 동충하초, 제비집 등 건강 식재료를 이용한 최고급 중식을 선보이는 곳.
2. **요조라** 숯불의 터치를 활용한 일식 오마카세. 제철 해산물과 채소, 햄버그스테이크, 전기구이통닭 등 숯을 활용한 다양한 요리를 선보인다.
3. **마테르** 덴마크의 레스토랑 '노마'와 '원오에잇'을 거친 김영빈 셰프가 원재료 본연의 맛에 발효의 기법을 더한 요리를 선보이는 노르딕 퀴진.
4. **고료리켄** 김건 셰프의 일식 오마카세. 신선한 재료에 창의적이고 현대적인 아이디어를 더한 요리를 선보인다.
5. **류니끄** 식재료 탐구가 류태환 셰프가 한국의 식재료와 일식, 프렌치의 조리법이 결합된 독창적인 요리를 선보이는 다이닝.
6. **포노부오노** '톡톡'과 '사브서울' 그리고 뉴욕의 '아토보이'를 거친 김태성 셰프의 편안한 이탤리언 다이닝. 시그니처인 히든 파스타는 간결하지만 특별한 맛을 낸다.
7. **그랑씨엘** 아름다운 테라스가 있는 이탤리언 다이닝. 기본에 충실한 맛을 선보인다.
8. **에빗** 조셉 리저우드 셰프가 한국의 식재료와 발효 기법을 활용해 독창적인 코스 요리를 내는 곳.
9. **볼피노** 김지운 셰프의 세 번째 이탤리언 레스토랑. 식재료의 풍미를 살린 생면 파스타의 인기가 높다.
10. **센트레** 계절 식재료를 활용한 생면 파스타, 수제 포르케타, 본매로스테이크, 브런치 등 다채로운 양식 기반의 요리를 선보이는 올데이 다이닝.
11. **가드너아드리아** '올리브앤팬트리' 김신 셰프의 이탤리언 레스토랑으로 삼치파스타가 시그니처 메뉴다.
12. **클랩피자** 21세기형 솔(Soul) 힙합 무드 속에서 미국식 피자를 맛볼 수 있는 힙한 피자집.
13. **카츠바이콘반** 일식 돈가스 전문점. 소금 누룩에 숙성한 고기의 육즙과 바삭한 튀김옷은 독보적이다.
14. **와쇼쿠예인** 미쉐린 2스타, 타베로그 1위를 자랑하는 일본 '긴자시노하라' 출신 우예인 셰프의 손길로 완성되는 진정한 가이세키 요리점. 최고의 제철

식재료를 사용한 다양한 요리를 맛볼 수 있다.

15. 알고리즘 양민우 셰프가 이끌고 있는 모던 재퍼니스 다이닝. 신선한 제철 식재료를 활용해 식재료 본연의 맛을 중시한 오마카세 코스 요리를 낸다.

16. 도산분식 코리안 뉴 웨이브 분식을 표방하며 익숙한 분식에 새로움을 더한 메뉴를 선보인다.

17. 리틀넥 캐주얼한 이탤리언 베이스의 메뉴로 '서울 속 작은 뉴욕'을 표방하는 곳.

18. 윤서울(면서울) 김도윤 셰프의 한식 다이닝. 자가 제면한 면과 숙성 생선 요리 등 오랜 연구의 산물을 경험할 수 있다. '면서울'은 자가 제면 면 요리를 캐주얼하게 즐길 수 있는 세컨드 브랜드.

19. 까폼 로컬 스타일 태국 요리를 맛볼 수 있는 곳. 돼지뼈찜 메뉴인 랭쌥이 시그니처.

20. 최가네버섯샤브매운탕칼국수 압구정 로데오에서 오랜 시간 자리를 지킨 한국식 버섯샤부샤부 전문점. 칼국수를 먹고 난 뒤 미나리와 메추리알 넣은 볶음밥은 필수다.

21. 히키니쿠토코메 도쿄 시부야의 유명 햄버그스테이크(함바그) 맛집으로 한국 진출 1호 매장이다. '갓 다진, 갓 구운, 갓 지은' 세 가지를 고집하여 만드는 햄버그스테이크 전문점.

22. 우가 허세병 셰프가 '고기 과학(Meat Science)'이라는 슬로건 아래 연구한 최상급 건조 숙성 한우를 맛볼 수 있는 곳.

23. 파씨오네 이방원 오너 셰프의 열정을 담은 정통 프렌치 코스 요리를 선보이는 맛집.

24. 호족반 '훌륭한 민족의 밥'이라는 의미를 실어 한식을 모던하고 창의적으로 풀어내는 곳. 들기름메밀국수, NY양념갈비 등이 대표 메뉴다.

25. 수린 '본앤브레드'의 최상급 한우만을 취급하는 한우 오마카세. 도산공원의 풍광을 즐길 수 있는 장점도 갖췄다.

26. 임프레션 최고의 재료들을 조리하는 과정에서 불필요한 것들을 덜어내고, 정제된 본질의 직관적인 맛을 추구하는 파인다이닝 레스토랑. (영업종료)

27. 보타르가 '그라노'를 거친 손영철 셰프의 이탤리언 레스토랑. 김광자 명인의 어란과 버터로 맛을 낸 보타르가파스타가 시그니처 메뉴다.

28. 올댓비트 미국식 바비큐를 선보였던 '올댓미트'가 럭셔리 뮤직 라운지 '올댓비트'로 바뀌었다. 레트로 뮤직을 배경으로 바비큐를 즐기는 것이 색다르다.

29. 골드피쉬딤섬퀴진 홍콩 길거리에서 흔히 먹을 수 있는 딤섬들과 중국의 다양한 길거리 음식을 즐길 수 있는 곳.

30. 스미카츠 압구정본점 숯불 훈연 카츠, 카츠동 전문점. 18일 습식 숙성과 1일 염지 숙성한 냉장 꽃목살을 저온에서 12시간 한약재로 수비드한 뒤 고온에 바싹 튀겨 훈연해 내는 꽃목살카츠가 시그니처.

31. 피자덕후피자힙 우대갈비와 텍사스 바비큐를 접목한 디트로이트피자와 다양한 안주, 그리고 주류를 판매한다. 몽환적이면서도 힙한 분위기의 볼거리, 즐길거리가 가득한 피자 펍.

32. 압구정하루 압구정 로데오거리에서 저렴한 가격과 맛으로 오랜 시간 자리를 지켜온 냉모밀, 돈가스 전문점.

33. 뱃고동 저렴한 가격의 오징어·낙지불고기백반으로 자리 잡고 있는 터줏대감.

34. 우텐더 마장동 '본앤브레드'의 한우를 비교적 합리적 가격으로 맛볼 수 있는 곳. 감자고추장찌개도 별미다.

35. 금성스테이크부대찌개 단골들에게 오랜 시간

사랑받아온 부대찌개 전문점. 돌판에 구워 먹는 소시지구이도 인기가 좋다.

36. 보보식당 화교 3세인 장보원 셰프의 차이니스 다이닝 바. 동파육과 깐풍아귀 등 별미 요리들을 경험할 수 있다.

37. 뉴만두집 1982년 개업해 압구정 로데오거리의 추억을 고스란히 간직한 곳. 육향이 살아 있는 평양만두가 가득 담긴 만둣국이 시그니처.

스시

38. 스시선수 도산공원 호림아트센터에 자리한 스시 오마카세. 런치에는 다양한 세트 메뉴를 인근 스시야에 비해 합리적으로 선보이기도 한다.

39. 스시시미즈 이광열 셰프가 이끄는 스시야. 개성 있는 샤리와 녹진한 네타가 특징이며, 음주에 특화된 곳으로 꼽힌다.

40. 스시기요세 신선한 오마카세와 다양한 마리아주를 선보이는 하이엔드 스시 오마카세.

41. 스시결 '스시초희', '스시기요세'를 거친 최정회 셰프가 이끌고 있는 스시야. 식재료 본연의 맛을 살린 균형 잡힌 맛을 선보인다.

42. 스시인 이진욱 셰프의 스시야. 단골들의 재예약 시스템만으로 운영되는 곳이나 그마저도 예약이 어렵기로 유명하다.

43. 스시사토시 이광우 헤드 셰프가 이끌어가는 스시야. 샤리의 식감이 특색 있고 오토시, 쓰마미, 스시로 알차게 구성한 런치는 가격 대비 만족도가 높다.

44. 하네 자연산 식재료 사용을 고집하는 최주용 셰프의 스시야. 계절의 순리를 따른 우수한 식재료의 스시를 맛볼 수 있다.

45. 더나인클럽 압구정 로데오거리에 자리한 '스시선수' 출신 양지원 셰프가 운영하는 고객 중심의 스시 오마카세.

주점

46. 갓포아키 도산공원점 갓포 요리를 유행시킨 주인공. 제철 식재료로 선보이는 다채로운 일식을 맛볼 수 있다.

47. 사케리아잇콘 사케, 와인, 맥주를 즐길 수 있는 일본 요리 베이스의 개성 있는 선술집. 다치(だち) 형태의 오픈 주방에서 즉석으로 만들어주는 안주와 다양한 일본 술을 페어링하기 좋다.

48. 폴스타 일본의 바텐더 쓰보이 요시후미가 선보이는 솜씨 좋은 칵테일 바.

49. 미아전 한식 베이스의 안주 메뉴와 다채로운 주류를 즐길 수 있는 곳. 팬케이크를 닮은 감자전이 대표 메뉴다.

50. 이치에 합리적인 가격으로 다양한 일본 요리와 일본 술을 즐길 수 있는 이자카야.

51. 목탄장 도산 다양한 해물과 제철 식재료 기반의 요리와 비장탄구이 요리를 즐길 수 있는 무국적 요

리 주점.

52. 코타바이던 제철 식재료로 만든 한식 기반의 타파스와 전통주, 내추럴 와인 등을 즐길 수 있는 곳.

53. 묵전 가정집을 개조해서 만든 막걸리집. 다양한 전과 보쌈 등 친숙한 메뉴도 함께한다.

54. 시라카와 일본의 튀김 요리 덴푸라를 메인으로 다양한 술과 간단한 요리를 즐길 수 있는 이자카야. 덴푸라 오마카세 코스가 시그니처로 요리와 덴푸라, 식사, 디저트로 구성되어 알차다.

55. 하일로 드링커리 하우스(Drinkery House)라는 개념을 국내에 도입해 다양한 음료와 함께 감각적 음악 및 인테리어가 결합된 독특한 경험을 제공한다.

카페 & 디저트

56. 알디프도산티라운지 티 브랜드 알디프의 티 라운지. 시즌별로 새로운 테마를 정해 진행하는 티 코스가 인기다.

57. 이웃집통통이 약과쿠키 유행을 선도한 카페. 소금빵, 휘낭시에 등 다양한 빵과 베이커리를 맛볼 수 있다.

58. 미뉴트빠삐용 '카멜커피'와 '노티드'가 협업해 탄생한 추로스 전문점. 고풍스러운 프랑스 극장 분위기에서 즉석으로 튀긴 추로스를 즐길 수 있다.

59. 젤라떼리아도도청담 첨가물을 넣지 않은 자연스러운 맛의 젤라토를 선보이는 곳. 계절감을 살린 다채로운 젤라토를 소개한다.

60. 꽁티드툴레아 향기 관련 제품을 판매하고 소개하는 브랜드를 기반으로 브런치, 와인, 카페 메뉴를 즐길 수 있는 복합 문화 공간.

61. 런던베이글뮤지엄 클래식한 영국 감성의 베이글 전문점. 오픈 런, 웨이팅이 치열한 곳으로 브리레인샌드위치, 쪽파프레첼베이글 등이 대표 메뉴다.

62. 스몰배치서울 호주 멜버른 스페셜티 커피 브랜드 스몰배치의 서울 쇼룸. 농장으로부터 생두를 직접 소싱해 본연의 맛을 극대화한 스페셜티 커피를 소개하고 있다.

63. 골든채터스 베이글, 소금빵, 브리오슈를 라인업으로, 다양한 식재료 선택과 익숙하지 않은 형태의 베이커리를 추구하는 곳.

64. 누데이크하우스 도산 젠틀몬스터의 플래그십 스토어 내에 자리한 디저트 카페. 상식을 뛰어넘는 새롭고 창의적인 디저트 메뉴를 선보인다.

65. 투아투아 유럽 시골집을 그대로 구현한 공간이 특색 있는 천연 발효빵 전문 베이커리.

66. 씨와이 파티세리 채드 야마가타 셰프의 달콤한 디저트와 애프터눈티를 맛볼 수 있는 곳.

67. 카멜커피(도산2호점) 시그니처가 된 브랜드의 감성이 녹아든 빈티지 분위기의 공간에서 커피와 베이커리를 즐길 수 있다. '카멜커피'의 유명세를 견인한 공간.

68. 카페마당 메종 에르메스 도산파크 지하 1층에 위치한 북 카페. 모든 식기류는 에르메스 제품을 사용해 꾸며놓았다. 디저트와 애프터눈티, 간단한 식사류를 즐길 수 있다.

⑤ 하이엔드 미식의 집결지… 청담동 골목

하이엔드 상권의 대명사로 군림하며 고급스럽고 성숙한 외식 상권이 형성되어 있는 청담동 골목은 인접한 도산공원 상권과는 또 다른 매력을 지니고 있다. 도산공원 상권이 많은 방문객이 외부에서 유입되는 캐주얼하고 대중적인 분위기라면 도로 하나를 사이에 둔 청담동 골목은 사뭇 다른 분위기를 풍긴다. 예전부터 명품거리, 카페거리 등의 별칭으로 불린 청담동 골목은 좀 더 차분한 느낌이며, 각각의 업소는 프라이빗한 분위기가 특징이다. 대로변으로는 화려한 세계 명품 브랜드의 플래그십 스토어들이 자리 잡아 골목을 감싸고 있는데 마치 건축 예술품을 전시한 거리의 미술관을 방불케 한다. 골목에 들어서면 언덕길로 이루어진 길 사이사이로 웨딩 숍과 헤어 숍, 명품 브랜드 편집숍, 디자이너 부티크, 그리고 많은 외식 공간이 들어서 있는데 주로 외부로 존재감을 크게 드러내기를 꺼린다. 골목 전체의 결이 그렇기도 하지만 걸

어 다니면서 구경하고 즐기는 골목이 아니라 각자의 목적지를 차량으로 이동하는 방문객들이 대부분이기 때문. 물론 국내의 하이엔드 문화를 대표하는 골목인 만큼 레스토랑 역시 비슷한 성향을 띤다. 트렌디한 패션과 라이프스타일의 중심지이지만 국내의 하이엔드 다이닝 문화가 피어난 역사를 지닌 골목이기도 하기에 1세대 파인다이닝을 비롯해 수십 년간 맥을 이어가고 있는 외식 공간들도 의외로 많다. 현재 다이닝 신에서 가장 주목받는, 예술적 경지로 손꼽히는 파인다이닝에서부터 고급 라이프스타일의 일부로서 자리한 레스토랑과 카페, 그리고 국내에서 손꼽히는 프라이빗한 고급 바까지 공존한다.

레스토랑

1. **덕후선생** 본토 출신 조리사가 눈앞에서 조리해 선보이는 베이징덕과 도삭면, 독특한 중식 요리 등을 선보이는 공간.

2. **뉴욕바닷가재 청담** 캐나다 산지에서 22시간 이내 공수된 랍스터를 크림양념구이, 버터구이, 찜 등으로 선보이는 곳.

3. **오아시스** 에그베네딕트, 홈메이드 스타일 오믈렛, 타이누들샐러드 등 다채로운 브런치를 즐길 수 있는 레스토랑.

4. **정식당** 서울과 뉴욕을 기반으로 현대적이고 독창적인 새로운 한식을 선보이는 임정식 셰프의 파인다이닝 레스토랑.

5. **펄셸 청담** 산지에서 직송받는 다양한 지역의 굴과 프렌치 베이스의 음식들을 제공하는 오이스터 바.

6. **트리드** '모수' 출신 강승원 셰프의 모던 퀴진 레스토랑. 다양한 문화권의 터치가 접목된 코스 요리를 섬세하게 표현한다.

7. **디슬로우** 재료와 토핑을 모두 매장에서 직접 만들어 사용하는 시카고 스타일 피자 가게. 바삭한 식감의 크래커 신 피자 도(Dough)가 특색 있다.

8. **비스트로욘트빌** 최상의 재료를 이용해 전통적이고 섬세한 조리 기법으로 클래식한 프렌치 비스트로 요리를 선보인다.

9. **라벤더** 이희준 셰프가 이끄는 데판 다이닝. 엄선된 식재료를 가치 있고 조화롭게 펼쳐낸다.

10. **10꼬르소꼬모카페** 유명 편집매장에 자리한 카페 겸 레스토랑. 감각적인 공간 속에서 트렌디한 유러피언 요리와 음료를 즐길 수 있다.

11. **코지마** 박경재 셰프의 뒤를 이어 김우태 셰프가 이끄는 이곳은 기품 있고 섬세한 장인의 기술을 선보인다. 기복 없이 꾸준한 퀄리티를 자랑하는 곳이다.

12. **울프강스테이크하우스** '피터루거스테이크하우스'에서 수석 웨이터로 근무했던 울프강 츠바이너가 경험과 경력을 살려 문을 열었다. 드라이에이징 스테이크가 대표 메뉴.

13. **어슬청담** 멋스러운 퓨전 한식과 한국의 전통주를 즐길 수 있는 한식 다이닝 바.

14. **미미미가든** 컨템퍼러리 이탤리언 퀴진과 시그

니처 칵테일을 즐길 수 있는 공간. 1만3470개의 크리스털로 장식된 화려한 샹들리에가 상징이다.

15. 비플리끄 프라이빗한 공간에서 최상급 한우 코스를 경험할 수 있는 곳. 전문 소믈리에가 추천하는 다양한 테이스팅 코스와 와인, 위스키까지 곁들일 수 있는 페어링이 준비되어 있다.

16. 레스쁘아뒤이부 이국적인 분위기를 자랑하는 임기학 오너 셰프의 프렌치 레스토랑. 캐주얼한 분위기의 프렌치 비스트로를 내세우지만 요리는 제대로 된 맛을 고수한다.

17. 옳음 서양 음식을 보다 편하게 즐길 수 있도록 한식을 결합해 재해석한 서호영 셰프의 공간.

18. 테라스룸 스케줄청담 건물에 자리한 유러피언 다이닝. 이름처럼 이국적인 테라스 좌석이 인기다.

19. 삼남매설렁탕 믿고 먹는 한우 브랜드 '배꼽집'에서 선보인 설렁탕 전문점. 100% 한우로 매일 새벽부터 18시간 끓인 설렁탕을 비롯해 모든 음식에 사용되는 식재료는 국내산을 고집한다.

20. 권숙수 권우중 셰프의 모던 한식 레스토랑. 전국의 진귀한 제철 식재료로 메뉴를 선보인다. 우리 술과 홍두깨살육포, 문어우족편 등의 안주가 나오는 주안상은 권숙수의 시그니처.

21. 청담마코토 프리미엄 다이닝 이자카야. 단품 요리와 술을 즐기거나 일식 오마카세 코스를 경험해봐도 좋다. 좌석이 아늑한 룸으로 이루어져 있어 프라이빗한 시간을 가지기 좋다.

22. 가겐 최현아·원진희 부부 셰프가 이끄는 가이세키 요리점. 깨를 눈앞에서 볶아 즉석으로 무쳐주는 요리, 고사리 뿌리 전분으로 만든 와라비모찌, 성게를 듬뿍 올린 국수 요리 등은 계절감과 특색을 모두 갖췄다.

23. 미피아체 청담동 터줏대감으로 불리는 레스토랑으로 이탈리아 가정식을 선보인다. 규모는 작지만 격조 있는 서비스, 신선한 재료로 일관되게 좋은 평을 얻고 있어 단골층이 꽤 두껍다.

24. 볼트스테이크하우스 웨트 & 드라이에이징 스테이크를 즐길 수 있는 아메리칸 스테이크하우스.

25. 밍글스 '노부 바하마'의 최연소 총괄 셰프 출신 강민구 셰프의 컨템퍼러리 다이닝. 한식을 기본으로 전통 장과 발효초, 제철 재료를 활용한 창의적인 음식을 만나볼 수 있다.

26. 라미띠에 1999년에 오픈한 프렌치 레스토랑계의 노포 격. 대부분이 오랜 추억을 간직한 단골손님일 정도로 고객 충성도가 높다. 언제 방문하든 기대에 어긋나지 않는 곳이다.

27. R고기 파워 블로거 '레이니'가 오픈한 프리미엄 한우 암소구이 전문점.

28. 쥬안 가이세키 요리를 전문으로 하는 일본 '제니야'와 제휴해 개점한 가이세키 요리 전문 일식당. 제철 식재료로 선보이는 단품과 오마카세 요리를 경험할 수 있다.

29. 스시하나레 도산공원 스시 벨트의 주축이 된 1세대 마쓰모토 미즈호 셰프의 스시 오마카세.

30. 쵸이닷 셰프테이너로 유명한 최현석 셰프의 창의적이고 섬세한 요리 세계를 경험할 수 있는 공간.

31. 무니 일본 가이세키 요리를 바탕으로 계절감 있는 코스 요리와 다양한 일본 사케를 페어링해 맛볼 수 있는 곳이다.

32. 리알토 최고의 재료로 섬세하게 요리한 완성도 높은 파스타를 즐길 수 있는 곳. 점심의 3코스는 특히 인기다.

33. 슬로우치즈 매일 신선한 치즈와 요거트를 매장

에서 직접 만들어낸다. 토마토와 바질을 곁들인 모차렐라샐러드와 올리브유를 곁들인 부라타 치즈가 시그니처.

34. 엘픽 우드 파이어그릴 스테이크하우스. 제주에서 이름을 알린 뒤 서울로 자리를 이전했다. 스테이크뿐만 아니라 제철 해산물을 활용한 요리도 수준급이다.

35. 꿰뚫 4개의 단독 룸으로 운영하는 최상급 드라이 에이징 스테이크 전문점.

36. 스시렌 이성준 셰프의 스시 오마카세. 샤리와 네타의 크기가 넉넉하며 제철 식재료의 참맛을 느낄 수 있다.

37. 슈보카가리 숯불을 기반으로 한 일본 요리를 개인의 취향에 맞춰 좌석 앞의 철판에서 즉석으로 요리해주는 새로운 스타일의 일본 요리 주점.

38. 강민철레스토랑 조엘 로부숑, 알랭 뒤카스, 피에르 가니에르 등 세계 3대 프렌치 거장의 레스토랑을 모두 거친 강민철 셰프가 한국의 식재료를 재해석해 선보이는 프렌치 퀴진.

주점

39. 앨리스 청담 <이상한 나라의 앨리스> 속 세계로 들어온 듯 동화적이고 프라이빗한 분위기의 바.

40. 르챔버 월드 클래스 바텐더 대회에서 우승을 거머쥔 3명의 바텐더가 의기투합해 문을 연 스피크이지 바. 클래식한 칵테일이 수준급이고 하드 리큐어의 종류도 다양하다.

41. 겟올라잇 뉴욕 재즈 바에 온 듯한 인테리어의 라이브 클럽. 관객과 소통하는 수준 높은 공연과 함께 다양한 주류를 접할 수 있다.

42. 티톨로 강윤석 셰프의 이탤리언 와인 바. 짙은 풍미의 트러플파스타가 인기다.

43. 쿠촐로테라짜 와인과 조화가 좋은 간단한 이탤리언 안주와 내추럴 와인을 즐길 수 있는 곳.

44. 볼트82 400여 종의 위스키를 보유하고 있는 싱글몰트위스키 전문 바.

45. 믹솔로지 일상 속 행복, 새로운 라이프스타일의 경험을 지향하는 칵테일 바. 개성 있고 독창적인 창작 칵테일을 경험할 수 있다.

카페 & 디저트

46. 버터핑거팬케이크 청담 이른 아침부터 늦은 밤까지 올데이 브런치를 즐길 수 있는 곳. 미국식 카페테리아 분위기 속에서 클래식한 팬케이크부터 식사와 차까지 즐길 수 있다.

47. 기음 청담 핑크빛 외관으로 각인된 디저트 가게. 프랑스인 오너이자 파티시에가 마카롱, 에클레르 및 정통 프랑스빵을 선보인다.

48. 커피루소 청담 얼음이 녹을수록 커피 맛이 진해지는 더치큐브라테를 일찍이 선보이며 청담동 골목에서 오랜 시간 자리를 지킨 '루소랩'을 리브랜딩

한 카페.

49. 고센인코퍼레이티드 청담동 카페 골목의 터줏대감. 인절미와 아이스크림이 조화를 이룬 인절미마운틴이 인기 디저트.

50. 먼데이투선데이 반려견 동반이 가능한 카페. 세계 각국의 디자인 체어를 구경하는 재미가 있으며 식사 메뉴도 다양하다.

⑥ 패션 쇼핑의 성지로 자리 잡은 컬러풀한 맛… 이태원-한강진 골목

이태원역에서 한강진역 사이로 펼쳐진 대로변에는 다양한 브랜드의 편집숍, 플래그십 스토어가 길게 늘어서 있다. 그중 일본의 패션 브랜드 꼼데가르송의 플래그십 스토어에서 이름을 따 이 거리를 '꼼데가르송길'이라는 별칭으로 칭하기도 하고 한강진역의 이름을 따 '한강진길'이라고 부르기도 한다. 제일기획 건물에서 한강진역으로 이어진 방면으로는 '현대카드 라이브러리', '블루스퀘어' 같은 음악, 미술, 공연 등을 즐길 수 있는 문화 공간들이 들어서 있으며, 그 뒤로는 경사로를 따라 '나인원 한남'을 비롯한 새롭게 들어선 고급 주택단지와 재개발을 앞두고 있는 오랜 주거 단지가 공존하고 있다. 이태원역에서 한강진역을 잇는 복잡하게 연결된 골목의 이면으로 들어서면 입소문난 카페, 베이커리, 바, 다이닝들이 알차게 들어서 있다. 최근에는 국내 기반 패션 브랜드의 쇼룸이 블루스퀘어 뒷골목으로 대거 입점하며 패션 거리의 면모도 드러내고 있다. 각자의 개성을 갖춘 패션 브랜드 상점 앞에는 한정 상품 구매나 이벤트 참여를 위한 긴 줄이 늘어서 있기도 하다. 외식 상권은 아주 커다란 변화 없이 유지되는 모양새로 꽤 오래 터를 잡은 붙박이 공간들이 많다. 유동 인구가 많은 블루스퀘어 인근은 가벼운 음식 위주의 식당, 카페들이 주류를 이루고 있다면, 건너편 꼼데가르송 인근은 보다 조용하고 고급화된 바, 다이닝들의 비중이 높다.

레스토랑

1. **구찌오스테리아서울** 이탈리아 패션 하우스 구찌에서 선보이는 컨템퍼러리 이탤리언 레스토랑. 서울의 아이덴티티를 담아 마시모 보투라 셰프의 철학이 깃든 요리를 선보인다.

2. **공기(Gongi)** 인공 조미료를 가미하지 않은 제철 식재료로 맛을 낸 모던 한식을 선보이는 식당.

3. **다츠(DOTZ)** 모던 아시안을 표방하며 '다츠'의 스타일로 새롭게 재해석한 요리들을 선보인다. 브런치 메뉴인 가츠산도는 두툼한 고기 두께에 한 번 놀라고 촉촉한 육즙에 두 번 놀라게 된다.

4. **휴135** 드라이 에이징 스테이크와 솥밥 코스 요리를 선보이는 곳. 135는 미디엄 레어 스테이크가 가장 맛있게 익는 온도를 뜻한다.

5. **스시상남** '스시타쿠', '스시코마츠'의 이상남 셰프가 오픈한 스시 오마카세. 단골 위주로 운영해 외부 간판이 없다.

6. **치즈플로** 한남동에 위치한 치즈 전문 레스토랑으로 '쉐플로' 조장현 셰프의 공간이다. 10여 가지가 넘는 치즈를 직접 만들고 판매한다.

7. **바다식당** 사골을 우려낸 국물에 각종 소시지와 간 고기, 양배추 등의 재료를 넣은 존슨탕이 유명하다. 달군 무쇠판에 나오는 칠면조소시지는 안주로도 인기가 좋다.

8. **나리의집** 냉동 대패삼겹살 전문점. 곁들이로 내는 주인 할머니가 손수 띄운 청국장이 인기다.

9. **빠르크** 가정집을 개조한 아늑한 공간에서 건강하게 조리한 한식 밥상과 술을 즐길 수 있는 곳.

10. **이태원우육미엔** 정통 대만 요리를 즐길 수 있는 공간. 진한 국물의 우육면과 매콤한 딴딴면, 꿔바로우가 대표 메뉴다.

11. **시칠리** 10여 년 동안 이탈리아 현지 미쉐린 스타 레스토랑에서 경력을 쌓은 이흥주 셰프가 한국의 제철 식자재를 활용해 시칠리아 요리를 기본으로 동시대의 이탈리아 창작 요리를 선보이는 공간.

12. **자리(JARI)** 밀가루를 사용하지 않고 건강하게 조리한 중식을 맛볼 수 있는 곳. 목화솜 탕수육과 철판어향새우가지가 대표 메뉴.

13. **타크** 뉴욕식 타코를 전문으로 하는 곳. 재료 본연

의 식감과 특징을 살린 맛과 비주얼을 자랑한다.

14. 군몽 뉴욕 미쉐린 스타 레스토랑 출신 오너 셰프가 운영하는 아메리칸 다이닝. 분위기 있는 공간에서 최고의 드라이 에이징 스테이크와 시즈널 차콜 그릴 메뉴를 즐길 수 있다.

15. 피에세 중식에서 주로 사용하는 재료를 기반으로 유럽의 조리법을 접목해 건강한 중식을 선보이는 레스토랑.

16. 쿠시마사 한남점 육류나 해산물 등을 꼬치에 끼워 튀겨내는 일본식 튀김인 구시아게를 오마카세 코스로 선보이는 곳. 100% 예약제로 운영된다.

17. 보르고 한남 스테파노 디 살보 셰프가 선보이는 이탈리아 가정식 레스토랑. 편안하지만 깊이 있는 진짜 이탈리아의 맛을 선보인다.

18. 미트볼라운지 육즙이 가득한 수제 미트볼과 맥주, 와인을 즐길 수 있는 아메리칸 스타일 캐주얼 다이닝.

19. 우츄라멘 국내산 사골로 10시간 이상 끓인 육수, 숙성시킨 미소를 넣은 일본식 라멘을 맛볼 수 있는 곳.

20. 교양식사 삿포로식 양고기 전문점. 항공 직송으로 수입한 생후 10개월 미만의 호주산 램 생고기를 사용하며 프렌치랙, 숄더랙을 대표 메뉴로 선보인다. 삿포로식 수프카레도 별미.

21. 소브스 한남 연어 요리 전문점. 두툼하게 썰어낸 연어회를 비롯해 초밥, 스테이크, 파스타 등 다채로운 연어 요리를 맛볼 수 있다.

22. 기다스시 신선한 횟감에 집중한 초밥 전문점. 저녁에는 다양한 안주 메뉴도 곁들일 수 있다.

23. 몽크스부처 비건 전문 다이닝 레스토랑으로 다채로운 비건 플레이트와 비건 와인을 즐길 수 있다.

24. 산카레 오직 제철 국산 과일과 야채만을 사용해 만드는 숙성 카레와 빙온 숙성고에서 3일간 숙성시킨 최상급 암퇘지 등심으로 만드는 수제 카츠 전문점.

25. 소와나 합리적인 가격의 1++ 등급 한우 오마카세 전문점.

26. 쎄오 매일 농장과 수산시장에서 공수해온 신선한 식재료로 선보이는 프렌치 비스트로. 시메사바, 광어스테이크 등 해산물 요리가 인기다.

27. 다운타우너 한남 한남동에서 시작한 수제 버거 브랜드. 아보카도가 듬뿍 든 수제 버거로 유명세를 탔다.

주점

28. 탄산바 칵테일과 샴페인, 위스키 등을 즐기기 좋은 바. 버블 탱크의 기포가 끊임없이 살아 숨 쉬는 벽면이 이곳의 상징이다.

29. 라핀부쉬 프렌치 샤퀴트리로 이름난 '랑빠스81'의 두 셰프가 선보인 곳으로, '프랑스 포차'를 지향하는 다이닝 바.

30. 부토 '좋은 재료는 흙에서 온다'는 생각에서 출발해 황토로 내외부를 꾸민 한식 바. 독창적인 한식 요리와 술을 즐길 수 있다.

31. 5412 토속적인 한식 메뉴와 전통주, 막걸리 등과의 페어링을 선보이는 한식 바.

32. 블루누드 간단한 안주 메뉴와 함께 아늑한 공간에서 다양한 와인을 즐길 수 있는 와인 바.

카페 & 디저트

33. 베이커리오월의종 천연 발효종을 이용한 건강한 빵을 선보이는 곳. 바게트와 치아바타, 호밀빵 등에 주력하며 밀가루와 물, 소금을 기반으로 한 주식으로서의 빵 본연의 가치를 중시하는 베이커리.

34. 세르클 한남 셰프들이 프랑스에서 경험했던 음식과 공간에 대한 기억을 재해석해 만든 복합 식음료 공간. 프렌치 감성의 인테리어를 즐기며 달걀과 함께 원형 틀에 구워낸 팽뒤프가 시그니처다.

35. mtl 한남 베를린의 스페셜티 커피 브랜드 '보난자커피'와 'mtl베이커리'를 통해 건강하고 맛있는 식음료 문화를 제안하는 곳.

36. 아스티에드빌라트카페 프랑스 세라믹 브랜드 아스티에 드 빌라트 플래그십 스토어에 자리한 카페. 루프톱이 있는 5층 공간에 자리하며 아스티에드빌라트의 제품들을 직접 체험해볼 수 있다.

37. 33아파트먼트 멜버른의 유명 커피 브랜드 '둑스커피'로 내린 카페 메뉴를 맛볼 수 있다. 반려견 동반도 가능하다.

38. 골든피스 한국의 전통 과자를 재해석한 프리미엄 약과 전문점. 기존 틀에서 벗어난 약과 형태가 특색 있다.

39. 맥심플랜트 국내 대표 커피 브랜드 맥심의 플래그십 매장. 브랜드 헤리티지가 담긴 커피의 정수를 경험할 수 있으며 지하 2층~지상 3층 규모의 대형 공간은 커피를 즐길 수 있는 다양한 콘셉트로 채워졌다.

40. 패션5 SPC의 국내 유일 프리미엄 블랑제리 카페 & 레스토랑.

41. 히트커피로스터스 천안에서 시작한 스페셜티 로스터리 카페. 품질 좋은 생두를 수급하고 로스팅해 원두 납품을 하고 있으며 시즌별로 다양한 필터 커피 라인업을 선보인다.

42. 르솔레이 프랑스 티와 구움과자를 즐길 수 있는 제과점. 실험적이며 다채로운 마들렌이 시그니처다.

43. 수르기 섬세하고 아기자기한 디저트를 선보이는 곳. 타르트 일종인 플뢰르와 원통형 디저트 뷔슈가 대표 메뉴이며 크리스마스 시즌 케이크는 예약 경쟁이 치열하다.

44. 재인 디저트와 함께 다양한 칵테일을 페어링할 수 있는 공간. 계절별로 새로운 가토(케이크)와 구움과자를 업데이트한다.

45. 엔다이브 한겨레 바리스타가 매일 직접 볶는 '해례' 블렌드 커피와 신선한 스페셜티 필터 커피가 유명한 곳.

46. 살리르 어른을 위한 아이스크림 가게를 표방하는 공간. 매달 새롭게 바뀌는 아이스크림 메뉴는 와인과의 어울림을 고려해 완성한다.

47. 허니비서울 디저트 아카데미로 이름난 '허니비서울'의 다양한 프렌치 가토와 구움과자 그리고 젤라토와 음료, 통밀 크루아상을 선보이는 곳.

48. 더트러플베이커리 한 겹씩 뜯어 먹는 티슈 브레드를 유행시킨 곳. 1층에는 빵을 굽는 오픈 주방과 빵 판매대가 있으며, 2층 카페에서는 음료와 함께 매장에서 갓 구운 빵을 즉석으로 먹을 수 있다.

49. 앤트러사이트 멈춰 있는 공간에 새롭게 생명력을 부여하고, 커피를 하나의 문화로 만들어내고자 하는 브랜드. 매장 내에서 금방 로스팅한 원두를 구매할 수 있다.

⑦ 재개발 물결 속 새로운 시작… 을지로 3가 골목

을지로 골목에는 상호 앞에 '을지로'가 붙는 경우가 많다. 그만큼 상징성을 지니고 있는 이 거리는 젊은 층을 중심으로 한 뉴트로 트렌드와 맞물리며 많은 주목을 받았다. 억지로 만들어낼 수 없는, 세월이 만든 특유의 분위기와 골목이 지닌 역사 위에 오늘날의 이야기가 덧씌워지고 시너지를 일으키며 강북권의 대표적인 핫 플레이스 외식 상권으로 자리 잡았다. 생명력을 잃어가던 골목이 구석구석 새롭게 생긴 공간들로 인해 개성 넘치는 색채로 물들면서 이렇게 모여든 공간들은 골목의 수식어를 '힙지로'로 만들어버렸다. 간판도 없이 구석구석 보물찾기를 하듯 숨어 있던 공간들이 생각지도 못한 곳에서 짠 하고 나타나곤 하지만 이 또한 을지로의 즐거움. 상권의 화제성은 최고점을 찍은 후 몇 년이 흘러 조금은 힘이 빠졌으며 '세운재정비촉진사업'이 속도를 내면서 많은 변화가 일어나고 있다. 특히 세운상가 일대는 노포가 밀집된 지역으로 개발계획 과정에서 보존과 개발로 나뉜 여론이 들끓었던 곳이기도 하며, 시끌벅적했던 노가리 골목에도 많은 변화가 있었다. 많은 가게의 불빛이 스러진 골목에는 역사의 존속

과 새로운 변화, 그리고 그 사이에서 불거진 안타까운 갈등이 뿜어져 나온다. 재개발 구역에서 수십 년간 영업하던 대부분의 노포는 인근에서 새롭게 오픈하거나 을지로를 떠나 다른 골목에서 시작을 알리기도 했고, 목을 옮겨 장사를 지속할 여력이 되지 않아 역사 속으로 사라진 공간들도 있다. 하지만 기본적으로 유동 인구가 많고 인근 고정 거주 인원도 많은데, 낡고 오래된 건물이 대부분인 까닭에 상대적으로 주요 상권임에도 임대료가 낮게 형성되어 있어 특색을 갖춘 공간들이 지속적으로 생겨날 여지가 많다. 을지로의 문화를 만들어가는 개성 있는 장소들은 변화의 파도 속 지금의 을지로를 충분히 즐겨야 할 이유가 된다.

노포

1. **이남장** 50년 전통의 설렁탕 노포 '이남장'의 본점. 국물은 48시간 이상 우려낸 한우 양지 사골로 깔끔하면서 진한 맛이 특징이다.
2. **오구반점** 1953년부터 영업 중인 화상 중식당. 바삭한 수제 군만두 맛으로 이름났다.
3. **안동장** 1948년 개업한 서울에서 가장 오래된 중국집 중 하나. 식사 메뉴가 훌륭한 편이며 겨울철에는 굴짬뽕이 인기다.
4. **평래옥** 1950년부터 시작한 이북 음식 전문점. 새콤한 초계탕과 녹두지짐이의 인기가 높다.
5. **산수갑산** 찹쌀밥이 꽉 찬 대창순대로 유명한 곳. 오소리감투, 간, 돈설 등 다양한 부속 부위를 맛볼 수 있는 순대모둠을 찾는 이들이 많다.
6. **사랑방칼국수** 1968년부터 사랑받아온 칼국수·백숙 백반집. 여전히 저렴한 가격을 고수하며 소박한 비주얼이지만 내공의 맛이 가득 서려 있다.
7. **통일집** 드럼통 숯불 위 불판에 구워 먹는 한우 암소 등심구잇집. 50년 가까이 영업 중이다.
8. **조선옥** 1937년부터 자리해온 을지로의 터줏대감. 대표 메뉴인 양념갈비는 구워서 제공되며 불 맛과 함께 뜯어 먹는 즐거움을 선사한다. 대구식 육개장인 대구탕도 일품이다.

주점

9. **만선호프** 을지로 노가리 골목을 접수한 치킨 & 노가리 호프. 골목 전체로 확장해 재개발로 멈춘 노가리 골목의 전통을 이어가고 있다.
10. **에이스포클럽** 60년 역사를 자랑하는 을지로 '이화다방'을 개조한 공간. 다양한 주류와 음료, 그리고 분위기 있는 음악을 함께 즐길 수 있다.
11. **초원호프** 노가리 골목의 호프집 4대장 중 한 곳. 재개발로 인해 골뱅이 골목 쪽으로 이전했다.
12. **을지로보석** 을지로에서 단연코 가장 핫한 주점으로 2시간 이용 시간 제한이 존재한다. 소주는 판

매하지 않으며 맛깔난 안주들이 수준급이다.
13. 을지로골목집 '맵칼'한 곱도리탕, 낙곱새전골 등 얼큰한 전골에 다양한 안주를 곁들일 수 있는 주점.
14. 을지오뎅 을지로 골뱅이 골목에 자리한 어묵 바. 알이 꽉 찬 도루묵구이가 인기 메뉴다.
15. 레드스타 인쇄소 골목에 자리 잡은 양식 바. 다양한 주류 리스트와 함께 비장탄에 구워낸 스테이크 등 개성 있는 안주를 선보인다.
16. 콘부 조개 육수로 끓인 봉골레라멘과 오뎅모리 아와세, 중식풍 마제소바 등 든든한 한 끼 식사가 될 수 있는 특색 있는 일본 요리를 안주로 낸다.
17. 을지맥옥 다양한 브루어리와 컬래버레이션한 맥주들을 맛볼 수 있는 펍. 특히 수제 도(Dough)로 구워낸 피자와 '피맥'을 즐기기 좋다.
18. 더랜치브루잉 대전의 수제 맥주 양조장 '더랜치브루잉'의 직영점. 빨간색 자판기 문을 열고 들어가는 입구는 을지로의 대표적인 포토 스폿이다.
19. 드므 루프톱와 야외 테라스가 있는 와인 바. 군고구마브륄레와 아이스크림을 곁들인 메뉴가 인기다.
20. 주마등 을지로 감성이 물씬 나는 한식 요리 주점. 푸짐한 육회와 오징어미나리무침 등의 맛깔나는 메뉴들을 선보인다.
21. 취향로3가 다양한 취향을 만족시키는 와인, 진토닉, 하이볼과 한 접시 요리를 곁들일 수 있는 곳.
22. 르뎀플 오리엔탈 무드 속에서 농서양을 넘나드는 색다른 요리와 다양한 칵테일을 즐기기 좋은 바.
23. 을지OB베어 노가리 골목에서 40여 년간 영업해온 생맥주 전문점. 특유의 청량한 냉장 숙성 생맥주와 가게의 히스토리 덕에 오랜 단골이 많다.
24. 금토일샴페인빠 샴페인을 중심으로 다양한 주류와 제철 식재료를 활용한 아이디어 넘치는 안주를 즐길 수 있는 곳.
25. 뮌헨호프 을지로 3가 야장의 대표 호프집 중 한 곳. 노가리 골목을 지키다 충무로 방면으로 이전했다.
26. 을지로와이너리 청담동 '베네베네2010' 매장 이후 두 번째 오픈하는 매장으로 20년 경력을 지닌 이탈리아 소믈리에 출신의 셰프가 직접 요리하고 음식에 걸맞은 와인을 추천해준다.
27. 보틀러 와인 러버들의 무한한 애정을 받고 있는 공간. 와인을 보틀로 주문해 충분히 즐길 수 있도록 방문 고객이 1인 1병을 주문할 시 와인의 가격을 30% 할인가로 판매한다.

레스토랑

28. 용대리황태해장국 황태해장국, 황태칼국수, 황태구이정식, 황태비빔밥 등 다양한 황태 요리를 맛볼 수 있는 밥집. 특히 인근 직장인들의 점심과 해장을 책임지고 있다.
29. 뼈탄집 을지로직영점 뼈대가 있는 숙성 뼈탄삼겹살, 특제 매운 양념을 발라 초벌한 매운 직화 뼈구이를 선보이는 곳. 구이를 먹고 나서 닭목살과 치즈가 듬뿍 들어간 볶음밥은 필수 코스다.
30. 산청숯불가든 을지로 산청을 테마로 재래식 소금구이와 양념구이 등을 선보이는 돼지고기 전문점.
31. 베타서비스 3층에는 가성비 좋은 오마카세와 함께 와인을 즐길 수 있는 와인 바 '베타서비스'가,

4층 루프톱에는 야장삼겹살과 어묵을 즐길 수 있는 '오오옥'이 자리하고 있다.

32. 춉춉 뉴욕, 파리 같은 해외 대도시 속 감성으로 해석한 베트남 요리를 선보이는 곳. 모든 메뉴가 시그니처로 느껴질 만큼 하나하나 정성이 깊다.

33. 을지깐깐 셰프가 직접 현지에서 거주하며 익힌 레시피로 선보이는 베트남 호찌민 요리 전문점. 매콤한 육수와 쫀득한 수제 면이 어우러진 게살국수가 시그니처 메뉴다.

34. 을지장만옥 홍콩의 가정식을 베이스로 한 차이니스 타파스 전문점. '고래맥주'의 수제 맥주와 다양한 주류, 그리고 작은 중식을 곁들일 수 있다.

35. 다케오호르몬데판야끼 대창과 막창, 다양한 부위의 소고기철판구이 전문점. 셰프가 테이블 앞에서 직접 철판에 조리하기에 오감을 모두 만족시키는 식사를 즐길 수 있다.

36. 토리카미 닭의 다양한 부위를 숯불 화로에 구워 먹을 수 있는 닭구이 전문점. 공간은 일본 현지의 분위기를 내고 있으며 에비스 생맥주와 다양한 하이볼을 맛볼 수 있다.

37. 을지식당 에스닉한 감성을 담은 캐주얼 브라스리(Brasserie), 창의적이고 편안한 음식과 함께 와인을 즐기기에 더없이 좋은 공간.

38. 더시옷 유러피언 메뉴를 다루는 캐주얼 다이닝. 24시간 공들여 내린 버섯콩소메와 트러플을 곁들인 파스타, 생물 바다 생선으로 구운 스테이크 등이 인기다.

39. 진작 일식 베이스의 퓨전 요리를 선보이며 특히 하이엔드 스시집의 퀄리티를 표방하는 후토마키가 인기다.

40. 을지다락 파스타, 오므라이스 등 캐주얼한 메뉴를 트렌디한 맛과 비주얼로 선보이는 곳.

41. 경일옥핏제리아 나폴리 정통 화덕피자 전문점으로 '피맥'을 즐기기 좋다. '경일옥'은 사장님의 부친이 운영했던 설렁탕집 이름에서 따왔다.

42. 올디스타코 빈티지 아메리칸 스타일의 줄 서서 먹는 힙한 감성의 타케리아. 비리아타코와 소프트타코인 올디스타코, 도리토스 나초 칩을 곁들인 메가밤스낵이 인기.

43. 올디스핫도그 '올디스타코'에서 새롭게 선보인 핫도그 전문점. 제주도 백돼지로 만든 수제 소시지를 주재료로 올디스, 콘마요, 칠리, 맥앤치즈 등 미국 현지 바이브를 느낄 수 있는 핫도그를 선보인다.

카페 & 디저트

44. 커피한약방 옛 혜민서 터에 자리한 카페. 역사적 의미가 깃든 장소인 만큼 과거의 향수를 자극하는 공간으로 꾸며져 있다. 핸드드립으로 내려주는 필터 커피는 꼭 맛봐야 한다.

45. 혜민당 '커피한약방'과 같은 대표가 운영하는 디저트 & 베이커리 숍. 같은 골목에 마주 보며 위치하고 있다. 개화기 감성의 인테리어와 현대적인 고퀄리티 디저트의 조화가 인상적이다.

46. 공간갑 크렘브륄레라테, 바닐라커스터드 푸딩빙수 등 크리미한 메뉴들이 사랑받는 빈티지 무드의

카페.

47. 죠지 수제 곤약젤리, 빈티지풍 음료와 디저트, 빈티지 패션 아이템 및 소품을 판매하는 편집숍.

48. 호텔수선화 3명의 디자이너가 운영하는 카페 겸 예술 공간으로 각 공간이 브랜드의 특성을 지니고 있어 구경하는 재미가 쏠쏠하다.

49. 분카샤 부드러운 샌드위치 속에 크림과 과일을 가득 채운 후르츠산도로 유명한 곳. 와인과 제철 과일 음료, 순두커피 등 음료의 구성과 맛도 알차다.

50. 호랑이 세운대림상가 3층에 자리한 아담한 키페. 고소한 호랑이라테가 시그니처로 방문 시 매장 앞 인증 샷은 필수.

⑧ 작고 소중한 취향 가게들의 매력… 연남동 골목

2016년 경의선 숲길 공원, 이른바 '연트럴 파크'가 조성된 다음 치솟은 임대료와 포화 상태에 이른 홍대에서 넘어온 예술가들이 하나둘 둥지를 틀며 공방들과 가게들이 모여 태동했던 연남동 골목. 그 후 이곳은 숲길 공원을 중심으로 연남동, 동교동, 서교동으로 뻗어나가는 대형 상권으로 성장했다. 경의선 숲길 옆쪽으로 상권이 퍼져나가다 보니 굳이 구별하지 않고 이 지역을 최초 상권이 태동한 연남동으로 으레 통칭하여 부르곤 한다. 수년간의 부침을 오가면서도 경의선 숲길 골목은 더욱 단단하게 뿌리를 내리고 있으며 이제 홍대의 옆 동네, 혹은 쇠락에 대한 불안을 논하는 반짝 상권이 아니라, 이곳만의 고유한 골목 상권과 문화를 만들어나가고 있다. 일자로 뻗은 숲길을 사이에 두고 연남동과 동교동 양쪽으로 외식 상권이 크게 형성되어 있는데, 연남동 방면은 동교동 방면에 비해 주택가 느낌이 더욱 강하며 가게들

역시 매우 촘촘하게 자리하고 있다. 평범함을 거부하는 힙스터들의 발걸음을 시작으로 독특하고 섬세한 매력을 갖고 있는 다양한 상점과 음식점들이 생겼다 없어지기를 반복하면서 지금도 여전히 외식의 새로운 트렌드를 만들어가고 있는 연남동. 이곳의 가장 큰 매력은 바로 골목 사이사이에 자리 잡은 다양한 음식 문화의 공존일 것이다.

레스토랑 & 주점

1. **땡스오트** 인위적인 첨가물을 넣지 않고 좋은 원재료를 사용한 요거트와 그래놀라로 건강한 한 끼를 제공하는 곳.

2. **툭툭누들타이** 연남동 골목의 부흥을 이끈 태국 음식점으로 연남동의 상징이 됐다. 레몬그라스, 고수 등 현지의 풍미를 그대로 전달하는 태국 요리의 유행을 이끈 주인공이다.

3. **소이연남** '툭툭누들타이'의 세컨드 브랜드인 태국 국수 전문점. 쇠고기쌀국수가 유명하다.

4. **니시무라멘** 일본 후쿠오카에서 미쉐린 퓨전 부문 1스타를 받은 니시무라 다카히토 셰프가 직접 만드는 라멘을 맛볼 수 있다. 닭뼈 육수와 김 오일을 곁들인 교카이파이탄라멘은 서울 한정 메뉴다.

5. **오복수산시장** 가이센동으로 유명한 오복수산의 전신이 된 이자카야. 모둠회, 우니 등 신선한 해산물 안주를 선보인다.

6. **미쁘동** 참치, 딱새우, 연어 등 여덟 가지 신선한 해산물이 올라간 일본식 해산물덮밥 전문점.

7. **더스테이크쥬벤쿠바** 바삭한 쿠바샌드위치와 푸짐한 바비큐플래터, 파스타 등 아메리칸 비스트로 메뉴를 경험할 수 있는 곳.

8. **수부니호** 비프웰링턴이 시그니처인 유러피언 비스트로. 합리적인 가격으로 다양한 단품 요리를 즐길 수 있다.

9. **하쿠텐라멘** 돼지 육수와 닭 육수를 혼합한 특제 이에케라멘을 선보이는 곳. 간장 염도와 면 삶음 정도, 국물의 농도 등을 세밀하게 커스터마이징할 수 있다.

10. **온정** 일식 전문 셰프가 선보이는 숙성 사시미와 가이센동, 카츠류를 즐길 수 있는 식당. 이름처럼 따뜻한 정이 있는 곳이다.

11. **연어롭다** 신선한 연어사시미와 초밥, 그리고 연어를 활용한 다양한 요리를 맛볼 수 있는 연어 천국.

12. **리틀파파포** 현지의 맛을 살린 베트남 전통 음식 전문점. 진한 육수 베이스의 쌀국수는 남은 국물에 밥을 말아 먹어도 좋다.

13. **알쵹(Al Choc)** 베네치아 출신 마르코 셰프가 베네토 지방의 전통 요리법을 고수해 현지의 맛을 전달하는 오스테리아.

14. **후레쉬** 바(Bar)로 이루어진 작은 식당으로 우동, 만두, 야키소바 등 가벼운 메뉴를 팔지만 맛은 가볍지 않다. 하이볼이나 맥주와 함께하며 편안하게 쉬어가기 좋은 곳으로 1, 2호점을 운영하고 있다.

15. **바다회사랑** 싱싱한 회를 두껍게 썰어 접시에 수

북하게 쌓아 올려 내며 특히 대방어 제철에는 어마어마한 웨이팅을 자랑한다.

16. 566라멘 압도적인 양, 진하고 기름진 국물과 굵은 면발, 푸짐한 토핑을 얹어 내는 도쿄 '라멘지로' 스타일의 지로계라멘을 선보이는 곳. 채소와 면을 추가해도 추가금이 없으며 자극적인 맛이 중독성이 강하다.

17. 사루카메 쇼유라멘을 전문으로 하며 차슈 토핑양에 따라 가격이 달라진다. 육수는 닭과 바지락 중 고를 수 있다.

18. 감나무집기사식당 돼지불백으로 유명한 백반 전문점. 연중무휴 24시간 영업한다.

19. 스시지현 가성비로 소문난 판 초밥 전문점. 모둠초밥 10피스 판 초밥을 1만원대에 즐길 수 있으며 네타의 구성과 두께가 실하다. 판 초밥을 주문하면 자완무시와 우동이 코스로 나온다.

20. 연하동 '연어와 하이볼과 꼬꼬동'이라는 뜻을 담고 있는 곳이다. 젊은 층이 좋아하는 연어회와 치킨을 푸짐하게 올려낸 덮밥에 하이볼을 곁들여 간편하고 든든한 한 끼 식사와 반주를 제공한다.

21. 소점 이름처럼 작고 소박한 오코노미야키 전문점. 히로시마풍, 오사카풍, 모단야키, 돈페이야키, 야키소바 등 오코노미야키 맛집답게 종류가 다양하다.

22. 야키토리묵 숯불과 짚불을 이용한 일본식 꼬치 요리를 맛볼 수 있는 공간.

23. 뉴오더클럽 미국식 피자와 함께 미국적 분위기를 즐길 수 있는 곳이다. 감자튀김을 듬뿍 올린 포테이토피자가 시그니처.

24. 랑빠스81 프렌치 다이닝 바. 직접 만든 샤퀴트리를 활용한 안주 메뉴가 훌륭하다.

25. 락희돈 일본 요리 30년 경력의 주인장이 선보이는 일본식 숯불 돼지꼬치구이 전문점. 돈설, 뽈살, 항정살, 락희볼 등으로 구성된 시그니처 꼬치 메뉴가 인기다.

중식당

26. 산왕반점 합리적인 가격으로 연남동에서 한국 스타일 중식을 먹고 싶을 때 가면 좋은 곳.

27. 상해소홀 대중성 있고 다양한 중식 메뉴를 선보이고 있으며 밥 손님보다는 술 손님들에게 인기다.

28. 향미 3대째 맛을 지켜온 대만식 만둣집이다. 만두 전문점인 만큼 수준급의 만두를 선보이며 바삭한 맛이 일품인 군만두와 육즙이 가득 담긴 소룡포가 일품이다.

29. 몽중식 영화, 소설 등 다양한 명작 스토리에 접목한 코스 요리를 선보이는 중식당. 스토리텔러의 해설과 함께 식사를 즐길 수 있다.

30. 연교 직접 만든 수제 만두와 딤섬, 간단한 식사류를 판매하는 곳. 중국과 대만에서 거주하면서 쌓은 경험으로 현지의 조리법을 기반으로 한국인의 입맛에 잘 맞는 만두를 선보인다.

31. 진가 중식 대가 진생용 셰프의 중화요리 주점. 두반가지새우와 함께 삼치살과 부추의 향긋함이 조화로운 어만두가 베스트 메뉴.

32. 란콰이진 연남 홍콩 란콰이퐁 거리를 모티프로 퓨전 중식 메뉴와 다양한 맥주 칵테일을 선보이는

차이니스 바.
33. **중화복춘** 대륙 본토의 맛과 향을 즐길 수 있는 정통 중화요리 전문점. 목화솜크림새우와 동파육이 인기다.

카페 & 디저트

34. **커피냅로스터스** 연남동 기찻길 끝에 자리한 스페셜티 커피 전문점. 높은 퀄리티의 커피를 자랑한다.
35. **지구제과** '지구를 생각하는 빵집'을 콘셉트로 비건 베이커리를 선보인다. 좋은 식재료와 당일 제조 및 판매를 원칙으로 하여 비건과 논 비건의 구별 없는 맛을 지향한다.
36. **잼잼** 계절에 맞는 채소와 과일을 사용한 특색 있는 브런치와 카페 메뉴를 선보이는 곳. 시그니처 흑임자라테는 100% 생크림을 사용하며 다양한 과일과 크림을 곁들인 팬케이크도 높은 인기를 누린다.
37. **콩카페 연남점** 한국인에게도 명소로 알려진 베트남 '콩카페' 국내 1호점. 코코넛스무디커피가 시그니처.
38. **파롤앤랑그** 직사각형의 파이지에 크림과 다양한 과일 및 식재료를 먹음직스럽게 올린 독특한 비주얼의 파이를 선보이는 곳.
39. **레이어드 연남** 영국식 빵과 다양한 디저트가 동화 같은 분위기로 진열되어 있는 카페. 카페의 내외부, 테라스까지 곳곳이 포토 스폿으로 유명하다.
40. **맥코이** 숲속의 나무 오두막에 온 듯한 외관이 인상적인 카페. 플랫 화이트 위에 캐러멜 크림을 얹은 맥코이커피가 시그니처.
41. **청수당공명** 대나무 숲과 작은 연못이 어우러진 카페. 마치 일본 교토로 순간 이동을 한 듯 고즈넉하고 이국적인 공간이 특별한 휴식을 선사한다.
42. **커피리브레** 동진시장 옆 작은 카페에서 시작해 전국구의 스페셜티 커피 브랜드가 된 곳. 새롭게 단장해 오픈했으며, 이곳 연남점 매장이 시작점인 만큼 의미가 깊다.
43. **조앤도슨** 오븐에 구운 뒤 표면을 그을린 강한 비주얼의 프렌치토스트 맛집으로 유명한 곳.
44. **얼스어스** '제로 웨이스트'를 적극 실천하는 플라스틱 제로 카페. 딸기요거트케이크, 피스타치오카사타와 코르타도 커피가 대표 메뉴.
45. **작당모의** 빈티지한 그릇에 담긴 타르트와 파운드케이크 위에 마스카르포네 크림과 과일로 장식한 플레이트 디저트가 유명한 감성 카페.
46. **바나나하루키** 동화 같은 비주얼의 케이크를 선보이는 곳. 바나나 크림과 계절 과일을 조합한 케이크가 인기다.
47. **코코시에나 티오마카세** 시즌별로 다양한 차와 음식을 페어링하는 티 오마카세. 티 소믈리에가 엄선한 차를 설명과 함께 제공한다.
48. **만동제과** 다양하고 익숙한 스타일의 빵을 만나볼 수 있는 곳. 시그니처 메뉴로 마늘바게트가 꼽힌다.
49. **리이슈커피로스터스** 농밀한 에스프레소를 선보이는 로스터리 겸 에스프레소 바. 다양한 블렌딩으로 선보이는 원두 베이스의 커피와 리큐어를 블렌딩한 커피 칵테일이 훌륭하다.

50. 펠른 핸드드립 커피, 사이폰 커피 등을 맛볼 수 있는 커피 바. 다양한 맛과 향의 커피와 디저트 페어링을 선보이는 커피 오마카세를 즐길 수 있다.

51. 코코로카라 떠먹는 브레드푸딩을 전문으로 선보이는 아기자기한 분위기의 디저트 숍. 미쓰말차푸딩, 바나나푸딩 등이 인기 메뉴.

⑨ 호수 산책 후 만나는 맛길… 송리단길 골목

최근 몇 년 새 9호선의 연장 개통과 함께 인근 방이동까지 상권이 활성화되고 석촌호수와 롯데월드타워의 조망 등을 즐기려는 젊은 연령대의 유동 인구가 유입되면서 지하철 석촌역과 송파나루역을 양옆으로 두고 석촌호수를 마주한 지역 일대가 달라졌다. 바로 인근에 석촌호수와 공원, 대형 쇼핑몰이 연결되어 원스톱으로 다양한 여가 활동을 즐길 수 있다는 입지적 메리트가 작용하고, 오래된 주택가이던 골목 이면도로를 중심으로 특색을 갖춘 카페와 음식점, 주택을 개조한 개성 있는 매장들이 자리 잡기 시작하면서 외부에서 '찾아오는' 골목으로 더욱 빨리 성장할 수 있었다. 태동기에 붙여진 '송리단길'이라는 별칭은 선배였던 경리단길의 쇠락에도 이곳의 고유명사가 되었다. 각각의 개성이 살아 있는 작은 점포들이 모인 한적한 골목의 분위기는 최근 젊은 층이 선호하는 신흥 상권의 특성을 그대로 갖췄다. 이들 소박하고 예쁜 가게들은 대부분 SNS나 온라인 방송 콘텐츠를 통한 자발적 바이럴에 적합한 특색을 갖추었으며 롯데월드몰을 중심으로 한 인근 대형 상권과는 차별화된 자신만의 아이템을 선보이고자 하는 의지가 분명한 창업자들도 함께 유입되면서 획일화되지 않은 송리단길만의 경쟁력을 갖추었다.

레스토랑

1. **멘야하나비** 일본식 비빔라멘 마제소바의 유행을 선도한 곳.
2. **미앤아이** 대만식 우육면, 차오판, 궈바로우 등 간단하지만 내공 깊은 중식 메뉴를 선보인다.
3. **고도식** 지리산, 제주도의 고산 지역에서 자란 돼지만 취급하는 구잇집. 알등심이 대표 메뉴다.
4. **송리단취향** 클래식 무드로 꾸민 외관이 눈길을 사로잡는 퓨전 파스타 전문점.
5. **입분식가정집 송파본점** 프리미엄 즉석떡볶이 전문점. 대표 메뉴 한우대창떡볶이의 재료는 농협에서 소도축하는 날 특별 주문으로 고기를 공수해온 것을 사용하며 담백하고 고소한 풍미와 쫄깃한 식감을 자랑한다.
6. **차만다** 셰퍼드파이, 피시 앤 칩스 등 영국에서 직접 요리를 배워온 셰프가 선보이는 영국 가정식 요리 전문점.
7. **서보** 태국 대사관 셰프가 운영하는 태국 음식점. 각종 약재에 부드럽게 조리한 태국식 족발덮밥이 시그니처다.
8. **더빛남** 베트남 쌀국수와 한국 보양식의 맛을 모두 느낄 수 있는 비법의 고기 육수를 베이스로 만든 쌀국수가 특징이다. 특히 도가니를 가득 올린 쌀국수가 대표 메뉴.
9. **갓잇** 멕시코 음식 베이스에 한식, 미국식을 접목해 멕시칸 음식에 익숙하지 않아도 편안하게 즐길 수 있는 메뉴를 선보인다.
10. **오레노라멘** 진한 닭 육수가 매력적인 토리파이탄라멘을 주력으로 하는 일본 라멘 전문점. 합정동에 본점을 두고 있다.
11. **단디** 좋은 쌀을 블렌딩해 갓 지은 밥으로 제공하는 덮밥 전문점. 탱글한 양념 대창을 듬뿍 얹은 호르몬동이 인기다.
12. **피자네버슬립스** 압도적인 토핑의 양을 자랑하는 피자 전문점. 포테이토와 더블 페퍼로니를 반반

올린 것이 꿀 조합.

13. **진지아** 최형진 셰프가 선보이는 중화 가정식 전문점. 마라곱창전골이 유명하다.

14. **콘메** 자가 제면한 면과 유기농 치아바타, 내추럴 와인을 즐길 수 있는 이탤리언 다이닝.

15. **오스테리아세콘디** 부부가 운영하는 작은 오스테리아. 이탤리언 기반의 메뉴와 함께 다양한 라인업의 와인을 즐기기 좋다.

16. **야끼소바니주마루** 데판야키소바 전문점. 부부가 운영하고 있으며 일본에서 장인에게 전수받은 비법을 담은 소스를 사용해 직접 뽑은 면과 함께 철판에서 즉석으로 볶아낸다.

17. **개나리아구찜 본점** 아귀찜에 대창과 곤이구이를 올려낸 대창아귀찜을 선보이는 곳.

18. **미호스시오마카세** 1인 셰프가 운영하는 스시 오마카세. 적초와 쌀 식초를 블렌딩하고 우수한 쌀로 지은 밥으로 만든 샤리를 기본으로 한다. 사시미, 작은 요리들로 구성된 코스는 가성비가 뛰어나다.

카페 & 디저트

19. **뉴질랜드스토리** 캐주얼한 브런치 메뉴를 선보이는 곳. 다국적 식재료와 조리법을 응용한 샌드위치를 취향에 맞게 즐길 수 있다.

20. **오린지** 모카포트로 내린 커피와 쑥을 주재료로 한 음료, 디저트를 맛볼 수 있는 카페.

21. **디저티스트** 도쿄제과학교와 교토제과학교 출신의 두 셰프가 운영하는 파티세리. 마다가스카르 바닐라를 사용한 타르트바닐라와 망고패션파르페 등이 인기.

22. **웰하우스** 쫀득하고 진한 풍미의 버터바, 제철 과일로 만든 케이크 등 좋은 재료로 만든 디저트로 입소문난 곳.

23. **레브두** 일본식 프랑스 제과를 지향하는 디저트 전문 카페. 크림으로 가득 채운 반달 크루아상이 시그니처인데 1인당 구매 수량이 제한되어 있을 정도로 인기가 좋다.

24. **코히루** 일본 스타일 테린 전문 디저트 카페. 프렌치 로스팅의 스페셜티 원두도 함께 맛볼 수 있다.

25. **카페페퍼** 쌀로 만든 글루텐프리 디저트를 만드는 곳. 케이크류와 다양한 구움과자 라인업을 갖추고 있다.

26. **뷰클린즈** 쉼이 필요한 어른들을 위한 카페. 흔치 않은 스웨덴 커피와 작은 전시를 함께 즐길 수 있다.

27. **르빵** 갓 구운 맛있는 빵이 가득한 빵집. 문을 열고 들어서면 카운터에서 파티시에가 빵을 만들고 있는 모습을 직접 볼 수 있다.

28. **진저베어** 다양한 파이와 키시, 갈레트, 브런치 메뉴를 선보이는 공간으로 베이킹 유튜버 '다람테이블'이 운영하고 있다. 특히 고기가 듬뿍 들어간 미트파이가 인기 메뉴.

29. **니커버커베이글** 뉴욕 브루클린 부시위크에 본점을 둔 베이글 전문점. 40년 이상 베이글을 반죽한 롤러 장인의 비법을 직접 전수받아 한국에 2호점을 오픈했다.

30. **제리브라운** 미국식 터치가 들어간 푸짐한 이탤리언 음식과 잔술을 곁들이기 좋은 공간. 이탈리아

식 식전주와 칵테일, 그리고 수제 파스타와 다양한 스몰 디시 등을 곁들이며 여유로운 시간을 보내기 좋다.

31. 팻어케이크 100% 동물성 생크림과 신선한 생과일을 사용해서 만드는 디저트 전문점.

주점

32. 라이언하트 칵테일과 위스키, 스테이크와 파스타 등을 즐길 수 있는 다이닝 바.

33. 사케쇼프 향기로운 사케와 하이볼에 신선한 일식 안주를 곁들이기 좋은 곳.

34. 셔터54 작은 아지트 같은 아늑한 분위기의 칵테일 바. 간단한 안주와 독창적인 하우스 칵테일을 즐길 수 있는 공간이다.

35. 뜻한바 한식과 일식을 퓨전으로 선보이는 타파스 바. 합리적인 가격의 다양한 메뉴를 맛볼 수 있다.

⑩ 오래된 시장 골목에 스며든 힙… 신당동 골목

아직 신당동을 떡볶이 타운으로만 기억하고 있는가? 신당동 일대는 동대문과 인접한 만큼 패션업 종사자들이 많이 모이며, 오랜 세월을 머금은 노포가 곳곳에 포진해 있다. 마지막 쓰임을 기다리는 오래된 물건들을 모아 파는 인근의 황학동과 동묘시장도 유명하다. 언뜻 노인들의 놀이터처럼 비춰지기도 하지만 빈티지, 앤티크라는 이름을 달고 특유의 매력을 뿜어내는 올드 타운으로 입소문이 나면서 억지로 꾸며낸 레트로가 아닌 '찐' 레트로 감성을 느끼기 위해 이곳을 찾는 젊은이들이 부쩍 늘었다. 그에 따라 오래된 골목 특유의 분위기를 간직하면서도 내부에 들어서면 전혀 다른 풍경이 펼쳐지는 감성 카페와 와인 바, 작지만 아이디어 넘치는 젊은 셰프나 예술가들의 다이닝이 골목 구석구석 들어서고 있다. 원 & 온리의 공간을 방문해 경험하고 기록하는 것을 즐기는 요즘 세대의 취향을 제대로 저격하는 것. 을지로, 문래동, 남영동처럼 오래된 골목들이 외식 상권으로 주목받기 시작하던 모양새와도 조금은 다르다. 이 거리는 특정 산업, 공업단지가 아닌, 언제나 분주하게 사람들이 오가는 '목 좋은' 시장 골목이자 주요 상업 지역으로 시민들의 외면을 받은 적 없이 활기차게 살아 숨 쉬는 곳이었다. 다만 시대의 흐름에

따라 사라지는 것과 새롭게 피어나는 것으로 골목을 채우는 조각 하나하나가 변화하기 시작한 것으로 볼 수 있다. 그만큼 오가는 연령대도 다양해지면서 구석구석 숨은 명소들을 찾아 일부러 찾아오는 골목 여행자들을 불러들이고 있다. 언제나 그러했듯 골목은 과거와 현재가 공존하는 시기가 가장 매력적이다.

레스토랑 & 주점

1. **라까예** 현지의 스트리트 타코 부스를 연상시키는 신당중앙시장 내 타코 전문점. 직접 구운 토르티야에 현지의 맛에 가까운 풍미 좋은 타코를 올려 낸다.
2. **직화장인** 충청도 일대의 고산지대에서 사육한 180일령 미만의 암퇘지만을 엄선해 사용한다. 참치의 배꼽살인 돈마구로살 역시 이 집에서 빼놓을 수 없는 시그니처.
3. **미드나잇트윈즈** 도(Dough)부터 직접 만드는 수제 피자와 매일 4~5시간 끓여 만드는 수제 라구 소스를 활용한 정통 이탤리언 요리를 맛볼 수 있는 곳.
4. **버드샵** 오래된 다방을 개조한 공간에 자리한 와인 바. 버드샵치킨프라이, 떡구이, 똠얌토마토오르조 등 형식에 구애받지 않는 다채로운 안주와 다양한 와인의 매칭을 선보이는 곳.
5. **계류관** 참나무능이장작구이와 자가 제면 막국수 전문점. 그 외 닭모둠전, 닭모래집, 대파튀김 등 닭 요리의 화려한 변신을 경험할 수 있다.
6. **오빠화이팅** 신당중앙시장 내에 자리한 이자카야. 일본 현지의 작은 선술집을 방문한 듯한 분위기 속에서 숯불꼬치구이와 구시카츠, 데판야키, 튀김 등의 안주와 술을 즐길 수 있다.
7. **옥경이네건생선** 신당중앙시장 내에 자리한 반건조 생선 전문점. 어업을 하는 가족의 도움을 받아 현지에서 직접 100% 자연산 생선을 공수해 사용하며, 갑오징어·우럭·민어 등이 인기다.
8. **난바스낵** 캐주얼한 분위기의 일식 선술집. 하이볼과 함께 치킨난반, 나폴리탄, 야키소바 등 곁들여 먹기 좋은 일식 요리를 제공한다.
9. **옥이네먹거리** 서울중앙시장 내 실내 포차. 모둠전, 두부김치, 제육볶음부터 가오리찜, 꼬막, 과메기 등 다양한 안주를 맛깔스럽게 제공한다.
10. **CMS사운드바** 정통 힙합, 시티팝, 재즈 등 풍부한 사운드의 레코드 음악과 위스키 하이볼을 즐기는 빈티지 사운드 바.
11. **하니칼국수** 오픈 전부터 긴 줄이 늘어서는 공간. 직접 뽑은 칼국수면을 곁들인 알곤이칼국수가 대표

메뉴다.

12. 주신당 '신을 모시는 동네'라는 뜻의 신당동 지역 특성을 그대로 가져온 흥미로운 콘셉트의 칵테일 바. 십이지신의 시그니처 칵테일이 대표 메뉴다.

13. 디핀 음식과 와인, 음악이 어우러지는 경험을 나눌 수 있는 공간을 지향하는 다이닝 & 와인 바. 프렌치를 기반으로 한 창의적인 요리를 선보인다.

14. 아포테케리 60년 된 양곡 창고를 개조한 곳에서 이탤리언 식문화를 좋아하는 주인장이 선보이는 나폴리피자와 커피를 맛볼 수 있는 독특한 공간.

15. 우육미 안심과 등심을 한 번에 맛볼 수 있는 티본스테이크를 합리적인 가격으로 선보이는 고깃집.

16. 백송 짝으로 들여온 한우 갈빗대를 매장에서 직접 손질해 제공하는 짝갈빗살 전문점. 서댓살구이가 대표 메뉴이며, 창살 모양의 독특한 철판이 이곳의 상징이다.

17. 시미베 신선한 해산물을 주력으로 선보이는 일식 다이닝 바. 김초밥 위에 다양한 회를 케이크처럼 얹어 내는 야마모리스시가 시그니처 메뉴다.

18. 진성한우곱창 당일 도축한 신선한 한우곱창을 숙성 마늘간장 소스, 직접 담근 대파김치와 곁들여 즐길 수 있는 곳.

19. 천계닭한마리 20년간 신당동 작은 골목에서 닭한마리 전문점을 운영해온 내공의 맛집. 쾌적하게 리뉴얼한 공간에서 닭한마리와 닭도리탕, 백숙 등을 맛볼 수 있다.

20. 마복림할머니집 국내 즉석떡볶이의 원조이자 신당동 떡볶이 타운이 시작된 곳.

21. 시키카츠 핑크빛이 돌도록 부드럽게 튀겨낸 등심카츠와 안심카츠, 가브리살이 붙은 등심 부위를 튀긴 특로스카츠 등 수준급의 일본식 돈가스를 선보이는 공간.

22. 재구네닭발 연탄불에 구워낸 직화 닭발을 주력으로 선보이며 갑오징어구이, 대하구이 등 다양한 구이 안주를 함께 즐길 수 있다.

23. 말질로 신당중앙시장 인근에서 1980년대 감성의 옛 노래와 함께 해산물과 주류를 즐길 수 있는 해산물 요리 주점.

24. 문화식당 1939년에 지어진 오래된 건물의 2층에 자리한 요리 주점. 오므라이스, 파스타 등 식사와 안주가 모두 가능한 다양한 메뉴를 선보인다.

25. 하이키 일식을 베이스로 한 수제 요리의 건강한 맛과 트렌디하고 힙한 감성을 즐길 수 있는 요리 주점. 고등어봉초밥, 육회카펠리니, 수제 볼카츠 등 정갈하고 깔끔한 제철 요리가 강점이다.

26. 연해장 모던하고 깔끔한 분위기에서 얼큰한 국물이 일품인 돼지곱창전골을 즐길 수 있는 곳.

27. 무학(2호점) 부드럽고 육즙 가득한 돼지 생갈비를 선보이는 집. 특제 양념을 입힌 돼지 생갈비는 80%만 익혀 다양한 곁들이와 조합해 먹는 것을 추천하며, 구수한 청국장도 이곳에서 빼놓을 수 없는 메뉴다.

카페 & 디저트

28. 레레플레이 오래된 여인숙 건물을 디자이너의 감각으로 개조해 감각적인 공간으로 재탄생시킨 카페.

29. 메일룸신당 우체국 모티프의 에스프레소 바. 메뉴를 주문하면 편지함으로 전달되는 콘셉트가 독특하다.

30. 심세정 양곡 창고를 개조한 베이커리 카페. 과거의 향수가 묻어나는 매장에서 직접 구운 다양한 빵을 즐길 수 있다.

31. 단미쌀디저트 밀가루가 단 1g도 들어가지 않은 쌀 디저트를 만드는 곳. 대표 메뉴는 휘낭시에와 에그타르트로 부드럽고 촉촉한 식감이 특징이다.

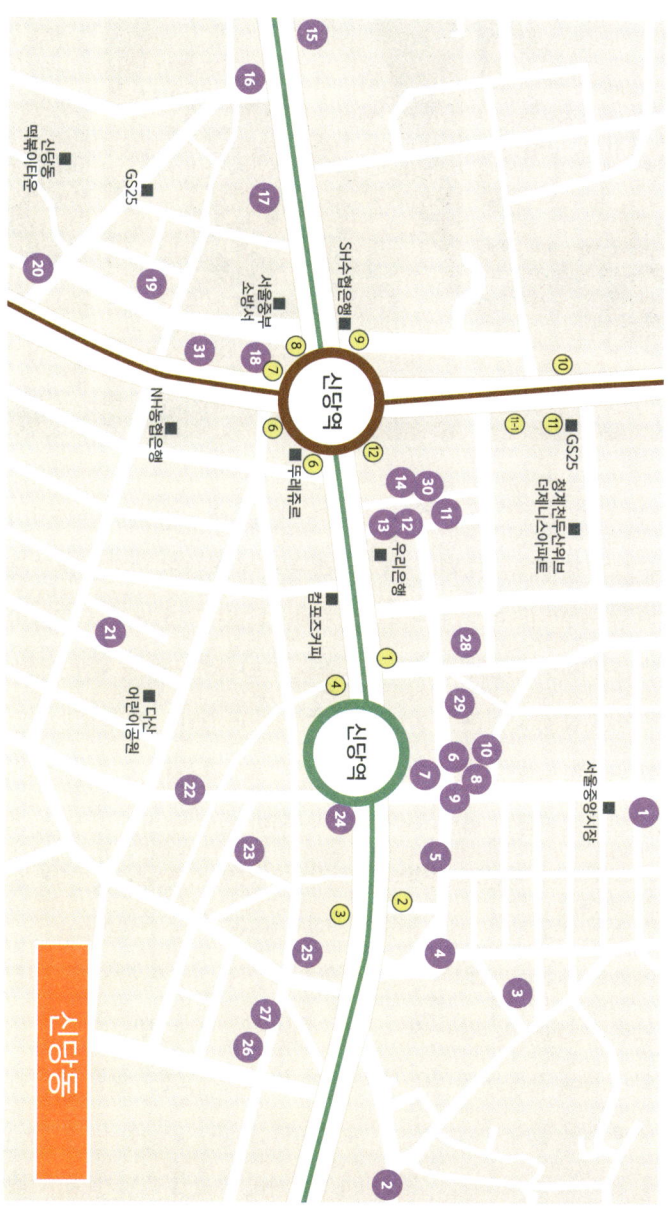

⑪ 고고한 전통문화의 품위… 안국역-계동 골목

안국역을 기점으로 한 인근 지역은 인사동과 삼청동, 북촌까지 옛 모습을 가장 잘 간직한 서울의 대표적인 올드 타운이다. 거리 곳곳이 역사의 흔적을 품고 있어 관광객들의 발길이 끊이지 않는 지역이었으나 젠트리피케이션과 최근 몇 년간 코로나19의 여파로 침체기를 맞기도 했다. 하지만 엔데믹 이후 관광 수요가 되살아남과 동시에 청와대 개방의 여파로 한동안 조용하던 삼청동 인근 상권도 재도약기를 맞이했다. 안국역 2, 3번 출구 율곡로에서 오르막 끝에 자리한 중앙고등학교까지 직선으로 쭉 이어지는 골목길을 따라 상권이 조성된 계동은 조선시대 서민들의 의료기관이던 제생원이 있던 곳이라 제생동, 계생동으로 불리다 지금의 이름이 되었다. 북촌과 연결되어 있지만 대로에서 한걸음 벗어나 있어 덜 북적이고 특유의 소박한 골목 분위기가 고즈넉하다. 오래된 동네의 정취는 살아 있으나 골목길은 걸어 다니며 구경하기 편하도록 정비가 잘 되어 있다. 최근 들어 MZ세대들의 취향을 저격하는 트렌디한 외식 브랜드가 곳곳에 터를 잡으면서 일부러 찾아오는 방문객들이 급격하게 증가했다. 오랜 전통의 모습을 간직한 거리의 가치 위에 현재의 새로운 이야깃거리가 더해지고, 멋스러운 한옥에서 미식을 즐길 수 있다는 매력적인 여건도 한몫했다. 기존에는 인사동 골목이나 삼청동길에 비해 비교적 고즈넉한 분위기에 인근 직장인들을 위한 점심, 카페 영업이 주를 이루던 골목이

보다 젊어지면서 새로이 들어서는 외식 업종도 다양해졌다. 이제는 주말, 평일 가릴 것 없이 골목 곳곳의 핫 플레이스 앞에는 방문객들이 연신 사진 촬영을 하거나 웨이팅 행렬이 늘어서 있는 모습이 목격된다.

레스토랑 & 주점

1. **안암** 맑게 끓인 돼지국밥에 고수를 더한 안암국밥과 라임을 곁들인 제육, 단출한 메뉴로 유명세를 탄 곳.
2. **콩지pot지** 근사한 한옥마을 뷰를 자랑하는 캐주얼 이탤리언 레스토랑.
3. **삼방매** 100% 사골 육수를 48시간 끓인 돈코츠라멘과 매장에서 직접 삶은 두툼한 차슈가 별미인 덮밥 등을 선보이는 라멘 전문점.
4. **북촌도담** 쇠고기뭇국과 들깨시래깃국, 클래식보쌈을 주 메뉴로 하고, 덕산약주와 막걸리를 제공하는 곳.
5. **도마유즈라멘** 고흥 유자를 넣어 특색 있는 맛을 내는 '유즈라멘'과 당일 도축해 특송한 영주 암소 한우를 선보이는 '도마'가 합심해 만든 공간.
6. **일월카츠** 매장에서 직접 건조 숙성한 돈가스를 비롯해 최고급 혼카레부시와 하나가쓰오로 뽑아 특유의 감칠맛과 산미가 있는 우동을 선보이는 곳.
7. **깡통만두** 매일 아침 직접 뽑은 생면과 만두피에 정성껏 속 재료를 다져 넣어 새우만두와 고기만두를 빚는다. 전골과 칼국수, 만둣국, 비빔국수 등의 메뉴를 선보이는 곳으로 매장 앞은 늘 대기 손님으로 북적인다.
8. **플롭안국** 효모를 넣은 반죽을 48시간 저온 숙성해 도(Dough)를 만들고, 100% 자연산 치즈와 이탤리언 토마토소스 등 풍성한 재료를 선별하며, 기성품을 일절 사용하지 않고 건강한 피자를 구워내는 곳.
9. **큰기와집** 청주 한씨 가문의 300년 비법이 담긴 간장게장 맛으로 이름난 한식당.
10. **갈로팡** 클래식 프렌치 요리를 즐길 수 있는 공간. 런치와 디너 모두 코스로 제공하며 모던하고 미니멀한 인테리어로 음식에 집중할 수 있도록 했다.
11. **애호락** 얼큰한 애호박찌개와 보쌈을 필두로 다양한 한식을 선보이는 곳. 점심에는 여러 가지 일품 메뉴로 구성된 정갈한 한식 반상을, 저녁에는 맛깔스러운 한식 요리와 전통주를 곁들인 술상차림을 선보인다.
12. **밀양손만두** 직접 빚은 손만두로 만둣국과 칼국수를 선보이는 소박한 음식점.
13. **진작카키** 캐주얼 오이스터와 해산물을 주재료로 한 메뉴를 선보이는 곳. 신선한 삼배체굴 플래터와 일식 및 모던 한식 터치의 요리 그리고 전통주와의 페어링을 제안한다.
14. **미쉬매쉬** 컨템퍼러리 코리안 다이닝. 2층에서 바라보는 창덕궁의 풍광이 유명한 뷰 맛집이기도 하다.
15. **데비스** 패션 브랜드 앤디앤뎁의 디자이너가 오픈한 양식당. 창덕궁이 보이는 뷰와 감각적인 공간, 플레이팅 등 맛과 분위기 모두를 만족시키는 곳.
16. **용수산** 한옥의 아름다움 그리고 한식의 맛과 멋을 모두 즐길 수 있는 품격 있는 한정식집. 접대나 상견례, 모임 등의 명소로 통한다.

17. 천하보쌈 내공의 솜씨로 선보이는 보쌈 전문점. 야들야들한 보쌈과 직접 담근 김치의 조합이 일품이다.
18. 베이킹도우 이탈리아 카푸토 밀가루로 매일 직접 반죽하고 48시간 저온 숙성한 반죽을 사용해 나폴리식 전통 화덕에 구워내는 피자 전문점. 창밖으로 창덕궁 전경을 감상할 수 있다.
19. 르꼬숑 다양한 문화적 영감을 스토리가 있는 프렌치 코스로 풀어내는 정상원 셰프의 공간. 2020년 겨울 원서동으로 이전했다.
20. 더그린테이블 원서동 공간 사옥 내에서 한국 제철 식재료로 만든 코리안 프렌치를 선보이는 김은희 셰프의 공간. 프렌치 요리 베이스에 한식의 발효, 사찰, 궁중 요리 기법이 결합된 유일 무이한 요리를 선보인다.

카페 & 디저트

21. 아티스트베이커리 방금 나온 소금빵과 바게트 그리고 따뜻한 수프가 기다리는 베이커리. 런던베이글뮤지엄의 디렉터 료(Ryo)가 선보인 공간이다. 소금빵을 다채로운 맛과 식감의 베리에이션으로 선보인다.
22. 보이차전문점명가원 조용히 차를 우려 먹을 수 있는 예약제 다실 이외에도 계절에 따라 추천하는 보이차, 무이암차, 홍차, 백차 등 다양한 종류의 차를 경험할 수 있는 공간.
23. 월하보이 보이차와 차 도구 전문점. 예약제로 티 테이스팅 코스를 선보인다.
24. 이오이 스페셜 블렌딩 원두와 숙성 보리 크림을 가미한 이오이커피, 한국적 식재료에서 영감을 받아 선보이는 기와휘낭시에를 시그니처로 선보이는 카페.
25. 어니언안국 100평 규모의 한옥을 개조한 베이커리 카페로 곳곳이 포토 스팟이다. 슈가 파우더를 소복히 뿌린 팡도르가 대표 메뉴.
26. 커피브론즈 카페바리스타아카데미에서 운영하는 로스터리 카페. 커피 맛뿐만 아니라 켜켜이 쌓인 딸기로 가득한 쇼트케이크도 유명하다.
27. 앙시엔 프랑스에서 초콜릿을 공부한 쇼콜라티에가 직접 만드는 수제 초콜릿 전문점.
28. 아모르나폴리 이탈리아 남부 베이커리를 표방한 공간. 에스프레소 바와 베이커리, 화덕 키친이 함께하는 복합 공간으로 이탈리아 전통빵 파네토네, 카놀로, 스폴리아텔레 등을 선보인다.
29. 런던베이글뮤지엄 안국점 런던의 어느 골목에 자리한 베이커리를 방문한 듯 이국적인 분위기의 베이글 전문점. 다양한 종류의 베이글을 선보이는데, 금세 품절되어 오픈 전부터 줄이 늘어선다.
30. 아티장크로아상 담백하고 심플한 빵을 위주로 만드는 베이커리 전문점 '아티장베이커스'에서 오픈한 마이크로 베이커리로 크루아상 전문 매장이다.
31. 프릳츠 원서점 빵과 커피를 주력해 내세우는 곳으로, 지하에서는 빵을 굽고 1층과 2층은 카페로 운영한다. 신선한 빵과 향긋한 커피가 기다리고 있는 곳.
32. 합 개성주악, 바람떡, 증편, 유자팥빙수 등 계절의 재료를 담은 한국의 전통 과자를 맛볼 수 있는 병과점.

주점

33. 온6.5 김치를 주제로 한 모던한 메뉴와 와인, 전통주를 즐길 수 있는 다이닝. 떡갈비를 배추에 싼 배추쌈과 요거트 소스를 얹은 김치튀김이 시그니처.

34. 산체스막걸리 특색 있는 안주와 다양한 막걸리 라인업을 즐길 수 있는 전통 주점.

35. 와인이지 한옥의 정취 속에서 비프타르타르, 치즈플래터와 함께 가볍게 와인을 즐길 수 있는 공간이다.

36. 가가 원 테이블 한식당 '가가'에서 야간에 운영하는 바. 자유롭게 원 테이블에 둘러앉아 가가족발, 새우가지튀김 등의 안주와 술을 곁들일 수 있다.

⑫ 용산 기찻길 옆 '맛의 경적'… 땡땡거리

신용산역과 삼각지역을 잇는 '용리단길'이 뜨면서 트렌디한 외식 공간의 집결지가 된 용산. 고개를 조금 돌려 바라보면 용산역 뒷골목에 늘어선 미식 공간들이 심상치 않다. 하루 약 300차례 기차가 지나가 '땡땡거리' 혹은 '백빈건널목'으로도 불리는 이곳에는 과거 서울의 향수를 그대로 간직한 주택과 건물들이 옹기종기 자리하고 있다. 한강대로를 끼고 마주한 건너편에는 BTS의 소속사인 하이브(HYBE) 사옥이 들어서 '하이브 뒷골목'으로도 불린다. 시대를 상징하는 첨단 빌딩 숲과 빛바랜 사진 속에서 튀어나온 듯한 거리가 이웃하는 풍경도 훗날 돌이켜보면 이맘때만 누렸던 특혜이리라. 재개발을 기다리며 마지막 쓰임을 다하고 있는 골목 구석구석을 자세히 들여다보면 한옥 지붕 아래 자리한 와인 바, 인위적으로 흉내 낼 수 없는 세월의 감성에 현대의 맛을 덧칠한 다이닝과 카페들이 발길을 붙잡는다. 그 자체가 하나의 오브제마냥 어느 하나 같은 모양새가 없는 오래된 집들. 여기에 터를 잡은 감각적인 공간들이 선사하는 현대의 맛을 보는 순간, '땡땡' 하고 미각에 놀라움의 경적이 울린다.

카페

1. **올딧세** 암석을 활용해 벽을 세워 마치 동굴 속에 들어와 있는 듯한 착각을 불러일으키는 독특한 카페.
2. **해이커피앤바** 낮에는 카페, 저녁에는 바(Bar)로 변모하는 공간. 오랜 한옥 주택의 골조를 살린 구조가 멋스럽다.
3. **볼드핸즈** 커피와 위스키에 진심인 공간. 가로로 길게 늘어선 공간을 채운 바 좌석이 특색 있다. 바리스타와 바텐더가 함께 만든 위스키가 들어간 커피가 시그니처다.
4. **폰트** 스페셜티 커피와 디저트가 있는 로스터리 카페. 중계자라는 의미처럼 작게는 커피와 사람, 크게는 산지와 소비자를 잇는 매개의 역할을 자처한다.
5. **트래버틴** 덴마크 유명 로스터리인 '라 카브라 커피 로스터리'의 커피를 국내에 유통하는 스페셜티 커피 전문점. 다양한 라인업의 필터 커피가 대표 메뉴다.
6. **스톡드** 바나나타르트에 토피 소스를 레이어한 디저트, 바노피파이를 시그니처로 선보이는 영국과 호주 스타일의 디저트 숍.
7. **3층로비(3F/LOBBY)** '건축가의 탕비실'이라는 부제로 정성스럽게 내린 핸드드립 커피와 이스라엘, 호주, 덴마크 등 특별한 나라의 위스키 및 하이볼을 즐길 수 있는 곳.
8. **머큐리에스프레소바** 다양한 크림과 토핑을 더한 에스프레소를 선보이는 곳. 바닐라 크림과 시나몬을 얹은 시나모닐라와 크림치즈 베리토스트의 조합이 인기가 높다.
9. **더체임버** 스페셜티 커피 원두와 균일 추출이 가능한 자동 드립 머신인 브루비의 브루잉 커피를 마실 수 있는 카페이자 쇼룸.
10. **레쁘드라라** 다양한 플레이버의 스콘을 선보이는 클래식 무드의 카페. 프리미엄 홍차를 깊게 우려낸 로열밀크티에 크림을 올린 비엔나로열밀크티가 시그니처 음료다.

레스토랑 & 주점

11. 웨이티하우스앤레스토랑 낮에는 티 하우스와 홍콩 특유의 식문화를 담은 차찬텡으로, 밤에는 레스토랑으로 변모하는 공간.

12. 바통 다양한 브런치 메뉴를 선보이는 곳. 브리오슈 번에 다양한 재료를 채운 바통클럽샌드위치, 부라타 치즈와 프로슈토를 올린 팝오버팬케이크 등이 인기.

13. 레벨제로 '다이닝 쇼룸'이라는 독특한 콘셉트를 기반으로 다양한 감각을 자극하는 요리를 소개한다.

14. 미미옥 닭, 쇠고기, 버섯을 따로 우려 블렌딩한 육수와 방아잎을 사용한 방아샤부샤부를 주력으로 선보이는 한옥 샤부샤부집.

15. 카토 유러피언 가정식 브런치 전문점. 독일식 팬케이크, 수제 잠봉크림파스타 등의 메뉴를 맛볼 수 있다.

16. 쇼니노 상큼한 레몬으로 장식한 이탈리아 포지타노 감성의 공간. 와인과 함께 페어링할 수 있는 이탤리언 요리를 선보인다.

17. 오근내2닭갈비 춘천식 닭갈비를 기본으로 용산의 기찻길에서 시작한 닭갈비 전문점. 싱싱한 닭다리살과 비법 소스의 닭갈비에 우동 사리를 추가하는 것이 기본이다.

18. 메종루블랑 런치에는 프랑스 가정식, 디너에는 숯불 요리와 와인을 곁들일 수 있는 고즈넉한 분위기의 공간. 부드러운 텍스처의 수비드삼겹살이 시그니처 메뉴다.

19. 버터라이스클럽 버터와 밥을 리소토 스타일로 조리한 버터라이스를 주력으로 하며 다양한 파스타, 와인 안주를 선보이는 다이닝 바.

20. 오스테리아이아드 이탤리언과 한식, 클래식을 기반으로 현재 서울의 요리와 문화를 창의적으로 표현하는 컨템퍼러리 이탤리언 퀴진.

21. 하이타이 현지 느낌의 음식을 선보이는 태국 요리 전문점. 똠얌꿍면과 팟타이, 쇠고기쌀국수 등 다양한 식사 메뉴를 선보인다.

22. 퍼멘츠 비건 식단의 발효 음식과 내추럴 와인, 수제 콤부차 등을 판매하는 키친 & 와인 바.

23. 당스 오래된 주택을 개조한 아늑한 공간에서 장작불을 이용한 우드 파이어 요리와 와인, 그리고 브런치를 즐길 수 있다. 프렌치킨토스트와 고구마뇨키 등이 대표 메뉴.

24. 울엄마맛집 신선한 제철 해산물을 활용한 연포탕, 생선구이, 낙지육회탕탕이, 홍어삼합 등 남도 스타일의 안주를 선보이는 곳.

25. 앰버앰버 잔잔한 숯불(Ember)의 따뜻한 색감(Amber)에서 영감을 받은 이름으로, 숯불에 정성껏 익힌 요리를 제공하는 와인 다이닝.

26. 섬집 바다와 육지에 있는 제철 재료를 활용해 정성 가득한 한식 밥상을 차리는 곳. 비법 간장으로 만든 간장게장, 참게꽃게매운탕, 육전, 와다비빔밥 등이 대표 메뉴이며 점심 백반도 알차다.

27. 파브리키친 파브리치오 페라리 셰프의 소박한 이탤리언 가정식 요리 전문점. 이탈리아 본토의 맛을 캐주얼하고 가성비 있게 즐길 수 있다.

28. 석암생소금구이 특제 돌주물판에 돼지고기구이를 즐길 수 있는 돌판 소금구이 전문점. 고기뿐만 아니라 후식으로 즐길 수 있는 석암볶음밥, 돌판짜파게티도 인기다.

⑬ 한옥 지붕 아래 공존하는 과거와 현재의 맛… 서촌 골목

서촌은 '경복궁 서측에 위치한 마을'이란 뜻으로 자하문로와 옥인길 일대를 포함하는 지역이다. 서울 내 전통의 올드 타운으로서 중요한 역사적 가치를 지니고 있을 뿐만 아니라 오래된 한옥이 어우러진 골목 특유의 분위기와 전통 시장인 통인시장과 소규모 갤러리 등 볼거리가 풍족해 다양한 콘텐츠를 담고 있다. 이 같은 서촌 상권이 새삼 주목받고 있다. 청와대 개방과 서울시 글로컬(Global+Local) 상권 지정, 글로벌 K-컬처의 부흥을 통한 한국 관광 활성화, 엔데믹 이후 해외 관광객 재유입 등 관광 활성화가 호재로 작용했다. 안국역 인근 북촌 상권과 삼청동 상권이 활성화되며 이어지는 상권 일대가 시너지를 일으킨 영향도 크다. 경복궁역 인근으로는 호프집, 고깃집 등이 몰려 있는 세종마을 음식문화거리가 있으며 골목 안쪽으로 향할수록 서촌에서만 만날 수 있는 작지만 특별한 상점과 외식 공간들이 골목의 분위기에 걸맞게 고즈넉하게 자리하고 있다. 골목 특성상 프랜차이즈 일반·휴게음식점과 제과 영업점이 들어서는 것이 제한되었던 점도 기존 상권을 지키고 골목 특색을 잃지 않을 수 있었던 계기로 작용했다. 서울 내 여러 상권들이 뜨고 지는 와중에 큰 변화 없이 숨 고르기를 하고 있던 서촌. 외식 상권이 자리 잡은 시간도 길어 오랜 세월 영업 중인 노포와 새롭게 생긴 미식 공간들이 다양하게 함께하고 있어 폭넓은 연령층이 공존한다는 점도 서촌의 큰 매력이다.

레스토랑 & 주점

1. **통의동국빈관** 한옥 구조를 살린 중정이 인상적인 소갈비 전문점. 연탄불에 구워 먹는 한우짝갈비가 대표 메뉴다.

2. **침니펍** 동유럽 전통 디저트인 굴뚝빵을 매장에서 직접 구워내는 펍. 경복궁 담벼락을 마주한 고즈넉한 분위기와 유럽풍의 매장이 특유의 조화를 이룬다.

3. **애즈라이크** 대림미술관 인근의 올데이 브런치 카페. 쾌적한 공간 속에서 깔끔한 브런치 메뉴와 샌드위치 등을 즐기며 쉬어가기 좋은 곳.

4. **비텔로소띠** 이탈리아 현지의 스트리트 푸드를 부담 없이 풀어낸 곳. 화덕을 활용한 플랫브레드, 아란치니 등의 메뉴를 만나볼 수 있다.

5. **도량** <흑백요리사> 철가방 셰프의 식당으로 유명세를 탄 곳. 훠궈샤부샤부와 팔보완자, 동파육 등 한국인의 입맛에 맞는 중식 요리를 선보인다.

6. **라스위스** 스위스 베른 지방의 가정식 전문점. 송아지안심뢰스티와 스위스치즈파스타 등 따뜻한 감성의 공간과 어울리는 음식을 낸다.

7. **오스테리아소띠** 김성준 오너 셰프의 이탤리언 레스토랑. 저온 조리한 문어 요리와 사프란뵈르블랑파스타가 유명하다.

8. **라파리나** 캐주얼 이탤리언 레스토랑. 캐주얼한 코스 요리와 화덕피자, 파스타 등 다양한 요리를 선보인다.

9. **온지음레스토랑** 조선 왕조 궁중 음식 이수자 조은희 방장과 박성배 연구원이 이끄는 팀원들이 한식의 깊은 뿌리를 느낄 수 있는 요리를 재현한다.

10. **까델루뽀** 한옥에 자리한 이재훈 셰프의 이탤리언 레스토랑. 계절의 변화를 담은 코스 요리를 경험

할 수 있다.

11. 두오모 소박한 가정집 분위기에서 책과 와인과 함께 일상의 위로가 되는 이탤리언 음식을 선보이는 곳.

12. 물랑 윤예랑 셰프의 섬세한 터치가 돋보이는 프렌치 레스토랑. 시즌별로 코스 메뉴가 변경된다.

13. 비스트로친친 이재훈 셰프의 이탤리언 비스트로. 소박한 스타일의 파스타와 코스 메뉴를 맛볼 수 있는 곳이다.

14. 도취하녹식당 한옥을 개조한 공간에서 계절을 담은 한식 맡김 차림을 만끽할 수 있는 곳.

15. 김진목삼 최상의 목살과 삼겹살을 제공하는 고깃집으로 두툼하게 썰어낸 고기는 육즙을 듬뿍 머금었다. 아버지가 직접 재배한 채소, 어머니가 정갈하게 만든 반찬, 아들이 굽는 고기까지 가족의 정성이 가득 담겨 있다.

16. 서촌계단집 매일 전국 각지에서 공수한 신선한 해산물을 즐길 수 있는 노포.

17. 안주마을 주당들의 성지이자 웨이팅 전쟁이 벌어지는 경복궁의 명소. 해산물 중심의 안주를 선보인다.

18. 체부동잔치집 들깨칼국수로 유명한 곳. 잔치국수, 메밀전병 등 소박한 메뉴를 제공하며 높은 가성비를 자랑한다.

19. 토속촌삼계탕 전국적으로 유명한 삼계탕집. 1983년 개업 이래 본점만을 운영하며 다양한 견과류를 넣은 건강한 삼계탕 맛을 지켜오고 있다.

20. 서촌블루스 레트로 분위기의 LP 바. 음악을 감상하며 와인 한잔과 함께 쉬어갈 수 있는 곳.

21. 오베르쥬 합리적인 프리픽스 런치 코스와 자체 숙성 스테이크를 맛볼 수 있는 스테이크 전문 다이닝.

22. 꾸스꾸스 튀니지 전문 음식점. 식재료와 식기, 소품 모두를 튀니지에서 공수해 한국에서 흔치 않은 튀지니의 문화를 경험할 수 있는 공간이다.

23. 마지 한옥에 자리한 사찰 음식 전문점. 캐주얼한 분위기에서 정갈한 한식 비건 코스를 즐길 수 있다.

24. 칸다소바 도쿄 칸다라멘 대회 우승 경력을 자랑하는 곳으로 마제소바의 유행을 선도한 맛집.

25. 잘빠진메밀 샤부샤부처럼 즐길 수 있는 다섯 가지 메밀만두를 즐길 수 있는 전골과 푸짐한 수육으로 이름난 곳이다.

26. 영화루 1960년대 오픈한 노포 중식당. 고추간짜장, 고추짬뽕으로 유명하다.

27. 바참 전국의 숨겨진 전통주를 칵테일로 재해석해 선보이는 전통주 칵테일 바. '아시아 베스트 바'에 선정되기도 했다.

28. 뽐 오후 4시부터 낮술을 즐길 수 있는 공간. 프랑스어로 '사과'를 뜻하는 상호처럼 신선한 과일과 허브를 이용한 칵테일, 사과브랜디, 위스키 등 다양한 주류와 간단한 음식을 즐길 수 있다.

29. 안덕 맑고 개운한 국물로 선보이는 이북식 만둣국과 담백한 수육 등 깔끔한 요리를 선보이는 곳.

30. 고치비 몸국을 응용한 리소토, 딱새우파스타 등 제주도 해산물과 식재료를 이용해 이탤리언 요리를 만드는 레스토랑.

31. 서촌금상고로케 밀가루 없이 국산 수미감자로만 반죽해 만드는 크로켓 전문점.

32. 갈리나데이지 데이지 셰프가 선보이는 섬세함과 내공이 묻어나는 이탤리언 레스토랑.

33. 서촌김씨뜨라또리아 클래식한 이탤리언 레시피를 구현하는 김도형 셰프의 아란치니와 바삭하게 밀면을 그을린 뇨키 등 시그니처 메뉴로 이름난

캐주얼 이탤리언 식당.

34. 호라파 숯 향과 향신료, 허브의 풍미로 가득한 태국의 길거리 요리에서 영감받은 특색 있는 태국 요리를 맛볼 수 있는 곳.

35. 용금옥 1932년에 영업을 개시한 오랜 전통의 추어탕 전문점. 미꾸라지가 통째로 들어간 서울식 통추어탕이 대표적이다.

36. 파틱 지중해식 프렌치를 지향하는 모던 비스트로 와인 바. 다양한 메뉴와 와인 라인업을 자랑한다.

카페 & 디저트

37. 호전다실 전통차(클래식 차) 등의 시음회와 차 문화 확산을 위한 다양한 이벤트가 열리는 차문화 공간.

38. 놋그릇가지런히 오늘날의 생활상을 반영한 놋 그릇을 만드는 '놋이'에서 운영하는 디저트 카페. 팥빙수와 오미자차 등 놋그릇과 어우러지는 메뉴들을 선보인다.

39. 통인스윗 쿠키 파이지에 부드러운 크림의 식감을 살린 에그타르트가 유명한 타르트 전문점.

40. 효자베이커리 서촌을 대표하는 전통의 베이커리. 옥수수가 알알이 씹히는 콘브레드가 대표 메뉴다.

41. 마사마드레 이탈리아 요리와 와인을 사랑하는 요리사가 연 공간. 갓 구운 바게트와 함께 아침을 열기에도 좋다.

42. 풍류 아늑한 주택을 개조한 따뜻한 분위기의 카페. 피스타치오티라미수, 특색 있는 몽블랑 등 다양한 디저트와 커피를 선보인다.

43. 레종데트르 100년 넘은 한옥을 개조한 파티세리. 사르르 녹는 달콤한 바닐라무스가 대표 메뉴다.

44. 인왕산대충유원지 은은한 향기의 필터 커피를 즐기며 바에서 탁 트인 인왕산의 풍경을 조망할 수 있는 곳.

45. 서촌스코프 영국식 디저트를 만날 수 있는 베이커리. 커다란 스콘이 시그니처 메뉴다.

46. 스펙터 생크림과 딸기의 조합이 좋은 레드벨벳산도, 크렘브륄레프렌치토스트 등 다양한 플레이트 디저트를 만나볼 수 있는 곳.

47. 스태픽스 넓은 마당에 좌석이 여유롭게 준비된 테라스 카페. 계절의 변화를 만끽하며 여유로운 시간을 가지기 좋다.

48. 오버트서울 인쇄소를 개조한 건물, 멀리서도 눈에 띄는 클래식한 간판 등이 특색 있는 카페.

49. 아키비스트서촌 아인슈페너 맛집으로 이름난 곳. 커피 위에 올린 묵직하고 탱탱한 크림은 아이스크림을 방불케 한다.

50. 서촌포인텔리젠시아 시카고에서 떠오른 스페셜티 커피의 선구자 격인 브랜드의 국내 1호 매장. 서촌 한정 얼터네이트에스프레소 메뉴를 비롯한 시그니처 커피를 선보인다.

51. 빅토리아베이커리 영국 가정집 분위기의 베이커리 카페. 빅토리아스펀지케이크, 바나나푸딩, 스콘 등 영국식 디저트와 차를 즐길 수 있으며 사랑스러운 디자인의 레터링케이크도 인기.

⑭ 돌담길 따라 늘어선 야장 명소… 서순라길

종로구의 관광 명소로 외국인 관광객의 필수 코스가 된 익선동 한옥마을을 벗어나 종묘의 돌담길을 향해 걷다 보면 조선시대 치안을 담당한 순라군이 다니던 서쪽 길, 서순라길이 담벼락을 따라 길게 뻗어 있다. 상업 시설보다는 작은 공방과 사무실, 오래된 주택 정도가 자리하던 조용한 골목이었지만 익선동의 부흥으로 몇 해 전부터 서서히 상권이 형성되다가 팬데믹 시기 잠시 숨고르기를 한 뒤 최근 안국역을 필두로 활기를 띠기 시작했다. 북촌 올드 타운의 신전성기와 함께 지나치게 관광지화되면서 다소 매력을 잃어가는 익선동을 벗어나 새로운 골목 문화를 만들어가는 젊은 세대들이 찾아오면서 서순라길 역시 주목받게 된 것. 창덕궁까지 이어지는 이 거리는 돌담을 마주하고 있어 도로 폭이 좁고 시야도 제한적이지만 그래서 더욱

독보적인 분위기를 지니고 있다. 돌담벽 앞에서 인증 사진을 찍는 모습은 서순라길 특유의 풍경이기도 하다. 익선동 갈매기살 골목, 종로 3가 포차거리, 서울극장 포차거리 등 서울의 야장 명소들이 자리하고 있는 종로에서 보다 조용하고 힙한 분위기의 야장과 바를 찾는 젊은 층의 취향에 맞는 야장 식당들이 주류를 이루고 있다. 해 질 무렵이면 가게 앞의 도보에는 와인과 맥주를 기울이는 청춘들의 자유분방함이 골목의 분위기를 들썩이게 만든다. 대부분의 가게들은 규모가 작아 웨이팅이 긴 편이며 방문객들이 한 곳에만 머무르기보다 여러 야장을 두루 경험하는 것도 서순라길의 독특한 문화다.

레스토랑 & 주점 & 카페

1. **개성** 정통 개성식 만두와 1등급 한우 양지로 낸 육수를 결합한 만둣국 전문점. 막걸리와 잘 어울리는 보쌈 메뉴도 있다.

2. **이다** 한식 제철 재료를 사용한 요리와 와인을 곁들이기 좋은 곳. 애피타이저, 메인 디시, 디저트로 구분된 양식 베이스의 메뉴는 재료에 따라 상시 변동된다.

3. **카페사사** 가래떡, 식혜, 수정과, 과편 등 전통과 현대를 재해석한 디저트와 음료를 선보이는 한옥 카페.

4. **순라길** 만화 <식객>에 소개된 홍어 마니아들의 성지이자 서순라길의 터줏대감 같은 식당. 홍어삼합이 대표 메뉴로 직접 담근 수제 막걸리와의 궁합이 일품.

5. **와룡동닭매운탕** 생닭을 직접 조리하는 닭 요리 전문점. 칼칼한 닭매운탕이 대표 메뉴이며 편육, 무침, 치킨, 닭곰탕까지 다채로운 닭 요리를 경험할 수 있다.

6. **라멘보루도** 진한 농도의 돈코츠라멘을 선보이는 곳. 육수는 압력솥으로 돈골 농축액을 추출하는 방식을 통해 이틀 동안 정성을 다해 뽑아낸다.

7. **지미스모크하우스** 매장에서 직접 만든 스모크햄과 이를 베이스로 선보이는 이탈리아 요리가 있는 공간. 대표 메뉴로는 스모크목살스테이크, 스모크햄플래터, 뇨키, 라구라자냐 등이 있다.

8. **퀸즈가드** 영국인과 한국인 주인장이 함께 운영하며 영국의 다양한 맛을 선보이는 펍. 영국식 담금주(Infused Gin), 런던 드라이진, 브리티시 비 등 잘 알려지지 않았던 다양한 영국 술과 음식을 소개한다.

9. **반디** 닭두부전골, 육회타르타르감태롤 등 한식 기반의 퓨전 안주와 시그니처 사와, 엄선한 전통주를 선보이는 곳.

10. **샤또쇼콜라 인사동점** 1998년부터 운영한 초콜릿 가게로 특유의 레트로 분위기를 지니고 있다. 다양한 수제 초콜릿을 선보이고 있으며 초콜릿 베이스의 음료도 함께 즐길 수 있다.

11. **서울집시** 여행과 예술, 삶의 순간에서 얻은 영감을 맥주로 그려내는 브루어리 하우스. 계절마다

새로운 맥주와 함께 향신료의 활용이 돋보이는 안주를 선보인다.

12. 트마리 조선시대 평민 가옥을 개조한 한옥 루프탑 카페 & 와인 바. 큐브 모양의 치즈케이크는 커피는 물론 와인과도 잘 어울리는 명물이다.

13. 우리술집다람쥐 특유의 탭 막걸리와 다양한 전통주를 보유한 한식 주점. 피순대구이, 새우미나리전, 두부삼합 등 전통주와 어울리는 한식 안주들도 하나하나 맛깔스럽다.

14. 비틀비틀, 비틀스타코 스트리트 문화와 어울리는 타코와 주류를 선보이는 공간. 비리아타코와 칠리소스 베이스의 비틀스타코, 그리고 피나콜라다 슬러시가 유명하다.

15. 살롱순라 다양한 사람들이 모여 자유롭게 대화하는 공간 '살롱'을 표방하며 피자, 샐러드, 파스타, 프라이드치킨 등 넓은 스펙트럼의 요리들을 경험할 수 있는 공간.

16. 솔방울베이커리 유기농 밀가루만을 사용해 좋은 재료와 함께 매일 아침 정성껏 만든 다양한 빵과 유기농 티, 고품질의 원두로 신선한 커피를 제공하는 한옥 베이커리 카페.

17. 파이키 다양한 주제와 그에 맞는 책, 그리고 커피가 있는 북 카페. 책을 읽고 감상평을 종이에 직접 작성해 공유할 수 있으며 타인의 시선을 감상하는 즐거움도 쏠쏠하다.

18. 니코키친 그리스인 셰프가 운영하는 그리스 가정식 레스토랑. 신선함과 재료 본연의 맛을 살린 그리스 전통 음식을 맛보며 여유로운 시간을 즐기기에 더없이 좋다.

19. 다올(종로3가점) 한식 중심의 타파스 요리 주점. 2층에 위치해 보다 아늑한 분위기 속에서 숙성회, 우대갈비구이 등 일품 메뉴들과 한잔 술을 곁들일 수 있다.

20. 헤리티지클럽 낮에는 카페, 밤에는 바(Bar)로 운영되는 곳. 직접 만든 사과청을 넣은 애플 시나몬 라테가 시그니처이며 채광 좋은 한옥은 낮과 밤의 분위기를 색다르게 반전시킨다.

⑮ 원 앤드 온리 바이브 가득한 문화 & 미식 골목… **합정 합마르뜨 골목**

합정역 인근 상권은 넓게 홍대 입구, 연남동, 망원동, 상수역 인근 상권을 포괄하는 '홍대 상권' 중 트렌디한 골목 문화가 가장 활발하게 생겨나고 있는 지역이다. 특히 합정역 7번 출구 일대는 대로변 고층 빌딩 뒤로 자리 잡은 작은 주택가 사이사이에 특색을 갖춘 음식점과 카페들이 모여 있어 일명 '합마르뜨(합정동+몽마르뜨)'라는 별칭으로 불리고 있다. 이 일대는 특히 20대가 주도하는 상권이다. 특색을 잃은 홍대입구나 주말 나들이객과 외국인 관광객 등으로 과포화 상태인 연남동을 벗어나 분위기 있고 상대적으로 조용한 이 골목길로 발걸음을 옮겨온 것. 각각 다르게 생긴 단독주택이나 오래된 상가를 개조해 오직 그곳에만 존재하는 '원 앤드 온리'의 공간들은 방문객들이 이곳을 찾는 가장 큰 이유다. 주인장의 취향이 묻어나는 편집숍과 작은 갤러리, 독립 서점, 식당과 카페 그리고 밤이 되면 불을 밝히는 펍과 와인 바, 작은 이자카야는 그들의 이야기들을 궁금하게 한다. 서울 내에서도 특히 '1인 가구'가 많은 지역 특성상 혼밥에 특화된 곳이나 샐러드, 비건 음식점 등 젊은 세대의 라이프스타일이 반영된 외식 공간들이 많다. 또한 합정동, 망원동 일대에는 '다치(だち)'에서의 한 끼가 가장 자연스러운 일본 라멘의 성지들도 유독 많아 라멘 마니아들이 순례길을 떠나기도 한다.

레스토랑 & 주점

1. **교집합** 다양한 칵테일을 가성비 있게 즐길 수 있는 바. 평일에는 잔잔한 분위기에서 대화를 나누기 좋으며 주말에는 파티 및 다양한 공연이 열려 색다른 분위기를 낸다.

2. **그릭조이** 서울 내에서 손꼽히는 그리스 음식 전문점. 담백한 농축 요구르트와 신선한 채소, 올리브의 깊은 향이 가득한 건강한 그리스 요리를 선보인다.

3. **멕시코식당** 신선한 재료로 정직하게 만든 멕시코 음식을 맛볼 수 있는 곳. 토르티야에 칠리콘카르네(소고기)와 치즈를 넣고 튀긴 치미창가가 대표 메뉴다.

4. **시오** 눈과 입이 즐거운 일본 가정식 요리 전문점. 덮밥을 기본으로 계절을 반영한 샐러드와 곁들이, 국을 쟁반에 멋스럽게 내준다. 삼색야키도리, 연어덮밥 등이 주력하는 메뉴다.

5. **이키** 일식 기반의 주점. 와인, 사케, 생맥주, 하이볼 등 다양한 주류를 사시미, 완도김파스타 등 제철 식재료를 사용한 다양한 요리와 함께 즐길 수 있다.

6. **네즈** 제철 해산물 안주가 훌륭한 이자카야. 프라이빗한 분위기에서 일본식 생선조림과 청어마끼, 은갈치덴푸라 등 특색을 갖춘 안주를 맛볼 수 있다.

7. **교다이야** 주문 즉시 면을 썰어 조리해 쫄깃하고 탱글한 면발로 유명한 우동 전문점. 전통 방식으로 육수를 우려낸 가케우동과 면발의 식감을 즐기기 좋은 붓카케우동이 대표 메뉴다.

8. **미필담** 황해도가 고향인 할머니의 레시피로 한식을 만드는 곳. 이북식 만둣국과 김치말이국수가 유명하다.

9. **델리카테슨** 피자와 버거가 맛있는 브런치 전문점. 치즈버거피자, 피넛버터치킨버거 등 익숙한 메뉴에 특색을 더해 선보이고 있으며 다양한 내추럴 와인과의 페어링을 제안한다.

10. 서울브루어리 주택을 개조해 만든 도심 속 양조장 겸 수제 맥주 펍. 갓 만든 신선한 수제 맥주는 다양한 풍미를 탐구하는 즐거움을 안겨준다.

11. 익스첼 '여행지에서 소중한 사람과 즐기는 맛있는 음식'이라는 콘셉트를 기반으로 현대적으로 재해석한 멕시코 요리를 선보이는 곳. 소스, 토르티야를 비롯한 모든 제품은 베테랑 셰프의 손을 거쳐 수제로 제작된다.

12. 몰토베네 이탈리아, 미국 등에서 근무한 셰프 부부가 운영하는 소박한 이탤리언 요리 전문점. 정통 방식으로 구워낸 피자가 유명하며 '겉바속촉' 도(Dough)가 특색 있다.

13. 해온 오랜 시간 숙성시켜 만든 촉촉한 프렌치토스트, 간장·오일·대패삼겹살을 곁들인 파스타 등 개성 있는 메뉴를 선보이는 브런치 전문점.

14. 츠키젠 극소량만 생산되는 최고급 원육을 432시간 숙성한 후 블렌딩 오일에 튀겨낸 프리미엄 카츠 전문점. 대표 메뉴인 상로스카츠는 등심에 가브리살이 붙어 있어 풍미와 식감이 뛰어나다.

15. 모라비아 체코 가정식 와인 다이닝 겸 카페. 체코 모라비아 출신의 주인장이 어릴 적부터 즐겨 먹던 체코 음식과 체코 와인을 맛볼 수 있다. 가정집에 초청받은 듯한 따뜻한 분위기를 선사하는 곳.

16. 리슨 격식을 갖추지 않고 편안한 분위기 속에서 싱글몰트위스키와 칵테일을 즐길 수 있는 곳. 100종이 넘는 위스키 리스트는 이곳의 자랑이다.

17. 어반플랜트합정 초록 식물이 어우러진 도심 속 비밀 정원 콘셉트의 브런치 카페. 커피와 음료, 디저트, 브런치까지 다양한 메뉴와 함께 여유로운 시간을 보내기 좋다.

18. 스파카나폴리 세계 나폴리피자 대회 클래식 부문에서 만점을 받고 우승한 피자이올로 이영우 셰프가 운영하는 곳. 나폴리에서 직접 공수해온 화덕에서 참나무 장작으로 구워낸 피자를 맛볼 수 있다.

19. 오스테리아샘킴 이딜리아 북부 지역의 음식을 세련된 감각으로 선보이는 샘 킴 셰프의 레스토랑. 흰살생선과 안초비오일파스타, 소꼬리라구탈리아텔레 등 원재료의 맛을 살린 파스타가 시그니처.

20. 뉴욕아파트먼트 홍대 상권에서 15년 전부터 미국식 수제 버거를 전문으로 선보여온 곳. 미국식 햄버거, 텍사스바비큐, 할라페뇨치즈치킨 등 맥주, 음료와 함께 푸짐한 음식을 즐길 수 있는 패밀리 레스토랑.

21. 아우룸 이탤리언 기반의 개성 강한 요리를 선보이는 곳. 라자냐와 통닭을 통째로 올린 통닭크림파스타가 유명하다. 야외 테라스 좌석을 갖춰 평화로운 분위기를 자아낸다.

22. 칼국수바지리 라멘과 파스타처럼 오픈된 주방에서 즐기는 색다른 칼국수를 콘셉트로 한 곳. 버크셔K, 토종 밀가루, 생수 하나까지 지리산 식재료로 만든 칼국수와 부침개, 전통주를 선보인다.

23. 최강금돈까스 지리산에서 나고 자란 식재료와 흑돼지 버크셔K로 요리한 돈가스 전문점. 차와 쌀밥, 국, 제철 장아찌 그리고 돈가스와 후식으로 구성된 맑김차림 콘셉트로 운영된다.

24. 이가네양꼬치 비법 소스로 숙성한 부드러운 양갈비, 왕양꼬치를 선보이는 곳. 깔끔한 육질을 자랑해 양고기 입문자도 부담없이 즐길 수 있다.

25. 합정옥 국내산 암소 양지와 사골로 국물을 내고 모든 식자재를 국산으로 만드는 곰탕 전문점. 토렴해서 내주는 맑은 곰탕을 비롯해 구수한 된장국에 달큰한 배추속대를 넣어 끓인 속댓국도 별미다.

라멘

26. 오레노라멘 본점 진한 닭 육수를 베이스로 한 토리파이탄라멘이 매력적인 곳. 매일 면과 육수를 직접 만들며 높은 퀄리티를 유지한다.

27. 이리에라멘 오사카 후쿠시마에서 전수받은 도미 육수로 국물을 낸 도미시오라멘을 시그니처로 선보이는 라멘집. 와사비밥을 말아 먹는 맛도 별미다.

28. 아키야라멘 매장에서 직접 우린 돼지고기 육수에 소금으로 만든 특제 소스, 트러플 오일을 곁들인 아키야라멘을 시그니처로 선보인다. 고명의 차슈도 유명해 양을 추가해 즐기는 이들이 많다.

29. 윤멘 대창이 들어간 모츠쓰케멘을 단일 메뉴로 선보이는 곳. 면과 수프를 따로 제공하는 게 독특하다. 면과 고명을 곱창으로 끓여낸 육수인 쓰케지루에 찍어 먹는 방식. 남은 수프는 죽으로 즐겨도 좋다.

30. 라무라 닭 육수를 기본으로 닭다리살 차슈, 달걀 등 닭으로만 이루어진 요리를 선보이는 라멘집. 매콤한 적, 간장이 첨가된 흑, 맑은 백 등 취향에 따라 육수를 선택하면 된다.

31. 잇텐고 바질라멘의 유행을 선도한 곳. 국내산 생바질로 만든 향긋하고 고소한 국물 맛과 탱탱하게 씹히는 가는 면발의 조화가 특색 있다.

카페

32. 디벙크 음악가들의 무대, 예술가들의 전시회, 극장의 스크린 등 카페 이상의 다양한 이야깃거리가 있는 공간. 매장에서 직접 만든 디저트와 아몬드 시럽이 들어간 시그니처 라테, 칵테일 등을 선보인다.

33. 파스텔커피웍스 로스팅, 추출, 커피 제조 전문가들이 모여 만든 스페셜티 커피 전문 로스터리이자 카페. 원두와 드립백 등 다양한 원두 및 커피 판매를 겸하고 있다.

34. 만유인력 커피 본연의 맛을 제일 잘 표현할 수 있는 브루잉 방식의 필터 커피를 전문으로 하는 카페. 글루텐프리 바스크케이크와 브라운치즈크로플 등 커피와 어울리는 수제 디저트도 함께 선보인다.

35. 헤이브 카페와 와인 바를 겸하는 공간. 특별하고 녹진한 초코브라우니와 커피, 와인과 어울리는 핑거 푸드까지 낮과 밤 언제 방문해도 여유롭고 편안한 시간을 보내기 좋다.

36. 마이루틴 영국식 스콘과 밀크티, 홍차크림라테 등 영국식 애프터눈 티를 즐길 수 있는 공간. 유럽 티룸 콘셉트의 아늑한 인테리어는 차와 디저트를 즐기는 데 감성을 더한다.

37. 올더어글리쿠키 & 트레몽 아메리칸 쿠키에 정체성을 담고 있는 쿠키 전문점. 직관적인 단맛과 오일리 하고 꾸덕꾸덕한 질감의 쿠키를 선보이며, 수제 잼과 직접 만든 재료를 사용해 베이킹 전 과정에 정성을 담았다.

38. 청랩 발효차의 유익함과 차의 이로움을 전달하는 공간. 오랜 시간 연구한 수제 콤부차를 선보이고 있으며, 특허받은 콤부차크림치즈는 이곳에서만 맛

볼 수 있는 메뉴다.

39. 앤트러사이트 1970~1980년대 신발 공장을 재활용해 탄생시킨 공간. 에너지를 만들어내는 무연탄처럼 커피로 에너지를 만들어보겠다는 창업자의 각오가 담긴 이름의 스페셜티 커피 전문점.

40. 퍼셉션 독특한 목조 웨이브 천장으로 유명한 카페. 융드립과 케멕스 두 가지 방식의 핸드드립을 맛볼 수 있다.

41. 시루케이크 100% 국내산 쌀과 우유, 생크림만을 사용한 한국식 떡 디저트를 만드는 곳. 단호박크럼블설기케이크, 블루베리설기케이크 등 다양한 조각 케이크를 맛볼 수 있다.

42. 당고집 일본식 떡꼬치로 잘 알려진 수제 당고와 빙수를 판매하는 곳. 깔끔한 맛의 간장당고를 비롯해 벚꽃, 녹차, 고구마, 팥, 크런치 등 다양한 플레이버의 당고를 맛볼 수 있다.

43. 포비베이직 합정 천연 발효종과 건강한 식재료를 사용해 부드러운 식감과 깊은 풍미를 자랑하는 베이글을 선보이는 곳. 합정점은 구옥을 개조해 타 매장보다 널찍하면서도 감각적인 인테리어가 돋보인다.

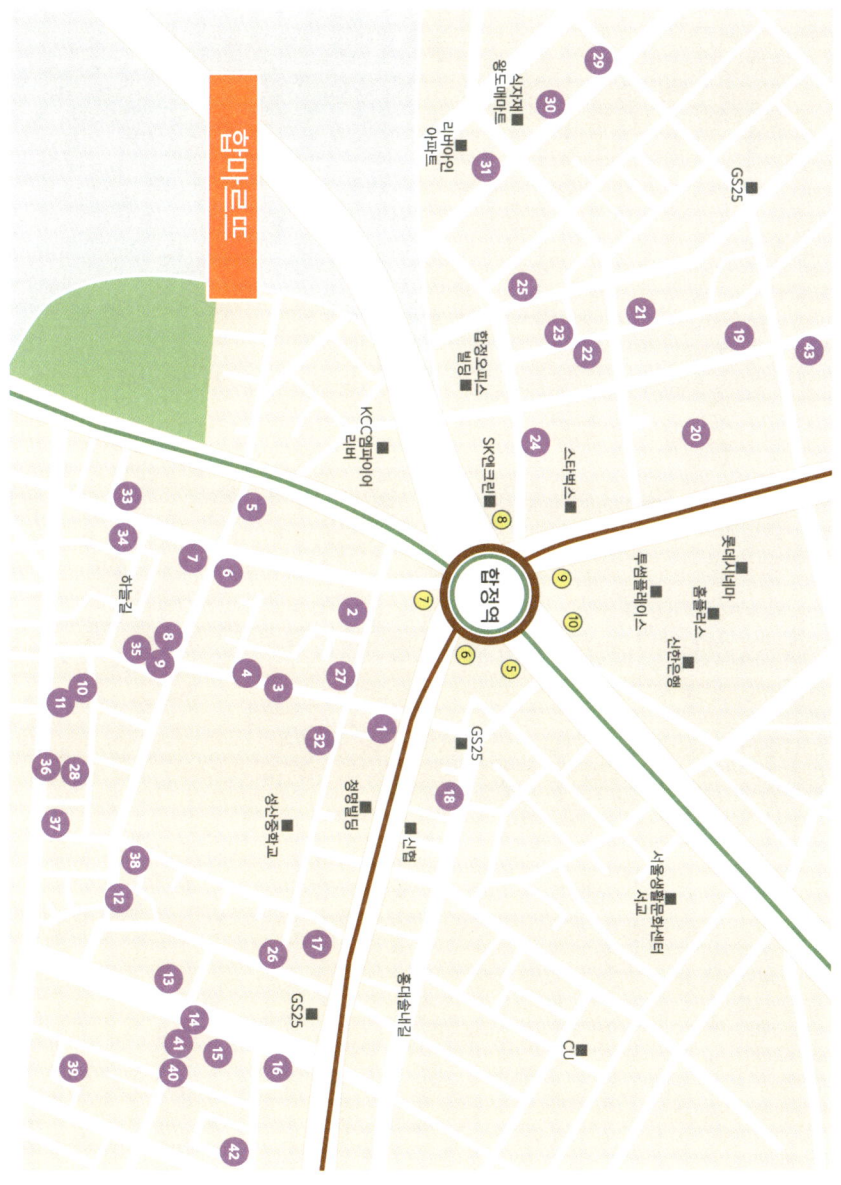